MEG WAITE CLAYTON

DE LAATSTE TREIN NAAR VRIJHEID

Vertaling Karin de Haas

HarperCollins

MIX
Paper from responsible sources
FSC® C021394

Voor dit boek is papier gebruikt dat onafhankelijk is gecertificeerd door FSC®
ten behoeve van verantwoord bosbeheer.
Kijk voor meer informatie op www.harpercollins.co.uk/green

HarperCollins is een imprint van Uitgeverij HarperCollins Holland, Amsterdam

Oorspronkelijke titel: *The Last Train to London*

Vertaling: Karin de Haas
Omslagontwerp: Andrea Guinn
Bewerking: Pinta Grafische Producties
Omslagbeeld: © Mark Owen / Trevillion Images; © Serji074 / Olga Che / Shutterstock
Zetwerk: Mat-Zet B.V., Soest
Druk: ScandBook UAB, Lithuania

ISBN 978 94 027 0481 5
ISBN 978 94 027 5936 5 (e-book)
NUR 302
Eerste druk januari 2020

Originele uitgave verschenen bij HarperCollins Publishers LLC, New York, U.S.A.
Deze uitgave is uitgegeven in samenwerking met HarperCollins Publishers LLC
HarperCollins Holland is een divisie van Harlequin Enterprises ULC

www.harpercollins.nl

VOOR NICK

en ter nagedachtenis van

Michael Litfin

(1945-2008),

die de verhalen over de kindertransporten

overdroeg aan mijn zoon,

die ze weer overdroeg aan mij;

en van

Truus Wijsmuller-Meijer

(1896-1978)

en de kinderen die zij heeft gered

Ik herinner me: het gebeurde gisteren, of een eeuwigheid geleden. [...] En nu richt de jongen zich tot mij. 'Vertel me,' vraagt hij, 'wat heb je met mijn toekomst gedaan, wat heb je met je leven gedaan?' [...] Een integer mens kan een verschil maken, een verschil tussen leven en dood.

– Elie Wiesel, in zijn dankwoord na het ontvangen van de Nobelprijs voor de Vrede, uitgesproken in Oslo op 10 december 1986

VOORWOORD VAN DE AUTEUR

Na de annexatie door Duitsland van het onafhankelijke Oostenrijk in maart 1938 en het geweld van de Kristallnacht in november van hetzelfde jaar begon een buitengewone poging om tienduizend kinderen in veiligheid te brengen in Engeland. Hoewel deze roman fictief is, is hij gebaseerd op de werkelijke kindertransporten onder leiding van Geertruida Wijsmuller-Meijer uit Amsterdam, die al in 1933 begon met het redden van kleinere groepjes kinderen. Voor de kinderen was zij 'tante Truus'.

Deel I

WAT VOORAFGING

DECEMBER 1936

AAN DE GRENS

Dikke sneeuwvlokken verzachtten het uitzicht door het raampje van de trein: een met sneeuw bedekt kasteel op een met sneeuw bedekte heuvel, dat spookachtig door de met sneeuw gevulde lucht schemerde. De conducteur riep: 'Bad Bentheim; dit is Bad Bentheim, Duitsland. Passagiers die verder reizen naar Nederland moeten documenten overleggen.'

Geertruida Wijsmuller – een Nederlandse met een krachtige kin, neus en voorhoofd, een brede mond, kasjmiergrijze ogen – kuste de baby op haar schoot. Ze kuste hem nog een keer en liet haar lippen even op zijn gladde voorhoofd rusten. Toen gaf ze hem aan zijn zus en trok het keppeltje van het hoofd van hun peuterbroertje. *'Es ist in Ordnung. Es wird nicht lange dauern. Dein Gott wird dir dieses eine Mal vergeben,'* suste ze het protest van het jongetje, in de taal van de kinderen. Het geeft niet. Het is maar voor even. Je God zal het ons deze keer vergeven.

Toen de trein zwoegend tot stilstand kwam, sprong het jochie naar het raam en riep: 'Mama!'

Truus streek over zijn haar en volgde zijn blik door het besneeuwde glas. Ze zag Duitsers die ondanks het slechte weer in strakke rijen op het perron stonden, een kruier met een overvolle bagagekar, een man met een kromme rug die een reclamebord met zich meetorste waarop de diensten van een kleermaker werden geadverteerd. Ja, daar was de vrouw die het kind zag: een slanke vrouw met een donkere jas en een donkere sjaal die bij een worstkraampje stond, met haar rug naar de trein, terwijl het jongetje opnieuw naar haar riep: 'Maaa-maaa!'

De vrouw draaide zich om en nam op haar gemak een hap van de vettige worst. De schouders van het jongetje zakten. Natuurlijk was het niet zijn moeder.

Truus trok het kind tegen zich aan en fluisterde 'Zoet maar, zoet maar', omdat ze geen beloften wilde doen die ze niet kon nakomen.

De deuren van de wagon gingen kletterend en sissend open. Een nazigrensbewaker op het perron stak zijn hand omhoog om een passagier te helpen uitstappen, een zwangere Duitse die zijn hulp met een in handschoen gestoken hand aannam. Truus maakte de paarlen knopen van haar eigen gele leren handschoenen los, schoof de geschulpte manchetten met de verfijnde zwarte accenten omlaag en trok de handschoenen uit. Het leer bleef even haken achter de robijn in een van haar ringen. Met handen waar de eerste rimpeltjes en vlekjes op begonnen te verschijnen, veegde ze de tranen van het jongetje weg.

Vlug streek ze het haar en de kleren van de kinderen glad. Geruststellend zei ze hun namen, maar ze hield een half oog op de snel slinkende rij passagiers.

'Goed,' zei ze, een beetje spuug van de mond van de baby vegend terwijl de laatste passagiers uitstapten. 'Ga jullie handen wassen, zoals we hebben geoefend.'

De nazigrensbewaker kwam het trapje van de wagon al op.

'Toe maar, vlug, maar neem de tijd voor het wassen,' zei Truus rustig. Tegen het meisje zei ze: 'Hou je broertjes zo lang mogelijk bezig, liefje.'

'Tot u uw handschoenen weer aantrekt, tante Truus,' zei het meisje.

Het mocht niet lijken alsof Truus de kinderen verstopte, maar ze wilde ze ook niet in de buurt hebben bij het onderhandelen. En dus richten we onze blik niet op wat er te zien is, maar op wat er niet te zien is, dacht ze terwijl ze de robijn gedachteloos naar haar lippen bracht, alsof ze de edelsteen kuste.

Ze opende haar handtas, een kleinere dan ze zou hebben meegenomen als ze had geweten dat ze met drie kinderen in haar kielzog naar Amsterdam terug zou keren. Ze rommelde erin en deed haar andere ringen af. De kinderen, die zich nu achter haar bevonden, liepen ondertussen naar de andere kant van de wagon.

Voor haar verscheen de grensbewaker. Het was een jonge man, maar niet zo jong dat hij niet getrouwd zou kunnen zijn en zelf kinderen zou kunnen hebben.

'Visa? Hebben jullie visa om Duitsland te verlaten?' vroeg hij aan Truus, de enige volwassene die nog in de wagon zat.

Truus bleef in haar tas rommelen, alsof ze de vereiste papieren zocht. 'Kinderen, je hebt er je handen vol aan, is het niet?' verzuchtte ze goedmoedig terwijl ze haar vingers in haar tas om haar Nederlandse paspoort klemde. 'Hebt u kinderen, officier?'

Er verscheen een piepklein glimlachje op het gezicht van de bewaker. 'Mijn vrouw is in verwachting van onze eerste. Misschien komt hij wel met kerst.'

'Wat fijn voor u!' zei Truus hartelijk, glimlachend om haar eigen mazzeltje. De bewaker keek in de richting waar het geluid van stromend water en kwetterende kinderen vandaan kwam, en ze liet hem stilstaan bij de gedachte die hopelijk bij hem opkwam. De gedachte dat hij snel een baby zou hebben, zoals de kleine Alexi, die zou opgroeien tot een kind, zoals Israël of die lieve, lieve Sara.

Ze voelde aan de robijn, schitterend en warm, de enige ring die ze nog droeg. 'U hebt vast iets bijzonders om uw vrouw cadeau te doen wanneer de baby wordt geboren.'

'Iets bijzonders?' herhaalde de nazi, en hij richtte zijn aandacht weer op haar.

'Iets moois dat ze elke dag kan dragen, als aandenken aan een heel bijzonder moment.' Ze deed de ring af en zei: 'Mijn vader heeft deze aan mijn moeder gegeven op de dag dat ik werd geboren.'

Haar bleke, vaste vingers staken hem de ring met de robijn toe, samen met haar enkele paspoort.

De man nam alleen het paspoort aan, bekeek het en keek toen weer naar de andere kant van de wagon. 'Zijn dat uw kinderen?'

Nederlandse kinderen konden worden bijgeschreven in het paspoort van hun ouders, maar in het hare stond slechts haar eigen naam.

Ze draaide de ring zo dat de robijn het licht ving en zei: 'Kinderen zijn het dierbaarste bezit ter wereld.'

JONGEN ONTMOET MEISJE

Stephan schoot door de deuren naar buiten en rende de met sneeuw bedekte trap af. Zijn schooltas schuurde langs het jasje van zijn schooluniform terwijl hij naar het Burgtheater sprintte. Bij de kantoorboekhandel bleef hij staan; de schrijfmachine stond nog in de etalage. Hij schoof zijn bril omhoog, drukte zijn vingers tegen het raam van de etalage en deed net alsof hij typte.

Toen rende hij verder, slalommend door de menigte op de *Christkindlmarkt*, de geur van peperkoek en zoete glühwein opsnuivend. 'Sorry. Sorry. Sorry!' riep hij, met zijn pet omlaaggetrokken om herkenning te voorkomen. Zijn familie genoot aanzien; hun vermogen kwam van het chocoladebedrijf dat ze met hun eigen kapitaal hadden opgericht en hun bankzaken werden afgehandeld door de chique Rothschild-bank. Als zijn vader te horen kreeg dat hij alweer een oude dame op straat omver had gelopen, zou die schrijfmachine dichter bij de dennenboom met lichtjes op de Rathausplatz blijven dan bij de kerstboom die bij hem thuis stond.

Hij zwaaide naar de oude man die de nieuwskiosk bemande. 'Goedemiddag, Herr Kline!'

'Waar is je overjas, jongeheer Stephan?' riep de oude man hem na.

Stephan keek omlaag – hij had zijn jas voor de zoveelste keer op school laten liggen – maar hij minderde pas vaart toen hij bij de Ringstrasse was, waar een spontane nazidemonstratie hem de weg versperde. Hij dook een met posters beplakte tunnel in en daalde kletterend de metalen trap af naar de donkere onderwereld van Wenen. Even later kwam hij weer tevoorschijn aan de andere kant van de straat, bij het Burgtheater. Hij schoot door de deuren van het theater naar binnen en rende met twee treden tegelijk de trap af naar de kapsalon in de kelder.

'Jongeheer Neumann, wat een verrassing!' zei Herr Perger. Hij trok zijn wenkbrauwen op tot ze boven zijn bril uitstaken, die net zo rond en zwart was als die van Stephan, zij het minder besneeuwd. De kapper was net bezig het laatste beetje haar van de dag met een stoffer en blik met lange steel op te vegen. 'Maar had ik niet –'

'Alleen een beetje bijknippen. Het is al een paar weken geleden.'

Herr Perger richtte zich op, gooide het haar in een vuilnisbak en zette het stoffer en blik naast een cello die tegen de muur leunde. 'Ach, jonge mensen hebben een beter geheugen dan oude,' zei hij hartelijk, met een knikje naar de kappersstoel. 'Of geldt dat niet voor een jongeman die te veel geld heeft?'

Stephan liet zijn tas vallen. Een paar pagina's van zijn nieuwe toneelstuk vielen eruit en kwamen op de grond terecht, maar wat maakte het uit? Het was Herr Perger maar. Hij schudde zijn jasje van zich af, ging in de stoel zitten en zette zijn bril af. De wereld werd vaag; de cello en het stoffer en blik leken wel een stel dat samen danste in de hoek, en het gezicht in de spiegel boven zijn stropdas zou van iedereen kunnen zijn. Hij rilde toen Herr Perger de kapmantel om hem heen drapeerde. Hij had er een hekel aan als zijn haar geknipt werd.

'Ik hoorde dat ze misschien voor een nieuw toneelstuk gaan repeteren,' zei hij. 'Is het er eentje van Stefan Zweig?'

'O ja, je bent een fan van Herr Zweig. Hoe kon ik dat vergeten?' zei Otto Perger. Zijn stem klonk licht spottend, maar het was niet onvriendelijk bedoeld. Bovendien kende Herr Perger alle geheimen over de toneelschrijvers en de sterren en het theater. Stephans vrienden hadden geen idee waar hij zijn nieuwtjes vandaan haalde; ze dachten dat hij een belangrijk iemand kende.

'Herr Zweigs moeder woont nog steeds hier in Wenen,' zei Stephan.

'Maar toch maakt hij zijn bezoekjes vanuit Londen maar zelden bekend. Nu, ik hoop dat ik je niet teleurstel, Stephan, maar dit nieuwe toneelstuk is van Csokor. Het heet *3. November 1918* en het gaat over het eind van het Oostenrijks-Hongaarse Rijk. Er wordt nogal wat gefluisterd en gespeculeerd over de vraag of het überhaupt opgevoerd zal worden. Ik ben bang dat Herr Csokor maar beter een ingepakte koffer klaar kan hebben staan. Maar ik heb gehoord dat het wel degelijk door zal gaan, alleen zal er in de publiciteit bij vermeld worden dat de schrijver met het stuk niet de naties van het voormalige Duitse Rijk wil beledigen. Een beetje van dit, een beetje van dat, wat er ook voor nodig is om te overleven.'

Stephans vader zou hebben tegengeworpen dat dit Oostenrijk was, niet Duitsland; de coup van de nazi's was hier al jaren geleden neergeslagen. Stephan had echter geen belangstelling voor politiek. Hij wilde alleen maar weten wie de hoofdrol zou spelen.

'Wil je een gokje wagen?' vroeg Herr Perger, terwijl hij de stoel met Stephan erin naar zich toe draaide. 'Ik meen me te herinneren dat je daar aardig goed in bent.'

Stephan hield zijn ogen dichtgeknepen en rilde weer, hoewel er gelukkig geen plukjes haar op zijn gezicht terechtkwamen. 'Werner Krauss?' raadde hij.

'Kijk eens aan!' riep Herr Perger enthousiast uit.

De kapper draaide de stoel weer naar de spiegel, en Stephan zag met zijn kippige blik dat Herr Perger niet zo opgetogen had gereageerd omdat het antwoord klopte, maar omdat hij een meisje begroette dat als een surrealistische zonnebloem tevoorschijn was gekomen uit een verwarmingsrooster in de muur onder Stephans spiegelbeeld. Ze stond recht voor hem, met vegen op haar bril en blonde vlechten en ontluikende borsten.

'Ach, Žofie-Helene, je mama zal de hele avond bezig zijn om die jurk schoon te boenen,' zei Herr Perger.

'Het was geen eerlijke vraag, opa Otto, er zijn twee mannelijke hoofdrollen,' zei het meisje. Haar heldere stem bleef ergens in Stephans binnenste steken, als de eerste hoge bes in het 'Ave Maria' van Schubert – haar stem en de lyrische klanken van haar naam, Žofie-Helene, en de nabijheid van haar borsten.

'Het is een lemniscaat van Bernoulli,' zei ze, voelend aan het gouden hangertje dat ze aan een ketting om haar hals droeg. 'Analytisch gezien de nulverzameling van de polynome X in het kwadraat plus Y in het kwadraat min het product van X in het kwadraat min Y in het kwadraat keer tweemaal A in het kwadraat.'

'Ik...' stamelde Stephan. Het schaamrood steeg hem naar de kaken omdat hij erop was betrapt dat hij naar haar borsten staarde, al had ze dat zelf niet door.

'Ik heb hem van mijn vader gekregen,' zei ze. 'Hij hield ook van wiskunde.'

Herr Perger maakte de kapmantel los, gaf Stephan zijn bril en wuifde de munt weg die Stephan hem wilde geven, met de mededeling dat deze knipbeurt gratis was. Vlug stopte Stephan de pagina's van zijn script weer in zijn tas. Hij wilde niet dat dit meisje zijn toneelstuk zou zien, of dat ze zou weten dat hij een toneelstuk aan het schrijven was, dat hij zich inbeeldde dat hij iets zou kunnen schrijven wat de moeite van het lezen waard was. Halverwege zijn bewegingen stopte hij en staarde verward naar de grond. Die was helemaal schoon?

'Stephan, dit is mijn kleindochter,' zei Otto Perger met de schaar nog in zijn hand. 'Žofie, Stephan is minstens zo geïnteresseerd in het theater als jij, al hecht hij dan wat meer belang aan een net kapsel.'

'Leuk je te ontmoeten, Stephan,' zei het meisje. 'Maar waarom laat je je haar knippen als dat helemaal niet nodig is?'

'Žofie-Helene,' zei Herr Perger vermanend.

'Ik kon alles zien door het rooster. Je haar hoefde helemaal niet geknipt te worden, dus deed opa Otto net alsof. Maar wacht, niets zeggen! Laat me raden.' Ze nam alles om zich heen in haar op: de cello en de kapstok en haar grootvader en Stephan zelf. Haar blik bleef op zijn tas rusten. 'Je bent een acteur! En opa weet alles over dit theater.'

Otto Perger zei: 'Stephan is een schrijver, *Engelchen*. En je weet toch dat de grootste schrijvers de gekste dingen doen, gewoon voor de ervaring.'

Žofie-Helene nam Stephan met hernieuwde belangstelling op. 'Ben je echt een schrijver?'

‘Ik… Ik krijg een schrijfmachine met kerst,’ zei Stephan. ‘Ik hoop dat ik een schrijver ben.’

‘Maken ze speciale schrijfmachines?’

‘Speciaal?’

‘Is het raar om linkshandig te zijn?’

Verward staarde Stephan naar zijn handen, terwijl het meisje het verwarmingsrooster weer losmaakte en op handen en voeten de muur in kroop. Even later stak ze haar hoofd naar buiten. ‘Kom op, Stephan, de repetities zitten er bijna op,’ zei ze. ‘Je vindt het toch niet erg als je kleren een beetje vies worden? Voor de ervaring?’

ROBIJNEN OF NEP

Een paarlen knoop sprong van Truus' geschulpte manchet toen ze, met de baby op haar ene arm, haar hand uitstak om de jongen vast te grijpen. De kleuter was zo gefixeerd op het enorme koepelvormige plafond van het station van Amsterdam dat hij bijna uit de trein viel.

'Truus,' begroette haar echtgenoot haar terwijl hij het jochie uit de trein tilde. Daarna hielp hij het meisje met uitstappen, en Truus met de baby.

Op het perron liet Truus zich door haar man omhelzen, een zeldzame uiting van genegenheid in het openbaar.

'Geertruida,' zei hij, 'kon Frau Freier niet –'

'Nu even niet moeilijk doen, Joop. Het is gedaan, en ik weet zeker dat de vrouw van die aardige jonge bewaker die ons de grens over heeft geholpen, de robijn van mijn moeder harder nodig heeft dan wij. En het is bijna kerst.'

'Lieve hemel, je gaat me toch niet vertellen dat je het hebt gewaagd om een nazi met een nepedelsteen om te kopen?'

Ze kuste hem op de wang. 'Je ziet het verschil zelf niet eens, lieverd, dus ik denk niet dat die man het door zal hebben.'

Joop moest lachen en hij nam de baby van haar over. Hij hield het kind onhandig maar liefdevol vast – als een man die gek was op kinderen maar ze zelf nooit had gekregen, hoewel ze het jaren hadden geprobeerd. De handen van Truus voelden koud aan nu de baby ze niet meer verwarmde, en ze stak ze in haar zakken en voelde het lucifersdoosje dat ze al bijna vergeten was. Wat een vreemde kerel was dat geweest, de dokter in de treinwagon die haar het doosje had gegeven. 'U bent ongetwijfeld gestuurd door God,' had hij gezegd met een warme blik naar de kinderen. Hij had haar verteld dat hij altijd een gelukssteen bij zich droeg en dat hij die haar graag wilde geven. 'Om u en de kinderen te beschermen,' had hij aangedrongen. Hij had het kleine doosje opengeschoven om haar een ruwe platte steen te laten zien die geen enkel ander nut kon hebben dan geluk brengen. 'Op Joodse begrafenissen schenk je geen bloemen maar stenen,' zei hij, wat haar het gevoel had gegeven dat ze niet meer kon weigeren. In Bad Bentheim was hij uitgestapt, voordat de trein de grens tussen Duitsland en Nederland zou passeren, en nu was Truus met de kinderen in Amsterdam en bedacht ze dat het misschien wel waar was dat het lelijke steentje geluk bracht.

'Luister, kleine man,' zei Joop tegen de baby, 'als je groot bent, moet je iets bijzonders doen, zodat het de moeite waard was dat mijn dwaze bruid haar leven op het spel heeft gezet.' Als deze spontane reddingsactie hem al dwarszat, dan zou hij er toch net zomin tegen protesteren als hij deed wanneer Truus naar Duitsland reisde met het vooropgezette plan om kinderen op te halen. Hij kuste de baby op de wang. 'Er staat een taxi klaar,' zei hij.

'Taxi? Heb je soms opslag gekregen bij de bank terwijl ik weg was?' Het was een mild grapje; Joop was een bankiersbankier, door en door zuinig. Maar wel eentje die zijn vrouw na twintig jaar huwelijk nog steeds zijn bruid noemde.

'Zelfs zonder sneeuw zou het een flink stuk lopen zijn van de tramhalte naar het huis van hun oom,' zei hij, 'en dokter Groenveld zou niet willen dat de neefjes en het nichtje van zijn vriend met bevroren tenen arriveren.'

De vriend van dokter Groenveld. Aha, dacht Truus terwijl ze de wereld van besneeuwde takken en bevroren grachten in liepen. Zo kwam de hulp van het Comité voor Bijzondere Joodsche Belangen vaak tot stand: vrienden van vrienden, de kinderen van vrienden of zakenpartners. In veel gevallen bepaalden toevallige relaties het lot.

ONAFHANKELIJK WENEN

HITLERS GEBOORTEHUIS NU EEN MUSEUM

Ondanks het zomerakkoord blijft de verhouding tussen Oostenrijk en Duitsland gespannen

DOOR KÄTHE PERGER

BRAUNAU AM INN, 20 DECEMBER 1936 – De eigenaar van het geboortehuis van Adolf Hitler heeft twee van de kamers van het huis voor het publiek opengesteld. De Oostenrijkse autoriteiten in Linz hebben hier toestemming voor gegeven, op voorwaarde dat er alleen Duitse bezoekers worden toegelaten en geen Oostenrijkers. Mochten er toch Oostenrijkers in het museum worden binnengelaten, of mochten de nazi's het gebruiken als plek om te demonstreren, dan zal het direct worden gesloten.

De opening van het museum is mogelijk dankzij de Oostenrijks-Duitse overeenkomst van 11 juli, waarin werd afgesproken om de 'normale en vriendelijke verhouding' tussen onze landen te herstellen. Volgens de overeenkomst erkent Duitsland de onafhankelijkheid van Oostenrijk en zegt het toe om ons politieke systeem als een interne kwestie te beschouwen waarop het geen invloed zal uitoefenen – een concessie van de kant van Hitler, die bezwaar heeft tegen de gevangenneming door onze regering van leden van de Oostenrijkse nazipartij.

KAARSEN BIJ ZONSOPGANG

Nerveus liep Žofie-Helene op de met sneeuw bestoven heggen en het hoge gietijzeren hek van het stadspaleis aan de Ringstrasse af. Ze legde haar hand op de roze sjaal die haar grootmoeder haar voor kerst had gegeven en die zo zacht was als de aanraking van haar moeder. Dit huis was groter dan het hele appartementencomplex waar zij woonden, en veel rijker versierd. De eerste vier verdiepingen steunden op hoge pilaren; de onderste was voorzien van boogdeuren en -ramen, en de drie erboven hadden hoge glazen openslaande deuren die toegang gaven tot smalle stenen balkons. De vijfde verdieping, wat bescheidener van omvang, was versierd met beelden die het dak omhoog leken te houden, of de bedienden leken te bewaken die op de zolder moesten wonen. Dit kon onmogelijk iemands woonhuis zijn, laat staan dat van Stephan. Maar voordat ze zich kon omdraaien en weglopen, stapte er een portier in een indrukwekkend uniform uit een wachthuisje om het hek voor haar te openen. Op hetzelfde moment vlogen de bewerkte houten voordeuren open en rende Stephan de treden af, die helemaal vrij van sneeuw waren, alsof het zomer was in plaats van winter.

'Kijk! Ik heb een nieuw toneelstuk geschreven!' riep hij, wapperend met een manuscript. 'Ik heb het geschreven op de schrijfmachine die ik met kerst heb gekregen!'

De portier glimlachte warm. 'Jongeheer Stephan, nodigt u uw gast niet uit om binnen te komen?'

De binnenkant van het paleis was nóg indrukwekkender, met kroonluchters en marmeren vloeren met ingewikkelde geometrische patronen, een statige trap en allerlei buitengewone kunstwerken aan de muren: herfstige berkenstammen waarvan het perspectief niet klopte; een dorpje aan de kust, gebouwd tegen een heuvel, onwaarschijnlijk plat en vrolijk; een bizar portret van een dame die opvallend veel op Stephan leek, met dezelfde zwoele ogen en lange rechte neus, dezelfde rode lippen en hetzelfde bijna onwaarneembare kuiltje in de kin. Het haar van de vrouw op het schilderij was opgestoken en haar wangen waren helderrood gekrast op een manier die zowel elegant als verontrustend was, meer schoonheid en blos dan wond, hoewel Žofie onwillekeurig aan het laatste moest denken. De eerste cellosuite van Bach klonk uit een grote salon waar gasten converseerden naast een vleugel. De elegante, met bladgoud bedekte klep stond open en onthulde de geschilderde afbeelding aan de onderkant, een dramatische witte vogel met een trompet in zijn klauwen.

'Niemand heeft het nog gelezen,' zei Stephan met gedempte stem. 'Geen woord.'

Žofie keek naar het manuscript dat hij haar toestak. Wilde hij echt dat ze het meteen ging lezen?

De portier – Rolf, noemde Stephan hem – zei behulpzaam: 'Ik hoop dat uw vriendin een goede kerst heeft gehad, jongeheer Stephan?'

Stephan negeerde de hint en zei tegen Žofie: 'Ik heb eeuwen gewacht tot je thuis zou komen.'

'Ja, Stephan, mijn grootmoeder maakt het goed, en ik heb een heerlijke kerst gehad in Tsjechoslowakije, dank je,' zei Žofie-Helene. Ze werd beloond met een goedkeurende glimlach van Rolf, die haar jas en haar nieuwe sjaal van haar aannam.

Vlug las ze de eerste bladzijde van het manuscript. 'Het begint prachtig, Stephan,' zei ze.

'Vind je?'

'Ik beloof je dat ik vanavond het hele stuk lees, maar als je wilt dat ik je familie ontmoet, kan ik het moeilijk bij me houden.'

Stephan keek de muzieksalon in, nam het manuscript van haar over en rende de trap op. Zijn hand veegde bij elke bocht die hij omsloeg langs een beeld, tot hij op de tweede verdieping was, waar de deuren van een bibliotheek openstonden. Er stonden zoveel boeken dat Žofie nauwelijks kon bevatten dat ze eigendom waren van één familie.

Een modieus geklede vrouw met een platte boezem was in de salon aan het praten. '...Hitler die boeken verbrandt – alle interessante exemplaren, moet ik erbij zeggen.' De vrouw leek erg op Stephan, en ook op het portret met de gekraste wangen, hoewel haar donkere haar in het midden gescheiden was en in losse krullen over haar schouders hing. 'Dat walgelijke mannetje noemt Picasso en Van Gogh incompetente bedriegers.' Ze voelde aan haar parelketting, die net als die van Žofies moeder in een enkele lus om haar hals hing, maar die nog een tweede lus had die helemaal tot aan haar middel reikte. De parels waren zo perfect dat ze als het snoer ooit zou breken vast alle kanten op zouden rollen. '"Het doel van kunst is niet om in de vuiligheid te rollen omwille van de vuiligheid", zegt hij – alsof hij enig idee heeft wat het doel van kunst is. En dan noemen ze míj hysterisch?'

'Niet hysterisch,' zei een man. 'Dat is jouw woordkeus, Lisl.'

Lisl. Dat moest Stephans tante zijn. Stephan was gek op zijn tante Lisl, en ook op haar man, zijn oom Michael.

'Van Freud, om precies te zijn, liefje,' antwoordde Lisl luchtig.

'Hitler gaat alleen tekeer tegen de modernisten,' zei Stephans oom Michael. 'Kokoschka –'

'Die uiteraard de plek aan de kunstacademie kreeg die Hitler had willen hebben,' onderbrak Lisl hem. 'Hitlers werk was zo slecht beoordeeld dat hij niet eens toelatingsexamen had mogen doen,' vertelde ze hun. 'Hij moest in een opvanghuis slapen, in de gaarkeuken eten en zijn schilderijen verkopen aan winkels die iets nodig hadden om hun lege lijsten mee te vullen.'

Terwijl het kleine kringetje lachte om haar verhaal, schoof er aan de andere kant van de hal een deur open. Een lift! Een jongen die niet veel meer kon zijn dan een kleuter sprong van een stoel die in de lift stond – een prachtige rolstoel (niet van het jongetje, uiteraard) met kunstig uitgesneden armleuningen, een rieten zitting en rugleuning, en perfect geproportioneerde ronde koperen handgrepen en wielen. De jongen drentelde de hal in, een speelgoedkonijn over de grond achter zich aan slepend.

'Hallo. Jij moet Walter zijn,' zei Žofie. 'En wie is je konijnenvriendje?'

'Dat is Pieter,' zei Stephans broertje.

Pieter Konijn. Žofie wenste dat ze haar kerstgeld nog niet had uitgegeven, dan zou ze zo'n Pieter in een klein blauw jasje voor haar zusje Jojo kunnen kopen.

'Dat is mijn *Papa*, bij mijn piano,' zei het jongetje.

'Jouw piano?' vroeg Žofie. 'Speel je?'

'Niet zo heel goed,' zei het jongetje.

'Maar op die piano?'

Het jongetje keek naar de piano. 'Ja, natuurlijk.'

Stephan kwam weer naar beneden, met lege handen. Op dat moment zag Žofie de verjaardagstaart in de salon staan, met kaarsen erop, die volgens de Oostenrijkse traditie bij zonsopgang werden aangestoken en de hele dag bleven branden. Ernaast stond een schaal met de prachtigste bonbons die ze ooit had gezien, sommige van melkchocolade en sommige puur, allemaal in verschillende vormen, maar allemaal versierd met Stephans naam.

'Stephan, ben je jarig?' Zestien kaarsen voor zijn leeftijd, en eentje om geluk te brengen. 'Waarom heb je dat niet gezegd?'

Stephan woelde door Walters haar terwijl het cellostuk ten einde kwam.

'Ik!' riep Walter. 'Ik wil het doen!' En hij rende naar hun vader, die een kruk naast de platenspeler schoof.

'En nu is Zweig naar Engeland gevlucht en componeert Strauss voor de Führer,' zei tante Lisl – woorden die de aandacht van Stephan trokken. Žofie-Helene geloofde niet in helden, maar ze liet zich door Stephan meetrekken naar de salon om hier meer over te horen.

'Jij moet Žofie-Helene zijn!' zei Stephans tante Lisl. 'Stephan, je hebt me niet verteld hoe mooi je vriendinnetje is.' Ze trok een paar spelden uit Žofies wrong, en haar lokken tuimelden omlaag. 'Ja, dat is beter. Als ik zulk haar had als jij zou ik het ook niet afknippen, wat de mode ook voorschrijft.

Het spijt me dat Stephans moeder zich niet goed genoeg voelt om je te begroeten, maar ik heb haar beloofd om verslag uit te brengen, dus je moet me alles vertellen.'

'Het is heel prettig om u te ontmoeten, Frau Wirth,' zei Žofie. 'Maar gaat u verder met uw verhaal over Herr Zweig, anders vergeeft Stephan het me nooit.'

Lisl Wirth lachte, een warm, helder geluid, met haar kin een beetje naar het onmogelijk hoge plafond geheven. 'Iedereen, dit is de dochter van Käthe Perger, de redacteur van *Onafhankelijk Wenen*.' Ze keerde zich naar Žofie toe en zei: 'Žofie-Helene, dit is Berta Zuckerkandl, een journaliste, net als je moeder.' Tegen de anderen zei ze: 'Haar moeder die, moet ik zeggen, meer moed heeft dan Zweig of Strauss.'

'Werkelijk, Lisl,' wierp haar echtgenoot tegen, 'je doet alsof Hitler aan de grens staat. Alsof Zweig in ballingschap leeft, terwijl hij op dit moment in de stad is.'

'Is Stefan Zweig in Wenen?' vroeg Stephan.

'Nog geen halfuur geleden zat hij in Café Central,' zei zijn oom Michael.

Lisl Wirth keek haar neefje en zijn vriendinnetje na terwijl ze naar de voordeur renden. Ze luisterde met een half oor naar Michael, die vroeg waarom Zweig Oostenrijk eigenlijk was ontvlucht.

'Hij is niet eens een Jood,' zei haar man. 'In elk geval geen praktiserende.'

'Zegt mijn niet-Joodse echtgenoot,' vermaande Lisl hem vrijgevig.

'Getrouwd met de mooiste Joodse van heel Wenen,' zei hij.

Lisl keek toe terwijl Rolf Stephan tegenhield om hem de versleten jas van het meisje te geven. Žofie-Helene keek zo verbaasd toen Stephan haar in haar jas wilde helpen, dat Lisl bijna hardop in de lach schoot. Terwijl het meisje met haar rug naar Stephan toe stond, snoof hij stiekem de geur van haar haren op. Lisl vroeg zich af of Michael dat ooit bij haar had gedaan toen ze nog verkering hadden. Ze was maar een jaar ouder geweest dan Stephan nu was.

'Is prille liefde niet prachtig?' zei ze tegen haar echtgenoot.

'Is ze verliefd op je neefje?' vroeg Michael. 'Ik weet niet of ik hem aan zou moedigen om het aan te leggen met de dochter van een rebelse journalist.'

'Wie van haar ouders verdenk je van het opjutten van meuten, lieveling?' vroeg Lisl. 'Haar vader, van wie wordt gezegd dat hij in juni 1934 zelfmoord heeft gepleegd in een hotel in Berlijn, heel toevallig in dezelfde nacht waarin zoveel van Hitlers tegenstanders zijn overleden? Of haar moeder, die als zwangere weduwe het werk van haar man overnam?'

Ze keek Stephan en Žofie na terwijl ze naar buiten verdwenen. De arme Rolf haastte zich achter hen aan, zwaaiend met de sjaal van het meisje – een onwaarschijnlijk mooie roze sjaal.

'Nou, ik zou niet weten of dat meisje verliefd is op Stephan,' zei Lisl, 'maar hij is in elk geval verkikkerd op haar.'

OP ZOEK NAAR STEFAN ZWEIG

'Kijk eens aan, *mein* Engelchen met haar aanbidders: de toneelschrijver en de nar!' zei Otto Perger tegen zijn klant. Hij had zijn kleindochter sinds een paar weken voor kerst niet meer gezien, maar ze hoorden haar de trap aan de andere kant van de gang af komen, kletsend met de jonge Stephan Neumann en een andere jongen.

'Ik hoop dat ze de nar kiest,' antwoordde de man terwijl hij Otto zoals altijd een gulle fooi gaf. 'Wij schrijvers bakken er weinig van in de liefde.'

'Ik ben bang dat ze een oogje heeft op de schrijver,' zei Otto, 'hoewel ik niet zeker weet of ze dat zelf beseft.' Hij zweeg, met de bedoeling zijn klant lang genoeg op te houden om hem aan Stephan te kunnen voorstellen. De man had echter een chauffeur die op hem wachtte, en de kinderen liepen te treuzelen, zoals kinderen geneigd zijn te doen. 'Nu, ik ben blij dat u hebt genoten van het bezoek aan uw moeder,' zei hij.

De man liep haastig weg en passeerde de kinderen in de gang. Toen hij halverwege de trap was, keek hij om en vroeg: 'Wie van jullie is de schrijver?'

Stephan, die lachte om iets wat Žofie had gezegd, leek het niet te horen, maar de andere jongen wees naar Stephan.

'Succes, jongen. We hebben nu meer dan ooit getalenteerde schrijvers nodig.'

Toen was hij verdwenen, en de kinderen gingen de kapperszaak binnen. Žofie kondigde aan dat het Stephans verjaardag was.

'Een heel fijne verjaardag, jongeheer Stephan!' zei Otto. Hij omhelsde zijn kleindochter, dit kind dat zo op haar vader leek dat Otto zijn zoon terughoorde in haar stem, hem terugzag in de manier waarop ze haar vuile brillenglazen negeerde. Ze rook zelfs hetzelfde: naar amandelen en melk en zonneschijn.

'Dat was Herr Zweig!' zei de vriend van Žofie en Stephan.

'Waar, Dieter?' vroeg Stephan.

'Jongeheer Stephan, wat heb jij uitgespookt terwijl onze Žofie weg was?' zei Otto vlug.

'Hij zat recht naast ons in Café Central voordat Stephan daar aankwam – Zweig bedoel ik,' vertelde Dieter. 'Met Paula Wessely en Liane Haid, die er heel oud uitzag.'

Otto aarzelde. Om de een of andere rare reden wilde hij niet toegeven dat deze lompe jongen gelijk had. 'Ik ben bang dat Herr Zweig een vliegtuig moest halen, Stephan.'

'Dus hij was het echt?' Er sprak zoveel teleurstelling uit Stephans donkere ogen dat hij er, met zijn haar dat ondanks Otto's inspanningen rechtovereind stond, uitzag als een kleuter. Otto zou hem het liefst vertellen dat hij nog wel een andere kans zou krijgen om zijn held te ontmoeten, maar dat leek hem onwaarschijnlijk. Het enige waar ze het over hadden gehad – of waar Zweig het over had gehad terwijl Otto luisterde – was of zelfs Londen wel ver genoeg van Hitler zou zijn. Herr Zweig wist hoe Otto's zoon Christof aan zijn eind was gekomen; hij wist dat Otto begreep hoe weinig bescherming een grens bood.

'Ik hoop dat je Herr Zweigs woorden ter harte neemt, Stephan,' zei Otto. 'Hij zei dat we getalenteerde schrijvers als jij nu harder nodig hebben dan ooit.' Dat was in elk geval iets: dat de grote schrijver Stephan had aangemoedigd, al had de jongen het dan niet gehoord.

DE MAN IN DE SCHADUW

Adolf Eichmann gaf zijn dikke nieuwe baas, Obersturmführer Wisliceny, een rondleiding over de Joodse afdeling van de Sicherheitsdienst, eindigend bij zijn eigen bureau. Naast het bureau zat Tier, de mooiste Duitse herder in heel Berlijn.

'Allemachtig, hij zit zo stil dat het wel lijkt of hij opgezet is,' zei Wisliceny.

'Tier is uitstekend afgericht,' reageerde Eichmann. 'Als de rest van Duitsland maar half zo gedisciplineerd was, dan zouden we binnen de kortste keren van de Joden af zijn en onze handen vrij hebben voor belangrijkere zaken.'

'Wie heeft hem getraind?' vroeg Wisliceny, en hij ging in Eichmanns stoel zitten, gebruikmakend van zijn hogere rang.

Eichmann nam plaats op de stoel voor bezoekers en knipte eenmaal met zijn vingers om Tier naar zich toe te roepen. Hij had Wisliceny verzekerd dat het SD-departement II/112 strak geleid werd, maar dit was een nogal optimistische voorstelling van zaken. Ze werkten vanuit drie kleine vertrekken in Burg Hohenzollern, terwijl de Gestapo, met zijn eigen Joodse afdeling en veel meer middelen, hen met alle plezier ondermijnde. Eichmann had echter op de harde manier geleerd dat klagen vooral de klager in een negatief daglicht stelde.

Wisliceny zei: 'Uw essay over "het Joodse probleem", Eichmann... het is boeiend, het idee dat we Joden ertoe kunnen aanzetten om Duitsland te verlaten door te zorgen dat ze economisch geen voet meer aan de grond krijgen in het *Reich*. Maar waarom zouden we ze dwingen om naar Afrika of Zuid-Amerika te emigreren in plaats van naar andere Europese landen? Wat maakt het ons uit waar ze naartoe gaan, zolang wij maar van ze af zijn?'

Eichmann antwoordde beleefd: 'We zien liever niet dat meer ontwikkelde landen de beschikking krijgen over hun expertise en deze mogelijk tegen ons gaan gebruiken, lijkt me.'

Wisliceny kneep zijn kleine Pruisische oogjes samen. 'Denk je dat wij Duitsers niet op kunnen tegen buitenlanders die worden geholpen door Joden waar wij vanaf willen?'

'Nee. Nee,' protesteerde Eichmann, en hij legde zijn hand op de kop van Tier. 'Dat bedoelde ik helemaal niet.'

'En Palestina, dat jij onder de "achterlijke" landen rekent, is Brits grondgebied.'

Eichmann, die zag dat dit de verkeerde kant op ging, vroeg Wisliceny naar zijn mening over deze kwestie, waarmee hij zichzelf blootstelde aan een eindeloos blaatverhaal dat steunde op een compleet gebrek aan kennis. Hij luisterde zoals hij altijd deed: hij sloeg informatie op voor toekomstig gebruik en zweeg over zijn eigen voordelen. Dit was zijn taak, om te luisteren en te knikken terwijl anderen praatten, en hij was er bijzonder goed in. Geregeld verruilde hij zijn uniform voor burgerkleren om te kunnen infiltreren in de zionistische groeperingen van Berlijn en deze van dichtbij te observeren. Hij had een heel leger van informanten opgebouwd. Hij verzamelde informatie van de Joodse pers. Hij bracht verslag uit over Agudath Israël. Hij bouwde in het geheim belastende dossiers op. Stuurde arrestaties aan. Hielp met ondervragingen door de Gestapo. Hij had zelfs een poging gedaan om Hebreeuws te leren om zijn werk beter te kunnen doen, hoewel hij er een potje van had gemaakt en iedereen in Berlijn daar inmiddels van op de hoogte was – hij had een rabbijn aangeboden om hem drie rijksmark per uur te betalen om hem Hebreeuws te leren, terwijl hij de Jood ook gewoon had kunnen arresteren en de man had kunnen dwingen hem gratis te onderwijzen.

Vera was ervan overtuigd dat het door deze blunder kwam dat die onbenullige Pruis was benoemd tot hoofd van de Joodse afdeling, terwijl die positie eigenlijk Eichmann toekwam. Hem restte slechts de promotie naar technisch sergeant en de eer om dezelfde taken uit te voeren met minder personeel, dankzij de bezuinigingen van de partij. Eichmann wist echter dat dat niet de reden was waarom hij de promotie niet had gekregen. Wie had gedacht dat het feit dat hij zich in zionistische kwesties had verdiept hem te waardevol zou maken als expert om zich te laten 'afleiden' door administratieve verantwoordelijkheden? Als je carrière wilde maken binnen de gelederen van de nazi's, kon je maar beter een domme volgzame Pruis zijn met een bul in theologie, met een vreselijke lach en een stuitend gebrek aan kennis over elk denkbaar onderwerp.

Pas nadat Wisliceny was vertrokken en Eichmann zijn bureau had opgeruimd, gaf hij Tier toestemming om zich te verroeren. 'Wat ben je toch een brave jongen,' zei hij, en hij aaide de hond over zijn puntige oren en liet zijn vingers op de zachte roze binnenkant rusten. 'Zullen we nu wat plezier gaan maken? Dat hebben we wel verdiend na die schertsvertoning, toch?'

Tier schudde zijn oren en hield toen zijn puntige snuit scheef, zo verwachtingsvol als Vera vlak voor de seks. Vera. Vandaag waren ze precies twee jaar getrouwd. Ze zou op hem wachten in hun kleine appartement aan de Onkel-Herse-Straße, samen met hun zoontje. De geboorte van het jongetje had Eichmann net als hun huwelijk moeten aangeven bij het ss-Rasse und Siedlungshauptamt, uiteraard nadat hij had aangetoond dat Vera puur arisch bloed had. Eigenlijk zou hij zo snel mogelijk naar huis moeten gaan, naar Vera's grote ogen en haar mooie wenkbrauwen en haar stevige ronde gezicht, haar voluptueuze lichaam dat zoveel aantrekkelijker was dan het hoekige lichaamstype dat op dit moment in de mode was.

Hij legde echter de hele weg lopend af, met Tier keurig aan de voet. Hij stak het kanaal over en slenterde door het Joodse getto, langzaam, de ene straat in en de andere straat uit, gewoon om ervan te genieten dat de kinderen, ondanks het voorbeeldige gedrag van Tier, angstig wegrenden wanneer ze hen zagen.

CHOCOLADE ALS ONTBIJT

Truus liet de krant zakken en keek over de smalle ontbijttafel heen. 'Alice Salomon is uit Duitsland verbannen,' zei ze geschokt. 'Hoe kunnen de nazi's dit doen? Een internationaal erkende pionier op het gebied van de volksgezondheid, die helemaal niemand bedreigt? Ze is oud en ze is ziek, en ze houdt zich niet eens bezig met politiek.'

Joop legde zijn boterham met hagelslag weer op zijn bord. Er vielen een paar korreltjes op de tafel, en eentje bleef plakken aan de rand van zijn mond. 'Is ze Joods?'

Truus keek uit het raam van de derde verdieping, over de bloempotten in de vensterbank naar de Nassaukade en de gracht, de brug, de Raampoort. Doctor Salomon was een christen. Een zeer gelovige christen, waarschijnlijk uit een familie zoals die van Truus, rijke christenen die Gods gaven wisten te waarderen en die deze gaven hadden gedeeld door tijdens de Eerste Wereldoorlog Belgische kinderen in huis te nemen. Joop zou echter alleen maar van streek raken als ze hem vertelde dat de Duitsers een christen hadden verbannen, en Truus wilde hem geen reden geven om te vragen naar haar plannen voor die dag. Ze had gehoopt om naar Duitsland te reizen en met Recha Freier te bespreken wat voor hulp ze nog meer konden bieden aan de Joodse kinderen in Berlijn, die niet langer welkom waren op de openbare scholen. Ze had echter geen antwoord gekregen op haar bericht. Wel had ze alvast geregeld dat ze de auto van mevrouw Kramarsky kon lenen; ze kon dus in elk geval een tripje over de grens maken en de boerderij van de Webers bezoeken.

'Joodse voorouders, klaarblijkelijk,' zei ze. Dat was waar, maar toch meed ze de blik van haar man en keek ze naar het gebloemde behang van de eetkamer, de gordijnen die nodig gewassen moesten worden. Ze betwijfelde of Alice Salomon het land uit was gezet vanwege haar voorouders.

‘Geertruida,’ begon Joop, en Truus zette zich schrap. Voordat ze Joop had ontmoet, had ze haar eigen naam robuust en onopvallend gevonden – Geertruida of Truus, allebei – maar uit zijn mond klonk het eigenlijk heel mooi. Toch sprak hij haar maar zelden bij haar doopnaam aan.

Datgene wat een huwelijk laat werken, moet je zorgvuldig bewaken, had haar moeder haar op de ochtend van haar trouwdag op het hart gedrukt. En wie was Truus om het advies van haar moeder in de wind te slaan door te laten merken dat deze kleine gewoonte van Joop – haar doopnaam gebruiken wanneer hij haar iets uit het hoofd wilde praten – als waarschuwingssignaal diende?

Ze pakte haar servet en stak haar hand uit om een korreltje hagelslag van Joops mond te vegen. Zo, nu was hij weer de keurige hoofdkassier en directeur van de Javasche Bank die hij was geweest toen ze zich hadden verloofd, zonder korreltjes hagelslag.

‘Morgen krijg je een broodje kroket voor de lunch,’ zei ze voordat Joop haar kon vragen wat ze die dag van plan was. Een broodje kroket was zijn lievelingseten; zijn humeur verbeterde al wanneer je het er maar over had, en het zorgde altijd voor de nodige afleiding.

KALK AAN HAAR SCHOENEN

Stephan keek vanuit de deuropening toe terwijl Žofie de helft wegveegde van een wiskundige vergelijking die een heel schoolbord bedekte.

Geschrokken begon haar docent: 'Kurt –'

De jongere man in het gezelschap knikte slechts naar Žofie. Stephan voelde zich een beetje zoals de dokter in het toneelstuk *Amok*, een personage van Zweig dat zo geobsedeerd raakt door een vrouw die weigert seks met hem te hebben dat hij haar stalkt. Stephan stalkte Žofie echter niet. Ze had zelf voorgesteld dat hij haar op de universiteit op zou halen, ook al was het zomervakantie en volgde er niemand college.

Žofie liet de bordenwisser vallen en begon het bord weer met symbolen te vullen, zonder te letten op het krijtstof op haar schoen. Stephan haalde een schrift uit zijn tas en noteerde: *laat bordenwisser vallen zonder het op te merken.*

Pas toen Žofie-Helene klaar was met haar vergelijking merkte ze Stephan op. Ze glimlachte – zoals Helene die in *Amok* vanaf de andere kant van de balzaal glimlachte, in haar gele japon.

'Komt dat logisch over?' vroeg Žofie aan de oudere man. En tegen de jongere zei ze: 'Zo niet, dan leg ik het morgen uit, professor Gödel.'

Ze gaf het krijtje aan Gödel en liep naar Stephan toe. Ze lette niet langer op de twee mannen, van wie de oudere zei: 'Buitengewoon. En hoe oud is ze?'

Waarop de andere, Gödel, antwoordde: 'Pas vijftien.'

DE PARADOX VAN DE LEUGENAAR

Stephan ontvluchtte de regen en dook het gebouw van Neumanns Chocolade op Schulhof nummer 2 in, op de voet gevolgd door Žofie. Hij leidde haar een steile houten trap af naar de kelders, waarbij hun natte schoenen ongeziene sporen achterlieten in het koele donker terwijl het geklets van de chocolatiers op de begane grond wegstierf.

'Mmm... chocolade,' zei ze, niet in het minst bang.

Hoe had hij ooit kunnen denken dat iemand die zo slim was als Žofie ook maar ergens bang voor zou zijn? Dat hij dat excuus zou kunnen gebruiken om haar hand vast te pakken, zoals Dieter steeds deed wanneer ze voor zijn nieuwe toneelstuk repeteerden? Tijdens het rennen door de regen was het krijtstof van haar schoenen gespoeld, maar Stephan kon al die symbolen die ze op het schoolbord had geschreven niet uit zijn hoofd zetten, wiskunde waarvan hij het alfabet niet eens kende.

Hij trok aan een koordje en het licht aan het plafond sprong aan. Pallets met opgestapelde kratten wierpen hoekige schaduwen op de ongelijke stenen muren van de kelder. Alleen al door hier te zijn raakte hij geïnspireerd, hoewel hij nog maar zelden hier schreef nu hij thuis een schrijfmachine had. Hij opende een krat met de koevoet die aan een haak aan de muur hing en maakte een van de jutezakken die erin zaten open: cacaobonen die zo vertrouwd roken dat hij vaak helemaal geen zin meer had in chocolade, zoals een jongen wiens vader boeken schreef het lezen zat werd, hoe moeilijk Stephan zich dat ook kon voorstellen.

Žofie-Helene zei: 'Je gaat me toch wel een hapje aanbieden.'

'Van de cacaobonen? Je kunt ze niet eten, Žofie. Nou ja, misschien als je uitgehongerd bent.'

Ze keek zo teleurgesteld dat hij de woorden inslikte waarmee hij indruk op haar had willen maken, over het temperen van chocolade, zo precies en verfijnd als het coördineren van een ballet, het smelten en het afkoelen en het roeren tot de perfecte kristalstructuur ontstond, een lekkernij die de tong in verrukking bracht. Verrukking. Dat woord kon hij waarschijnlijk toch niet in haar bijzijn gebruiken, tenzij hij het in een toneelstuk stopte.

Hij rende naar boven om een handje bonbons te halen, maar toen hij terugkwam, zag hij Žofie niet meer.

'Žofie?'

Haar stem klonk galmend onder de trap. 'Je zou die cacao hier moeten bewaren. De temperatuur in een kelder is stabieler naarmate de geothermische gradiënt hoger is.'

Hij keek even naar zijn mooie kleren – die hij had aangetrokken om indruk op haar te maken – maar griste toch de zaklamp van het haakje, dook onder de trap en klom via de metalen ladder naar de lagergelegen kelder. Nog steeds geen Žofie te bekennen. Hij kroop in de lage, zanderige tunnel aan het uiteinde van de kelder, en de lichtbundel van de zaklamp viel op de zolen van Žofie's schoenen, haar bij de knieën gebogen benen, haar achterwerk met haar rok eroverheen gespannen. Aan het eind van de tunnel stond ze op, en haar jurk schoof omhoog en bood hem heel even zicht op de lichte huid van haar knieholten en de achterkant van haar bovenbenen. Toen trok ze de stof weer omlaag en was het moment voorbij.

Ze draaide zich om en bukte, zodat de zaklamp haar gezicht verlichtte. 'Dat is een nieuwe term, geothermische gradiënt,' zei ze. 'Het geeft niet als je er nooit van gehoord hebt. De meeste mensen weten niet wat het is.'

'De bovenste kelder is droger, en dat is beter voor de cacao,' zei hij. 'En hij is makkelijker te bereiken.'

Hier was de doorgang natuurlijk gevormd, in tegenstelling tot de betonnen tunnel onder de Ringstrasse bij het Burgtheater. Hij leek dood te lopen bij een stapel stenen een aantal meter verderop, maar in werkelijkheid was dat niet zo. Zo ging het in deze onderwereld, dit doolhof van oude gangen en kelders dat onder Wenen liep: als je lang genoeg zocht, kon je meestal wel verder. Zijn overgrootvader had het pand van Neumann Chocolade gekocht vanwege de lage vochtigheidsgraad in dit deel van het ondergrondse gangenstelsel. Op zijn zestiende, dezelfde leeftijd als Stephan nu, was hij zonder bezittingen naar Wenen gekomen en had zijn intrek genomen op de zolder van een flat zonder lift in de sloppenwijken van Leopoldstadt. Op zijn drieëntwintigste had hij de chocoladefabriek opgericht. Dit pand had hij gekocht om te kunnen uitbreiden, terwijl hij nog steeds op die zolder woonde, voordat hij het stadspaleis aan de Ringstrasse had gebouwd waar de familie van Stephan nu woonde.

'Ik had best kunnen wachten terwijl je die vergelijking aan je docenten uitlegde,' zei hij.

'O, professor Gödel heeft er geen uitleg bij nodig. Hij was maar iets ouder dan wij toen hij de theorieën van onvolledigheid bedacht die de vakgebieden van de logica en de wiskunde op zijn kop zouden zetten. Je zou zijn bewijsvoering moeten zien. Hij gebruikte de paradox van Russell en de paradox van de leugenaar om aan te tonen dat in elk formeel systeem dat toereikend is voor de getallentheorie een formule zit die niet te bewijzen valt, en hetzelfde geldt voor de ontkenning daarvan.'

Stephan haalde zijn schrift uit zijn tas en noteerde: *de paradox van de leugenaar.*

'Deze zin is onwaar,' zei ze. 'De zin moet waar zijn of onwaar, toch? Maar als hij waar is, dan is hij onwaar, zoals hij zelf zegt. Maar als hij onwaar is, dan is hij waar. Dus moet hij zowel waar als onwaar zijn. De paradox van Russel is zelfs nog interessanter: is de verzameling van alle verzamelingen die geen onderdeel zijn van zichzelf, een onderdeel van zichzelf of niet? Snap je?'

Stephan knipte de zaklamp uit om te verbergen hoe weinig hij ervan snapte. Misschien had zijn vader wel een boek over wiskunde waarin werd uitgelegd waar Žofie het over had; misschien zou dat helpen.

'Nu zie ik niet meer waar je bent!' zei Žofie.

Maar hij wist wel waar zij was. Haar stem vertelde hem dat haar gezicht zich misschien op een armlengte afstand van hem bevond, dat hij, als hij zich naar voren boog, net zijn lippen op de hare zou kunnen drukken.

'Stephan, ben je er nog?' vroeg ze met een klein vleugje van de angst die hij soms ook voelde in deze donkere onderwereld, waar je zou kunnen verdwalen en voor altijd zou kunnen verdwijnen.

'Ik kan de chocolade nog steeds ruiken, zelfs hier,' zei ze.

Hij voelde aan de bonbons in zijn zak en pakte er eentje. 'Doe je mond open en steek je tong uit, dan kun je hem proeven,' suggereerde hij.

'Welnee.'

'Echt waar.'

Hij hoorde dat ze haar lippen bevochtigde, rook haar frisse adem. Hij legde zijn ene hand op haar arm om te weten waar ze was, of misschien om haar te kussen.

Ze giechelde, een hoog geluidje dat helemaal niet bij haar paste.

'Hou je mond open,' zei hij vriendelijk, en hij bracht zijn hand langzaam naar voren tot hij de warmte van haar adem op zijn vingers voelde. Toen legde hij de bonbon op haar tong.

'Laat de chocolade gewoon in je mond smelten,' fluisterde hij. 'Neem de tijd om er zo lang mogelijk van te genieten.'

Hij wilde haar hand vastpakken, maar hoe kon je de hand vastpakken van iemand die in zo'n korte tijd je beste vriend was geworden zonder de vriendschap op het spel te zetten? Hij stak zijn handen in zijn zakken, bij de andere bonbons. Hij voelde eraan, pakte er toen eentje en stak die in zijn eigen mond. Het ging hem niet om de chocolade, maar om de gedeelde ervaring: het donker om hen heen, het druppelen van het water boven hun hoofd, regen die door een rooster naar binnen viel en omlaagstroomde, richting het kanaal en de rivier en de zee, terwijl hun tong werd verwarmd door de langzaam smeltende chocolade.

'Het is tegelijk waar en onwaar dat ik het kan proeven,' zei ze. 'De chocoladeparadox!'

Hij boog zich naar voren, met de gedachte dat hij het erop kon wagen, dat hij haar kon kussen. Als ze afwerend reageerde, kon hij altijd nog doen alsof hij gewoon in het donker tegen haar aan was gebotst. Er rende echter een of ander beest langs hen heen (hoogstwaarschijnlijk een rat), en in een reflex knipte hij de zaklamp weer aan.

'Je mag niemand vertellen dat ik je hiernaartoe heb gebracht,' zei hij. 'Als ze erachter komen dat ik hier weer ben geweest, sluiten ze me voor de rest van mijn leven op in een kamer, vanwege de enge kerels die je tegen kunt komen, en het instortingsgevaar. Maar is het niet geweldig? Sommige van deze tunnels dienen als afvoer voor overtollig regenwater, daar moet je tijdens stortbuien niet bij in de buurt zijn, en sommige zijn riolen. Die vermijd ik sowieso. Maar er zijn hele ondergrondse vertrekken. Crypten vol met oude botten. Pilaren die weleens heel oud zouden kunnen zijn, misschien wel uit de tijd van de Romeinen. Het is een ondergronds netwerk dat door iedereen is gebruikt, van spionnen en moordenaars tot buurtgenoten en nonnen. Het is mijn geheime plek. Ik neem mijn vrienden hier zelfs niet mee naartoe.'

'Zijn wij geen vrienden?' vroeg Žofie-Helene.

'Zijn wij geen... Wat?'

'Je neemt je vrienden niet mee hiernaartoe, maar mij wel, dus dan beschouw je mij niet als je vriend.'

Stephan lachte. 'Ik heb nog nooit iemand ontmoet die technisch gezien zo briljant is en er toch zo volledig naast kan zitten. Trouwens, ik heb je niet meegenomen, je hebt het zelf ontdekt.'

'Dus we zijn wel vrienden, omdat jij me niet hebt meegenomen?'

'Natuurlijk zijn we vrienden, mafkees.'

De vriendschapsparadox. Ze was zijn vriendin, maar ook niet.

'Leiden deze tunnels naar het Burgtheater?' vroeg ze. 'We zouden opa kunnen verrassen. Of... ik weet het! Kunnen we bij het kantoor van mama komen? Dat ligt vlak bij de Sint-Ruprecht, en ons appartement ook. Lopen de tunnels zo ver door?'

Stephan nam meestal dezelfde weg door de tunnels, zodat hij niet zou verdwalen. Maar hij wist wel hoe hij bij de Sint-Ruprecht en haar appartement moest komen. Om precies te zijn had hij dat in de weken na het sluiten van de school al uitgezocht, en hij had een paar verschillende routes uitgestippeld. Niet dat hij haar stalkte, natuurlijk, zoals de dokter in *Amok*. Hij kon haar de lange route laten zien, langs de crypten onder de Stephansdom en de drie onmogelijk diepe lagen die ooit een klooster hadden gevormd. Hij kon haar onder de Judenplatz door leiden, de overblijfselen van een ondergrondse Talmoedschool van een paar eeuwen geleden. Hij kon haar zelfs meenemen door de oude stallen. Zou ze schrikken van de paardenschedels? Žofie kennende zouden die haar juist fascineren. Nu, hij zou de stallen voorlopig voor zichzelf houden.

'Goed,' zei hij. 'Deze kant op.'

'Het spel gaat beginnen!' zei ze.

'Ik wilde je nog vertellen dat ik *Het teken van de vier* uit heb,' zei hij. 'Ik zal het morgen meebrengen.'

'Maar ik heb *Kaleidoskop* nog niet uit.'

'Die hoef je niet terug te geven. Je mag hem houden. Voor altijd, bedoel ik.' Hij voelde de tegenzin in haar aarzeling en zei vlug 'Ik heb er nog een exemplaar van', hoewel dat niet waar was. Hij vond het gewoon een fijn idee dat Žofie de ene helft van zijn tweedelige set in handen zou hebben, of dat die in elk geval bij haar op een plank zou liggen terwijl ze 's avonds in bed lag te lezen. 'Ik had hem al toen tante Lisl me er nog eentje voor mijn verjaardag gaf,' loog hij. 'En die zou ik graag aan jou geven.'

'Maar ik heb geen extra exemplaar van *Het teken van de vier*.'

Hij lachte. 'Ik beloof je dat je hem terugkrijgt.'

Hij wurmde zich om de stapel puin heen, waarachter zich een metalen wenteltrap bevond. Die kwam uit bij het achthoekige deksel van een mangat, dat bestond uit acht metalen driehoeken waarvan de punten samenkwamen in het midden. Die driehoeken kon je van onderaf omhoogduwen of vanaf de straat opentrekken. Hij loodste Žofie langs de trap en klom een stuk verderop langs een paar metalen treden omlaag naar een brede, gebogen doorgang die van gladde gestapelde betonblokken was gemaakt. Naast een looppad met een reling liep een stroom, en aan het plafond hing een werklamp in een metalen kooi, die ervoor zorgde dat hun enorme schaduwen op de muur werden geprojecteerd.

'Dit deel is ontstaan toen ze de rivier hebben verlegd naar het ondergrondse deel van de stad, zodat ze meer ruimte hadden om te bouwen,' vertelde hij terwijl hij de zaklamp uitknipte. 'Het hielp ook om cholera te voorkomen.'

De doorgang hield abrupt op. Het water liep verder door een smalle tunnel, zoals die bij het Burgtheater. Daar zou je echter door het vieze water moeten zwemmen om verder te kunnen, terwijl je hier via een trapje af kon dalen naar een smal metalen bruggetje over het water. Aan de reling hingen voor de zekerheid een opgerold touw en een reddingsboei. Ze klommen het trapje af, staken voorzichtig het water over en doken aan de andere kant een smallere, drogere tunnel in. Stephan klikte de zaklamp weer aan, en de lichtbundel viel op een berg puin.

'Dit is weer zo'n plek waar een deel van de tunnel is ingestort, misschien tijdens de oorlog, zoals je ook bij onze cacaokelder zag,' vertelde hij Žofie. Hij loodste haar door een smal gat tussen de berg puin en de wand van de tunnel. Aan de andere kant bescheen hij met zijn zaklamp een afgesloten hek. Daarachter, rommelig door elkaar: grafkisten, menselijke botten die op lichaamsdelen leken te zijn gesorteerd, en een hoge, zorgvuldig opgebouwde stapel die enkel uit schedels bestond.

DE GROOTSTE SCHRIJFMACHINE OOIT

Toen ze ongeveer een kwartier door het ondergrondse netwerk van tunnels hadden gelopen, kwamen ze bij een wenteltrap die ook weer toegang gaf tot een mangat, deze keer in de buurt van het kantoor van Žofies moeder. Er was nog een uitgang dichterbij, op de straat voor haar appartement, maar die bestond enkel uit een massief rooster dat te zwaar was om op te tillen. Hij klauterde uit het gat en hielp Žofie omhoog, haar hand met tegenzin loslatend. Hij schoof de metalen delen van het deksel met zijn voet op hun plek en volgde Žofie naar het kantoorpand waar de krant van haar moeder gevestigd was. Binnen zag hij een man die de grootste schrijfmachine bediende die hij ooit had gezien.

'Het is een Linotype,' legde Žofie uit. 'Hij is automatisch, zoals een Rube Goldberg-machine. Je kunt er de drukletters voor de krant mee zetten.'

'Is het moeilijk te leren?' vroeg Stephan aan de man die de machine bediende. In gedachten zag hij zichzelf er al een toneelstuk op schrijven. Nu moest hij kopieën maken door carbonpapier te gebruiken en hard op de toetsen te rammen, maar aangezien je op die manier maar een paar kopieën tegelijk kon maken, moest hij voor een kleine cast schrijven of een script meerdere keren uittypen. 'Typen kan ik al.'

'Wat weet jij toch veel, Stephan,' zei Žofie-Helene.

'Vind je dat ík veel weet?'

'Over het ondergrondse tunnelnetwerk. Het maken van chocolade. Het theater, en typen. Je zegt het ook gewoon. Wanneer ik praat, kijken mensen me aan alsof ik een of ander raar wezen ben. Maar jij bent meer zoals professor Gödel. Hij zegt soms ook dat ik het mis heb.'

'Heb ik ooit gezegd dat jij iets mis had?'

'Ja, over het eten van cacaobonen, en over de kelder,' zei ze. 'Soms zeg ik gewoon dingen verkeerd om te kijken wie het opmerkt. Maar meestal merkt niemand het.'

In het kantoor van de hoofdredacteur zat een meisje dat nog jonger was dan Walter te kleuren aan een tafel, terwijl een vrouw die Žofies moeder moest zijn, in gesprek was aan de telefoon.

'Jojojojojojo, heb je iets moois voor me gekleurd?' vroeg Žofie. Ze tilde haar zusje op en draaide haar giechelend in het rond. Stephan wilde ook in het rond draaien, hoewel hij niet erg van dansen hield.

Žofies moeder gebaarde dat haar telefoontje er bijna op zat en zei in de hoorn: 'Hitler zal er inderdaad niet over te spreken zijn, maar ík ben niet te spreken over zijn pogingen om Schuschnigg zover te krijgen dat hij het verbod op de Oostenrijkse nazipartij opheft. En aangezien hij zich niets van mijn mening aantrekt, ga ik me er niet door zijn mening van laten weerhouden om dit stuk te publiceren.' Ze beëindigde het telefoontje en legde de hoorn op de haak. Meteen daarna riep ze: 'O, Žofie, je jurk! Niet wéér.'

'Mama, dit is mijn vriend, Stephan Neumann,' zei Žofie. 'We zijn hier helemaal vanaf de chocoladefabriek van zijn vader naartoe gekomen door –'

Stephan wierp haar een waarschuwende blik toe.

'Zijn vader maakt de lekkerste bonbons,' zei Žofie snel.

'Aha, ben jij die Neumann?' zei Käthe Perger. 'Ik hoop dat je wat van die bonbons hebt meegebracht!'

Stephan veegde zijn handen af aan zijn overhemd, haalde de laatste twee bonbons uit zijn zak en stak die haar toe. O bah, er kleefden wat pluisjes uit zijn zak aan.

'Hemel, ik maakte maar een grapje!' zei Käthe Perger lachend. Voordat hij zijn hand terug kon trekken, pakte ze een bonbon en stak die in haar mond.

Stephan plukte de pluisjes van de andere bonbon en bood die Žofies zusje aan.

'Žofie-Helene,' zei Käthe Perger, 'dat is wel heel slim van je, om een vriend te kiezen die niet alleen bonbons meebrengt, maar kennelijk net zo gek is op het doen van de was als jij.'

Stephan keek omlaag naar zijn vieze kleren. Zijn vader zou hem de nek omdraaien.

Nadat Stephan was vertrokken, zei Žofie tegen haar moeder: 'Hij is maar één vriend, maar één is altijd meer dan nul, al is nul wiskundig interessanter.'

Haar kleine zusje gaf haar een boek, en Žofie ging zitten en trok haar zusje op schoot. Ze sloeg de eerste bladzijde om en las: 'Voor Sherlock Holmes is zij altijd dé vrouw.'

'Ik weet niet of Johanna al toe is aan *Schandaal in Bohemen*,' zei haar moeder.

Žofie was gek op het verhaal, in het bijzonder het stuk waar de koning zegt dat het jammer is dat Irene Adler niet hetzelfde niveau heeft als hij en Holmes het met hem eens is, alleen bedoelt de koning dat Miss Adler minder slim is dan hij, en Sherlock Holmes juist het omgekeerde. Het eind vond ze ook goed, waar Irene hen allemaal aftroeft en Sherlock Holmes de waardevolle ring weigert die de koning hem aanbiedt, maar wel vraagt om de foto van Miss Adler, om hem eraan te herinneren dat een vrouw hem te slim af was.

'Hij is linkshandig,' zei Žofie. 'Stephan. Denk je dat dat raar voelt? Ik heb het hem een keer gevraagd, maar hij gaf geen antwoord.'

Mama lachte, een bubbel van geluid als de prachtige nul in het midden van een lijn die naar beide kanten oneindig doorloopt, positief en negatief. 'Ik weet het niet, Žofie-Helene,' zei ze. 'Vind jij het raar voelen dat je zo goed bent in wiskunde?'

Daar dacht Žofie-Helene even over na. 'Niet echt.'

'Het lijkt misschien raar voor anderen, maar voor jou is het gewoon wie je bent, wie je altijd bent geweest,' zei haar moeder. 'Ik denk dat voor je vriend hetzelfde geldt.'

Žofie kuste haar zusje op haar hoofd. 'Zullen we een liedje zingen, Jojo?' stelde ze voor. En ze begon te zingen, en Jojo deed mee, en haar moeder ook: 'De maan is opgekomen, de gouden sterren schitteren helder aan de hemel.'

ONAFHANKELIJK WENEN

NAZIWETTEN TEGEN JODEN 'NIET UIT HAAT'

Hoofdjurist: wetten komen voort uit liefde voor het Duitse volk

DOOR KÄTHE PERGER

WÜRZBURG, DUITSLAND, 26 JUNI 1937 – De Duitse hoofdjurist Hans Frank, die hier vandaag sprak op een bijeenkomst van de nationaalsocialisten, hield vol dat de Neurenberger rassenwetten zijn opgesteld 'om ons ras te beschermen, niet omdat we de Joden haten, maar omdat we van het Duitse volk houden'.

'De wereld bekritiseert onze houding jegens de Joden en vindt deze te hard,' zei Frank. 'Maar de wereld heeft zich er nooit druk om gemaakt hoeveel eerlijke Duitsers in het verleden door Joden van haard en huis zijn verjaagd.'

De wetten, die op 15 september 1935 van kracht zijn geworden, ontnemen Joden het Duitse staatsburgerschap en verbieden hun om te trouwen met personen van 'Duits of verwant bloed'. Een 'Jood' wordt gedefinieerd als iemand met drie of vier Joodse grootouders. Duizenden Duitsers die zich tot andere religies hebben bekeerd, onder wie rooms-katholieke priesters en nonnen, worden beschouwd als Joden.

Door het aannemen van de Neurenberger wetten werd Duitse Joden behandeling in openbare ziekenhuizen ontzegd, werden Joodse officieren ontslagen uit het leger en werd universiteitsstudenten verboden om doctoraalexamens af te leggen. De beperkingen werden minder streng toegepast in voorbereiding op de Olympische Spelen van het afgelopen jaar, in Garmisch-Partenkirchen in de winter en in Berlijn in de zomer. Het Reich heeft echter sindsdien zijn inspanningen om te 'ariëriseren' geïntensiveerd door Joodse werknemers te ontslaan en bedrijven met Joodse eigenaren voor spotprijzen of zelfs zonder enige vergoeding over te doen aan niet-Joodse eigenaren...

ZOEKENDE

De gele plantenpot stond rechtop op de met vorst bedekte veranda voor de boerderij van de Webers. Toch naderde Truus het hek langzaam in de Mercedes van mevrouw Kramarsky, voor het geval de pot bij wijze van waarschuwing op zijn kant was gelegd en door een behulpzame nazi weer rechtop was gezet. Ze waren oud, hadden de Webers haar verteld toen ze hen voor het eerst had ontmoet. Hun eigen toekomst was nog maar kort, maar met hun hulp zou de kinderen wellicht een lange toekomst gegund zijn. Truus opende het hek, reed erdoorheen, stapte uit en deed het hek weer achter zich dicht. Daarna tilde ze haar lange rok op en klom weer in de auto. Ze koos een lage versnelling en reed door het veld naar het pad dat het bos in leidde.

Het was ruim na twaalf uur 's middags toen ze de eerste veelzeggende glimp van beweging opving, een ritseling die op een hert had kunnen duiden, maar die, toen ze de auto tot stilstand bracht, veroorzaakt bleek te worden door een vluchtend kind dat zigzaggend tussen de bomen door rende. Truus kon zich nog steeds nauwelijks voorstellen dat kinderen dagenlang in deze bossen wisten te overleven met niets anders in hun zakken dan gebruikte treinkaartjes, een paar marken als ze geluk hadden, en stukjes brood die waren ingepakt door moeders die zo wanhopig waren dat ze hun kinderen zonder ook maar een sprankje werkelijke hoop op een trein naar de grens van Duitsland hadden gezet – vaak met als enige resultaat dat de kinderen werden gearresteerd door de Duitsers of terug werden gestuurd door de Nederlandse douane.

'Wees niet bang. Ik doe je geen kwaad,' riep ze vriendelijk, speurend naar de verstopplek van het kind. 'Ik ben tante Truus en ik kom je helpen om naar Nederland te vluchten, zoals je moeder je heeft opgedragen.'

Truus wist niet precies waarom de kinderen haar vertrouwden, óf ze dat überhaupt wel deden. Soms had ze het idee dat ze haar alleen uit pure uitputting dichterbij lieten komen.

'Ik ben tante Truus,' herhaalde ze. 'Hoe heet jij?'

Het meisje, dat een jaar of vijftien moest zijn, liet zich zien en nam haar op.

'Wil je dat ik je help de grens over te steken?' bood Truus vriendelijk aan.

Een iets jongere jongen stak zijn hoofd uit een struik, en meteen daarna volgde een tweede. De drie kinderen zagen er niet uit als broers en zus, maar dat hoefde nog niets te zeggen.

Het meisje keek naar de anderen en vervolgens weer naar Truus. 'Kunt u ons allemaal meenemen?'

'Ja, natuurlijk.'

Toen de andere twee niet protesteerden, floot het meisje op haar vingers. Nog een kind stak zijn hoofd omhoog. En nog eentje. Allemachtig, er waren in totaal elf kinderen, van wie er eentje nog maar een baby was in de armen van haar zus. Nu, dat werd een volle auto. Truus had geen idee hoe de dames vanavond bedden moesten regelen voor elf kinderen, maar dat zou ze aan God overlaten.

Truus reed hobbelend door het bos, terug naar de boerderij van de Webers, met de kinderen op elkaar gepropt in de Mercedes. Ze waren zo stil, zo onnatuurlijk stil voor kinderen van welke leeftijd dan ook, en al helemaal voor jonge tieners, wat dit voornamelijk waren. Stil en ernstig, zoals de kinderen die de familie van Truus tijdens de oorlog had opgevangen.

Truus was net achttien geweest en de oorlog had bij hen in Duivendrecht op de stoep gestaan op het moment dat ze daar geïnteresseerde jongemannen had moeten begroeten. Nederland was neutraal gebleven, maar evenzogoed was de staat van beleg uitgeroepen en het leger gemobiliseerd. Alle jongens waren eropuit gestuurd om gebieden te beschermen die van essentieel belang waren voor de verdediging van het land, en daar hoorde het stoepje voor het huis van Truus' ouders niet bij. Truus was thuisgebleven om de kleine vluchtelingen voor te lezen, die zo zwak en hongerig bij hen arriveerden dat ze hun het liefst haar eigen brood had gegeven, terwijl ze tegelijk elk kruimeltje zelf wilde opeten om te voorkomen dat zij ooit zo mager zou worden. Ze hadden haar zowel woedend als droevig gemaakt, deze kinderen, die zo teruggetrokken waren dat haar moeder er verdrietig van werd. Deze kinderen, die ook bij Truus zorgzame gevoelens opwekten, maakten dat ze zich afvroeg hoe ze haar eigen moeder kon bevrijden van de verstikkende deken van het stille verdriet van de kinderen. Toen, op de ochtend van de eerste sneeuwval van die winter, was Truus wakker geworden in een wereld waarin alles besneeuwd was: de bomen, de relingen van de bruggen, de bruggen zelf, de paden langs de grachten, die ineens een sterk contrast vormden met het stille donkere water. Zachtjes had ze de kinderen wakker gemaakt om hun het uitzicht te laten zien, en ze had hen geholpen met aankleden, dankbaar dat ze, wanneer ze iets zeiden, met gedempte stem spraken. Ze waren naar buiten geglipt, en in het licht van de wintermaan hadden ze een sneeuwpop gemaakt. Dat was alles. Gewoon een sneeuwpop, drie vuilwitte sneeuwballen boven op elkaar, met steentjes als ogen en takjes als armen en zonder mond, alsof de kinderen wilden dat de pop hun eigen zwijgende gezichten weerspiegelde. De moeder van Truus had uit het raam gekeken toen ze bijna klaar waren, met haar kopje ochtendthee in de hand. Dat deed ze elke ochtend – ze zei altijd dat ze op die manier kon zien wat de Heer voor haar in petto had. Die ochtend was ze echter verrast en verrukt geweest toen ze de kinderen buiten zag, ook al lachten ze niet, ook al maakten ze geen geluid. Truus had omhooggewezen en de kinderen aangemoedigd om te zwaaien. Precies op dat moment had een van de jongens een sneeuwbal tegen het raam gegooid, die tegen het glas uiteenspatte en de stilte doorbrak. De kinderen hadden het uitgeproest, en vervolgens had ook de schrik op het gezicht van haar moeder plaatsgemaakt voor een gulle lach. Tot op de dag van vandaag was dat het mooiste geluid dat Truus ooit had gehoord, ook al had ze zich ervoor geschaamd.

Hoe had ze ooit iets anders kunnen willen dan deze kinderen te horen lachen? Hoe had ze ooit iets voor zichzelf kunnen wensen?

Plotseling bracht ze de Mercedes van mevrouw Kramarsky tot stilstand. Op de grond onder de veranda van de Webers lag de gele plantenpot op zijn kant, zodat de aarde eruit was gemorst. Langzaam reed ze achteruit, om geen stof te laten opwaaien, en zocht naar een route om de grens via het bos over te steken. Ondertussen mompelde ze haar gebruikelijke gebed, waarin ze God dankte voor de Webers en alles wat ze voor de kinderen van Duitsland hadden gedaan, en waarin ze Hem vroeg om het moedige oude stel te beschermen.

KLARA VAN LANGE

In het huis van de Groenvelds in de Jan Luijkenstraat droeg Truus – uitgeput van het urenlang door het bos rijden, op zoek naar een uitgang, om midden in de nacht weer bij de boerderij van de Webers uit te komen, met de koplampen uit en de benzinetank bijna leeg – de elf kinderen over aan de vrijwilligers. Klara van Lange, die in een van die afgrijselijke nieuwe knielange rokken aan het telefoontafeltje zat, legde haar hand over de hoorn en fluisterde tegen Truus: 'Het Joodse ziekenhuis aan de Nieuwe Keizersgracht.' Ze zei in de telefoon: 'Ja, we weten dat elf kinderen veel is, maar het is maar voor een nacht of twee, tot we families vinden die ze... Of ze gewassen zijn?' Ze keek nerveus naar Truus. 'Luizen? Nee, natuurlijk hebben ze geen luizen!'

Truus controleerde vlug het haar van de kinderen en zette de oudste jongen apart. 'Hebt u een luizenkam, mevrouw Groenveld?' fluisterde ze. 'Maar natuurlijk hebt u die. Uw echtgenoot is arts.'

'Ja, we kunnen iemand sturen om te helpen met de baby,' zei Klara in de telefoon. Tegen Truus fluisterde ze: 'Ik kan met ze meegaan.'

Hoe graag Truus de kinderen ook zelf zou vergezellen, ze kon Joop 's nachts eigenlijk niet alleen laten; ze zou dankbaar moeten zijn voor het aanbod.

'Goed, wie heeft er zin in een lekker warm bad?' vroeg ze aan de kinderen. En aan de dames: 'Mevrouw Groenveld, kunnen u en juffrouw Hackman de jongere meisjes nemen?' Tegen het oudste meisje zei ze: 'Als we een bad voor je laten vollopen, kun je het vast wel verder zelf?'

Het meisje knikte. 'En ik kan helpen met de luizen van Benjamin, tante Truus.'

Teder legde Truus haar hand op de wang van het meisje. 'Liefje, als ik een dochter uit mocht kiezen, dan zou het precies zo'n meisje zijn als jij,' zei ze.

'Maar nu krijg je een heerlijk warm bad, helemaal voor jezelf, en ik zal ook wat badzout opduikelen.' Tegen Klara, die net de telefoon had opgehangen, zei ze: 'Mevrouw Van Lange, kunt u wat boterhammen met kaas maken?'

'Ja, ik heb het Joodse ziekenhuis zover weten te krijgen dat ze de kinderen opnemen, ook al hebben ze geen papieren. Graag gedaan, mevrouw Wijsmuller,' antwoordde Klara droogjes. Ze deed Truus denken aan zichzelf als jonge vrouw, hoewel Klara van Lange veel mooier was. Ze hoefde haar kuiten helemaal niet volgens die onverklaarbare nieuwe mode te ontbloten om de aandacht van mannen te trekken. Lieve hemel, als ze niet heel voorzichtig ging zitten, kon je haar knieën zien!

'Natuurlijk hebt u ze zover gekregen,' zei ze. 'Zelfs de premier zou geen nee tegen u kunnen zeggen.' Ze bedacht dat ze Klara's modieuze rokken en haar overtuigingskracht misschien op premier Colijn los moesten laten voordat de Nederlandse regering het onmogelijk zou maken voor buitenlanders om zich hier te vestigen, zoals het gerucht ging. Niet door de grens letterlijk te sluiten, maar door Duitsers die het Reich zonder onafhankelijke bestaansmiddelen ontvluchtten, te waarschuwen dat ze Nederland wel als land van doorgang konden gebruiken, maar niet als eindbestemming.

DOOR HET VENSTER VAN EEN DONKER RAAM

Eichmann schoof het verslag opzij waar hij aan werkte en waarvoor Hagen, zijn nieuwste baas, ongetwijfeld de eer zou opstrijken als hij daar kans toe zag – alweer een pretendent die goede sier maakte met Eichmanns expertise. Hij opende het raampje en ademde de herfstlucht in terwijl de trein schommelend door de pas van Italië naar Oostenrijk reed. Tijdens de oversteek van de Middellandse Zee vanuit het Midden-Oosten naar Brindisi had hij zo vaak overgegeven dat de arts van de ziekenboeg hem op Rhodos had willen achterlaten. Deze hele reis was op een mislukking uitgedraaid. Hoewel ze een volle maand op pad waren geweest, hadden de Britten hen slechts vierentwintig uur in Haifa laten blijven, en de autoriteiten in Caïro hadden hun visa voor Palestina geweigerd. Twaalf lange dagen in Egypte, dat was het enige wat al hun moeite had opgeleverd.

'De Joden lichten elkaar op,' zei Hagen. 'Dat is de oorzaak van de financiële chaos in Palestina.'

'Het is wellicht effectiever om specifieker te zijn, meneer,' zei Eichmann. 'Veertig Joodse bankiers in Jeruzalem.'

'Veertig Joodse bankiers die de boel bedriegen,' beaamde Hagen. 'Natuurlijk zouden er met de winst die Polkes hun in het vooruitzicht wil stellen, jaarlijks nog eens vijftigduizend Joden emigreren.'

Polkes, de enige echte connectie die ze tijdens de reis hadden opgedaan, had gesuggereerd dat Duitsland, als het echt van zijn Joden af wilde, hun toestemming moest geven om met duizend Britse pond naar Palestina te emigreren. Zo had de Jood het geformuleerd, 'duizend Britse pond', alsof er iets mis was met de *Reichsmark* van Duitsland.

Eichmann noteerde in zijn verslag: het is niet ons doel om Joods kapitaal het Reich uit te sluizen, maar om Joden zónder vermogen ertoe aan te zetten om te emigreren.

De punt van zijn potlood brak onder de druk van zijn snelle gedachten. Hij haalde zijn zakmes tevoorschijn, denkend aan zijn kille, zuinige stiefmoeder, en aan haar Weense familieleden die waren getrouwd met rijke Joden van het slag dat nergens naartoe zou gaan zonder hun op slinkse wijze verkregen vermogen.

'Ik ben hier opgegroeid, in Linz,' vertelde hij Hagen toen de trein aan het eind van de lange beklimming kwam en ze vanuit de bossen Oostenrijk voor zich zagen liggen. De kou op zijn gezicht was nu de kou die hij had gevoeld toen hij samen met zijn vriend Mischa Sebba door bossen als deze had gerend; de leegte was de leegte van zijn eigen handen, terwijl zijn ouders hun vingers om die van zijn jongere broertjes en zusjes hadden geklemd op het perron van het station van Linz, toen de familie elkaar terug had gezien na een jaar gescheiden te zijn geweest. Hij was destijds acht geweest, en tien toen de milde stem van zijn moeder had plaatsgemaakt voor die van zijn stiefmoeder, die voorlas uit de Bijbel in het overvolle appartement op Bischofstrasse 3. Vier jaar geleden was hij voor het laatst thuis geweest, vier jaar geleden had hij voor het laatst het graf van zijn moeder bezocht.

'Vroeger reed ik hele dagen door landschappen als dit,' vertelde hij Hagen. Hij had vooral paardgereden in het gezelschap van Mischa, die hem had geleerd hoe je hertensporen kon ontdekken en vogelgeluiden kon imiteren, en hoe je een condoom om moest doen, lang voordat Eichmann het idee dat hij zijn penis in een meisje zou steken aanvaardbaar begon te vinden. Hij wist nog precies hoe minachtend Mischa had gereageerd toen hij de naam hoorde van Eichmanns scoutinggroepje van de Wandervögel: Griffon. *Dat is een vogelsoort die allang is uitgestorven en die zich voedde met het vlees van de doden.* Natuurlijk was Mischa gewoon jaloers geweest. Omdat hij Joods was, mocht hij geen lid worden van de Wandervögel en kon hij niet meedoen aan de weekenden waarin de oudere jongens marsen liepen in hun uniform, zwaaiend met hun vlaggen.

Eichmann begon een nieuwe punt aan zijn potlood te snijden. 'Ik rij graag paard,' zei hij. 'Ik heb in dit soort bossen leren schieten, samen met mijn beste vriend, Friedrich von Schmidt. Zijn moeder was een gravin en zijn vader een oorlogsheld.'

Friedrich had hem uitgenodigd om lid te worden van de Duits-Oostenrijkse vereniging van jonge veteranen, en ze hadden samen de paramilitaire opleiding gevolgd. Toch was Mischa zijn beste vriend gebleven, zelfs nadat Eichmann bij de partij was gegaan – op 1 april 1932: lid nummer 899.895. Hij en Mischa hadden een hechte band gehouden, zij het onder steeds meer gekibbel, tot Oostenrijk zijn nazihoofdkwartieren had gesloten en Eichmann vanwege zijn overtuigingen was ontslagen. Toen had hij zijn uniform en zijn laarzen moeten inpakken en was hij de grens overgestoken van Oostenrijk naar Duitsland, waar hij een veilig heenkomen had gezocht in Passau.

'We steunen Palestina niet met Duits kapitaal,' zei Hagen, 'zelfs niet met Joods Duits kapitaal.'

Eichmann maakte zijn blik los van het uitzicht, concentreerde zich weer op zijn verslag en schreef: *Voornoemde emigratie van vijftigduizend Joden per jaar zou voornamelijk het Jodendom in Palestina versterken, en dus kan er geen sprake zijn van uitvoering van dit plan.*

ZELFPORTRET

Žofie-Helene stond samen met Stephan en zijn tante Lisl bij het eerste schilderij van de tentoonstellingsruimte van het Secessionsgebouw, *Zelfportret van een ontaard kunstenaar*. Zowel het schilderij als de titel bezorgde haar een ongemakkelijk gevoel.

'Wat vind je ervan, Žofie-Helene?' vroeg Lisl Wirth.

'Ik weet niets over schilderijen,' zei Žofie.

'Je hoeft geen verstand van kunst te hebben om er iets bij te voelen,' verzekerde Lisl haar. 'Vertel ons gewoon wat je ziet.'

'Nou, zijn gezicht is raar – zoveel verschillende kleuren, hoewel ze prachtig zijn en in elkaar overvloeien zodat ze op huid lijken,' zei Žofie aarzelend. 'Zijn neus is groot en zijn kin is wel erg lang, alsof hij zijn spiegelbeeld in een vervormende spiegel schildert.'

'Zoveel schilders werden haast analytisch in hun abstractie. Picasso. Mondriaan. Kokoschka is emotioneler, intuïtiever.'

'Waarom noemt hij zichzelf ontaard?'

'Dat is ironisch bedoeld, Žofe,' zei Stephan. 'Zo noemt Hitler kunstenaars als hij.'

Žofe, niet Žofie. Ze vond het prettig als Stephan haar zo noemde, zoals haar zusje haar Žozo noemde.

Ze liepen verder naar een portret van een vrouw met een door zwart haar omlijst gezicht dat bijna een perfecte driehoek vormde. De ogen van de vrouw waren niet even groot, haar gezicht zat onder de zwarte en rode vlekken, en de stand van haar handen was beangstigend.

'Ze is nogal lelijk, en toch op de een of andere manier ook mooi,' zei Žofie.

'Ja, hè?' zei Lisl.

'Deze lijkt op het portret in jullie hal, Stephan,' zei Žofie-Helene. 'De vrouw met de gekraste wangen.'

‘Ja, dat is ook een Kokoschka,’ zei Lisl.

‘Maar dat is een portret van u,’ zei Žofie-Helene, ‘en het is veel mooier.’

Lisl lachte haar warme, tinkelende lach en ze legde een hand op Žofies schouder. Papa legde zijn hand ook weleens op die manier op haar schouder. Žofie bleef heel stil staan, wensend dat de aanraking voor altijd kon duren, en dat ze een portret van Papa had van deze Oskar Kokoschka. Ze had foto’s, maar op de een of andere manier waren foto’s minder levensecht dan deze schilderijen, hoewel ze beter leken.

BLOTE VOETEN IN DE SNEEUW

Truus en Klara van Lange zaten naast elkaar tegenover een overvol bureau in het kantoor van meneer Tenkink in Den Haag, samen met meneer Van Vliet van het ministerie van Justitie. Op zijn bureau had Tenkink een autorisatie liggen die de kinderen uit het bos van de Webers toestemming gaf om in Nederland te blijven. Truus had deze opgesteld, en het enige wat nog ontbrak, was de handtekening van meneer Tenkink. Om de grootste kans te maken iets van iemand gedaan te krijgen – zo had de ervaring haar geleerd – moest je het zo makkelijk mogelijk voor hem maken.

'Joodse kinderen?' vroeg Tenkink.

'We hebben gastgezinnen waar ze terechtkunnen,' zei Truus, de blik van Klara van Lange negerend. Klara hechtte meer waarde aan de absolute waarheid dan Truus, maar ze was dan ook ontzettend jong en nog niet zo lang getrouwd.

'Het is een nijpende situatie, dat begrijp ik, mevrouw Wijsmuller,' zei Tenkink. 'Maar de helft van de Nederlanders sympathiseert met de nazi's, en de rest zit er niet direct op te wachten dat er Joden in ons land worden gedumpt.'

Meneer Van Vliet begon: 'De regering wil Hitler te vriend houden –'

'Dat klopt,' onderbrak Tenkink hem, 'en kinderen uit een land stelen is niet direct een vriendelijk gebaar naar je buur.'

Truus raakte even de schouder van Van Vliet aan; Tenkink was een man die positief op vrouwen reageerde. Dat gold voor veel mannen, zelfs de goede. Ze wilde dat ze de kinderen had meegebracht; het was veel moeilijker om nee te zeggen tegen donkere krullen en hoopvolle ogen dan tegen het idee van een kind, of elf kinderen. Maar het leek wreed om die arme vermoeide kinderen uit hun bed te slepen en de lange treinreis van Amsterdam naar Den Haag te laten maken, alleen maar om ze te laten paraderen voor een man die in staat mocht worden geacht de juiste beslissing te nemen, die zich daar tot nog toe altijd toe had laten overhalen.

‘Koningin Wilhelmina staat sympathiek tegenover Duitsers die zich wensen te bevrijden van Hitlers furie,’ zei ze tegen Tenkink.

‘Zelfs de koninklijke familie…’ zei Tenkink. ‘U moet zich bewust zijn van de enorme omvang van het Joodse probleem. Als Hitler zijn dreigement om Oostenrijk te annexeren uitvoert –’

‘Kanselier Schuschnigg heeft de nazileiders van Oostenrijk achter de tralies gezet, meneer Tenkink,’ zei Truus, ‘en er is geen stad ter wereld waarvan het welzijn sterker afhankelijk is van de Joodse bewoners dan Wenen. Het grootste deel van zijn artsen, advocaten en financiers, plus de helft van zijn journalisten, is Joods van geboorte, hoewel misschien niet praktiserend. Kunt u zich werkelijk voorstellen dat een coup tegen het geld én de pers van Oostenrijk zou slagen?’

‘Mevrouw Wijsmuller, ik zeg geen nee,’ antwoordde Tenkink. ‘Ik zeg alleen dat het makkelijker zou gaan als de kinderen christelijk waren.’

‘Daar zal mevrouw Wijsmuller ongetwijfeld aan denken wanneer ze de volgende keer kinderen helpt te vluchten uit een land dat hun ouders al heeft laten verdwijnen,’ zei Klara.

Truus onderdrukte een glimlach terwijl ze naar de ingelijste foto reikte die tussen de stapels papier op het bureau van meneer Tenkink stond: een jongere Tenkink met een vrouw met een zacht gezicht, twee zoons en een dochtertje dat nog een baby met mollige wangen was. Klara’s verrassend rappe tong was een van de redenen waarom Truus haar had gevraagd haar bij dit bezoek te vergezellen.

‘Wat een mooi gezin, meneer Tenkink,’ zei ze.

Ze leunde naar achteren en gaf meneer Tenkink de gelegenheid om zich te verliezen in de trotse vaderlijke mijmeringen die ze zelf had opgeroepen. Geduld was een van de weinige deugden waar ze aanspraak op kon maken.

Ze gaf de foto terug aan Tenkink, die vol genegenheid glimlachte.

‘Een van de Duitse kinderen is een baby, nog jonger dan uw dochter op deze foto is.' Ze gebruikte opzettelijk het woord 'Duits' in plaats van 'Joods', om de aandacht af te leiden van het kenmerk dat de man het meest dwarszat. Ze moest haar slag slaan nu hij de foto van zijn eigen kind nog in zijn hand had. 'Zelfs het kilste hart wordt toch beroerd door een baby?'

Tenkink keek van de foto naar de autorisatie op zijn bureau, en vervolgens weer naar Truus. 'Jongen of meisje?'

'Wat zou u het liefst hebben, meneer Tenkink? Het is moeilijk te zien bij baby's wanneer ze helemaal ingepakt zijn om zich door de pers te laten bewonderen.'

Hoofdschuddend ondertekende Tenkink de autorisatie. 'Mevrouw Wijsmuller,' zei hij, 'wanneer de nazi's Nederland binnenvallen, hoop ik dat u voor mij wilt instaan. Klaarblijkelijk kunt u iedereen overal in praten.'

'Laten we bidden dat dat niet gebeurt,' zei Truus. 'Maar mocht het zover komen, dan zal Onze-Lieve-Heer voor u instaan, meneer Tenkink. Dank u. Er zijn zoveel kinderen die onze hulp nodig hebben.'

'Goed,' zei meneer Tenkink. 'Als dat alles is –'

'Ik begrijp dat het onmogelijk is,' onderbrak Truus hem, 'maar ik heb gehoord dat er in de Beierse Alpen dertig wezen in hun pyjama de straat op zijn gesleurd door de ss.'

'Mevrouw Wijsmuller –'

'Dertig kinderen die op blote voeten in een diepe laag sneeuw stonden, terwijl de ss hun weeshuis in brand zette.'

Tenkink zuchtte. 'Wat is er gebeurd met "maar elf"?' Met een blik naar de foto van zijn gezin zei hij: 'En die dertig zijn zeker ook allemaal Joods? Bent u van plan om iedere Jood in het Reich te redden?'

'In Duitsland hebben ze onderdak gevonden bij niet-Joden,' zei Truus. 'Ik hoef u niet te vertellen wat de nazi's mensen aandoen die het verbod overtreden om Joden te helpen, ook al zijn het zelf christenen.'

'Met alle respect, mevrouw Wijsmuller, het verbod van de nazi's om Joden te helpen geldt net zo goed voor Nederlandse vrouwen die de grens oversteken om –'

Truus wierp een betekenisvolle blik naar de foto van zijn gezin.

'Zelfs als ik kon helpen,' zei Tenkink, 'zal onze grens waarschijnlijk binnen een paar weken, of zelfs een paar dagen, gesloten worden. Zonder beschikbare informatie zou ik niet weten hoe –'

Truus gaf hem een bruine dossiermap met groene elastiekjes, waarin alle benodigde informatie al was verzameld, om het Tenkink makkelijker te maken om ja te zeggen.

Hoofdschuddend zei Tenkink: 'Oké. Oké. Ik zal kijken of ik kan regelen dat we ze op tijdelijke basis opvangen. Alleen tot er een plek voor ze wordt gevonden buiten Nederland. Is dat duidelijk? Hebben ze elders familie, in Engeland of in de Verenigde Staten?'

'Ja, natuurlijk, meneer Tenkink,' antwoordde Truus. 'Daarom staan ze ook met hun blote voeten in de sneeuw naast een brandend Joods weeshuis.'

TENTOONSTELLING VAN SCHAAMTE

Lisl Wirth stond naast haar echtgenoot in de galerie in München en bekeek de schilderijen. Het was de laatste dag van de tentoonstelling, kubistische en expressionistische werken die Duitse musea hadden weggedaan omdat ze niet beantwoordden aan de artistieke 'standaarden' van de Führer, tentoongesteld en geprijsd op een manier die de bezoekers uitnodigde tot spot. Iedereen met enig gevoel voor kunst kon zien dat de andere tentoonstelling in München, de grote Duitse kunsttentoonstelling in Hitlers nieuwe Haus der Deutschen Kunst, vergeleken hierbij bestond uit incompetente landschappen en oersaaie naakten. Werkelijk, hoe kreeg iemand het voor elkaar om zulke suffe naakten te maken als die 'geweldige' Duitse kunstenaars? En dan was dit de 'ontaarde kunst'? Deze Paul Klee was prachtig in zijn eenvoud: de ruwe lijnen van het gezicht van de visser, de elegante S-vormige armen, de charme van een hengel die zich uitstrekte boven een blauw dat zo gevarieerd en suggestief was als de zee. Het deed haar aan Stephan denken, hoewel ze niet wist waarom. Ze dacht niet dat haar neefje ooit had gevist.

'Vind je het mooi?' vroeg ze tot haar eigen verbazing aan Michael. Tot de afgelopen paar weken zou ze zeker hebben geweten dat hij het mooi vond, al was het maar omdat zij het mooi vond. 'Die Klee, *De visser*,' zei ze. Ze moest verduidelijken welk schilderij ze bedoelde, want ze hingen allemaal door elkaar, met een gebrek aan respect dat nog eens benadrukt werd door de woorden op de muren: WAANZIN WORDT METHODE.

Toen Michael niets zei, concentreerde Lisl zich op de woorden.

Achter haar barstte iemand in lachen uit, de kleingeestigen die zich volgens verwachting gedroegen.

Ze dempte haar stem en zei tegen Michael: 'Ik dacht dat Goebbels een liefhebber van de modernisten was.'

Michael keek ongemakkelijk om zich heen. 'Dat was voordat Hitler zijn toespraak hield over ontaarde kunst die de Duitse cultuur ondermijnt, Lisl. Voordat hij Wolfgang Willrich en Walter Hansen naar voren schoof.'

Twee verklikkers – mislukte kunstenaars, maar volleerde verklikkers – die van nu af aan zouden bepalen welke kunst toegejuicht moest worden en welke uitgejouwd.

'Deze tentoonstelling was het idee van Goebbels,' zei Michael, 'politiek gezien bijzonder slim.'

Lisl wendde zich van de Klee en van Michael af. Wanneer was haar man iemand geworden die meer hechtte aan politieke slimheid dan aan artistieke zeggingskracht?

Maar zelfs Gustav en Therese Bloch-Bauer deden blasé over de aanval van de nazi's op cultuur. Iedereen was veel te druk met zijn eigen familie en zijn eigen leven om de donkere politieke wolken te zien die zich samenpakten boven de grens tussen Duitsland en Oostenrijk. Iedereen dacht dat Hitler een tijdelijke Duitse bevlieging was, dat het Oostenrijk niet kon overkomen, dat Oostenrijk de moord op kanselier Dollfuss en de mislukte coup van de nazi's drie jaar geleden had doorstaan, en dat ze dit ook zouden doorstaan. En bovendien hadden mensen bedrijven te bestieren en kinderen groot te brengen, feestjes te bezoeken, portretten om voor te poseren, kunst te kopen.

Lisl veinsde belangstelling voor een ander schilderij, een ander beeldhouwwerk, tot ze in een compleet ander vertrek dan haar echtgenoot was beland. Daar bewonderde ze een zelfportret van Van Gogh, Chagalls, Picasso's en Gauguins, een hele muur die op onflatteuze wijze aan de dadaïsten was gewijd. Pas toen ze in het vertrek kwam dat ze zou gaan beschouwen als het 'Joodse vertrek' voelde ze hoe hachelijk haar eigen positie was. ONTWIKKELING VAN DE RACISTISCHE ZIEL VAN DE JODEN stond er op een muur geschreven. Lisl vond de schilderijen buitengewoon; ze hoopte dat datgene wat ze onthulden, wat het ook was, iets reflecteerde van haar eigen ziel.

Ze was echter een Joodse vrouw die in haar eentje door een Duitse menigte dwaalde die haar niet welwillend gezind was.

Deze plotselinge angst was absurd. München lag net over de grens. In iets meer dan een uur kon ze terug zijn in Oostenrijk.

Toch ging ze weer op zoek naar Michael.

Ze zag hem staan voor een Otto Dix die een zwangere vrouw voorstelde, haar buik en haar borsten zo vervormd dat Lisl bijna opgelucht was dat ze geen kinderen kon krijgen. Terwijl hij het schilderij bestudeerde, stond Michaels gezicht echter verlangend. Hij had altijd gezegd dat hij geen erfgenaam nodig had, dat Walter het chocoladebedrijf van haar familie over kon nemen en Stephan de bank van de zijne – een bank die sowieso alleen had overleefd dankzij het geld van haar familie, hoewel ze daar nooit iets over zou zeggen. Michael was een trotse man, afkomstig uit een trotse familie die in zwaar weer was beland, zoals zovelen was overkomen toen de financiële markt was ingestort. Lisl zou nooit iets doen om de trots van haar echtgenoot te krenken, en andersom gold hetzelfde. Stephan was als een zoon voor hem, zei haar man altijd, en Walter ook. Maar zelfs vóór dit moment, vóór de onthulling die uit zijn uitdrukking sprak, had Lisl al aangevoeld dat er iets mis was gegaan, dat Michael minder en minder gecharmeerd was van de universitaire opleiding en de intellectuele charmes die hem naar eigen zeggen verliefd op haar hadden laten worden.

Ze stelde een vraag aan een onbekende, zodat Michael haar stem zou horen en tijd zou hebben om zijn gezicht in de plooi te trekken. Zodra hij dat had gedaan, liep ze naar hem toe, stak haar arm door de zijne en zei 'Misschien kopen we die Klee wel', gewoon om iets te kunnen zeggen. Maar ze zouden het schilderij niet kopen, niet hier en niet ergens anders, en niet alleen omdat het zo belachelijk hoog geprijsd was.

LANGS DE KADE

De betrokken lucht dreigde met meer sneeuw, een welkome verversing voor de vieze korst op de stoepen en de grachten. Truus, die samen met Joop langs de Herengracht liep, kwam langs drie boten die vast waren gevroren in het ijs, dat zo dik was dat er in heel Amsterdam vol verwachting werd gespeculeerd over de kans dat de Elfstedentocht voor het eerst sinds 1933 geschaatst zou kunnen worden. Vlak bij de brug tegenover hun appartement stond een klein groepje volwassenen midden op de gracht te praten, omringd door kinderen die schaatsten, of gewoon op hun kleine laarsjes over het ijs gleden. Dit was Truus' favoriete deel van de dag, wanneer zij en Joop samen naar huis liepen, zoals ze al hadden gedaan toen Joop haar voor het eerst het hof had gemaakt, toen ze net de handelsschool had afgerond en was begonnen aan een baan bij de bank waar hij werkte.

'Ik zeg geen nee, Truus,' zei Joop. 'Ik verbied het niet. Je weet dat ik je nooit iets zou verbieden wat belangrijk voor je is.'

Truus stak haar handen wat dieper in de zakken van haar jas. Het was niet Joops bedoeling om ruzie te zoeken of haar te kleineren, het was gewoon de automatische, achteloze manier waarop zelfs goede mannen zoals hij spraken. Mannen die volwassen waren geworden in een tijd waarin vrouwen nog niet eens stemrecht hadden, toen in feite alleen rijke mannen dat recht nog maar hadden.

Ze keken naar een kleuter die net leerde schaatsen en bijna zijn zusje ondersteboven reed.

'Ik zou jou ook nooit iets verbieden wat belangrijk voor je is, Joop,' zei ze.

Hij lachte hartelijk, legde zijn handen op haar ellebogen en liet ze omlaagglijden om haar handen zachtjes uit haar zakken te trekken en ze met de zijne te omvatten.

'Dat verdiende ik,' zei hij. 'Eigenlijk had het in onze trouwbelofte moeten staan: ik zal van je houden, je eren en het niet in mijn hoofd halen om je iets te verbieden, of het nu belangrijk is of niet.'

'Denk jij niet dat het belangrijk is om dertig wezen te redden die de nazi's in hun pyjama in de sneeuw hebben laten staan?'

'Dat bedoelde ik niet,' zei hij vriendelijk. 'Je weet dat ik dat niet bedoelde. Maar denk er eens over na. De situatie in Duitsland lijkt te escaleren, en ik maak me zorgen om je.'

Truus stond naast hem, kijkend naar het ijs, waar de zus haar broertje nu overeind hielp.

'Dus als je per se wilt gaan,' vervolgde Joop, 'doe het dan liefst zo snel mogelijk, voordat de situatie nog erger wordt.'

'Ik wacht alleen nog tot meneer Tenkink de visa heeft geregeld, Joop. Zeg, je wilde me toch iets vertellen?'

'Ja, vanmiddag kreeg ik op kantoor een heel vreemd telefoontje. Een van de cliënten van meneer Van der Waal – je kent hem wel – is er behoorlijk zeker van dat jij iets van waarde hebt wat aan hem toebehoort. Iets wat je voor hem uit Duitsland hebt meegebracht?'

'Iets wat ik heb meegebracht? Waarom zou ik iets vanuit Duitsland meebrengen voor iemand die ik helemaal niet ken?' Ze fronste. Er knaagde iets aan haar terwijl ze naar de schaatsers keek, het kleine jongetje en het meisje, en hun vader, die het jongetje bij de hand had genomen. 'Geloof me, mijn kostbare vracht blijft beperkt tot kinderen.'

'Dat heb ik ook gezegd,' zei Joop. 'Ik heb hem verzekerd dat jij er niets mee te maken hebt.'

Op het ijs pakte de zus de andere hand van het jongetje. Het jochie zei iets waar het gezinnetje om moest lachen, en de drie schaatsten richting de brug en verdwenen eronder terwijl de vader naar de andere volwassenen riep dat hij zo weer terug zou zijn. Truus wendde haar blik af en keek tussen de kale bomen door naar de kale lucht. Hoe vaak had ze wel niet toegekeken terwijl een groep ouders elkaar ontmoette, elkaar leerde kennen terwijl hun kinderen om hen heen zwierden? Maar nooit samen met Joop. Dit was het enige deel van zichzelf dat ze zelfs voor haar echtgenoot wegstopte. Na haar derde miskraam hadden zij en Joop ieder zwijgend hun aandacht verlegd. Truus was zich gaan inzetten voor de Nederlandse Vereniging voor Vrouwenbelangen en Gelijk Staatsburgerschap en voor het maatschappelijk werk, om kinderen te helpen zoals degenen die haar ouders hadden opgevangen.

De fluit van een trein klonk. Truus bleef naar de bevroren gracht staren, haar handen verankerd in die van Joop, zich afvragend of hij ooit in zijn eentje bij deze gezinnen ging kijken. Ze wist dat hij net zo hevig naar een kind verlangde als zij, of nog heviger. Maar ze hadden hun pijn allebei zorgvuldig weggestopt, om de ander er niet op een onbewaakt moment weer verdriet mee te doen. En nadat ze jarenlang het onderwerp van hun kinderloosheid hadden vermeden, was het een gewoonte geworden, onmogelijk te verbreken. Hoe graag Truus het ook zou willen, ze kon niet gewoon haar hand uitsteken, Joops gezicht aanraken en zeggen: 'Kom jij hier ooit om naar de kinderen te kijken, Joop? En naar de ouders? Denk je weleens, laten we het nog een keer proberen, voordat het te laat is?' En dus stond ze zwijgend naast hem, toekijkend terwijl de kinderen schaatsten en de ouders kletsten en de vastgevroren boten op de gracht een toekomst suggereerden die pas na een lange winter zou aanbreken.

DIAMANTEN, GEEN IMITATIE

Toen Joop de volgende ochtend naar kantoor was vertrokken, dook Truus in haar kast en haalde het lucifersdoosje eruit dat de man in de trein haar had gegeven – was dat echt al een jaar geleden? Ze ging aan de keukentafel zitten, opende het doosje en haalde het lelijke platte schijfje grind eruit. Voorzichtig wreef ze er met haar duim over tot er wat kleine stukjes vanaf kwamen.

Ze nam de stukjes mee naar de keuken, legde ze voorzichtig in een schaaltje en vulde dat met water. Ze wreef met haar blote vingers over de ondergedompelde stukjes tot het water troebel werd. Daarna haalde ze de stukjes uit het water en legde ze op haar natte handpalm.

Het bleek toch waar te zijn. We laten ons nooit makkelijker misleiden dan wanneer we zelf aan het misleiden zijn.

Ze belde het kantoor van meneer Van der Waal. 'Meneer Van der Waal,' zei ze, 'ik geloof dat ik u mijn verontschuldigingen moet aanbieden. Het blijkt dat mijn man zich vergiste. Ik heb wel degelijk iets voor u.'

In de 'gelukssteen' zaten een stuk of twaalf ongesneden diamanten, die genoeg zouden opleveren om een nieuw leven te kunnen beginnen. Deze man, die dokter Brisker bleek te heten, had het risico van het over de grens smokkelen van zijn geheime schat bewust op haar afgewenteld en de 'steen' in voldoende betekenis verpakt om haar ervan te weerhouden hem in de prullenbak te gooien. Hij had de levens van drie kinderen op het spel gezet, alleen maar om een deel van zijn rijkdom Duitsland uit te smokkelen. En zij was er met open ogen in getrapt.

MOTORSTURMFÜHRER

De *Judentagung* in Berlijn, georganiseerd door de SD, was Eichmanns triomf. Dannecker en Hagen spraken eerst, Dannecker over de noodzaak om de Joden continu in de gaten te houden en Hagen over de complicaties van een onafhankelijk Palestina dat wellicht rechten voor de Joden op zou eisen. Toen Eichmann het podium besteeg, voelde hij zich zo vrij als toen hij als jongeman op zijn motor door Oostenrijk raasde en samen met zijn vrienden bezoekende nazisprekers verdedigde tegen menigten die bierflesjes en verrotte voedingswaren naar hen gooiden. De reis naar Palestina, hoewel mislukt, had geholpen om zijn expertise van het Joodse probleem uit te breiden. Nu was hij zelf een van de sprekers, en het aanwezige publiek juichte hem enthousiast toe.

'De ware geest van Duitsland huist in het volk, in de boeren en het landschap, het bloed en de aarde van ons ongerepte thuisland,' vertelde hij hun. 'We zien ons geconfronteerd met de bedreiging van een Joodse samenzwering, die alleen ik kan stoppen.'

De menigte joelde vol instemming toen hij die waarschuwde voor de wapens en de luchtmacht die de Palestijnse Haganah had opgebouwd, voor de buitenlandse Joden die zich voordeden als personeel van internationale organisaties, zodat ze informatie het land uit konden smokkelen om tegen het Reich te gebruiken, voor een grote anti-Duitse samenzwering geleid door de Alliance Israélite Universelle, waarvoor een margarinefabriek van Unilever als dekmantel diende.

'Het Joodse probleem valt niet op te lossen door middel van wetten die de activiteiten van Joden in Duitsland beperken,' schreeuwde hij boven de brullende menigte uit. 'We moeten de Joden in het Reich identificeren. Lijsten maken met namen. Mogelijkheden onderzoeken om ze vanuit Duitsland naar mindere landen te laten emigreren. En – het belangrijkst van al – hun hun bezittingen afnemen, zodat ze, wanneer ze de keus krijgen om hier in uiterste armoede te blijven leven of te vertrekken, er zélf voor zullen kiezen om weg te gaan.'

KEUZES

Het was nog donker buiten toen Truus samen met Joop op een winterochtend aan de ontbijttafel schoof. Ze pakte de krant en bekeek de voorpagina terwijl ze haar eerste hap van haar uitsmijter nam, oppassend dat ze haar mond niet brandde aan de hete eieren, ham en kaas.

'Allemachtig, ze hebben het gedaan, Joop,' zei ze.

Vanaf de andere kant van de ontbijttafel glimlachte Joop ondeugend naar haar. 'Hebben ze de rokken nog korter gemaakt? Ik weet dat jij ze liever langer hebt, maar je hebt de meest aanbiddelijke knieën van heel Amsterdam.'

Ze gooide een stukje brood naar hem. Hij ving het, stopte het in zijn mond en richtte zijn aandacht toen weer op zijn eigen bord, genietend van zijn ontbijt op een manier die Truus bewonderde maar die ze zelf nooit op kon brengen, zelfs wanneer het nieuws die dag goed was.

'Onze regering heeft een nieuwe wet aangenomen die immigratie vanuit het Reich onmogelijk maakt,' zei ze.

Joop legde zijn bestek neer en richtte al zijn aandacht op haar. 'Je wist dat ze dat gingen doen, Truus. Het is nu een jaar geleden dat de regering zo'n beetje elk beroep "beschermde" waarmee een buitenlander zijn brood zou kunnen verdienen.'

'Ik dacht niet dat we zover zouden gaan. Onze grenzen volledig sluiten?'

Joop pakte de krant en las het artikel, terwijl Truus zichzelf in gedachten verwijten maakte. Ze had beter haar best moeten doen om meneer Tenkink zo snel mogelijk actie te laten ondernemen om de dertig wezen te redden. Dertig. Zoveel kinderen kon ze niet voor haar eigen gezin laten doorgaan, zeker niet op een paspoort waar helemaal geen kinderen op stonden. Maar ze had het moeten proberen.

'We kunnen nog steeds een schuilplek bieden aan degenen die gevaar lopen,' zei Joop terwijl hij haar de krant teruggaf.

'Ja, aan degenen die kunnen bewijzen dat ze lichamelijk gevaar lopen. Maar welke Jood in Duitsland loopt er nu geen gevaar? En wie heeft er bewijs? Tenzij de nazi's ze oppakken en wegslepen, en dan is het te laat.'

Truus keek weer in de krant, in gedachten bij de vertrektijden van de trein naar Den Haag. De beslissingen van de overheid kon ze niet veranderen, maar misschien kon ze Tenkink overhalen om soepel met de regels om te springen.

'Geertruida...' zei Joop.

Geertruida. Ja, nu liet ze haar krant zakken. Ze keek naar Joops haar, dat al grijs werd bij de slapen, naar zijn prominente kin, zijn linkeroor, dat iets groter was dan het rechter – of misschien stak het gewoon verder uit, zelfs na al die jaren wist Truus nog niet hoe dat precies zat.

'Geertruida,' herhaalde Joop vol overtuiging, 'heb je ooit overwogen om een paar van die kinderen in huis te nemen, zoals je familie in de Eerste Wereldoorlog heeft gedaan?'

'Dat ze bij ons komen wonen?' vroeg ze voorzichtig.

Hij knikte.

'Maar het zijn wezen, Joop. Ze hebben geen ouders naar wie ze terug kunnen.'

Joop knikte weer, zonder zijn blik van de hare af te wenden. Aan de manier waarop hij zijn ogen licht dichtkneep, die korte poging om zijn gevoelens te verbergen, zag ze dat ook hij inderdaad af en toe bij de gracht ging staan om te kijken naar de spelende kinderen en hun ouders.

Ze stak haar hand uit over de tafel en pakte de zijne vast, overspoeld door een overweldigend gevoel van hoop. Joop voelde zich altijd slecht op zijn gemak wanneer ze emotioneel werd.

'We hebben de logeerkamer,' zei ze.

Hij perste zijn lippen op elkaar, zodat zijn stevige kin werd benadrukt. 'Ik had sowieso bedacht dat we eens groter moeten gaan wonen.'

Truus staarde naar de krant, naar de kop over de nieuwe immigratiewet. 'Een groter appartement?' zei ze.

'We kunnen ons een heel huis veroorloven.'

Aan het kneepje dat hun handen uitwisselden, merkte ze dat dit was wat ze wilde, en ook wat hij wilde. Een ander soort gezin. Een gezin dat je koos in plaats van een gezin dat God je gaf. Kinderen van wie je koos te houden.

'Het zal een boel werk voor jou zijn wanneer ik weg ben,' zei ze.

Joop schoof wat naar achteren, en zijn greep op haar hand werd losser. In zijn vingers stonden de afdrukken van de ringen die zij droeg: de gouden trouwring, de robijn die echt was, niet een van de imitaties die ze speciaal had laten maken om mensen om te kopen wanneer ze kinderen over de grens smokkelde; de ring die Joop haar had gegeven toen ze de eerste keer zwanger was, om het begin van het gezin te markeren dat ze toen nog dachten te zullen krijgen.

'Nee,' zei Joop. 'Nee, het zou onmogelijk zijn om voor kinderen te zorgen als jij er niet was, Truus. Maar met deze nieuwe wet zul je toch niemand meer uit Duitsland kunnen smokkelen.'

Truus keek naar de Nassaukade en de gracht, de brug, de Raampoort, allemaal nog in het donker gehuld. Aan de overkant van de gracht, achter een verlicht raam op de tweede verdieping, boog een vader zich over een kind dat nog in bed zat. Amsterdam was nog maar net ontwaakt. Nu was de stad nog leeg, maar hij zou al snel gevuld worden met kinderen met schooltassen, met mannen zoals Joop, die naar hun werk gingen, met vrouwen zoals zij, die boodschappen gingen doen op de markt of een wandelwagen voortduwden, in tweetallen of in kleine groepjes, zelfs op een koude ochtend als deze.

DE WISKUNDE VAN LIEDEREN

'Wat doen we hier?' fluisterde Žofie-Helene tegen Stephan. Ze waren net vanuit een naar wierook ruikende gang tevoorschijn gekomen en gestuit op een rij goedgeklede volwassenen die van een trap af kwamen en in een rij wachtten tot ze de Hofburgkapel binnen konden gaan. Žofie had precies gedaan wat Stephan haar had opgedragen, hoewel hij had geweigerd uit te leggen waarom: ze droeg nette kleren en was naar de afgesproken plek gekomen, bij het standbeeld van Hercules op de Heldenplatz.

'We gaan in de rij staan voor de heilige communie, bij de mensen die omlaagkomen vanuit de loges.'

'Maar ik ben niet katholiek.'

'Ik ook niet.'

Žofie volgde hem de kapel in, die verrassend smal en eenvoudig was voor een kapel in een koninklijk paleis: een vertrek met een hoog gotisch plafond, omringd door een galerij waarop een orkest speelde en een koor zong, helemaal in dezelfde tint wit geschilderd. Zelfs het raam achter het altaar was alleen aan de bovenkant gekleurd, waardoor het er raar onevenwichtig uitzag.

Ze at een taai, smakeloos stukje brood, nam een slokje van de zure wijn en fluisterde tegen Stephan, die haar voorging toen ze weg liepen bij het altaar: 'Dat was echt vies.'

Stephan glimlachte. 'In jouw kerk serveren ze zeker sachertorte?'

De mensen met wie ze in de rij hadden gestaan, liepen de trap weer op, maar Stephan ging op een onhandige plek aan de rand van de kapel staan en Žofie wachtte naast hem. Toen de communie was afgelopen, bracht hij haar naar twee vrije plekken achterin. Terwijl ze wachtten tot de mis afgelopen was, noteerde hij in zijn schrift: *communie = echt vies.*

Om redenen die Žofie niet duidelijk waren, bleven ze zitten, zelfs toen de mis voorbij was. Bijna iedereen bleef zitten, hoewel de priester al was vertrokken. Ze richtte haar aandacht op het plafond, het onbeschilderde gewelf waarin het gewicht van de boogribben werd gedragen door de pijlers bij de snijpunten en de tegendruk van de dikke muren. Als ze met iemand anders dan Stephan was geweest, zou ze nooit zomaar in een kapel gaan zitten niksen, maar Stephan deed nooit iets zonder reden.

'Weet je waarom dit plafond niet instort?' fluisterde ze.

Stephan legde zijn hand tegen haar mond. Daarna nam hij haar bril af, poetste de glazen met haar sjaal en zette hem weer op haar neus. Hij glimlachte en raakte toen even haar ketting met het oneindigheidssymbool aan.

'Het was niet echt een cadeau van Papa,' fluisterde ze. 'Het was een dasspeld die hij op school had gewonnen. Opa heeft er na de dood van Papa een ketting voor mij van laten maken.'

Rijen jonge jongens in blauw-witte matrozenuniformen kwamen naar binnen en stelden zich voor het altaar op. Na een moment van stilte klonk een prachtige stem vanaf de galerij waar het koor stond, de eerste hoge noot van Schuberts 'Ave Maria', gezongen door een jongen die achter was gebleven. In het pure stemgeluid van de eenzame jongen druppelden de noten ritmisch omlaag en omhoog en weer omlaag, terugkerend naar de openingstoon om te rusten, te rusten op een plek binnen in Žofie waarvan ze eerder het bestaan niet had vermoed. Vervolgens werd de stem van de jongen beantwoord door het hele koor van prachtige jongensstemmen, die nog verder opstegen, weerkaatsend tegen het eenvoudige witte gewelf, haar aan alle kanten omringend, zich in haar gedachten vermengend met een vergelijking waar ze een groot deel van de week aan had gewerkt, alsof ze deel uitmaakten van dezelfde hemel. Ze bleef doodstil zitten, liet de muziek de lege ruimten tussen de cijfers en de symbolen binnen in haar vullen. En ze bleef zitten toen de anderen vertrokken, tot alleen zij en Stephan nog naast elkaar in de lege kapel zaten, de volste plek waar ze ooit was geweest.

KIPFERL EN WEENSE WARME CHOCOLADEMELK

Op de Michaelerplatz buiten de Hofburgkapel was het helder en stralend en koud, en overal werden foldertjes en posters verspreid waarop JA stond, of SCHUSCHNIGG VOOR EEN VRIJ OOSTENRIJK of STEM JA. Wenen was in de ban van het referendum dat bondskanselier Schuschnigg had uitgeroepen om vast te stellen of Oostenrijk onafhankelijk van Duitsland moest blijven. Kruizen van het Vaderlands Front – de partij van de bondskanselier – waren in witte verf op de muren van gebouwen en stoepen geschilderd. Menigten op straat scandeerden '*Heil* Schuschnigg!', 'Heil vrijheid!' en 'Rood-wit-rood tot de dood!', terwijl anderen 'Heil Hitler' riepen.

Žofie probeerde ze allemaal te negeren. Ze probeerde de muziek en de wiskunde vast te houden die zich nog steeds in haar vermengden terwijl ze samen met Stephan over de Herrengasse richting Café Central liep. Als Stephan zich aan de joelende menigten stoorde, dan zei hij het niet, maar hij had helemaal niets meer gezegd sinds de muziek in de kapel was begonnen. Žofie veronderstelde dat de muziek hem had meegevoerd naar zijn wereld van woorden, zoals zij was meegevoerd naar haar wereld van getallen en symbolen. Ze vermoedde dat ze daarom zulke goede vrienden waren geworden, ook al kende Stephan de anderen al veel langer dan Žofie – omdat zijn schrijven hetzelfde was als haar wiskunde, op een manier die ze allebei begrepen, ook al was het niet echt logisch.

Pas toen ze de glazen deuren van Café Central openduwden, zei Stephan eindelijk iets. Zijn ogen waren weer droog, hoewel ze in de kapel vochtig waren geweest – iets waar hij zich onder de vrienden van het koffiehuis waarschijnlijk voor zou hebben geschaamd.

'Stel je eens voor dat ik zoiets zou kunnen schrijven,' zei hij.

Achter de vitrine met het gebak, aan de andere kant van het café, zaten de vrienden rond twee tegen elkaar geschoven tafels op Stephan te wachten.

'Maar je schrijft toneelstukken, geen muziek,' zei ze.

Hij gaf haar een zacht duwtje tegen haar schouder, zoals hij de laatste tijd wel vaker deed. Het was gewoon een speels gebaar, dat wist Žofie, maar toch genoot ze van zijn aanraking.

'Je bent zo briljant, en technisch gezien heb je zo gelijk – en toch zit je er zo oneindig naast,' zei hij. 'Niet de muziek zelf, domoor. Een toneelstuk dat de mensen zou beroeren zoals die muziek doet.'

'Maar –'

Maar dat kun je ook, Stephan.

Žofie begreep niet waarom ze die woorden niet hardop uitsprak, net zomin als ze kon zeggen waarom ze Stephans hand niet had gepakt in de kapel. Misschien had ze het daar kunnen zeggen, in de stilte na de muziek, zoals ze hem over de ketting had verteld. Of misschien ook niet. Ze werd stil bij de gedachte dat zijn toneelstukken misschien op een dag in het Burgtheater zouden worden opgevoerd, dat zijn woorden zouden worden uitgesproken voor een publiek dat lachte en huilde en dat na afloop ging staan om te applaudisseren, zoals ze alleen deden voor de beste toneelstukken, de toneelstukken die je weghaalden uit de ene wereld en je in een andere wereld plaatsten, eentje die niet eens bestond. Of die misschien wel bestond, maar alleen in de verbeelding van de toeschouwers, alleen gedurende die paar uur in het donker. De theaterparadox: echt en niet echt.

Stephan wilde Dieter vragen om op te schuiven, zodat hij naast Žofie kon gaan zitten, zodat hij dicht bij haar kon blijven, en bij de muziek van het koor en bij het hoopvolle gevoel dat het delen van de muziek op de een of andere manier bij hem had opgewekt. Als zij niet met hem was meegegaan voor het doorlezen van zijn script, zou hij regelrecht met zijn dagboek naar Café Landtmann zijn gegaan, of liever nog Café Griensteidl, waar niemand hem zou storen; hij zou zich hebben begraven in woorden, om een van zijn toneelstukken te verbeteren of aan een nieuw te beginnen. Maar Dieter schoof al een stoel voor Žofie uit, en ze waren bijeengekomen om Stephans toneelstuk te bespreken. Ze moesten hem boven het lawaai in het café uit kunnen horen. De verhitte discussie over een artikel in de *Neue Freie Presse*, de krant die tante Lisl soms las, aan de tafel naast hen. De discussie tussen de schaakspelers aan de andere kant. De speculatie die door het hele café zoemde, over de vraag of Oostenrijk Duitsland de oorlog zou verklaren, en zo ja, wanneer. En dus ging Stephan op zijn gebruikelijke plek zitten, bestelde *Kaffee mit Schlag* en apfelstrudel en vroeg de ober toen zachtjes om Žofie – die had gezegd dat ze geen honger had – een *kipferl* en een Weense chocolademelk te brengen, iets wat voor haar een luxe was, maar niet voor Stephan en de rest van zijn vrienden.

EEN VERPRUTSTE CODE

De wagons waren net zo leeg als het spoor onder de brug naar het station van Hamburg, zo leeg als het Duitse station zelf op dit vroege tijdstip. Op de weg hiernaartoe vanaf de herberg waren Truus en Klara van Lange slechts één soldaat tegengekomen, een jonge sergeant die zich omdraaide om nog eens naar Klara te kijken. Het was lastig, besefte Truus, dat Klara altijd de aandacht trok, dat ze zo opviel. Maar van elk nadeel viel een voordeel te maken. En ze hadden dertig wezen op te halen, veel meer kinderen dan Truus in haar eentje aankon.

'Ik beloof je dat je hier goed in zult zijn,' verzekerde ze Klara terwijl ze onder het enorme hakenkruis door liepen dat op de lelijke gevel van het station was geplakt. Was dat glas daarboven? Het was zo smerig dat je het nauwelijks kon zien.

Ze liepen via een vieze trap omlaag naar een vies perron, veegden een bankje schoon met een zakdoek en zetten hun reistassen naast zich in plaats van op de grond, die nog viezer was.

'Luister, dit is wat je moet doen,' zei Truus. 'Laat je kaartje zien aan de soldaat die toezicht houdt op het instappen en vraag hem in het Nederlands of je wel de juiste wagon hebt. Misschien kun je doen alsof je niet begrijpt waarom je niet in de eerste klasse zit? Maar niet overdrijven. We willen niet dat hij je naar een betere wagon verplaatst, zodat ik in mijn eentje dertig kinderen op sleeptouw moet nemen. Als hij geen Nederlands verstaat, doe dan net alsof je een klein beetje Duits spreekt, net genoeg om hem het gevoel te geven dat je hem aantrekkelijk vindt. Begrijp je?'

Klara keek weifelachtig. 'We hebben geen papieren voor de kinderen?'

De Nederlandse inreisvisa waren echt, dankzij meneer Tenkink. Van de Duitse uitreisvisa was dat minder zeker. Truus gaf er de voorkeur aan om te denken dat ze echt waren.

'Zoals ik al zei, je zult hier heel goed in zijn,' verzekerde Truus haar, 'maar de eerste keer is het makkelijker om het in je eigen taal te doen.'

De eerste keer, die heel goed de laatste zou kunnen zijn. Tenkink was er op wonderbaarlijke wijze in geslaagd om deze visa te regelen, maar met de nieuwe wet – waardoor de grenzen effectief waren gesloten – zou hem dat niet nog een keer lukken. Misschien had Joop gelijk. Misschien moesten ze zich er nu op richten om een aantal van de kinderen in huis te nemen, hun een thuis te bieden.

'Angst doet rare dingen met de sterkste mensen,' zei ze tegen Klara.

Na een poosje kwam er een perronwachter aan. Hij bleef voor hen staan, een oudere man met een verontrustend gezicht, rond en deegachtig wit en gezwollen. Klara's angst straalde van haar roerloze gedaante af, maar dat gaf niet. Tegenwoordig was iedereen in Duitsland bang.

'Verwachten jullie een pakket?' vroeg de perronwachter.

'Ja, een levering,' antwoordde Truus zacht.

'De trein heeft een halfuur vertraging,' zei de man.

Truus bedankte hem voor de informatie en beloofde om te wachten.

Toen de man verder liep, fluisterde Klara met een heel klein glimlachje: 'Meneer de Sneeuwpop.'

Truus dacht aan haar ouders, in Duivendrecht, aan haar moeders gezicht achter het raam terwijl de sneeuwbal van de vluchtelingenjongen langs het glas omlaaggleed, haar moeder die moest lachen om de kinderen die stonden te lachen bij de sneeuwpop die Truus ze had helpen bouwen. Meneer de Sneeuwpop. Het was een toepasselijke naam voor de perronwachter en het leek een gunstig voorteken. Het zei ook een heleboel over Klara van Lange. Hoe bang ze ook was, ze was nog prima in staat om humor te gebruiken als middel om de situatie aan te kunnen.

'Misschien wil je de zenuwen van je afschudden door de perronwachter te antwoorden wanneer hij de volgende keer komt, Klara?' vroeg Truus. 'Hij zal vragen of we een pakket verwachten, en dan moeten we antwoorden: "Ja, een levering."'

'Ja, een levering,' herhaalde Klara.

Na een poosje kwam er weer een perronwachter op hen af. Truus wachtte tot hij zo dichtbij was dat ze zijn gezicht onder de pet kon zien. Het was niet Meneer de Sneeuwpop.

'Verwachten jullie een pakket?' vroeg hij.

Truus voelde even onbewust aan de robijn onder haar handschoen en knikte naar Klara.

'Ja, een pakket, ja,' antwoordde Klara.

'Ja, een levering,' zei Truus.

De blik van de man schoot nerveus over het perron, maar zijn houding veranderde niet. Iemand die hem van een afstandje in de gaten hield, zou zijn onrust niet waarnemen.

'Ja, een levering,' herhaalde Truus.

Het liefst zou ze in stilte een gebedje zeggen, maar ze mocht zich niet laten afleiden.

De torenklokken van Hamburg begonnen zes uur te slaan.

'Ik ben bang dat het leveren van pakketten vanochtend onmogelijk is vanwege de chaos in Oostenrijk,' zei de perronwachter nog voor de klokken zwegen.

'Onmogelijk,' zei Truus. 'Juist.'

Brak hij het transport af vanwege Klara's blunder met de code of vertelde hij de waarheid?

Truus wachtte geduldig terwijl hij weer naar Klara keek, die liefjes naar hem glimlachte. Zijn gezicht lichtte enigszins op.

'Dan komen we morgen terug,' zei Truus. Het was niet echt een vraag – ze wilde geen directe weigering uitlokken – maar ze gebruikte wel een intonatie die duidelijk maakte dat ze het dilemma van de perronwachter begreep, dat het juist goed was dat een verprutste code hem onzeker maakte.

'Mijn vriendin hier is nog nooit in Hamburg geweest,' zei ze. 'Ik kan haar de stad laten zien en morgen terugkeren.'

Toen Truus en Klara naar de trap liepen om het station te verlaten, nam iemand tot hun schrik Klara's tas van haar over en zei: 'Laat me u daarmee helpen.' Hij pakte ook de tas van Truus, terwijl hij fluisterde: 'De man die rechts bovenaan de trap staat, is jullie vanuit de herberg gevolgd. Zodra jullie het station uit gaan, kunnen jullie het best links afslaan en om het blok heen lopen.' Bovenaan de trap gaf hij hun de tassen terug en liep haastig naar rechts. Truus zag hem een man passeren die haar bekend voorkwam, een man uit de herberg die haar had benaderd om gouden munten naar Nederland te smokkelen – een valstrik van de Gestapo die haar maar al te bekend was en waar ze niet in was getrapt. Toch controleerde ze voor de zekerheid haar zakken, terugdenkend aan dokter Brisker die haar zijn 'gelukssteen' had gegeven. Hij had ook beweerd dat hij haar wilde helpen.

TUSSEN DE REGELS TYPEN

Stephan spreidde *Mutti's* plaid over haar benen in de stoel bij de open haard, terwijl tante Lisl, die zich eerder die ochtend zonder oom Michael bij hen had gevoegd, het volume van de radio nogmaals aanpaste. De gordijnen zaten dicht, zodat de boekenplanken die tot het hoge plafond van de tweede verdieping reikten in schaduw werden gehuld, net als de reling die langs het bovenste niveau van de bibliotheek liep, de ladders en de koperen stangen die Stephan al had beklommen voordat hij zelfs maar kon lezen. Hij veronderstelde dat de verontrustende sfeer werd veroorzaakt door de gesloten gordijnen, alsof er iets sinisters aan was om samen met de rest van Wenen op een heldere winterochtend naar de radio te luisteren.

Hij probeerde verder te lezen in *Episode am Genfer See*, een verhaal van Stefan Zweig over een Russische soldaat die naakt op een vlot wordt gevonden door een Italiaanse visser, maar dat volgens Papa eigenlijk ging over het uitroeien van menselijke deugden onder mannen als Hitler. Hij had echter moeite zich te concentreren met de radio aan, die het nieuws uitzond over het referendum voor een 'onafhankelijk christelijk Oostenrijk'. De volksstemming zou over twee dagen plaatsvinden, maar Hitler sprak al van oplichterij die de Duitsers niet zouden erkennen. '*Lügenpresse*,' noemde hij de Oostenrijkse pers die hem tegen durfde te spreken. Liegende pers.

'Alsof die gek zelf niet de leugenaar is,' zei Papa tegen de radio, terwijl Helga, die net binnenkwam met het ontbijt, struikelde over Mutti's lege rolstoel en het zilveren dienblad bijna liet vallen. 'Hoe heeft Hitler heel Duitsland ervan weten te overtuigen dat zijn leugens de waarheid zijn en dat de waarheid een leugen is?'

'Hier, meneer, op het bureau?' vroeg Helga aarzelend.

'Pieter,' fluisterde Walter tegen zijn speelgoedkonijn, 'we mogen ontbijten in de bibliotheek!'

Ontbijt in de bibliotheek, dat was nog verontrustender dan de gesloten gordijnen. Op slechte dagen liet zijn moeder vaak een dienblad naar haar slaapkamer brengen, maar dat ze allemaal hier werden bediend? En alleen roggebrood en jam en gekookte eieren, zonder broodjes of ganzenlever of zelfs maar een selectie van *Kornspitz* of *Semmeln*, laat staan fatsoenlijke pasteitjes of gebak?

Stephan pakte een stuk zwart brood en smeerde er dik boter en jam op om de smaak van rogge te verhullen. Toen hij alles ophad wat hij weg kon krijgen, om Mutti een plezier te doen, zei hij: 'Goed, ik denk dat ik met mijn schrijfmachine naar –'

'Je kunt hier in de bibliotheek typen,' zei Papa.

'Maar het bureau staat vol met de ontbijtspullen.'

'Gebruik het rolbureau in de alkoof maar.'

Zelfs onder normale omstandigheden kon hij alleen schrijven wanneer hij in zijn eentje was, en eten in de bibliotheek terwijl Hitler op de achtergrond hun land bedreigde, viel bepaald niet onder normale omstandigheden. In Duitsland beweerde Goebbels dat heel Oostenrijk in opstand kwam en dat de Oostenrijkers wilden dat de Duitsers de orde kwamen herstellen. Achter de dichte gordijnen waren de straten in het centrum van Wenen echter stil. Een stille opstand, dacht Stephan. Žofie-Helene zou vast weten welke paradox daarop van toepassing was.

Ze hadden die avond afgesproken bij het Burgtheater; ze had een verrassing voor hem. Tegen die tijd zou hij toch zeker wel weg mogen? Zelfs zijn vader zei dat er nergens in Wenen rellen waren, dat het een leugen was die Hitler had verzonnen om te rechtvaardigen dat hij soldaten naar een land stuurde waar ze niets te zoeken hadden.

Het ontbijt maakte plaats voor de lunch, opnieuw een dienblad in de bibliotheek. Iedereen behalve Walter leunde richting de radio, alsof ze op die manier de vloedgolf van slecht nieuws konden stoppen. Walter, al even verveeld als Stephan, draaide de aardbol van hun vader steeds vlugger rond. Niemand wees hem terecht.

Stephan schoof het rolbureau in de alkoof open en zette zijn schrijfmachine erop. Hij draaide een leeg vel papier in de wagen en stelde zich een tafereel voor zoals hij gereflecteerd zag in de spiegel boven het bureau: een knetterend haardvuur in een bibliotheek met twee niveaus, met boeken en relingen en ladders, maar dan met de gordijnen open. Hij plaatste een jong meisje met bevlekte brillenglazen boven op een van de ladders, op zoek naar een boek over Sherlock Holmes. Hij begon een titelpagina te typen: `De paradox van de...`

'Niet nu, liefje,' zei Mutti. 'Zo kunnen we de radio niet horen.'

Hij ging verder en typte `leugenaar` in, in de hoop dat de vermaning was bedoeld voor Walter en de aardbol.

'Stephan,' zei Papa. 'Jij ook, Walter.'

Met tegenzin liet Stephan de schrijfmachine voor wat hij was, pakte een boek van de kinderplank en trok Walter op schoot. Met zachte stem las hij *The Incredible Adventures of Professor Branestawm* voor, de rampzalige maar grappige avonturen van een verstrooide professor die inbrekervangers en pannenkoekenmachines uitvindt. Walter zat echter te wiebelen, en Stephan werd het al snel zat om in het Engels te lezen. Daarom had tante Lisl dit boek ook meegebracht van haar laatste reisje naar Londen, omdat Papa wilde dat Walter en hij hun Engels zouden verbeteren.

'Ik kan met Walter naar het park gaan,' bood hij aan, maar Papa legde slechts zijn vinger op zijn lippen.

Toen Helga een licht avondmaal naar de bibliotheek bracht, keek Stephan op de klok. Eigenlijk zou hij Žofie-Helene moeten bellen om te zeggen dat hij niet naar hun afspraak zou kunnen komen, maar er was nog een klein beetje tijd. Hij schrokte een paar happen weg – luisterend naar het nieuws dat Hitler van bondskanselier Schuschnigg eiste dat hij de macht aan de Oostenrijkse nazi's zou overdragen en dat hij anders een invasie kon verwachten – en ging weer achter zijn schrijfmachine zitten. Hij kon schrijven terwijl de anderen aten. Hij zag het tafereel voor zich: een meisje met een bril, dat nu een bord volschepte met eten van de schalen op het bureau en net als tante Lisl bij het haardvuur ging zitten; zijn vader die een bord volschepte voor zijn moeder en daarna voor zichzelf. Hij zou de gordijnen bij nader inzien toch dicht laten.

Tik, tik, tik. Hij probeerde zachtjes te typen – `door Stephan Neumann` – maar het kleine belletje van de wagen klingelde elke keer wanneer hij aan een nieuwe regel begon.

'Stephan,' zei Mutti.

'Laat hem met dat rotding naar een andere kamer gaan, Ruchele!' zei zijn vader, tot hevige schrik van Stephan, die Papa nog nooit op scherpe toon tegen Mutti had horen praten.

'Herman!' zei tante Lisl.

Op milde toon zei Mutti: 'Volgens mij was jij degene die erop stond dat de jongens in de bibliotheek zouden blijven, Herman.'

Wanneer waren die kwabben in het gezicht van zijn vader verschenen? En de lijntjes rond zijn ogen en zijn mond, de diepe rimpels op zijn voorhoofd? Mutti was al zolang Stephan het zich kon herinneren niet gezond, maar de achteruitgang van zijn vader was nieuw en verontrustend.

'Stephan, je kunt mijn studeerkamer gebruiken,' zei Papa. 'Maar blijf binnen. Bezorg je moeder niet nog meer zorgen dan ze al heeft, en neem Walter met je mee.'

'Pieter en ik willen bij Mutti blijven,' zeurde Walter.

'Wel verdomme,' zei Papa. Alweer een schok: Papa was een heer, en heren spraken niet zo.

Walter klom op de chaise longue en kroop tegen Mutti aan.

'Vooruit, Stephan,' zei Papa. 'Schiet op.'

Stephan pakte zijn zware schrijfmachine en haastte zich langs de rolstoel van zijn moeder, voordat zijn vader van gedachten kon veranderen. Hij zette de schrijfmachine op het bureau in zijn vaders studeerkamer, naast de bibliotheek, en ging weer aan het werk. Pas toen hij de titelpagina uit de machine trok, besefte hij dat hij verder geen papier had meegebracht. Hij keek even uit het raam, dat hetzelfde uitzicht had als zijn slaapkamer op de verdieping erboven: een boom, en daarachter de straat. Hij draaide het vel papier weer in de wagen en typte op de achterkant. Hij wilde niet het risico lopen dat hij weer in de bibliotheek vast zou komen te zitten.

Toen hij onderaan de bladzijde was, draaide hij die weer omhoog en begon in de ruimten tussen de regels te typen, luisterend naar de stemmen in de bibliotheek. Zijn ouders en tante Lisl voerden een ernstig gesprek.

Zachtjes opende hij de balkondeur, stapte naar buiten, trok de deur achter zich dicht en klom op een tak van de boom. In plaats van omhoog te klimmen naar het dak, zoals hij normaal gesproken deed – 's avonds laat, om te genieten van het uitzicht op Wenen in het maanlicht – schoof hij omlaag en liet zich van een van de onderste takken op de grond vallen, vlak bij het poorthuisje en de voordeur. Hij bleef staan. Waar was Rolf? Hield niemand de deur in de gaten? Maar het maakte niet uit. Vanavond zouden er geen bezoekers komen.

Toch bleef hij staan om door het raam van Rolfs kleine kamertje in het poorthuis te kijken. Het was te donker om te zien of er iemand thuis was. Ook op straat was het griezelig stil, en terwijl hij zich over de stoep haastte, bracht zijn eigen schaduw in de gouden gloed van de gietijzeren straatlantaarns hem op een eigenaardige manier van zijn stuk.

CHAOSTHEORIE

Stephan keek nerveus toe terwijl Žofie-Helene de zijdeur van het Burgtheater opende met een sleutel die ze uit de zak van de jas van haar opa had gepakt.

'Eigenlijk mogen we hier niet zijn,' zei Dieter.

'Stephan gaat scènes uit zijn eigen toneelstuk opgevoerd zien worden op een echt toneel,' zei Žofie-Helene terwijl ze hen door de gang het theater binnenloodste. 'Net als zijn held Stefan Zweig.'

'Maar als we worden betrapt, zitten we in de problemen,' hield Dieter vol.

'Ik dacht dat je problemen leuk vond, Dieter,' zei Žofie-Helene. Ze legde haar jas en haar sjaal op een stoel op de achterste rij van het theater en verdween toen zonder iets te zeggen in de lobby.

'Ik dacht dat je problemen leuk vond, Dieter,' fluisterde Stephan tegen zijn vriend.

'Alleen problemen met meisjes.'

'Je hebt nog nooit problemen met meisjes gehad, Dieterrotzni.'

'O nee? Als je een meisje wilt kussen, dan doe je het gewoon, Stephan. En je bent zelf een snotneus.'

Op het toneel floepte onverwacht een lamp aan. Stephan dempte zijn stem en zei: 'Je kunt meisjes niet zomaar kussen.'

'Dat willen ze juist. Ze willen een man die de leiding neemt. Ze willen dat je hun een complimentje maakt en ze dan kust.'

Žofie-Helene verscheen op het toneel. Hoe was ze daar gekomen?

'Het gaat om hemoglobine,' zei ze, een regel opzeggend uit zijn nieuwe toneelstuk. 'U ziet ongetwijfeld het belang in van mijn ontdekking?'

Toen Stephan en Dieter in het gangpad bleven staan en naar haar opkeken, zei ze: 'Kom op, Diet. Je hebt je tekst toch uit je hoofd geleerd?'

Dieter aarzelde, maar hij trok zijn jas uit, liep het gangpad af en klom op het toneel. Hij declameerde: 'Het is ongetwijfeld interessant, maar –'

'Chemisch gezíén is het ongetwijfeld interessant, Diet,' corrigeerde Stephan. 'Kun je nog niet eens één simpele regel onthouden?' Hij reageerde zijn zenuwen af op Dieter, hoewel hij misschien eigenlijk boos was op Žofie. Maar hoe kon hij boos zijn op een meisje dat het hem gunde om zijn werk uitgevoerd te zien worden op het toneel van het Burgtheater?

'Het betekent hetzelfde,' zei Dieter.

'Het is een hommage aan Sherlock Holmes, Diet,' vertelde Žofie-Helene hem. 'Maar het werkt niet als je de woorden niet precies goed zegt.'

Stephan liep het gangpad af, in de veronderstelling dat hij vlak bij het toneel moest gaan zitten. Dat deden regisseurs toch?

'Sherlock Holmes is een man,' zei Dieter. 'Ik begrijp nog steeds niet hoe een vrouwelijke speurder een eerbetoon aan hem kan zijn.'

'Een vrouwelijke speurder is interessant, omdat niemand dat verwacht,' zei Žofie-Helene. 'Bovendien, ik heb alle verhalen van Sherlock Holmes gelezen, en jij nog niet eentje.'

Dieter stak zijn hand uit en raakte haar wang aan. 'Dat is omdat je zoveel slimmer bent dan Stephan en ik, en nog mooier ook, mijn kleine *Mausebär*,' zei hij. Mausebär was de bijnaam uit Stephans eigen eerste akte.

Stephan verwachtte dat Žofie-Helene Dieter uit zou lachen, maar ze bloosde slechts en keek eerst naar Stephan en vervolgens naar de planken van het toneel. Hij had Dieter nooit de rol van Selig moeten geven naast Žofie-Helenes Zelda, maar Dieter was de enige die arrogant genoeg was om de rol neer te kunnen zetten. Stephan had geprobeerd om een Sherlock Holmes-achtige speurder, de vrouwelijke Zelda, te mengen met een personage dat een beetje leek op de dokter in Zweigs *Amok*, een jongen die was geobsedeerd door een meisje dat hem niet zag zitten. Hij begreep *Amok* echter niet helemaal, en toen hij Papa had gevraagd waarom de vrouw dacht dat de dokter haar kon helpen met de baby die ze niet wilde, had zijn vader korzelig gezegd: 'Je bent een man met ruggengraat,

Stephan. Het zal jou nooit overkomen dat je een baby krijgt die je niet zou moeten krijgen.'

Dieter tilde Žofies kin een stukje op en kuste haar op de lippen. Ze nam de kus ongemakkelijk in ontvangst, maar daarna smolt ze zo'n beetje tegen Dieter aan.

Stephan keerde de twee de rug toe, deed net alsof hij een stoel uitkoos en mompelde: 'Dit is een mysterie, geen liefdesverhaal, domkop.'

Hij ging zitten en keek op naar de twee op het toneel. Gelukkig kusten ze elkaar niet langer, hoewel Žofies wangen gloeiden. 'Žofe,' zei hij, 'begin met de regel waarin je zegt dat Dieter een sukkel is.'

'Je bedoelt dat Selig een sukkel is?' vroeg Žofie.

'Dat zei ik toch? Als iedereen alles gaat herhalen wat ik zeg, komen we nooit door het script heen.'

Ze hadden twee scènes geoefend en de klokken van Wenen hadden zojuist zeven uur geslagen, toen Žofie iets hoorde. Claxons van auto's? Gejoel buiten het theater? Zo klonk het: de gedempte geluiden van menigten die juichten, auto's die toeterden. Ze keek van het toneel omlaag naar Stephan. Ja, hij had het ook gehoord.

Stephan, Dieter en zij gristen hun jassen van de stoelen en haastten zich naar de hoofduitgang van het theater, terwijl het lawaai almaar luider werd. Toen ze de deuren van binnenuit openduwden, overspoelde de herrie hen. Het wemelde in Wenen van de gewapende bruinhemden, mannen die banden om hun arm hadden met een swastika erop, jongemannen die aan trucks hingen die met swastika's waren beschilderd en over de Ringstrasse scheurden, langs de universiteit en het stadhuis, recht voor het theater langs. Het waren echter geen relschoppers. Het was een en al vreugde. Overal werd geroepen: *'Ein Volk, ein Reich, ein Führer!'* En 'Heil Hitler, *Sieg* Heil!' En *'Juden verrecken!'* Dood aan de Joden.

Terwijl ze zich met zijn drieën verstopten in de donkere schaduw van de ingang van het theater speurde Žofie de menigte af naar mama. Dit moest zijn waarom opa vanavond bij haar en Jojo was komen oppassen terwijl mama wegging, maar wat was er aan de hand? Waar kwam dit allemaal vandaan? De beschilderde trucks. De swastika's die op lantaarnpalen werden geplakt. De armbanden. De meuten. Die konden niet uit het niets zijn verschenen. Nul plus nul plus nullen tot in het oneindige was nog steeds nul.

Verderop in de straat begonnen een paar jongens een etalageruit te beschilderen met swastika's, schedels en het woord 'Juden'.

'Kijk, Stephan,' zei Dieter, 'het zijn Helmut en Frank van school! Kom!'

'We moeten Žofie-Helene naar huis brengen, Diet,' zei Stephan.

Dieter keek verwachtingsvol naar Žofie, met in zijn ogen een opgewonden schittering die haar deed denken aan de keer dat Jojo hoge koorts had gehad en Žofie steeds 'Papa' had genoemd, ook al kende ze Papa alleen van foto's en verhalen, omdat Papa was gestorven voordat Jojo was geboren.

'Ik breng haar wel naar huis, Diet. Ik zie je later weer.'

Zij en Stephan doken verder weg in de schaduwen terwijl Dieter haastig de treden van het theater af liep, richting een groep nazi's die op een oude man afstormde die naar buiten kwam om zijn etalageruit te beschermen. Een bruinhemd begon de man te treiteren, en de anderen deden mee. Een van hen stompte de arme oude man in zijn maag, en de man sloeg dubbel.

'Allemachtig,' zei Stephan. 'We moeten hem helpen.'

Maar de man was al verdwenen onder een zwerm bruinhemden.

Žofie keek de andere kant op, naar mannen die een nazivlag boven het Oostenrijkse parlement hesen, zonder dat iemand hen tegenhield: geen politie, geen militairen, zelfs niet de goede burgers van Wenen. Wáren dit de goede burgers van Wenen? Al die mensen die zich luidkeels achter Hitler schaarden, die jongens die met kerst misschien wel in de etalage tuurden om de modeltrein te bewonderen?

'We kunnen niet over straat naar huis,' zei ze.

Chaos was het enige wat zelfs de wiskunde niet kon voorspellen.

Met een schaar die ze in het donker in de kapperszaak van haar opa vond, wrikte Žofie het rooster onder de spiegel los. Ze leidde Stephan door de buizen waar ze op de dag van hun eerste ontmoeting doorheen waren gegaan, naar een gat dat toegang gaf tot het ondergrondse tunnelstelsel. Dat gat had ze later ontdekt, maar ze had het nog nooit gebruikt, omdat ze bang was geweest in haar eentje verdwaald te raken.

'Oef,' zei ze terwijl ze zich in het stikdonker liet vallen, veel verder omlaag dan ze had gedacht.

Stephan liet zich ook vallen, en Žofie tastte naar hem in het donker, direct gerustgesteld toen haar vingers zijn mouw voelden. Hij nam haar hand in de zijne. Opnieuw die geruststelling, en nog iets anders.

'Welke kant moeten we op?' vroeg ze.

'Weet je dat niet?'

'Ik ben nog nooit in het ondergrondse deel van de stad geweest, behalve met jou.'

'In dit deel ben ik ook nog nooit geweest,' zei Stephan. 'In elk geval kunnen we niet terug naar het theater, niet zonder ladder.'

Samen slopen ze naar voren in het verontrustende donker, omgeven door druppelend water en het geritsel van ongedierte. Žofie probeerde niet te denken aan de schurken en de moordenaars over wie Stephan haar had verteld. Wat hadden ze tenslotte voor keus? Bovengronds hadden de schurken en de moordenaars de straten overgenomen.

De geluiden van de menigte op straat klonken ver weg, maar toen ze via het achthoekige mangat vlak bij het appartement van Žofie boven de grond kwamen, kon Stephan de claxons nog steeds horen, en het 'Heil Hitler' dat steeds opnieuw herhaald werd. Stephan tilde een van de driehoeken een heel klein stukje op en tuurde naar buiten om te zien of dit achterafstraatje wel veilig was.

Bij haar appartementencomplex stak Žofie de sleutel in het slot. 'Wees voorzichtig op weg naar huis, oké?' zei ze tegen Stephan. Ze kuste hem op de wang en verdween naar binnen, hem achterlatend met de afdruk van haar koude brilmontuur op zijn huid, de warmte van haar wang, de zachte vochtigheid van haar lippen.

Maar snotneus Dieter had ze vol op de lippen gekust.

Nee, Dieter had háár gekust.

In een raam op een bovenverdieping spreidde het silhouet van een man achter de dunne gordijnen zijn armen en omhelsde het tengere silhouet van een meisje: Žofie-Helene die thuiskwam bij haar vader. Alleen was Žofies vader dood. Stephan tuurde naar boven en onderscheidde het gedrongen ronde lichaam van Otto Perger. De twee schaduwen vonden elkaar in een omhelzing vol liefde en opluchting. Hij wist dat hij niet zou moeten kijken. Hij moest zich omdraaien, weer onder de grond verdwijnen en terugkeren naar huis. Toch bleef hij staan terwijl de silhouetten van grootvader en kleindochter uit elkaar stapten en met elkaar spraken, en Žofie op haar tenen ging staan om haar opa op de wang te kussen. Haar bril zou tegen de wang van haar grootvader drukken, haar huid zou langs die van haar grootvader strijken.

Ze verdween uit het raam, maar even later verscheen haar silhouet opnieuw. Nu had ze iets in haar handen. Zwakjes sijpelden de openingstonen van de eerste cellosuite van Bach naar buiten om zich te mengen met de verre claxons en de joelende stemmen, de onbekende toekomst die Wenen na vannacht wachtte. En nog steeds bleef Stephan kijken, zich voorstellend hoe het zou zijn om het tengere lichaam van Žofie in zijn eigen armen te houden, om de druk van haar borsten te voelen, om haar op de lippen te kussen, in haar hals, onderaan haar keel, waar de oneindigheidshanger die haar vader haar eigenlijk niet had gegeven haar blote huid raakte.

LEGE BALBOEKJES

De glimmende eiken gelagkamer van de herberg zat vol met bierdrinkende ss'ers. Truus legde haar hand op die van Klara, die tegenover haar aan het tafeltje zat. De vingers van de arme vrouw trilden. Haar schnitzel lag onaangeraakt op haar bord.

'Ik weet dat het eng is,' zei Truus geruststellend met een gedempte stem die alleen Klara zou kunnen horen. 'Maar van de Duitsers mag er alleen om vijf uur 's ochtends een trein vertrekken, zodat niemand de kinderen weg ziet gaan, en vandaag kon die trein niet rijden.'

'Omdat ik "pakketje" zei in plaats van "levering"?'

'In dit soort zaken loopt het weleens anders dan gepland,' zei Truus vriendelijk.

'Het is alleen dat... Nu ja, meneer van Lange maakt zich zo'n zorgen om me,' zei Klara. 'We kunnen hier niet eeuwig blijven wachten, zeker niet als... Denk je dat het waar is? Deze mannen lijken te denken dat Hitler Oostenrijk vanavond zal binnenvallen, of dat hij dat misschien al heeft gedaan.'

Truus pakte haar vork en prikte er een stukje schnitzel aan, bedenkend dat een Oostenrijkse invasie zou verklaren waarom er geen trein voor hen was. Misschien waren alle treinen ingezet om troepen te vervoeren.

'Dat is vanavond niet onze zorg,' zei ze. 'Vanavond bekommeren we ons alleen om dertig Duitse weeskinderen.'

Ze aten een paar minuten in stilte, en toen werden ze benaderd door een van de ss'ers, die zijn hakken scherp tegen elkaar klikte en zo diep boog dat zijn hoofd bijna het bord van Truus raakte.

'Ik ben Curd Jürgens,' zei hij met dubbele tong.

Het lied dat uit de speakers klonk, was een slecht voorteken: '*Fräulein*, ik zag u dansen.'

Truus peilde de man. Ze vertelde hem niet hoe Klara en zij heetten.

'Mutti,' zei hij tegen Truus, 'mag ik uw dochter ten dans vragen?'

Truus nam hem van top tot teen op. Beleefd maar resoluut antwoordde ze: 'Nee, dat mag u niet.'

Er viel een stilte; alleen de muziek bleef spelen. Iedereen draaide zich naar hen toe.

De eigenaar van de herberg kwam haastig naar hun tafeltje toe, pakte het bord van Klara, hoewel ze haar eten nauwelijks had aangeraakt, en zei: 'Misschien kan ik de dames naar hun kamer begeleiden?'

DE ANSCHLUSS

Toen Stephan via een van de kiosken op straat opdook uit het ondergrondse gangenstelsel, hadden stormtroepen van de nazi's de bewakers bij de kanselierswoning vervangen en was de menigte nog lawaaieriger geworden. Verborgen in de schaduw van de gebouwen zocht Stephan zijn weg naar het koninklijk paleis en dook tussen de bogen door naar de Michaelerplatz, waar een spandoek op het Looshaus verkondigde: HETZELFDE BLOED HOORT THUIS IN EEN GECOMBINEERD REICH! Vanaf daar liep hij terug naar huis, waar de gordijnen nog dichtzaten, het huis donker was en er van Rolf nog steeds geen spoor te bekennen viel.

Hij glipte naar binnen, sloot de deur zachtjes achter zich en sloop de trap op, hopend dat niemand zijn terugkeer zou opmerken en dat het zou lijken alsof hij al die tijd in de studeerkamer van zijn vader was geweest. Naast de geopende deur van de bibliotheek luisterde hij even naar Papa en Mutti, die discussieerden met het monotone geluid van de radio op de achtergrond. Walter lag te slapen in Mutti's armen, en zijn konijn lag op de vloer.

'Je moet met Walter naar het station gaan,' drong zijn moeder aan. 'Lisl zal kaartjes hebben gekocht. Ik zal Stephan ook sturen.'

'Jullie reageren overdreven, jij en Lisl,' wierp zijn vader tegen. 'Wie zou mijn zus lastig durven te vallen? Ze is getrouwd met een man uit een van de meest vooraanstaande families in Wenen. En als ik wegga, wie moet er dan leidinggeven aan Neumanns Chocolade? President Miklas zal de orde tegen de ochtend hersteld hebben, en jij kunt hier niet alleen blijven, Ruche –'

Lisl stormde door de voordeur naar binnen en rende naar boven. Ze haastte zich langs Stephan de bibliotheek in, net op het moment dat Mutti zei dat Helga voor haar zou zorgen en dat ze zich bij hen zou voegen zodra ze zich goed genoeg voelde.

'Doe niet zo dwaas, Ruchele,' zei tante Lisl terwijl Stephan achter zijn tante aan de bibliotheek in glipte. Ze sloegen geen van drieën acht op het lawaai dat naar binnen drong door de voordeur, die zijn tante open had laten staan.

'Stephan! Godzijdank,' riep Mutti uit terwijl zijn vader vroeg waar hij had gezeten. 'De trein van kwart over elf naar Praag zat om negen uur al vol,' zei tante Lisl. 'Volledig uitverkocht, nog voordat ik op het station was. En vanavond rijdt er verder niets. Hoe dan ook, zodra de passagiers instapten, begonnen die vreselijke schurken iedere Jood eruit te halen die een kaartje had.'

De grootvaderklok sloeg één keer, het halve uur, of één uur 's nachts. De radio gonsde door op de achtergrond, een herhaling van een deel van de toespraak die bondskanselier Schuschnigg eerder die avond had gehouden. Daarin had hij gezegd dat het Duitse Reich eiste dat een bondskanselier van hun keuze Schuschnigg zou vervangen en dat Duitse troepen bij een weigering van het ultimatum de grens zouden oversteken. 'Omdat we zelfs op dit ernstige moment niet bereid zijn om Duits bloed te vergieten, hebben we ons leger bevel gegeven om zich in het geval van een invasie zonder substantiële weerstand terug te trekken en de beslissingen van de komende paar uren af te wachten,' zei de bondskanselier. 'En dus neem ik afscheid van het Oostenrijkse volk met een vaarwel dat uit het diepst van mijn hart komt: laat God Oostenrijk beschermen!'

Was de bondskanselier afgetreden en had hij de regering overgedragen aan de nazi's? Ging Oostenrijk zich niet eens verdedigen?

Ze schrokken van stemmen beneden. Vlug hielp Stephan Papa om Mutti in haar rolstoel te tillen, met de slapende Walter nog in haar armen, en Papa duwde haar naar de deur van de bibliotheek. Op de bovenste verdiepingen zou het veiliger zijn.

Jonge mannen en jongens drongen het paleis al binnen, met opgewonden stemmen die echoden in de hal.

Papa duwde Mutti weer terug de bibliotheek in en deed vlug de deur op slot.

Van beneden klonk het lawaai van meubels die omver werden gegooid, het gerinkel van brekend kristal, niet zomaar een glas of een vaas, maar zo te horen al het kristal en zilver en porselein waarmee Helga de tafel had gedekt, voor het geval ze nog formeel wilden dineren. Rauw gelach steeg op. Iemand speelde op de piano, verbazend mooi: de 'Mondscheinsonate' van Beethoven. Nazi's riepen iets naar elkaar over een sigarettendoos, een kandelaar, de beelden die langs de rand van de balzaal stonden. Sommigen van hen begonnen 'Hei-ho, hei-ho' te zingen, gevolgd door een zware klap die niets anders kon zijn dan een marmeren beeld dat op de vloer van de balzaal stortte. De indringers juichten en joelden, en een aantal van hen kwam nu stampend de trap op naar de bovenste verdiepingen, naar de slaapkamers, waar ze, zo veronderstelde Stephan, de familie hoopten aan te treffen.

Boven hun hoofd klonk een klap, gevolgd door nog meer gelach. Papa's geldclip zou op de ladekast in zijn slaapkamer liggen. Misschien lagen de sieraden van Mutti ook wel in het zicht. Het was niet duidelijk of de indringers dingen meenamen of dat ze er gewoon lol in hadden om rond te lopen in het weelderige huis met de portier die altijd de toegang had versperd. Waar wás Rolf?

Die arme Helga op de bediendenverdieping moest doodsbang zijn. Zouden deze vandalen het personeel iets aandoen?

De deurknop van de bibliotheek rammelde. Niemand verroerde zich. De knop rammelde weer. Nog steeds bleef de radio zijn onthullende gemurmel uitzenden.

In de muziekkamer werd op de piano gespeeld, en de cis – de noot die Stephan deed denken aan het maanlicht op het Vierwoudstrekenmeer – klonk nu onheilspellend.

'Wie zit daarbinnen?' riep een stem. 'Hebben jullie jezelf ingesloten?' Het zou de stem van Dieter kunnen zijn, maar dat kon Stephan niet geloven, niet echt.

Een lichaam beukte hard tegen de deur, en nog een keer, gevolgd door gelach en geduw en een nieuwe dreun. Verschillende stemmen drongen erop aan dat anderen opzij zouden stappen en dat zij de deur dan wel open zouden breken.

'Dat beeld,' zei iemand. 'Daarmee zouden we de deur in kunnen beuken.'

Er klonken chaotische stemmen en voetstappen, gevolgd door gelach. Het beeld was van marmer. Net als het beeld dat ze in de balzaal omver hadden geworpen, woog het meer dan tweehonderd kilo. Žofie had dat berekend.

Er beukte weer een lichaam tegen de deur van de bibliotheek.

'Wat dachten jullie van deze tafel?' stelde iemand voor.

Stephan spitste zijn oren, alsof hij de mannen tegen kon houden door heel ingespannen te luisteren. Buiten de deur kletterde zijn moeders verzameling van zilveren snuisterijen op de vloer. Nog steeds murmelde de radio en speelde de piano.

Stephan liep naar de deur, zijn lichaam een extra barrière tegen de indringers. Zijn moeder schudde haar hoofd om hem van het idee af te brengen, maar niemand verroerde zich of zei iets.

De radio-omroeper vroeg aandacht voor een belangrijke mededeling: president Miklas had zich overgegeven. 'Met diepe emotie op dit feestelijke moment,' klonk de stem van majoor Klausner, 'kondig ik aan dat Oostenrijk vrij is, dat Oostenrijk nationaalsocialistisch is.'

Buiten op straat klonk oorverdovend gejuich.

Beneden, bij de voordeur, floot iemand luid.

De jongen wiens stem zo op die van Dieter leek, riep net buiten de deur: 'Over de balustrade ermee!'

Een versplinterende klap op de marmeren vloer van de hal werd onthaald met luid gejuich en het kabaal van mannen die langs de trap omlaagstormden. De voordeur sloeg dicht, en het gezin in de bibliotheek hoorde nog slechts de gedempte geluiden van buiten en het zachte gemurmel van de radio, en de 'Mondscheinsonate' die nog steeds op de piano werd gespeeld. De laatste twee lange, lage noten van het eerste deel klonken, gevolgd door een korte stilte. Een laatste paar voetstappen haastte zich door de hal. De deur ging open, maar werd niet meer gesloten. Was de man weg?

Terwijl de stem op de radio plaatsmaakte voor een Duitse militaire mars, opende Stephan de deur van de bibliotheek en tuurde door de kier. Hij zag een enorme puinhoop, maar geen pianospeler.

Hij sloop de trap af, struikelend over de laatste paar treden. Vlug deed hij de voordeur op slot. Hij leunde er met zijn rug tegenaan, met een hart dat tekeerging alsof iemand van buiten als een bezetene de klopper tegen het hout sloeg.

De hal en de imponerende trap waren bezaaid met gebroken en gedeukte voorwerpen. Meubels en kristal, schilderijen en beelden, verfijnde zilveren bloemschalen en suikerschaaltjes, babyrammelaars, waterkannen, vingerhoedjes en flessenstoppers en dingen die helemaal geen doel hadden, allemaal onherstelbaar gedeukt en gebutst. Tussen de puinzooi lagen vertrapte foto's en papieren en brieven die, van alle vernielingen die de indringers hadden aangericht, de tranen in Mutti's ogen zouden doen springen. Alleen de piano leek onbeschadigd. Degene die hem had bespeeld, had zelfs de moeite genomen om de loper weer op de toetsen te leggen, een taak die Stephan zelf zo vaak vergat. Toen hij naar het instrument toe liep, zag hij nog een berg verspreide papieren liggen. Bovenop, zo vertrapt dat hij bijna niet leesbaar meer was, lag een pagina waarop enkel een titel was getypt: `De paradox van de leugenaar`.

Deel II

DE TIJD ERTUSSEN

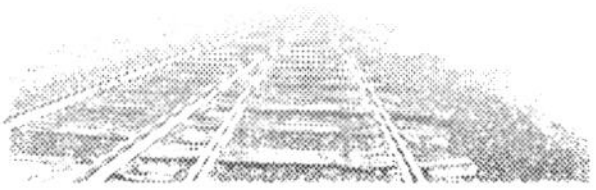

MAART 1938

NA DE WEIGERING OM TE DANSEN

Truus tuurde door het raam van hun kamer in de kleine herberg in Hamburg het donker in, toen Klara van Lange, gewekt door de stemmen of misschien de hele nacht al wakker, vroeg waar al dat lawaai vandaan kwam.

'Die jongens uit de bar staan op het platte dak onder ons raam te zingen.'

'Om vier uur 's ochtends?'

'Ik geloof dat het een serenade aan jou is, lieverd.'

Truus liet het gordijn dichtvallen en klom weer in bed.

Minuten later ging de wekker. De twee vrouwen stonden op, trokken hun nachtjapon uit en begonnen zich aan te kleden. Het licht lieten ze uit, vanwege de jongens buiten. Truus voelde de blik van Klara op zich rusten terwijl ze haar korset dichthaakte en kousen uitzocht. Het was ongemakkelijk om halfnaakt bekeken te worden, zelfs in het donker. Van binnenuit. Van buitenaf.

'Wat is er, Klara?' vroeg ze met haar kousen in haar hand.

Klara van Lange wendde haar blik af en keek naar het raam. 'Denk je dat we dit zouden doen als we zelf kinderen hadden?'

Truus schoof haar ene kous over haar tenen en haar hiel, en over haar kuit en haar knie naar haar dijbeen. Even bleef ze haken achter de ring met de verstrengelde bandjes, maar gelukkig ontstond er geen ladder. Zorgvuldig maakte ze de kous aan haar jarretels vast, terwijl ze buiten de jongens hoorde vertrekken. Kennelijk gaven ze het op. Zo dadelijk zou Truus het licht aan kunnen doen, of Klara.

'Je bent nog jong, liefje,' zei Truus zacht. 'Er is nog tijd voor jou.'

KEUZES

De wagons buiten het station van Hamburg waren al even roerloos als de ochtend daarvoor, het spoor eronder even leeg. Truus en Klara van Lange betraden het station opnieuw door de deuren onder die vreselijke swastika, liepen via dezelfde vieze trap naar hetzelfde vieze perron en veegden hetzelfde bankje af met een schone zakdoek – het enige stukje aan Truus dat die ochtend schoon was; bij het inpakken had ze geen rekening gehouden met uitstel. Opnieuw zetten ze hun tassen naast zich en wachtten. De zon was nog niet opgekomen.

Meneer de Sneeuwpop verscheen en fluisterde zonder zich om te draaien of te blijven staan: 'De trein heeft een halfuur vertraging, maar jullie pakket zal er zijn voordat de trein vertrekt.'

Net toen ze de trein eindelijk aan hoorden komen, loodsten twee begeleidsters – een oudere vrouw met grijs haar en een jongere vrouw met een baby in haar armen – een hele troep kinderen langs dezelfde trap waarmee Truus en Klara naar het perron waren afgedaald.

Truus vroeg de jongere begeleidster om de kinderen voor te stellen, terwijl de vrouw met de grijze haren namen afstreepte op een formulier op een klembord en het papierwerk aan Klara gaf. Met een hartelijke handdruk voor ieder kind – aanraking was zo belangrijk bij het wekken van vertrouwen – vertelde Truus hun dat ze haar 'tante Truus' mochten noemen.

Nadat ze alle dertig waren aangekruist op de lijst, wierp de jongere begeleidster een nerveuze blik naar de oudere en zei: 'Adele Weiss.' Ze gaf de baby in haar armen aan Truus en haastte zich weg. Het kind dat de verbaasde Truus vasthield, riep 'Mama! Mama!' en begon te huilen.

'Heeft ze papieren?' vroeg Klara aan de oudere begeleidster.

Truus probeerde het meisje te sussen terwijl de trein sissend tot stilstand kwam.

‘We kunnen geen kind zonder papieren meenemen,’ fluisterde Klara.

Truus knikte naar de nazifunctionaris die net uit de trein kwam gestapt. ‘Mevrouw Van Lange, het is nu aan u,’ zei ze. ‘Ik heb hier genoeg hulp om de kinderen in de trein te krijgen.’

Met een dubieuze blik op het kind in de armen van Truus haalde Klara haar treinkaartje tevoorschijn en liep op de nazi af, die geïnteresseerd naar Klara’s aantrekkelijke kuiten en enkels keek.

‘Entschuldigen Sie bitte,’ zei ze tegen hem. *‘Sprechen Sie Niederländisch?’*

De nazi keek alsof Helena van Troje zojuist was opgestaan van een bankje op het perron om met hem te praten.

Met de kleine Adele Weiss op haar heup pakte Truus de hand van een ander kind en liep naar de treinwagon. De nazi keek slechts heel even op en richtte zijn aandacht toen weer op Klara van Lange. Truus klom in de wagon, en de oudere begeleidster begon de kinderen te helpen met instappen.

‘Dank u,’ zei de vrouw. ‘De keuzes die we moeten maken –’

‘U hebt de levens van dertig weeskinderen op het spel gezet omwille van een kind dat een moeder heeft die duidelijk zielsveel van haar houdt,’ zei Truus. ‘Vlug nu, laten we zorgen dat ze allemaal in de trein zitten.’

Terwijl de begeleidster het laatste kind omhoogtilde naar Truus, fluisterde de vrouw: ‘U doet mijn zus onrecht, Frau Wijsmuller. U zou toch niet willen dat ze het leven van haar dochter samen met haar eigen leven op het spel zette?’

Toen alle kinderen een plekje hadden en de trein het station uit reed, begon Klara van Lange te huilen.

‘Nog niet, liefje,’ zei Truus. ‘De grenscontrole komt er nog aan.’

Ze dacht bij zichzelf dat Klara te jong en te mooi was, te gedenkwaardig, om haar te vragen dit nog een keer te doen. Maar hoewel er ruim voldoende vrijwilligers waren om vluchtelingen in Nederland te helpen, was het moeilijker om mensen te vinden die bereid waren de grens over te steken.

‘Ik zou je adviseren om er gewend aan te raken, maar dat is mij nooit gelukt,' zei ze. 'Ik vraag me af of iemand dat ooit voor elkaar krijgt.' Ze gaf de kleine Adele Weiss aan Klara. 'Hou jij haar maar vast. Dat zal je helpen; ze is het soort kind dat troost geeft.'

De andere kinderen zaten allemaal wonderbaarlijk stil – waarschijnlijk een gevolg van de schok.

Ze zei tegen Klara: 'Mijn vader zei altijd dat moed niet het ontbreken van angst is, maar de beslissing om ondanks je angst door te zetten.'

OPRUIMDAG

Stephan tuurde door een kier in de gesloten gordijnen van de bibliotheek naar de grijze Weense ochtend. Een dik ingepakte vrouw verkocht vlaggen met hakenkruizen erop, een andere bood grote ronde ballonnen met hakenkruizen te koop aan, en de JA-spandoeken voor het referendum waren al overgeschilderd met enorme hakenkruizen. Mannen op ladders hingen het symbool aan straatlantaarns. Anderen beplakten bordjes bij tramhaltes met EIN VOLK, EIN REICH, EIN FÜHRER. Op de trams prijkten posters met dezelfde leus, naast gigantische foto's van Hitler. Net buiten het hek van het stadspaleis stopte een truck met een open laadbak waarop een swastika was geschilderd.

'Papa!' zei Stephan geschrokken. Kwamen ze het huis opnieuw bestormen?

Zijn vader, die Mutti net haar medicijnen gaf, merkte Stephans schrik niet op. Hij keek niet eens op van Mutti, die in dekens gewikkeld op de stoel naast het haardvuur zat, met Walter en zijn speelgoedkonijn zoals altijd naast haar opgekruld. Hoewel niemand het ooit hardop uitsprak, was het alsof hij wist dat het nooit zeker was of hun moeder er de volgende dag nog zou zijn. Ze luisterden met zijn vijven – tante Lisl was er nog – naar het nieuws op de radio, terwijl de bedienden bezig waren het huis op te ruimen.

Stephan raapte al zijn moed bijeen en keek weer naar buiten. De bestuurder van de truck was inmiddels uitgestapt en was bezig om bundels van armbanden met hakenkruizen uit te laden. Een hele menigte verzamelde zich om hem heen om een armband uitgereikt te krijgen en om te doen.

Het was verbijsterend om te zien hoe goed dit was georganiseerd, hoeveel vlaggen en blikken verf en armbanden en ballonnen – ballonnen! – er ineens opdoken in Wenen zonder dat iemand ze ooit leek te hebben gebracht. En dat allemaal om het moment te vieren dat de Duitsers aan de wereld probeerden te verkopen als een spontane opstand van de Oostenrijkse bevolking.

Op de stoep buiten het hek van het paleis en op de straat die Stephan elke dag overstak, schrobden mensen op handen en knieën de slogans van het referendum weg. Niet alleen mannen, maar ook vrouwen en kinderen, ouderen, ouders en leraren, rabbijnen. Ze waren omringd door ss, Gestapo, nazi's en plaatselijke politie, waarvan sommigen hun broekspijpen omhooghielden om niet nat te worden terwijl ze toezicht hielden op het werk. Toekijkende buren jouwden hen ondertussen uit.

'Herr Kline is stokoud, en het enige wat hij ooit heeft gedaan, is iedereen opgewekt goedemorgen wensen en mensen die zich geen krant kunnen veroorloven bij zijn kraampje laten lezen,' zei Stephan zacht.

Papa zette het pillenflesje en het waterglas naast Mutti's grotendeels onaangeraakte ontbijt. 'Ze maken Wenen "klaar" voor de ontvangst van Hitler, zoon. Als je thuis was geweest –'

'Niet doen, Herman,' zei Mutti vermanend. 'Gewoon niet doen! Geef mij dan de schuld, omdat ik ziek ben. Anders zouden we al weken geleden zijn vertrokken.'

'Ik kan sowieso niet weg, Ruche,' zei Papa sussend. 'Je weet dat het jouw schuld niet is. Ik kan de zaak niet achterlaten. Ik bedoelde alleen –'

'Ik ben geen dwaas, Herman,' onderbrak Mutti hem. 'Als je het excuus van de zaak wilt gebruiken om de blaam niet bij mij te hoeven leggen, prima, maar waag het niet om Stephan als schuldige aan te wijzen. Als ik gezond was geweest, dan hadden we de zaak verkocht en waren we vertrokken.'

Walter begroef zijn gezicht in zijn knuffelkonijn. Papa ging naast hem zitten op de rand van de chaise longue en kuste Walter op zijn voorhoofd, maar Walter bleef huilen.

Stephan keerde terug naar het raam, naar het gruwelijke uitzicht. Zijn ouders maakten normaal gesproken niet op deze manier ruzie.

'Heel Wenen is gek op Neumanns Chocolade,' zei Papa. 'Die schurken van gisteravond, die wisten niet wie we zijn. Kijk maar, vanochtend valt niemand ons lastig.'

Op de radio las Joseph Goebbels een verklaring van Hitler voor. 'Ik, de Führer, zal met veel plezier Oostenrijk binnengaan, mijn thuisland, als Duitser en als vrije burger. De wereld moet zien dat het Duitse volk in Oostenrijk bevangen is door een veelbewogen vreugde omdat hun broeders hen tijdens hun grootste nood te hulp zijn geschoten.'

'We moeten de jongens naar school sturen,' zei Mutti met een stem die zo vast was dat Stephan ervan schrok, hoewel hij zich realiseerde dat ze hem dat juist probeerde te besparen. 'Naar Engeland, denk ik.'

DE KAARTENBAK

Het meest opvallende voorwerp in het kantoor van SD-afdeling II/112 in Burg Hohenzollern was een enorme ronde kaartenmolen met kaartjes met gaatjes erin. Overal lagen Oostenrijkse kranten, boeken, jaarverslagen, handleidingen en dossiers, die mannen raadpleegden terwijl ze verschillende gekleurde informatiekaarten invulden. Een senior medewerker nam de persoonlijke aantekeningen door die Eichmann onder zijn informanten had verzameld, terwijl een tweede medewerker op een pianokruk zat en ingevulde kaarten op alfabetische volgorde in de kaartenmolen stopte. Toen Eichmann binnenkwam, met Tier op zijn hielen, ging iedereen staan, salueerde en zei: 'Heil Hitler, Untersturmführer Eichmann.' Hij had opnieuw promotie gemaakt en was nu tweede luitenant. Hoewel hij nog geen hoofd van zijn departement was, had hij in elk geval hier de leiding: de afdeling waar de informatie werd verzameld die nodig kon zijn om de Joden van het Reich over te halen om te emigreren. Zijn standpunt dat ze het Joodse probleem het beste konden oplossen door Duitsland van zijn ratten te ontdoen, begon eindelijk navolging te krijgen.

Hij pakte exemplaren van verschillende kranten en las willekeurige naamregels en andere namen voor aan de medewerker die de kaarten in het systeem opborg. Bij elke naam draaide de medewerker de kaarten rond tot hij de bijbehorende kaart had gevonden en dan las hij de informatie hardop voor: allemaal Joden en Jodenheulers.

'Käthe Perger,' las Eichmann voor uit de naamregel bij een artikel in *Onafhankelijk Wenen*. De krant had zijn aandacht getrokken door de uitgesproken anti-nazirommel op de voorpagina.

De medewerker draaide de kaartenmolen rond, haalde er een kaart uit en las voor: 'Käthe Perger. Redacteur van *Onafhankelijk Wenen*. Anti-nazi. Non-communist. Steunt de Oostenrijkse bondskanselier Schuschnigg.'

‘Ex-bondskanselier,’ zei Eichmann. ‘Is die Käthe Perger misschien een mannelijke journalist die zich verbergt achter de stank van de inkt van een vrouw?’

De mannen konden ze naar Dachau sturen, maar ze hadden niet veel plekken waar ze vrouwen gevangen konden zetten.

‘De informatie is nogal specifiek,’ zei de medewerker. ‘Echtgenoot overleden. Twee dochters, vijftien en drie. De vijftienjarige is klaarblijkelijk een wiskundewonder. En ze is niet Joods.’

‘Het wonderkind?’

‘Käthe Perger. Ze komt uit Tsjechoslowakije, en haar ouders waren christenen. Boeren. De vader is dood, maar de moeder leeft nog.’

Het volk. Het bloed van het Reich.

‘Was de dode echtgenoot een Jood?’ suggereerde hij.

‘Ook een christen, de zoon van een kapper, en net als zijn vrouw een journalist. Hij is gestorven in de zomer van 1934.’

‘In Wenen?’

‘Op dat moment was hij toevallig in Berlijn.’

‘Juist,’ zei Eichmann. De echtgenoot was een van de vervelende journalisten die de Nacht van de Lange Messen niet hadden overleefd. ‘Een van de zelfmoordgevallen.’

De medewerker grinnikte.

‘Opgeruimd staat netjes,’ zei Eichmann. ‘Laat iemand anders die Käthe Perger maar aanpakken; wij gaan geen moeders arresteren. Ons is het om de Joden te doen.’

‘Neemt u de catalogus mee naar Wenen?’ vroeg de medewerker.

‘De namenlijst die we daarmee samenstellen,’ zei Eichmann. ‘Naar Linz, hoop ik.’

DE PROBLEMEN WAAROP JE NIET BENT VOORBEREID

Truus wiegde de slapende Adele Weiss in haar armen terwijl ze onderhandelde met een ss-bewaker bij het grensstation. De 'gelukssteen' van die dokter zou ze nu goed kunnen gebruiken. Achter haar deed Klara van Lange haar uiterste best om de dertig kinderen netjes in de rij te laten staan terwijl ze wachtten om in de trein te stappen die hen van Duitsland naar Nederland zou brengen.

'Maar nogmaals, Frau Wijsmuller,' hield de bewaker vol, 'er staat geen kind op uw paspoort. Natuurlijk, een Nederlands kind kan zonder aparte papieren met zijn moeder reizen, maar dan moet het kind wel in het paspoort van de ouders staan.'

'Ik zeg het nog één keer, meneer, ik had geen tijd om mijn paspoort te laten aanpassen.' Had ze maar een meelevende medereiziger gevonden die wel kinderen op zijn of haar paspoort had staan, zodat ze het kind op die manier over de grens had kunnen smokkelen. Ze moest haar zaken met deze man zien af te handelen voordat het kind wakker werd en weer om haar moeder begon te huilen. 'U ziet toch dat ze mijn...' Ogen heeft, had ze bijna gezegd, maar het kind lag te slapen, dit donkerharige kind met het smalle gezichtje dat in geen enkel opzicht op Truus leek.

'Ah, daar is Mutti met haar mooie dochter!' zei iemand, en Truus en de bewaker keken allebei op. Het was de soldaat uit de herberg, Curd Jürgens, die had gevraagd of hij met Klara mocht dansen. Terwijl de bewaker salueerde, drukte Truus de baby dichter tegen zich aan. Deze Jürgens wist dat ze in de herberg geen kind bij zich had gehad. Allemachtig, hoeveel kwaad had één dans gekund?

'Ik dacht al dat ik u herkende, en inderdaad, ik had gelijk,' zei Jürgens trots. Op de ietwat arrogante toon van een hogergeplaatste officier ging hij verder: 'Is er een probleem, agent? Deze goede vrouw en haar mooie dochter dansen klaarblijkelijk niet, maar klagen doen ze ook niet, terwijl ze daar misschien wel aanleiding toe hebben.'

Hij glimlachte naar Truus terwijl de soldaat 'Haar dochter' mompelde en van Truus naar de slapende Adele keek. Truus deed er het zwijgen toe, bang dat alles wat ze zou zeggen de grensbewaker misschien bewust zou maken van zijn vergissing. Ondertussen bood Jürgens Klara van Lange zijn verontschuldigingen aan.

'Maar jullie nachtelijke serenade was toch al excuus genoeg!' antwoordde Klara charmant, beide mannen afleidend. Het werkte; even later hielpen beide mannen hen om de kinderen in te laten stappen.

Truus probeerde er niet aan te denken wat het kon betekenen dat Curd Jürgens en zijn mannen niet vanuit Hamburg naar Oostenrijk waren getrokken om de invasie te steunen maar in plaats daarvan hier waren, aan de grens met Nederland.

Een paar korte minuten nadat de trein het Duitse station had verlaten, stopte hij in Nederland. Een Nederlandse douanebeambte stapte in de wagon, keek met enige walging naar de bankjes vol kinderen en onderzocht de papieren die Truus hem gaf: dertig volledig geldige inreisvisa ondertekend door meneer Tenkink in Den Haag. Volgens de stationsklok op het perron was het precies kwart voor tien 's ochtends.

'Deze kinderen zijn allemaal smerige Joden,' zei de douanier.

Het was dat Truus een kind zonder papieren over de grens probeerde te smokkelen, anders had ze de man misschien wel geslagen. In plaats daarvan zei ze met haar meest inschikkelijke stem dat als hij twijfelde aan de geldigheid van de visa, hij zich tot meneer Tenkink kon wenden – zodat de aandacht op de dertig kinderen met de juiste documenten gericht bleef en niet op het ene kind dat er niet over beschikte.

De douanier verzocht hun om uit de trein te stappen, die over een paar minuten al weer zou vertrekken. Er zat niets anders op dan te doen wat de man hun vroeg. Truus kuste het voorhoofd van het meisje in haar armen terwijl de man met hun papieren verdween. Het was zo'n lief kindje, deze kleine Adele Weiss. Edelweiss. Een bloem in de vorm van een witte ster die op de hellingen van de Alpen groeide. Het was het symbool geweest van de Oostenrijks-Hongaarse Alpentroepen van keizer Frans Jozef I tijdens de Eerste Wereldoorlog. Truus had jongens ontmoet die het op hun kraag genaaid hadden. Nu zei men dat Hitler een liefhebber van het plantje was.

Het kind keek op naar Truus, met haar duim in haar mond. Ze jammerde niet, hoewel ze honger moest hebben. Zelfs Truus had honger, aangezien ze de herberg lang voor het ontbijt hadden verlaten.

De trein reed weg zonder hen, en de klok tikte door, alweer een uur waarin ze probeerden om rusteloze, vermoeide kinderen af te leiden tot de bewaker zou terugkeren. Toen de man weer aan kwam lopen, gaf Truus de baby aan Klara, bedenkend dat ze beter kon zeggen dat het Klara's dochter was. Klara was jonger dan zij en het was veel waarschijnlijker dat zij zo'n jong kind zou hebben. Dat had ze bij de Duitse grens al moeten bedenken. Waarom had ze dat niet gedaan?

Ze beantwoordde de overige vragen van de douanier: 'De kinderen zullen direct naar de quarantainebarakken in Zeeburg worden gebracht, en vandaar naar gastgezinnen.' 'Zoals ik al zei, ik weet zeker dat meneer Tenkink in Den Haag u met alle plezier zal vertellen dat hij persoonlijk toestemming heeft gegeven om deze kinderen naar Nederland te brengen.'

Alle kinderen, behalve Adele. Adele Wijsmuller, zei Truus tegen zichzelf, plotseling bang dat ze al tegen de man had gezegd dat het kind Adele Weiss heette.

Toen hij opnieuw vertrok met hun reispapieren, herhaalde ze het tegen zichzelf. Adele Wijsmuller. Tegen Klara zei ze: 'Soms heb je echt al je geduld nodig om je gedachten vóór je te houden.'

Klara legde haar handen zachtjes op de hoofden van twee ruziënde jongens. Als bij toverslag stopten ze met bakkeleien, keken glimlachend naar haar op en begonnen een vriendelijk spelletje met hun handen te spelen.

'Bedoel je de gedachte dat deze kinderen schoner zijn dan die bewaker?' zei ze.

Truus glimlachte. 'Ik wist wel dat jij de juiste persoon was voor deze uitdaging, Klara. Ik hoop dat die man zijn werk doet voordat de laatste trein vertrekt. Zelfs al waren de kinderen christenen, dan zou het nog onmogelijk zijn om hier een plek te vinden om ze voor de nacht onder te brengen.'

'Wie had gedacht dat het makkelijker zou zijn om Duitsland uit te komen dan Nederland in?' vroeg Klara.

Truus zei: 'Het zijn de problemen waarop je niet bent voorbereid die je de das omdoen.'

HET SCHANDESALUUT

Stephan stond met Dieter en de rest van hun groepje in de wachtende menigte. De zon was al ondergegaan toen de eerste trein eindelijk op station Wien Westbahnhof arriveerde en de soldaten uitstapten. De troepen, aangevoerd door een fanfare, waren niet goed te onderscheiden, maar de menigte bracht een saluut door de armen te heffen en uitbundig te juichen. Gepantserde auto's brachten nog meer Duitsers, sommige met fakkels, die stijf op de maat van de muziek door de Mariahilfer Strasse marcheerden. De meute om Stephan heen werd nog enthousiaster, en Dieter en de andere jongens schreeuwden luidkeels mee: 'Ein Volk, ein Reich, ein Führer!'

Aan de overkant begon een oude dame in een bontjas – iemand die Stephan elke middag zou kunnen tegenkomen op de Ringstrasse – te schreeuwen tegen een man die net als Stephan zwijgend toekeek, met zijn armen naast zijn lichaam. De vrouw gebaarde hevig naar de man. De man probeerde haar te negeren, maar hij werd omringd door omstanders en verdween in de schermutseling. Stephan kon niet zien wat er gebeurde. De man was gewoon verdwenen, en de vrouw in de bontjas schreeuwde opnieuw: 'Ein Volk, ein Reich, ein Führer!'

'Ein Volk, ein Reich, ein Führer, Stephan!' riep Dieter in zijn oor, en toen hij zich omdraaide, zag hij dat al zijn vrienden het saluut brachten en schreeuwden en hem in de gaten hielden.

Hij aarzelde, alleen in de enorme menigte.

'Ein Volk, ein Reich,ein Führer!' herhaalde Dieter.

Stephan kon niets uitbrengen, maar langzaam hief hij zijn arm.

VERSTRENGELD

Truus stapte vanuit de trein op het Amsterdamse perron, met baby Adele in haar armen en achter haar dertig kinderen die nog uit de trein moesten worden geholpen. Joop nam de baby van haar over en omhelsde haar stevig. Natuurlijk had hij zich zorgen gemaakt, net als meneer Van Lange, die achter hem opdoemde. Meneer Van Lange haastte zich naar het raam van de wagon en riep: 'Klara?' Zo te zien was hij zo opgelucht om zijn vrouw weer te zien dat hij in huilen uit kon barsten. De arme man liep vlug naar de deur van de wagon en begon de kinderen omlaag te tillen. Hij heette hen stuk voor stuk welkom in Amsterdam terwijl hij ze op het perron zette, waar ze werden opgewacht door de vrijwilligers.

Joop sprak geruststellend tegen baby Adele en vertelde haar dat hij Joop Wijsmuller was, de man van die gekke tante Truus, en wie was zij? Het kind legde haar handje op Joops neus en lachte verrukt.

'Haar naam is Adele Weiss. Ze is –'

Ze was niet een van de dertig, maar hoe moest ze dat aan Joop vertellen, dat de moeder van het kind zich zo'n zorgen had gemaakt om de veiligheid van het meisje dat ze haar zonder papieren had meegegeven aan een onbekende? Dat Truus zelf het risico had genomen om het kind zonder documenten mee te nemen over de grens? Hij zou zich alleen maar meer zorgen gaan maken, en wat voor nut had dat?

'Het is een allerliefst kind,' zei ze. Edelweiss. Een zeldzame bloem.

Samen loodsten ze de kinderen naar de elektrische tram, die wat Truus betrof met zijn lelijke bedrading niet echt een verbetering was ten opzichte van de paardentram. Maar in elk geval zou geen van deze zestig kleine voetjes in de paardenpoep trappen. Pas toen alle andere kinderen in de tram zaten, tilde Joop Adele omhoog naar Truus.

Terwijl de tram schuddend en rammelend in beweging kwam en Truus naar Joop zwaaide, dacht ze aan de prachtige houten wieg die hij had gekocht toen ze voor het eerst zwanger was, aan de lakentjes die ze ervoor had genaaid, het kussensloop dat ze had versierd met een geborduurde sneeuwpop op een brug over een gracht, wit op wit, zodat het tafereel nauwelijks opviel. Waar waren de wieg en de lakentjes nu? Had Joop ze ergens uit het zicht opgeborgen? Of had hij ze eindelijk weggegeven?

Het quarantainecomplex van Zeeburg bestond uit een villa, een kantoorgebouw en tien barakken, allemaal even troosteloos en onaantrekkelijk. Ze waren bedoeld om huisvesting te bieden aan zieke Europeanen die op weg waren naar de Verenigde Staten, maar wat voor keus hadden ze, met zoveel kinderen? Met baby Adele op haar arm hielp Truus de laatste kinderen uit de tram te stappen, een meisje met rode linten om haar lange donkere vlechten en haar broer, met dezelfde grote trieste ogen als zijn zus. Al deze kinderen hadden trieste ogen, zelfs baby Adele, die zachtjes op haar duim zoog in Truus' armen.

De broer en zus aarzelden toen Truus hun verschillende barakken wees.

'We kunnen een bed delen,' bood de jongen aan. 'Ik vind het niet erg om bij de meisjes te slapen.'

'Dat weet ik, lieverd,' zei Truus, 'maar ze hebben één barak aangewezen voor de meisjes en een andere voor de jongens.'

'Maar waarom?'

'Dat is een uitstekende vraag.' Sommigen van deze meisjes waren echter oud genoeg om in de problemen te raken, en sommigen van de jongens oud genoeg om problemen voor ze te veroorzaken. 'Misschien zou ik het zelf anders hebben gedaan, maar soms moeten we leven met de keuzes die andere mensen voor ons hebben gemaakt, ook al zouden we het zelf beter doen.'

Truus gaf de baby aan Klara, tilde het meisje op en bukte zodat ze op ooghoogte kwam met haar broer. 'Sheryl, Jonah,' zei ze, en ze keek ieder kind recht aan zodat ze konden zien dat ze eerlijk tegen hen was. 'Ik weet dat het eng is om gescheiden te worden.' Ik weet hoe bang jullie moeten zijn, had ze willen zeggen, maar dat zou de waarheid niet zijn. Ze kon zich alleen maar voorstellen hoe beangstigend dit moest zijn voor een kind dat zijn of haar ouders al was verloren. Het liefst zou ze hen mee naar huis nemen, samen met de kleine Adele, haar zeldzame bloempje, maar Joop had gelijk: als ze weeskinderen in huis zouden nemen, zou het lastig worden om haar reisjes naar Duitsland voort te zetten.

Misschien zou dit echter sowieso de laatste keer zijn geweest, nu Nederland zijn grenzen had gesloten en er geen inreisvisa meer geregeld konden worden.

Ze deed de ring af die Joop had haar gegeven toen ze voor het eerst zwanger was geweest, een ring met twee verstrengelde bandjes. Ze maakte de bandjes van elkaar los. 'Deze ring heb ik gekregen van iemand van wie ik net zoveel hou als jullie tweeën van elkaar houden,' zei ze tegen de broer en zus. 'Iemand van wie ik ook niet gescheiden wil raken. En toch moet ik hem soms achterlaten, om anderen te helpen die dat nodig hebben.'

'Zoals wij, tante Truus?' vroeg de jongen.

'Ja, geweldige kinderen zoals jij en Sheryl, Jonah,' zei ze.

Ze pakte de hand van het meisje en schoof een van de losse ringen om haar duim, waar hij redelijk om paste. De andere deed ze om de middelvinger van haar broer – die zat een beetje los. Vlug bad ze dat de ringen niet af zouden vallen en kwijt zouden raken. Dit geschenk van Joop, dat ze nooit met een echt prettig gevoel had kunnen dragen nadat ze haar eerste baby was verloren, maar dat ze toch ook niet af kon doen en weg kon leggen. Hoop was zo'n broos iets.

'Wanneer ik jullie kom halen om jullie naar je nieuwe thuis te brengen, en ik beloof dat ik een gezin zal vinden waar jullie allebei terechtkunnen, dan wil ik deze ring graag terug, goed? Vooruit nu, ga op zoek naar jullie bedden.'

Terwijl de kinderen wegliepen, stak Truus haar handen in haar zakken om haar handschoenen te pakken – zonder de ring voelde ze zich vreemd kwetsbaar. Ze was net bezig er eentje aan te trekken, toen Klara van Lange naar haar toe kwam. Ze was zo druk geweest met Sheryl en Jonah dat ze niet eens had gemerkt dat Klara was weggegaan.

'Ze hebben allemaal hun plekje gevonden,' zei Klara. 'Ik was half van plan om die kleine Adele met me mee naar huis te nemen.'

Truus trok de tweede handschoen aan. Zorgvuldig maakte ze de paarlen knoopjes vast, zodat ze wat tijd had om zichzelf bij elkaar te rapen. 'Hebben ze Adele ook opgevangen?' wist ze uit te brengen.

'Wie wordt er nu niet verliefd op zo'n prachtig kind?' zei Klara met een stem die al even wankel klonk als het hart van Truus voelde. 'Maar ik zou haar later weer terug moeten geven aan haar moeder, en ik zou het niet kunnen verdragen om een kind op te geven van wie ik was gaan houden. Zou jij dat kunnen, Truus?'

HITLER

Stephan klom in een straatlantaarn om de omgeving beter te kunnen zien. Overal waren mensen, overal wapperden nazivlaggen en werd de nazigroet gebracht. Op de straten en achter de ramen en op de daken, op de treden van het Burgtheater en op de Adolf-Hitler-Platz, de zojuist herdoopte Rathausplatz. Heel Wenen galmde van het gejuich en overal beierden kerkklokken. Hitler stond in een open auto, met zijn ene hand op de voorruit om zich vast te houden en zwaaiend met zijn andere. Twee lange rijen auto's volgden hem over de Ringstrasse terwijl soldaten, sommige op motoren met zijspan, de menigte in toom hielden. Bij Hotel Imperial sloeg de auto af. Hitler stapte uit en betrad de rode loper, begroette een paar mensen en verdween door de chique deur naar binnen. Stephan sloeg het allemaal gade – de lege auto, de gesloten deur, de silhouetten van mannen die zich naar een goed verlichte suite op de eerste verdieping begaven – verheven boven de menigte, zich vastklampend aan een lantaarnpaal.

Hitler zat op een bank in de zitkamer van de koninklijke suite, een vertrek met een hoog plafond en rode gordijnen en wit en goudkleurig meubilair dat aan slijtage onderhevig was. Er waren betere plekken om in Wenen te verblijven, maar hij had erop gestaan om hier zijn intrek te nemen.

'Toen ik hier woonde, zeiden de inwoners van Wenen sentimenteel: "Wanneer ik sterf, wil ik naar de hemel gaan en door een klein gaatje tussen de sterren kunnen neerkijken op mijn mooie Wenen",' zei hij terwijl zijn naaste vertrouwelingen om hem heen kwamen zitten en Julius Schaub voor hem knielde om zijn glimmende zwarte laarzen uit te trekken. 'Maar voor mij was het een stad die verging in zijn eigen grandeur. Alleen de Joden werden rijk, en alleen wanneer je Joodse vrienden had of bereid was voor Joden te werken, kon je een fatsoenlijke boterham verdienen. Ik, en een heleboel mensen met mij, kon maar nauwelijks het hoofd boven water houden. 's Avonds, wanneer er niets anders te doen was, liep ik langs dit hotel, zo arm dat ik niet eens een boek kon kopen. Dan keek ik naar de auto's en de rijtuigen die de oprit op kwamen en met een diepe buiging door de portier met zijn witte snor werden verwelkomd. Ik zag de schitterende lichtjes van de kroonluchters in de hal, maar zelfs de portier verwaardigde het zich niet om ook maar een woord tegen mij te spreken.'

Schaub bracht hem een glas warme melk, en Hitler nam een slok. Anderen aten. Ze mochten zoveel eten en drinken als ze wilden, zolang niemand maar rookte.

'Op een avond, na een sneeuwstorm, ruimde ik sneeuw om iets te eten te kunnen kopen,' zei hij. 'De Habsburgers – niet keizer Frans Jozef, maar Karl en Zita – stapten uit hun rijtuig en schreden over een rode loper waar ik de sneeuw vanaf had geveegd. Wij arme donders namen onze hoed af wanneer er aristocraten arriveerden, maar zij keurden ons geen blik waardig.' Hij leunde naar achteren, terugdenkend aan de zoete geur van het parfum van de vrouwen, die hij zelfs in de vrieslucht bij het sneeuwruimen had opgevangen. Voor die vrouwen was hij niets meer geweest dan de sneeuwbrij die hij wegveegde.

'Het hotel had niet eens het fatsoen om ons warme koffie te geven,' zei hij. 'De hele avond lang, elke keer wanneer de wind de sneeuw weer op de rode loper blies, pakte ik een bezem en veegde die weg. En elke keer keek ik op naar het stralend verlichte hotel en luisterde ik naar de muziek. Ik kon wel huilen, het maakte me boos, en ik besloot dat ik op een dag terug zou komen naar dit hotel, dat ik zelf over de rode loper zou lopen en het schitterende interieur zou betreden waar de Habsburgers dansten.'

ONAFHANKELIJK WENEN

GROOT-BRITTANNIË OP HET PUNT OM DE DEUREN TE SLUITEN VOOR JOODSE IMMIGRANTEN

De meeste andere landen hebben immigratie al beperkt

DOOR KÄTHE PERGER

WENEN, 15 MAART 1938 – Nu de Londense aandelenmarkt is ingestort en bekend is geworden dat Duitsland de macht in Oostenrijk heeft gegrepen, heeft de Britse premier zijn kabinet gevraagd om een visum verplicht te stellen voor alle burgers van het Reich die naar Engeland willen reizen.

De Britse Raad voor de Duitse Joden, gesteund door de Rothschild-bank en de Samuel Montagu-bank, hebben al een poos geleden toegezegd ervoor te zorgen dat Joodse vluchtelingen naar Engeland kunnen emigreren zonder dat zij de Britten financieel tot last zullen zijn. Nu de Duitsers Oostenrijk hebben geannexeerd, vreest de regering echter voor de komst van miljoenen immigranten, te veel om financieel te kunnen ondersteunen.

Groot-Brittannië heeft ook de immigratie van Joodse arbeidsmigranten naar Palestina tijdelijk stopgezet, tot de economische omstandigheden verbeteren. Op bevel van William Ormsby-Gore, de Britse minister van Koloniën, zullen er de komende zes maanden niet meer dan tweeduizend financieel onafhankelijke Joden tot de kolonie worden toegelaten.

TRUUS IN THE BLOOMSBURY HOTEL

Toen Truus en Joop het kantoor van het Centrale Britse Fonds voor Duitse Joden in The Bloomsbury Hotel in Londen binnenstapten, kwam een onberispelijk geklede vrouw overeind om hen te begroeten. 'Helen Bentwich,' stelde ze zich voor, met een stem waarin rijkdom doorklonk, verzacht door sociale verantwoordelijkheid. 'En dit is mijn man, Norman. In dit werk hechten we niet aan formaliteiten, tenzij jullie daarop staan.'

Truus, die zich niet in de positie bevond om ergens op te kunnen staan, antwoordde: 'Dit is mijn man, Joop. Waar zouden we zijn zonder onze echtgenoten?'

'Dan zouden we heel wat meer bereiken, vermoed ik!' zei Helen, en iedereen lachte.

Ja, dacht Truus, die zich meteen op haar gemak voelde in dit elegante, prettig verwaarloosde kantoor met de oude rococomeubels en de stoelen met de versleten bekleding. Net als die beste meneer Tenkink in Den Haag was deze Helen Bentwich iemand die nooit een hulpverzoek zou weigeren als er ook een mogelijkheid was om ja te zeggen. Helens familie, de Franklins, waren net als Joop bankiers, alleen dan een treetje hoger: deel van de Engels-Joodse 'broederschap' van Rothschilds en Montagu's, waar niet alleen machtige mannen deel van uitmaakten – bank- en bedrijfsdirecteuren, baronnen en burggraven, parlementsleden – maar ook invloedrijke vrouwen. Helens moeder en haar zus waren vooraanstaande suffragettes geweest, en Helen zelf, die als Palestijnse correspondent voor *The Manchester Guardian* had gewerkt toen haar man procureur-generaal van de kolonie was, was nu gekozen in de Londense gemeenteraad.

'Je hoeft ons er niet van te overtuigen dat deze kinderen een thuis moeten krijgen,' begon Helen terwijl ze wat papieren van een stoel schoof en gebaarde dat ze moesten gaan zitten. 'Maar we zullen snel moeten handelen.'

Norman had onlangs deel uitgemaakt van een delegatie die bij de premier en de minister van Binnenlandse Zaken op bezoek was geweest om de benarde toestand van de Joden van het Reich onder de aandacht te brengen – een delegatie waartoe ook Lionel de Rothschild en Simon Marks, de erfgenaam van Marks & Spencer, hadden behoord.

'Niemand twijfelt aan de voordelen van het toelaten van immigranten, zoals we dat ook met hun vaders hebben gedaan,' zei Norman. 'Waar zouden we zonder Marks & Spencer de cadeautjes moeten kopen die onze vrouwen altijd kunnen ruilen voor iets wat ze liever hebben?'

Hij en Joop grinnikten.

'Maar met deze nieuwe vloedgolf van vluchtelingen...' vervolgde hij. 'Het is een verdraaid lastig dilemma: hoe kunnen we zo humaan mogelijk blijven zonder... Nu ja, we moeten realistisch zijn. We kunnen geen antisemitische reactie hier in Engeland riskeren.'

'Maar dit zijn kinderen,' zei Truus.

'De regering is bang dat de ouders zullen volgen als we de kinderen toelaten,' zei Norman.

'Maar deze kinderen zijn wezen,' zei Truus, opnieuw met dat knijpende gevoel in haar maag, de angst dat ze haar belofte om de kinderen te helpen niet na zou kunnen komen.

Helen legde discreet haar hand op de arm van haar man en zei: 'Het zijn er dertig, toch?'

'Ben je van gedachten veranderd, Truus?' vroeg Joop. In zijn stem klonk de oude hoop door, de hoop die hij moest hebben gevoeld toen hij haar de ring met de verstrengelde bandjes had gegeven, de hoop op de baby die ze misschien op de wereld zou hebben gezet als ze iets niet of juist wel zou hebben gegeten, of in bed was gebleven, of voorzichtiger was geweest.

Met tegenzin zei ze: 'Het zijn er eenendertig.'

Helen tikte subtiel met haar wijsvinger op de arm van haar man. Het gebaar was zo onopvallend dat Truus het niet opgemerkt zou hebben als Norman niet direct was gaan staan en Joop had gevraagd om buiten een sigaret met hem te gaan roken, met de woorden: 'Zoals mijn Helen zegt, zonder ons bereiken de dames meer.'

De twee vertrokken en verschenen een minuut later op het terras buiten het kantoor, waar ze plaatsnamen aan een charmant gietijzeren tafeltje tussen kale takken, vermoeid gras en bruine bloembedden. Het was nog te vroeg in het jaar voor de bloemen van The Bloomsbury om te bloeien.

'Het eenendertigste kind is een baby zonder papieren,' vertelde Truus Helen. 'Haar moeder was een van de vrouwen die de kinderen naar ons toe brachten in Duitsland.'

'Juist,' zei Helen. 'En jullie... overwegen om het kind te adopteren?'

Truus keek door het raam en zag dat Norman Joop een sigaret aanbood. Tot haar verbazing nam haar man die aan.

'Ik wilde teruggaan naar Duitsland om de moeder van het kind te halen,' zei ze, 'maar Joop zegt, en hij heeft gelijk, dat Adeles moeder wel zou zijn vertrokken als dat had gekund. En dat ik, als we het houden... Het is een duivels dilemma, zoals je man zegt. Ik kan nog meer kinderen redden, of ik kan dit kind adopteren. Maar het zou niet eerlijk zijn om het risico te nemen dat ze opnieuw moederloos zou worden, zelfs als ik die gedachte zou kunnen verdragen. En ze heeft al een moeder.'

'Een die genoeg van haar houdt om haar weg te geven,' zei Helen. Ze legde haar hand op die van Truus, een gebaar waar zoveel begrip uit sprak dat Truus zich afvroeg waarom ze er niet aan had gedacht om de moeder van Adele op deze hartelijke manier aan te raken, om te laten blijken dat ze haar keuze begreep.

Ze stond op en liep naar het raam, waarachter ze Joop en Norman ontspannen zag praten terwijl ze rookten. Toen ze zich omdraaide, zag ze op het bureau van Helen een prachtige sneeuwbol staan, met aan de binnenkant een leeg reuzenrad en naast het hokje van de kaartverkoop een sneeuwpop. Ze tilde de glazen bol op en hield hem ondersteboven, zodat er een kleine sneeuwstorm ontstond.

'Sorry,' zei ze toen ze besefte dat het brutaal was om zomaar aan Helens spullen te zitten.

'In ons huis in Kent heb ik er drieënveertig, waaronder heel wat *Schneekugels* uit Wenen, net als die,' zei Helen. 'Het is een beetje een obsessie, vrees ik.'

'En toch heb je er maar eentje in je kantoor staan,' merkte Truus op.

Helen glimlachte triest. Kennelijk had deze sneeuwbol een bijzondere betekenis voor haar, en Truus vroeg zich af waarom.

'Mijn moeder bezat een van de eerste sneeuwbollen die ooit gemaakt zijn, met de Eiffeltoren erin. Uit Parijs, 1889,' vertelde Helen. 'Van mijn vader mochten we er niet aan komen, maar mijn moeder vond het wel goed, en ik moest altijd giechelen wanneer ze me liet beloven dat ik niets tegen mijn vader zou zeggen.' Opnieuw die trieste glimlach. 'Truus, ik weet dat het me niets aangaat, maar... je ziet er net zo misselijk uit als ik me voelde toen... Nu ja, ik heb geen kinderen, maar...'

Truus drukte de ring met de robijn tegen haar lippen en raakte met haar andere hand haar buik aan, de hand waarin ze nog steeds de sneeuwbol vasthield. Pas toen ze dat deed, besefte ze dat Helen gelijk had, dat ze weer in verwachting was. Of had ze het eigenlijk al geweten of vermoed? Had ze het in haar eentje niet onder ogen willen zien, met niemand om het te vertellen? Amsterdam was een kleinere stad dan je zou denken en zelfs de meest discrete vriendin zou het per ongeluk aan Joop kunnen verklappen.

'Wat betreft het adopteren van het Duitse meisje, Truus...' zei Helen zacht. 'Is dat duivelse dilemma eigenlijk niet al voor je opgelost?'

De tranen sprongen haar in de ogen bij het horen van Helens meelevende toon. Het was altijd fijn om je naam zo troostend uitgesproken te horen worden. Maar het was niet alleen dat; het was ook de gedachte aan een kind dat op zou groeien zonder haar moeder om haar te voeden, om haar in bad te doen, om haar voor te lezen uit haar lievelingsboek en haar in slaap te zingen.

Ze depte haar ogen met haar zakdoek en zei: 'Ik heb nooit... O, Helen, hoe kan ik het Joop vertellen? Hij zou het niet verdragen om weer een baby te verliezen.'

Helen Bentwich stond op, kwam naast haar zitten en legde haar hand weer op haar arm. 'Geloof me, ik weet hoe hartverscheurend het is om een kind te verliezen.'

De stem van Joop drong door het gesloten raam naar binnen, zijn hartelijke lach.

'Joop wil dat we Adele houden,' zei Truus.

Ze sloegen samen hun echtgenoten gade terwijl die hun sigaretten uitdrukten en weer naar de deur liepen.

'Ik zal een veilige plek vinden voor de kleine Adele,' zei Helen. 'Dat beloof ik je.'

Truus zei: 'Ik denk niet dat het de veiligheid van het kind is die Joop zou willen waarborgen door haar te houden.'

DE POORTEN VAN DE HEL

Stephan glipte over de volle Heldenplatz, met de hand van Žofie-Helene stevig in de zijne geklemd om te voorkomen dat ze gescheiden zouden raken in de drukte. Er waren nog meer mensen op de been rond het paleis dan toen Wenen rouwde om de dood van bondskanselier Dollfuss. En vrouwen, verzameld rond het beeld van de ruiter, verspreid zover als het oog reikte. 'Ein Volk, ein Reich, ein Führer!' Stephan had het gevoel dat de woorden de rest van zijn leven door zijn hoofd zouden galmen. Alleen de weg die onder de boog door naar de tuinen van het paleis leidde, was leeg; daar werd de menigte tegengehouden door soldaten.

Stephan trok Žofie mee naar het beeld van Hercules en Cerberus en vouwde zijn handen in elkaar om haar een zetje te kunnen geven. Ze klom langs de stenen omhoog, over de drie hoofden van Cerberus, om schrijlings op de nek van Hercules te gaan zitten, haar dijen tegen de baard en de stenen schouders van de held gedrukt, haar voeten bungelend voor de gigantische stenen borst. Stephan klom achter haar aan en ging in de holte zitten tussen de bovenste snuit van het beest en de schouder van Hercules. Als hij zich naar Žofie toe boog, kon hij het balkon zien waar Hitler zou spreken.

Žofie stak haar hand omlaag en streek per ongeluk langs het dijbeen van Stephan toen ze een van de drie koppen van het stenen beest aaide. Haar mond was nu vlak bij Stephans oor, dus toen ze 'Arme Cerberus' zei, klonk dat pijnlijk luid.

'Als je zo dichtbij bent, hoef je niet te roepen,' zei hij op wat zachtere toon in haar oor, haar geur inademend – een frisse geur die hem aan gras deed denken. 'En árme Cerberus? Hij is een vleesetend monster dat de doden gevangenhoudt in de onderwereld, Žofe. Eurystheus gaf Hercules bevel om het schepsel te vangen omdat dat hem zelf nooit zou lukken; niemand was ooit uit de onderwereld teruggekeerd.'

‘Volgens mij kun je het een mythisch wezen niet kwalijk nemen dat hij in de mythe de rol van slechterik krijgt toebedeeld.’

Daar dacht Stephan even over na. ‘Of het? Is Cerberus een hem of een het?’

Hij haalde zijn dagboek uit zijn jaszak en maakte een aantekening over mythische wezens die de rol van slechterik kregen toebedeeld. Hij zou graag over de geur van Žofie-Helene hebben geschreven, over de perfecte manier waarop hun handen in elkaar pasten, maar dat stukje van zijn dag sloeg hij op in zijn hoofd om later te noteren, wanneer zij er niet bij was.

‘Dit is een van de beste dingen van onze vriendschap,’ zei ze. ‘Dat je de dingen die ik zeg noteert om ze later in een toneelstuk te gebruiken.’

‘Weet je eigenlijk wel dat niemand anders zulke dingen zegt, Žofe?’

‘Waarom niet?’

Haar gezicht was zo dichtbij dat hij zijn nek zou kunnen strekken, zoals het beest onder hem, en haar zou kunnen kussen.

‘Ik weet het niet,’ zei hij.

Hij had altijd gedacht dat hij zoveel wist, voordat hij Žofie-Helene had ontmoet.

Ze richtte zich weer op om alles gade te kunnen slaan, en Stephan volgde haar voorbeeld, maar nog steeds met één oog op haar. Hij maakte aantekeningen in zijn dagboek – over de dag en de menigte, de nazivlaggen die in de stevige wind wapperden, de beelden van de oude Oostenrijkse helden die nu door heel Wenen leken te zijn omringd – toen een rij auto’s vanaf de Ringstrasse onder de poort door het plein op reed. Hitler stond in een open auto, met zijn rechterarm stijf voor zich uit, vergezeld door de scherpe echo van zijn schaduw. De menigte richtte zich op, strekte de armen en barstte uit in een luid gebrul van vreugde, dat overging in het scanderen van ‘Sieg Heil! Sieg Heil! Sieg Heil!’ Stephan keek zwijgend toe, zijn borst samengeknepen van angst terwijl de auto om de stenen prins Eugenius heen reed en tot stilstand kwam. Toen de Führer het koninklijk paleis binnenging, keek Žofie net als hij zwijgend toe, door de bevlekte glazen van haar bril.

'We zeggen dat soort dingen niet omdat we niet zo zeker zijn als jij dat we gelijk hebben, Žofe,' zei hij zacht, zo zacht dat Žofie hem niet kon horen boven de schreeuwende menigte uit. 'We zeggen wat alle anderen zeggen, of we zeggen helemaal niets, zodat we onszelf niet voor gek zetten.'

'Wat?' reageerde Žofie-Helene, een woordje dat niet verstaanbaar was, maar dat hij kon opmaken uit de beweging van haar lippen.

Op dat moment stapte Hitler naar de microfoons op het balkon van het paleis en begon: 'Als Führer en bondskanselier van het Duitse Rijk leg ik hierbij voor de geschiedenis vast dat mijn thuisland zich aansluit bij het Reich.'

OPRUIMING

Eichmann bestudeerde de dode mannen op de schilderijen die in het kantoor van de Weense Israelitische Kultusgemeinde hingen. Zouden zij een beter idee hebben van wat de Weense Joden te wachten stond dan de Joodse leiders die zich rond de tafel hadden verzameld? Hij keek geduldig toe terwijl Josef Löwenherz, directeur van het gemeenschapscentrum, een leesbril uit zijn vestzakje viste. De pootjes van de bril bleven achter zijn kraag haken, zodat die slordig uitstak. Met de bril op ging de man er niet beter uitzien, met zijn bolle insectenogen, het dunne snorretje op zijn bovenlip en zijn wijkende haargrens. Echt iets voor een advocaat om de akte zorgvuldig door te lezen, alsof er iets te kiezen viel.

Löwenherz ondertekende het document en schoof het door naar Herbert Hagen, die tekende namens het Reich en het op zijn beurt doorgaf aan Eichmann. Eichmanns aanstelling hier in Wenen was tijdelijk; daar was Hagen heel duidelijk over geweest. Het was aan Eichmann om zich onmisbaar te maken, en deze verrassingsaanval op het IKG-kantoor aan de Seitenstettengasse was zijn eerste stap op weg naar dat doel.

Eichmann krabbelde zijn naam naast die van Hagen, legde zijn pen naast de zilveren bel op de donkere houten tafel, stond op en salueerde naar Hagen, die, nu zijn taak erop zat, vertrok naar een of andere extravagante maaltijd of extravagante vrouw.

'Goed,' zei hij tegen de Joden rond de tafel, 'er zijn dozen die ingepakt moeten worden.'

'Wilt u dat wij dat zelf doen?' stamelde Löwenherz.

Het was Eichmanns eigen kleine grapje om deze akte in werking te stellen onder de koepel van het opzichtige ovale vertrek van de Stadttempel. Toen de Joden hun ledenlijsten en het andere bewijs van hun subversieve activiteiten vanuit het vijf verdiepingen hoge stenen gebouw naar de verhuiswagens hadden gebracht die in het smalle, met keien bestrate laantje stonden te wachten, gaf hij hun bevel weer naar binnen te komen.

Löwenherz, die inmiddels het zweet op zijn voorhoofd had staan, voelde zich duidelijk onprettig bij de aanwezigheid van Tier in deze heilige ruimte. Protesteren durfde hij echter niet. Hij keek op naar de galerij boven hen, alsof die hem een vluchtmogelijkheid bood.

'Ik neem aan dat de mindere Joden daar zitten,' zei Eichmann.

'De vrouwen, uiteraard,' antwoordde Löwenherz.

Eichmann lachte. 'De vrouwen, ja, natuurlijk.'

Zijn mannen sloten de deuren van de synagoge en een medewerker begon de korte lijst met de Joodse leiders van Wenen voor te lezen. Desider Friedmann, de voorzitter van de IKG; Robert Stricker, de uitgever van het Weense zionistische dagblad; Jacob Ehrlich; Oscar Gruenbaum.

'Adolf Böhm...'

Eichmann wachtte tot de geschokte Adolf Böhm in de rij was gaan staan en zei toen: 'Nee, Herr Böhm, ik ben van gedachten veranderd over u.' Met genoegen aanschouwde hij de opluchting op het gezicht van de schrijver. Ja, dit zou precies zo effectief blijken te zijn als hij had gepland, om de man in zijn oude zwakke hart te laten voelen hoe riskant het zou zijn als hij niet meewerkte. Om dat iedereen te laten voelen die vandaag op vrije voeten zou blijven.

Zijn medewerker las de laatste naam op: 'Josef Löwenherz.'

Eichmann knikte toen Löwenherz hem geschokt aankeek, overvallen door het verraad. Dit was geen vergissing. Hij was de les niet vergeten die hij ten koste van zijn waardigheid en zijn promotie had geleerd: dat hij Joden niet hoefde te betalen voor datgene wat hij van ze wilde.

Pas toen de gearresteerde mannen in de donkere vrachtwagen waren opgesloten en weggevoerd, ging Eichmann het kantoor van Löwenherz weer binnen, met Tier op zijn hielen. Hij liet zijn blik over de donkere tafel glijden, over het fraaie behang, de portretten. 'Ja, jullie tijd is gekomen,' zei hij tegen de mannen op de schilderijen. Hij pakte de zilveren bel van de tafel en stopte hem in zijn zak, een souvenir met weinig waarde, dat hem echter nog goed van pas zou komen.

Daarna keerde hij terug naar het elegante, zes verdiepingen hoge Hotel Metropole, waar hij als jongeman per tram was gearriveerd (een vies, rammelend gevaarte zoals er nu eentje langsreed), maar waar hij destijds bij de ingang was tegengehouden. Nu hield de portier de deur voor hem open en boog hij toen Eichmann langs hem liep. In de kelder van het hotel, die momenteel dienstdeed als nazigevangenis, wachtten de Joden die hij zojuist had gearresteerd angstig tot hij over hun lot zou beslissen.

DE JOODSE KWESTIE IN OOSTENRIJK

Eichmann wachtte twee dagen, lang genoeg om de wond te laten etteren, voordat hij zes van de Joodse leiders bij zich riep die hij niet had gearresteerd, onder aanvoering van een oude en doodsbange Adolf Böhm. Eichmann wist niet precies waarom hij de anderen liet komen – Goldhammer, Plaschkes, Köerner, Rothenberg en Fleischmann. Misschien gewoon om hun te laten zien dat hij die macht had.

'Allemaal een stap achteruit,' droeg hij hun op. 'Jullie staan te dichtbij. Goed, het is mijn taak om de Joodse kwestie in Oostenrijk op te lossen. Ik verwacht volledige medewerking van jullie. Herr Böhm, bent u de Adolf Böhm die *Die zionistische Bewegung* heeft geschreven? Ik heb veel van uw werk geleerd.' Hij citeerde een korte passage die hij de avond tevoren uit zijn hoofd had geleerd. *'Kol hakavod,'* zei hij tegen de Joden, die hem met open mond aanstaarden. 'Verbaast het jullie dat ik Hebreeuws ken? Ik ben geboren in Sarona.'

Tier prikte zijn oren omhoog. Eichmann wist niet waarom hij ooit was begonnen met beweren dat hij in Tel Aviv was geboren, maar het was razend effectief gebleken bij het winnen van het vertrouwen van naïeve Joden.

'Herr Böhm, ik begrijp dat er onlangs een tweede deel van uw werk is verschenen?' ging hij verder. 'Misschien wilt u me de eer doen om een exemplaar bij me te laten bezorgen? Er is geen toekomst voor Joden in Oostenrijk. Hebt u suggesties om de emigratie soepel te laten verlopen?'

Böhms walgelijke oude mond zakte open. 'U wilt dat ik...'

'Hebt u geen mening over de beste manier om uw volk te helpen, Herr Böhm?'

'Ik... Maar... Het is niet mijn...'

Eichmann rinkelde met de kleine zilveren bel op zijn bureau en zei: 'U bent toch te oud voor mijn doeleinden.'

'En wie bent u?' vroeg Eichmann aan een van de gevangengenomen Joden. Dit was de vierde gevangene die hij ondervroeg sinds hij Böhm had weggestuurd, samen met de andere Joden die hij niet had gearresteerd. Het was werkelijk moeilijk voor te stellen dat die Joden ooit succesvol waren geweest.

Verbijsterd stamelde de man: 'Josef Löwenherz.'

O ja, Löwenherz. De directeur van de IKG. Ongelooflijk, hoe anders een man eruitzag na een paar dagen in een koude cel. Eichmann voelde aan de zilveren bel – het eigendom van Löwenherz. De man staarde ernaar, maar hij zei niets.

'Er is geen toekomst voor Joden in Oostenrijk,' zei Eichmann, een zinnetje dat hem begon te vervelen. 'Hebt u misschien suggesties om de emigratie soepel te laten verlopen?'

'Om... de emigratie soepel te laten verlopen?' stamelde Löwenherz. 'Als... Als ik zo vrij mag zijn... Niet dat ik het beter weet dan... Het komt me voor dat de rijke Joden hun comfortabele leven niet willen opgeven en dat de arme Joden de middelen niet hebben om te vertrekken.'

Eichmann legde zijn hand op de kop van Tier. Het was verbazingwekkend hoe makkelijk je angst kon inboezemen met zulke simpele gebaren. In de eerste tien dagen nadat de Duitsers in Oostenrijk waren gearriveerd, waren zeker honderd Joden hun dood tegemoet gesprongen of hadden gif ingenomen of zich door het hoofd geschoten.

'Dus u stelt voor dat we de levens van rijke Joden minder aangenaam maken?' vroeg Eichmann.

'Nee, ik... Ik begrijp, Herr Eichmann, meneer, dat er... Wat ik wil zeggen, is dat het niet meevalt voor Joden om de documenten te verkrijgen die noodzakelijk zijn om een uitreisvisum te kunnen aanvragen. Vaak bemachtigen ze één zo'n document, maar dat verloopt dan weer voordat ze de andere papieren kunnen regelen. Betaalbewijzen van rekeningen en belastingen en kosten. Ziet u, we... Dan moet het hele proces weer van voren af aan beginnen.'

'Dat is een probleem, geen oplossing.'

‘Ja. Ja, maar misschien... Nogmaals, ik wil niet beweren dat ik het beter weet, maar zou het niet handiger zijn om alle kantoren waar de benodigde papieren worden verstrekt en waar de betalingen worden gedaan, in één gebouw onder te brengen? Dan zouden wij... degenen onder ons die u toestemming geeft om te emigreren... gewoon met ons visum naar een kantoor verderop kunnen lopen om te betalen voor...’

‘Dat zou ons van de rijke Joden af helpen en ons met het laagste uitschot laten zitten.’

‘Ik... We vormen een gemeenschap. Het is altijd onze bedoeling geweest dat de rijke Joden zouden helpen om de –’

‘Juist, een heffing,’ viel Eichmann hem in de rede. ‘Een heffing die de rijke Joden betalen en waarmee de emigratie van de arme Joden gefinancierd kan worden.’

‘Een heffing? Nu ja, ik bedoelde –’

‘Een verplichte heffing op elk uitreisvisum, en alles in één gebouw. Herr Löwenherz, zodra u dit plan voor me hebt uitgewerkt, zal ik eens kijken of ik me over uw vrijlating kan buigen.’

‘U wilt dat ik een plan opstel om de Joden uit Wenen te laten emigreren?’

‘Een plan om de Joden uit heel Oostenrijk te laten emigreren.’

‘Hoeveel, meneer?’

‘Hoeveel? Hoeveel? Hebt u me niet gehoord? Er is in het Reich geen plek voor jullie!’

Eichmann rinkelde met zijn bel, en een medewerker loodste Löwenherz het kantoor uit.

‘We zouden alle Oostenrijkse Joden kunnen opdragen om naar het getto van Leopoldstadt te verhuizen, Tier, om dit makkelijker te maken,’ zei hij. ‘Maar het heeft geen zin om onrust te veroorzaken door dat nu al aan te kondigen.’

Hij riep de gang in: ‘Breng me een lijst van de Joodse leiders die we gevangen hebben gezet.’ En tegen de hond, die zijn oren scherp omhoog had gestoken: ‘Misschien moeten we er een paar vrijlaten. Met een lokkertje bereik je meer dan met dwang, Tier. Veel meer.’

ONAFHANKELIJK WENEN

OOSTENRIJK STEMT MET OVERWELDIGENDE MEERDERHEID VOOR AANSLUITING BIJ HET DUITSE REICH

De definitieve vernedering van Oostenrijk

DOOR KÄTHE PERGER

WENEN, 11 APRIL 1938 – Gisteren zijn door 49.326.791 stemgerechtigden in Oostenrijk en Duitsland de leden van de eerste Groot-Duitse *Reichstag* gekozen. Maar liefst 99,73 procent van de Oostenrijkers stemde vóór onze eigen onderwerping aan de Führer. In Wenen stemden 1.219.331 mensen voor en slechts 4939 tegen. De overwinning geeft Hitler de complete macht in Centraal-Europa, in een wereld die nooit zal weten of de nazi's een meerderheid vormden of niet. Andere landen, waaronder Engeland en Amerika, hebben de overwinning direct erkend. Zonder ook maar het minste protest in eigen land of over de grens heeft het Amerikaanse ministerie van Buitenlandse Zaken zijn Oostenrijkse gezantschap opgeheven voordat de Duitsers dat konden doen…

BIJ HET REUZENRAD

Stephan, die met Papa en Walter in de rij stond buiten het Britse consulaat, keek voor de zoveelste keer op zijn horloge. Walter gooide zijn Pieter Konijn steeds omhoog en ving hem weer op. Twee vrouwen die net voor hen stonden, keken afkeurend toe.

'Mijn zus wist weg te komen voordat de Engelsen die nieuwe visumeisen instelden,' zei een van de vrouwen, de knapste van de twee. 'Ze werkt als dienstmeid, maar in elk geval is ze in Engeland.'

'Papa, ik heb afgesproken met Dieter en Žofie,' zei Stephan.

Zijn vader bekeek de rij, die zich schijnbaar eindeloos voor hen uitstrekte, hoewel ze al vóór de openingstijd van het consulaat waren gearriveerd. 'Toch niet in het park?'

Stephan bleef zwijgend staan, kijkend naar Walter die zijn konijn steeds omhooggooide.

'Nou, neem Walter dan mee. Zorg dat je over twee uur terug bent. En maak je niet vies.'

'Pieter blijft hier, Wall-man,' zei Stephan.

Walter gaf zijn konijn aan hun vader, zonder erbij stil te staan dat een volwassen man er niet zo waardig uitzag met een speelgoedkonijn in zijn hand. Waardigheid was echter tegenwoordig nergens in Wenen meer te vinden.

'U kunt een aanvraag doen voor uw zoons, meneer, ze hoeven er niet bij te zijn,' zei de knappe vrouw.

'Hun moeder wil dat iemand ziet wat een fatsoenlijke, intelligente jongens het zijn,' zei Papa met de stem die Stephan in gedachten betitelde als zijn 'ik, Herman Neumann van Neumanns Chocolade'-stem. Toen hij de gekwetste uitdrukking in de ogen van de vrouw zag, zei hij vlug: 'Sorry. Ik wilde niet... Het is gewoon... Bij de Amerikaanse ambassade moest ik tot tien uur 's avonds wachten, en toen kreeg ik te horen dat ze zesduizend visumaanvragen per dag krijgen en dat het jaren duurt eer die worden toegewezen. Maar ze vertelden me dat de Britten nog onbeperkt studievisa verstrekken.'

'Voor studenten die zijn toegelaten tot de universiteit. Gaat uw zoon naar Oxford?'

Zijn vader aarzelde en zei toen: 'Mijn Stephan is toneelschrijver. Hij hoopt in de leer te gaan bij Stefan Zweig.' Het was de waarheid, maar zijn woorden impliceerden iets wat net zozeer een leugen was als Stephans zwijgen over het park.

Stephan, met Walter op sleeptouw, ontdekte de lange vlecht op de rug van Žofie-Helene in de rij voor het reuzenrad. De gondels draaiden langzaam rond en hielden af en toe stil om nieuwe mensen onderaan te laten instappen. Overal in het Prater droegen kinderen Hitlerjugenduniformen: een donkere korte broek, een kaki shirt, witte kousen en rode armbanden met een zwart hakenkruis erop. Zelfs Dieter, die samen met Žofie in de rij stond, had een swastika op zijn jas gespeld.

'Walter, ik wist niet dat jij ook kwam!' zei Žofie-Helene verrast.

'Ik ook niet!' zei Walter. 'Stephan heeft Papa beloofd dat we niet naar het park zouden gaan!'

Žofie woelde door Walters haar en zei tegen de persoon die achter haar in de rij stond: 'Je vindt het toch niet erg? Ik wist niet dat zijn kleine broertje ook zou komen.' Tegen Stephan zei ze: 'We hebben hun verteld dat we een plekje voor je vrijhielden.'

'We wachten wel,' zei Stephan. 'Walter heeft een hekel aan het reuzenrad.'

'Helemaal niet!' protesteerde Walter.

'Oké, ík heb een hekel aan het reuzenrad,' zei Stephan.

'Stephan,' zei Dieter, 'je hebt al honderd keer in dat ding gezeten.'

'Het geeft me altijd het gevoel dat ik mijn maag op de grond heb achtergelaten.'

'Dat komt door de verandering in de middelpuntzoekende kracht,' zei

Žofie-Helene. 'Als je bovenaan bent, voel je je bijna gewichtloos, en onderaan voel je je twee keer zo zwaar. Ik kan Walter wel meenemen.'

'De Wall blijft bij mij,' zei Stephan. Ze waren inmiddels vooraan in de rij beland en de medewerker hield de deur van de gondel open. 'Gaan jullie maar. Wij wachten wel,' hield hij vol. Hij hield Walters hand stevig vast, voor het geval zijn broertje zou protesteren.

Dieter klom in de gondel en Žofie volgde, samen met de mensen die vlak achter hen in de rij hadden gestaan. Stephan keek ze na terwijl ze omhoogdraaiden en zag dat Dieter zijn arm om Žofie heen sloeg. Die lelijke button met het hakenkruis raakte bijna haar mouw toen ze omlaagkeek en naar hem zwaaide.

'Ik wilde erin,' zei Walter.

'Dat weet ik', zei Stephan. 'Ik ook.'

Stephan keek toe terwijl Žofie-Helene op een van de houten bankjes langs de promenade van het park ging zitten. Ze klopte naast zich op het hout en zei: 'Kom, Walter. Kom bij me zitten.' Stephan pakte echter de hand van zijn broertje.

Žofie stond op en draaide zich in één beweging om, alsof er een grote spin op het bankje zat, en staarde naar het glimmende metalen bordje waarop NUR FÜR ARIER stond. Alleen voor ariërs. 'O! Ja, mama zegt dat het schandalig is zoals de nazi's Joden behandelen. Ze zegt dat we ons allemaal aan hun kant moeten scharen.'

'Natuurlijk schaart Stephan zich aan de kant van de Joden,' zei Dieter. 'Hij is er zelf een.'

'Wees niet zo'n stomkop, Dieter,' schamperde Žofie-Helene.

'Het is toch zo? Op school zit hij nu achter een gele streep, op de achterste rij, samen met de andere Joden.'

'Nietes.'

'Met twee lege rijen tafeltjes tussen hen en ons in.'

Ze keek naar Stephan, die het niet kon ontkennen.

'Ben je... Ben je Joods, Stephan? Je ziet er helemaal niet Joods uit.'

Stephan trok Walter naar zich toe. 'Hoe denk je dat een Jood eruitziet?'

'Maar... waarom gaan jullie dan niet weg uit Wenen? Mama zegt dat iedere Jood die er kans toe ziet, vertrekt, iedereen met geld, en jullie... Nou ja, jullie zijn rijk.'

'Mijn vader kan zijn bedrijf niet achterlaten. Zonder het bedrijf hebben we geen geld.'

'Je zou in Amerika naar school kunnen gaan. Of... woont Stefan Zweig niet in Engeland? Je zou bij hem toneelschrijven kunnen studeren.'

'Dat kan hij niet,' zei Dieter.

'Waarom niet?' vroeg Žofie.

'We kunnen mijn moeder sowieso niet achterlaten,' zei Stephan.

'Wanneer je moeder beter is, dan,' zei Žofie.

Stephan boog zich dichter naar Žofie-Helene toe en fluisterde, zodat Walter het niet kon horen: 'Van botkanker word je niet beter.'

Hij had direct spijt van zijn woorden; hij sprak nooit over Mutti's ziekte, en al helemaal niet om iemand te kwetsen. Waarom had hij Žofie willen kwetsen? Hij voelde zich smerig, haar onwaardig. Hij voelde zich als de smerige Jood waar zijn leraren hem nu voor uitmaakten – niet Herr Kruge, die literatuur gaf, maar de andere.

Hij deed een stap naar achteren. Hij wilde zich verontschuldigen, en toch ook niet. Hij wilde Žofie vragen waarom ze met Dieter naar het park was gekomen. Hij wilde haar de schuld geven van de leugen die hij zijn vader had verteld, hoewel dat ook niet klopte; het was zijn eigen schuld, zijn eigen stommiteit. Hij had zichzelf door Dieter laten ophitsen om te komen. En dus bleef hij gewoon staan, starend naar Žofie, en ze staarde terug. Hij zag zijn woede als iets anders weerspiegeld in haar ogen.

Verderop klonk gejuich, en het zware stampen van marcherende voeten.

'Kom mee, Walter,' zei Stephan geschrokken.

'Maar je hebt beloofd –'

'We moeten terug naar Papa.'

'Ik ga verklappen dat je me naar het park hebt gebracht.'

'Walter,' zei Stephan.

Hij probeerde de hand van zijn broertje te pakken, maar Walter wist hem te ontduiken en sprong zó wild op Žofie af dat ze achterover op het bankje plofte, met Walter min of meer op schoot.

'Papa zei twee uur,' jengelde Walter. 'Er zijn nog geen twee uur voorbij.'

Stephan probeerde zijn broertje van Žofies schoot te tillen, maar ze sloeg haar armen om hem heen en zei: 'Stephan.'

De rij marcherende soldaten was al in zicht.

'Nu, Walter. Meteen.'

Walter begon te huilen, maar Žofie, die de paniek in Stephans stem hoorde, of de soldaten zelf had ontdekt, of allebei, liet hem los. Stephan probeerde hem op zijn schouders te tillen, maar Walter kronkelde, Stephan verloor zijn greep en die arme Walter viel op de grond.

'Walter!' riep Žofie, en ze schoot hem te hulp. 'Walter, gaat het?'

De soldaten marcheerden in keurige formatie recht op hen af.

'Geef Stephan je speld, Diet,' beval ze, en ze ging weer met Walter op het bankje zitten en probeerde een kalme indruk te wekken. 'Vlug!'

Dieter staarde haar slechts aan.

De soldaten bleven recht voor hen staan, en de leider vroeg: 'Is hier een probleem?'

'Nee,' antwoordde Žofie. 'Alles is in orde, meneer.'

De leider keek van Žofie en Walter en Dieter op het bankje naar Stephan, die ernaast stond. Stephan was zich bewust van zijn lege jack, het ontbreken van een speld met een hakenkruis zoals Dieter droeg, de nieuwe 'veiligheidsspeld' van Wenen.

'Wij horen niet bij hem,' verklaarde Dieter.

'Is hij een Jood?' vroeg de man.

'Ja,' zei Dieter, en tegelijk zei Žofie: 'Nee.'

De man bracht zijn gezicht heel dicht bij dat van Žofie, zó dichtbij dat Stephan de drang moest onderdrukken om de man vast te grijpen en naar achteren te trekken. Walter, die nog bij haar op schoot zat, begon nu serieus te huilen, geen krokodillentranen om zijn zin te krijgen, maar uitgesproken angst.

'En dit kleintje, is dat een angstig Joods broertje dat op een bank zit die verboden is voor Joden?' vroeg de soldaat pesterig.

'Hij is niet mijn broertje,' zei Stephan vlug.

Met vaste stem zei Žofie: 'Hij is mijn broertje, meneer.'

Stephan bevochtigde zijn lippen. Zijn mond was ondraaglijk droog.

De soldaat keerde zich naar zijn mannen. 'Ik denk dat deze jonge Jood naar het park is gekomen om wat beweging te krijgen, toch?'

Stephan wist niet of hij het over hemzelf of over Walter had. Hij voelde een paar druppeltjes urine omlaagsijpelen, maar wist nog net te voorkomen dat hij in zijn broek zou plassen.

'Laat ons dan maar eens zien hoe goed je kunt marcheren,' zei de man, die het nu duidelijk tegen hem had.

Er verzamelde zich langzaam een menigte om hen heen.

'Ben ik niet duidelijk?' zei de man op barse toon.

Stephan slikte en marcheerde naar voren. Hij wilde niet bij zijn broertje vandaan lopen, maar hij had geen keus. Al marcherend maakte hij een cirkel en keerde terug naar een plekje dat iets dichter bij Walter was.

'Opnieuw,' eiste de man. 'Je kunt toch wel beter dan dat? Zing erbij. Het gaat makkelijker wanneer je zingt. "Ik ben een Jood, zie je mijn neus?" Ken je dat liedje?'

Stephan waagde het om een vlugge smekende blik naar Žofie te werpen. De man trok zijn wapenstok.

Stephan begon weer te marcheren, bij hen vandaan. Achter hem riep de man: 'Je moet erbij zingen!'

Hij marcheerde echter in stilte verder, niet in staat om nog meer vernedering te verdragen terwijl Žofie en Walter toekeken.

Toen hij terugkeerde naar het bankje, zag hij Žofie-Helenes lange vlecht op haar rug hangen, met Walters kleine hand stevig in de hare. Zijn kleine broertje, dat nu in stilte huilde, keek naar hem om terwijl Žofie hem genadig wegloodste.

De leider van de soldaten ging recht voor Stephan staan, greep zijn voet tijdens het marcheren vast en gaf er een duw tegen. Stephans andere voet schoot onder hem vandaan en hij kwam hard op zijn rug terecht. De lucht werd uit zijn longen geperst. De groeiende menigte jouwde hem uit. Dieter deed met hen mee.

'Ik zei: je moet erbij zingen,' blafte de soldaat.

Stephan krabbelde overeind, schoof zijn bril recht en begon weer te marcheren. Nu Žofie en Walter hem niet meer konden horen, zong hij het vernederende liedje erbij.

De soldaat dreef hem meer dan een kilometer lang op, gevolgd door de spottend joelende menigte.

Toen Stephan zo vermoeid raakte dat hij zijn benen niet hoog genoeg meer kon optillen om de soldaat tevreden te stellen, greep de man opnieuw zijn voet vast en duwde hem op zijn rug.

En opnieuw.

En opnieuw.

Stephan was bang dat hij op een gegeven moment zijn rug zou breken. Maar elke keer zag hij Dieters gezicht in de vijandige menigte en krabbelde hij weer overeind.

Hij marcheerde de hele promenade af, meer dan vier kilometer, en draaide zich toen om en begon aan de lange weg terug.

Ongeveer halverwege, misschien verder, misschien minder ver, tuurde Stephan door zijn scheve bril naar de meute en kon hij het gezicht van Dieter niet meer vinden. Hij probeerde zich voor te stellen dat de spottende, spugende mond van de soldatenleider de mond van Dieter was die de toneeltekst verhaspelde die hij zo zorgvuldig had geschreven, de mond van Dieter die hem een Jood noemde, Dieters hand op Žofies prachtige haar terwijl hij haar kuste op het podium van het Burgtheater. Maar er was geen woede meer over, niets om op te roepen en in te zetten tegen de soldaat die hem sloeg en schopte, terwijl in de verte het reuzenrad traag zijn rondjes draaide.

LOSLATEN

Truus arriveerde op het kale terrein van het quarantainecomplex in Zeeburg, waar de kinderen zich al hadden verzameld in de kantine – allemaal behalve de zeven, onder wie kleine Adele Weiss, die positief waren getest op difterie en in quarantaine moesten blijven. Adeles geval was mild, had de dokter haar de vorige ochtend verteld. Ze had de grijze keelamandelen en de kuch die zonder enige twijfel op de ziekte wezen, maar haar hals was minder gezwollen dan die van de andere kinderen, haar ademhaling niet bijzonder moeizaam en tot dusver had ze geen letsel op haar lichaam.

Bovendien was vandaag een goednieuwsdag: die middag nog zouden de gezonde kinderen aan boord gaan van de veerboot naar Engeland, waar Helen Bentwich voor ieder van hen een pleeggezin had gevonden.

Terwijl Truus zich voorthaastte, schrok ze van iets wat uit een raam vloog en vlak voor haar voeten uiteenspatte. Was dat... Ze bekeek het wat beter, terwijl de gal opsteeg in haar keel, maar dat was het goede nieuws, de ochtendmisselijkheid. Was die grijze klodder een broodje? Ze wist niet wat ze verontrustender vond: dat het voedsel waarop de kinderen hier werden verondersteld te overleven van zo'n armzalige kwaliteit was dat ze het uit het raam gooiden of dat ze zo weinig te doen hadden dat ze zich moesten vermaken door eten uit het raam te gooien. Dit broodje – of wat het ook was – kwam uit het difterieverblijf, waar de kinderen niet eens toestemming hadden om een stukje te wandelen en wat afleiding te zoeken door naar de boten te kijken die te water werden gelaten.

In de kantine sprak Truus de verzamelde kinderen toe, die juichten bij het horen van haar nieuws en naar de barakken renden om hun spaarzame bezittingen in te pakken. Vandaag was echt een goednieuwsdag, dacht ze terwijl ze het laatste kind een zacht duwtje tegen de schouder gaf en zei: 'Ik heb een thuis voor jou en Jonah, Sheryl. Ga maar snel inpakken.'

‘Ik kan hem niet achterlaten,’ zei het meisje.

‘Wie achterlaten, liefje?’

‘Jonah.’

‘Natuurlijk laat je hem niet achter.’ Ze pakte de hand van het kind waar haar ring om de duim geschoven zat. ‘Ik heb een gezin gevonden waar jullie allebei terechtkunnen, in Engeland. Vlug nu. Ik zal hem niet zonder jou laten vertrekken, maar je moet zorgen dat er nog tijd overblijft om mijn ringen terug te geven!’

‘Jonah is ziek,’ zei het meisje, en stille tranen biggelden over haar wangen.

‘Ziek? Maar hij is ingeënt.’

Het meisje kon slechts nog snikken.

‘O, liefje, waarschijnlijk is het gewoon een lichte…’ Ze sloeg haar armen om het kind heen en bad. Het zou toch niet weer een geval van difterie zijn?

Met de kleine Sheryl aan de hand ging Truus het kantoortje van de hoofdverpleegster binnen. Inderdaad, de broer van het meisje was ’s nachts wakker geworden met rillingen en een zere keel. Hij kuchte nog niet, en afgezien van de grijze keelamandelen vertoonde hij nog geen symptomen. Ze hadden overwogen om ook de zus in het quarantaineverblijf onder te brengen, aangezien de twee onafscheidelijk waren. Maar om een kind zonder symptomen bloot te stellen aan de ziekte?

‘Nee, natuurlijk niet,’ zei Truus, die in stilte bedacht wat voor gevolgen het had dat dit kind gediagnosticeerd was, terwijl de anderen op het punt stonden te vertrekken. Ze zou het Helen Bentwich moeten vertellen. Ze hoopte dat Helen kinderen zou accepteren die mogelijk over een paar dagen symptomen zouden vertonen die nu nog niet zichtbaar waren. Helen was een verstandige vrouw. De dokter had gezegd dat het bijzonder onwaarschijnlijk was dat er nog andere kinderen ziek zouden worden – een geruststelling waarvan Truus aannam dat die ook van toepassing was op het kind dat ze in haar buik droeg. Alle kinderen waren bij aankomst gevaccineerd. Dat er toch kinderen ziek waren geworden, kwam doordat het niet altijd mogelijk was om blootstelling te voorkomen voordat het vaccin in werking trad. Helen zou vast begrijpen dat het relatief lage risico hen er niet van mocht weerhouden om de kinderen weg te halen van deze gruwelijke plek en ze onder te brengen in pleeggezinnen. Het was difterie, geen pokken of polio. En Helen was een vrouw die nooit nee zei als er een mogelijkheid was om ja te zeggen.

Truus raakte de ring aan die het kind om haar duim droeg en probeerde niet te denken aan de Amerikaanse kinderen die in 1901 en 1919 waren gestorven aan slechte vaccins. In plaats daarvan concentreerde ze zich op het verhaal over de Alaskaanse sleehondendrijvers, de Grote Race van Genade: twintig sleehondendrijvers en honderdvijftig sleehonden die in vijf dagen tijd ruim duizend kilometer aflegden om een tegengif te leveren waarmee het kleine plaatsje Nome kon worden gered. Haar ring bracht helemaal geen geluk; ze was pas weer zwanger geworden nadat ze de ring aan de kinderen had gegeven – of ze had toen pas beseft dat ze zwanger was, wat op hetzelfde neer leek te komen. Als de kinderen de ring mee zouden nemen naar Engeland, zou ze hem waarschijnlijk nooit meer terugzien, maar misschien was dat wel een zegen. Misschien was de ring wel een vloek voor haar, maar zou hij dat niet zijn aan de handen van deze jongen en dit meisje.

'Je moet me vertrouwen, Sheryl. Ik zal ervoor zorgen dat Jonah, zodra hij beter is, naar jou toe komt in Engeland,' zei ze tegen het meisje. 'Ga jij maar vast en zorg dat je bevriend raakt met de familie, dan kun je ze aan hem voorstellen wanneer hij komt. Goed?'

Het meisje knikte ernstig. Zo'n klein kind dat al zoveel te verduren had gekregen.

Ze vond een medewerker die het meisje terug kon brengen naar haar verblijf. Truus zou graag zelf met haar mee zijn gelopen, maar ze moest de zieke kinderen bezoeken en uitleggen dat ze niet werden achtergelaten, dat er in Engeland pleeggezinnen op hen wachtten en dat ze zouden vertrekken zodra ze beter waren.

'De anderen zijn herstellende?' vroeg ze aan de hoofdverpleegster.

De vrouw opende de deur naar de ziekenzaal: eenvoudige witte ledikantjes en bedden langs de muren, allemaal opgemaakt met eenvoudige witte lakens. Aan één kant was een raam geopend, waar het broodje naar buiten was gevlogen. Een van de oudere meisjes zat op een bed en knutselde zo te zien kleine wezentjes van de restanten van haar lunch. Twee jongens speelden midden in de kamer een verzonnen spelletje, dat als enige doel leek te hebben om een stuk of vijf dingen op te vangen die tegelijk in de lucht werden gegooid. Anderen, allemaal met een gezwollen keel, sliepen of lazen of verstelden sokken. Sokken verstellen… allemachtig, dat moest doorgaan voor vertier voor de kinderen in het quarantaineverblijf. Misschien was het een goed teken dat een van deze kinderen ondernemend genoeg was geweest om een broodje uit het raam te gooien.

'Ik ben bang dat het een zware nacht was,' zei de verpleegster.

Truus zette zich schrap. Bevreesd begon ze te tellen: het meisje en de twee jongens, Adele in… Hadden ze haar ledikantje verplaatst?

'Eigenlijk is het een zegen dat deze kinderen wezen zijn,' zei de verpleegster, 'dat er geen ouders zijn om het aan te vertellen.'

'Een wees,' zei Truus. Het was een schok, ja, maar ze werd ook overspoeld door een opluchting die ze eigenlijk niet mocht voelen. Als het kind geen ouders had om het verdrietige nieuws aan te vertellen, dan moest het de andere peuter zijn. 'Arme lieve kleine Madeline?' vroeg ze.

Die nacht onderdrukte Truus haar tranen. Ze wilde Joops hart niet breken door hem het slechte nieuws te vertellen. Hij had de kleine Adele Weiss in hun eigen huis willen opnemen. Ze zouden een gezin hebben gevormd – het woord dat ze niet langer hardop uitspraken. Ze wilde hem vertellen over Adele, en ze wilde hem vertellen over het andere kind, het kind dat in haar buik groeide, en toch kon ze het niet, nog niet, niet tot ze zekerder was, en zeker niet vannacht. Vannacht kon ze alleen haar echtgenoot vasthouden en proberen niet te denken aan het kleine meisje waaraan hij zich had gehecht zodra hij haar in zijn armen had gehouden, dierbare Adele, van wie ze samen hadden kunnen houden, die nooit vervangen zou worden.

VRIENDSCHAPPEN KOMEN EN GAAN

Stephan zat in de bibliotheek te typen toen Walter naar binnen stormde en aankondigde: ‘Žofie is er weer! Ze zei dat ik tegen je moest zeggen dat ze je écht graag wil zien.’

Toen Stephan opkeek en zijn broer in de spiegel boven het bureau zag, ving hij een glimp op van zijn eigen gezicht. Zijn oog zag er niet meer zo vreselijk uit als eerst, maar het was nog steeds geeloranje met paars. Zijn lip was niet langer gezwollen op de plek waar hij was gespleten, maar er zat een litteken dat volgens de dokter niet meer weg zou gaan. Feitelijk had hij geluk gehad. Een oud stel had hem bewusteloos in het park gevonden, en ze hadden hem wakker gemaakt en hem in een wachtende auto geholpen. De vrouw had erop aangedrongen dat hij plat op de achterbank ging liggen, zodat niemand hem zou zien terwijl ze hem naar huis brachten.

‘Zeg tegen Žofe dat ik er niet ben, Wall,’ zei hij.

‘Alweer?’ vroeg Walter.

Stephan staarde naar een regel dialoog op het papier in zijn schrijfmachine: `Soms zeg ik gewoon dingen verkeerd, om te kijken wie het opmerkt. Maar meestal merkt niemand het.`

Walter vertrok weer. Hij liet de deur van de bibliotheek openstaan, zodat Stephan elke trage voetstap van zijn broertje op de marmeren trap kon horen, zijn kleinejongetjesstem die zei: ‘Stephan zegt dat ik moet zeggen dat hij niet thuis is.’

Deze keer vroeg Žofie-Helene Walter niet om het nog een keer te proberen, of om te zeggen dat ze hem gewoon wilde zien, dat ze wilde weten of het goed met hem ging. Ze zei simpelweg: ‘Wil je hem deze geven, Walter?’

Stephan wachtte tot hij de voordeur dicht had horen gaan, en toen legde hij zijn vingers weer op de toetsen van de schrijfmachine. Hij staarde naar de bladzijde, maar de woorden wilden niet langer komen.

LEZEN

Met Pieter Konijn in zijn hand klom Walter in Mutti's rolstoel, opende een van de meer dan tien identieke boekjes die Žofie-Helene voor Stephan had meegebracht en deed een serieuze poging om Pieter voor te lezen. Alleen kon hij niet lezen. Hij wilde Stephan vragen om hem voor te lezen, maar Stephan was in een chagrijnige bui.

EEN VRIENDELIJKE DAAD

Truus zat bij het raam in een café op de Roggenmarkt in Münster, Duitsland, en het gevoel bekroop haar dat ze in het oog begon te lopen. De namiddag, het moment van de dag waarop Joden hun boodschappen mochten doen, nadat de arische Duitsers alles hadden gehaald wat ze wilden, was een vreemd moment voor een christelijke Nederlandse om met een kop koude thee in een café te zitten. Eindelijk verscheen Recha Freier verderop in de straat. Ze leek groter maar tegelijk magerder dan Truus zich herinnerde, met een zwarte sjaal over haar hoofd en een eenvoudige jas die weinig deed voor haar mannelijke voorhoofd en gezicht. Ze liep langs het café zonder naar binnen te kijken, maar ze bracht haar hand omhoog om de onflatteuze sjaal wat te verschuiven.

Truus wachtte tot Recha een stuk verderop was. Toen stond ze op, knikte vriendelijk naar de serveerster en volgde op ongeveer een blok afstand. Recha sloeg af richting de Sint-Paulusdom, waar Truus, volgens de instructies die ze in Amsterdam had ontvangen, haar auto had achtergelaten. Ze had zes weken op deze ontmoeting moeten wachten. Zes weken sinds Adele Weiss was gestorven.

Recha liep langs de kathedraal en verdween in een gebouw een stukje verderop. Truus wachtte tien minuten in een nabijgelegen winkel, informerend naar sjaals. Pas toen haar aankoop zorgvuldig was ingepakt, liep ze om het gebouw heen waar Recha naar binnen was gegaan, opnieuw volgens haar instructies.

Toen de achterdeur achter Truus dichtviel, zei Recha zonder begroeting: 'Het zijn er maar drie.'

Er trok een onbekende rilling door Truus heen, misschien veroorzaakt door de ongebruikelijk koude dag, maar waarschijnlijk eerder door haar zwangerschap. Ze volgde het geluid van Recha's stem en vond haar in een kleine alkoof die zicht bood op zowel de voor- als de achteringang.

'We hebben geregeld dat ze volgende maand naar Engeland gaan,' zei Recha. 'De vrouw die de jongen helpt, heeft het op zich genomen om een verblijfplaats te zoeken, maar daar heeft ze wat tijd voor nodig.'

De vrouw moest Helen Bentwich zijn, de jongen Recha's eigen zoon Shalhevet. Hoe had Recha de kracht gevonden om haar zoon naar Engeland te sturen, met de bedoeling dat hij uiteindelijk door zou reizen naar Palestina, zo ver weg? Volgens het plan zou Truus deze drie kinderen veilig naar Nederland brengen en daar voor ze zorgen tot ze hun reis konden voortzetten.

'Goed. Het lukt me wel, maar ik... Luister, een van de kinderen van de laatste groep is gestorven aan difterie die ze in het quarantaineverblijf heeft opgelopen,' zei Truus. Ze verspilde geen tijd, vanwege het risico dat iemand hen zou storen. 'Niet een van de wezen, maar de kleine...' De kleine Adele Weiss, had ze bijna gezegd, hoewel ze dit zo zorgvuldig had geoefend, een manier om de situatie duidelijk te maken zonder namen te noemen. Edelweiss. Een zeldzame bloem, prachtig, maar met een korte levensduur. 'Het was het kind van de reddingsmedewerkster, ze gaf haar baby aan mij om haar in veiligheid te brengen, en...'

En in haar arrogantie had Truus het kind meegenomen, in de illusie dat ze daar goed aan deed, terwijl Adele Weiss nog geleefd zou hebben als ze het kind terug had gegeven aan de moeder.

'Je begrijpt vast wel dat ik het haar zelf moet vertellen,' wist ze uit te brengen.

Recha liet een onkarakteristieke stilte vallen, zodat Truus tijd had om terug te denken aan het kleine gezichtje in het ledikant in het quarantaineverblijf, nog met haar duim in haar mond, en aan de piepkleine grafkist.

'Ik moet het haar moeder zelf vertellen,' herhaalde ze zacht.

'Ik begrijp dat je het goed bedoelt, dat je het ziet als een daad van barmhartigheid,' antwoordde Recha. 'Maar je mag de moeder niet in gevaar brengen om je eigen geweten te sussen. We moeten allemaal met ons schuldgevoel leven. Het spijt me voor je, maar het is niet anders.'

'Goed,' vervolgde ze, 'de bisschop zit klaar om je biecht aan te horen. Je zonde is...' Ze zweeg even. 'Je zonde is dat je meer van een van je kinderen houdt dan van de anderen.'

Recha klopte op de muur naast hen. Ze wachtte even, klopte een tweede keer en verdween toen door een verborgen doorgang. In die korte tijd probeerde Truus het zich voor te stellen: dat je zoveel kinderen hebt dat één ervan je hart meer in beroering brengt dan de andere, dat je er eentje in veiligheid brengt terwijl je de andere bij je houdt.

Toen ging ze door de voordeur naar buiten, liep een stukje langs de straat en ging de kathedraal binnen, het schemerige, gefilterde licht en de stenen kilte, de geur van wierook en kaarsvet, houten bankjes en leren kniekussens, het onwaarschijnlijke voortbestaan van het geloof.

BIECHT

Het houten deurtje van het biechthokje schoof open. In de schaduw achter het scherm zat een grote man met meer wenkbrauwen dan haar en een zwaar kruis aan een zware ketting rond zijn nek. Truus merkte dat ze het liefst zou huilen in de krappe, schemerige ruimte, alsof louter de aanwezigheid van de man de mogelijkheid suggereerde om haar lasten van zich af te werpen.

Na een lange stilte zei de bisschop: 'Vergeef me, vader, want ik heb gezondigd.'

Truus wist uit te brengen: 'Ik heb gezondigd door minder van een van mijn kinderen te houden dan van de andere.'

Had ze minder van een van de kinderen in haar buik gehouden dan van de andere? Minder dan van het kind dat ze nu droeg?

Had ze minder van Adele Weiss gehouden?

Ze keek door het rooster, maar de bisschop zweeg.

'Méér dan van de anderen,' zei ze. 'Sorry. Dat ik meer van eentje hield dan van de anderen.'

Hij tuurde naar haar, duidelijk verscheurd tussen de fout in de code en haar overduidelijke verdriet.

'Ik weet zeker, mijn beste dame,' zei hij, 'dat God uw ziel alle vergeving waardig acht die u nodig hebt.'

Hij gaf haar even de tijd om zichzelf bij elkaar te rapen voordat hij de deur achter hem opende en genoeg licht naar binnen liet om zijn lange neus en smalle lippen te onthullen, zijn meelevende ogen. Er kwam een kind naar hem toe, dat door het scherm naar Truus staarde. Een meisje van een jaar of zeven, met rechte wimpers, zoals die van Joop, boven grote bruine ogen waar meer angst in lag dan een kind van haar leeftijd ooit zou mogen voelen.

'Dit is Genna Cantor,' zei de bisschop.

Het meisje bleef staren.

'Genna is de oudste,' vertelde de bisschop. 'Zij gaat de anderen voorstellen, toch, Genna?'

Het meisje knikte ernstig.

Er kwam een tweede meisje binnen, dat zo op Genna leek dat ze een tweeling zouden kunnen zijn.

'Dit is Gisse,' zei Genna. 'Ze is zes.'

'Genna en Gisse,' zei Truus. 'En jullie zijn zusjes?'

Genna knikte. 'Onze oudste zus, Gerta, is in Engeland, en Grina is ook onze zus, ook al is ze naar God gegaan voordat wij werden geboren.'

Uit de woorden van het kind sprak een rotsvaste zekerheid van het bestaan van een god, een zekerheid waarvoor Truus steeds harder haar best moest doen om die te blijven geloven.

Iemand reikte een baby aan in de kleine ruimte, met perfecte kleine vingertjes die zich uitstrekten naar het gezicht van haar zus.

'Dit is Nanelle,' zei Genna. 'Zij is de jongste.'

Nanelle... een naam die vreselijk leek op de naam die Truus en Joop hadden gekozen toen Truus voor het eerst zwanger was geweest. Als het eerste kind een jongetje was geweest, zou hij naar Joops vader zijn vernoemd, maar een meisje zou Anneliese hebben geheten, en ze zouden haar Nel hebben genoemd. Misschien was dat kind wel het meest geliefd geweest, de enige voor wie ze een naam hadden durven kiezen.

'Nanelle,' herhaalde Truus tegen Genna. 'Ik neem aan dat je vader en moeder geen namen met een G meer wisten te bedenken?'

'Eigenlijk heet ze Ganianel,' antwoordde Genna. 'Maar we noemen haar Nanelle.'

'Nu, Genna en Gisse en Nanelle, ik ben tante Truus.'

Tante Truus, de naam die ze was gaan gebruiken toen ze vijf jaar na haar huwelijk was begonnen met maatschappelijk werk, toen ze was gaan denken dat er waarschijnlijk nooit een Nel zou zijn.

‘Kunnen jullie dat onthouden?’ vroeg ze de meisjes. ‘Tante Truus.’

‘Tante Truus,’ herhaalde Genna.

Truus knikte bemoedigend naar Gisse. Het was makkelijker om een kind te vragen een onwaarschijnlijke naam te herhalen dan haar te vragen om te liegen.

‘Tante Truus,’ herhaalde Gisse.

‘Nanelle kan nog niet praten,’ zei Genna.

‘Nee?’ zei Truus, en bij zichzelf dacht ze: godzijdank. Het was onmogelijk om controle uit te oefenen over de woorden van een klein kindje.

‘Ze zegt Gaga,’ zei Gisse, ‘maar we weten niet wie van ons ze daarmee bedoelt!’

De twee zusjes giechelden samen. Mooi. Op de een of andere manier zou dit wel goed komen.

‘Dus ik ben tante Truus, en ik ga jullie naar Amsterdam brengen. Onderweg zal ik jullie moeten vragen om wat rare dingen te doen, maar ik wil dat jullie één ding goed onthouden: als iemand je vragen stelt, dan ben ik tante Truus en komen jullie een paar dagen bij mij logeren in Amsterdam. Kunnen jullie dat onthouden?’

De meisjes knikten allebei.

‘Mooi,’ zei Truus. ‘Wie van jullie kan het best doen alsof?’

DOEN ALSOF

Het was bitterkoud tegen de tijd dat Truus het kleine houten grenshuisje naderde, maar koud en donker en etenstijd was het beste moment om een uitgebreide doorzoeking te voorkomen. Ze ging langzamer rijden en bad dat de twee grensbewakers die in het huisje zaten te roken tot de conclusie zouden komen die luie soldaten zo vaak trokken: dat je een vrouw die in haar eentje in een auto met een Nederlands kenteken reed rustig door kon laten. Toen haar koplampen op een grote vlag met een hakenkruis en franje aan de onderkant vielen, bevestigd aan een metalen hek, kwam een van de soldaten echter tevoorschijn.

Met haar paspoort in haar ene hand streek ze haar lange wijde rok glad. Ze draaide het raampje omlaag, zodat de bijtende avondlucht naar binnen stroomde, groette de douanier beleefd en gaf hem haar paspoort. Haar handen legde ze weer op het stuur, en ze bestudeerde de man terwijl hij haar documenten met zijn zaklamp bescheen. Zijn kraag was keurig gesteven, zijn laarzen glimmend gepoetst, en zelfs op dit late tijdstip had hij nog geen stoppels op zijn kin. Waarschijnlijk een nieuwe rekruut, want ondanks de bitterkoude nacht droeg hij alleen de trenchcoat die bij zijn uniform hoorde. Hij was te jong om getrouwd te zijn, net als zijn collega, schatte ze, en waarschijnlijk te idealistisch om omgekocht te kunnen worden. Nou ja, deze keer had ze toch alleen de echte ring van haar moeder bij zich – alle nepjuwelen had ze al gebruikt, en er was geen tijd geweest om nieuwe te regelen. Bovendien was het te riskant om te proberen de ene nazi om te kopen in het bijzijn van de andere. In dat geval zouden die twee elkaar volledig moeten vertrouwen, en echt vertrouwen zag je tegenwoordig nog maar zelden.

'Bent u op weg naar huis, Frau Wijsmuller?' vroeg de douanier.

Respectvol. Dat was gunstig.

Ze voelde het harde gaspedaal en de koppeling onder haar voeten, de warmte tegen haar benen. Een respectvolle grensbewaker zou haar minder snel vragen om uit te stappen.

'Inderdaad, sergeant, op weg naar huis in Amsterdam,' antwoordde ze.

Hij liet de lichtbundel van zijn zaklamp zorgvuldig door de binnenkant van de auto glijden, over de jas die naast haar op de stoel lag en over de lege achterbank. Truus probeerde enkel respect uit haar gezicht te laten spreken. De jonge man scheen met de zaklamp door de achterruit en op de vloer van de auto. Toen liep hij om de wagen heen en controleerde de andere kant en de onderkant van de auto. Zo grondig. Welke god zou haar vragen door het oog van de naald van deze uiterst nauwkeurige jongeman te kruipen?

Hij kwam terug naar het raampje van Truus. 'Uw jas?'

Voorzichtig tilde ze de jas op die naast haar lag en spreidde hem uit, zodat de man kon zien dat het slechts een jas was.

'Hebt u er bezwaar tegen als ik onder de stoelen kijk?'

Ze legde de jas weer op de stoel naast zich, met langzame, zorgvuldige bewegingen. 'Natuurlijk moet u overal controleren,' zei ze. 'Ik hoop alleen dat u de achterbak niet overhoop hoeft te halen. Die zit bomvol.'

De douanier knikte naar zijn kameraad in het grenshuisje. De kameraad schoof met tegenzin zijn eten opzij, trok zijn wapen en kwam naar hen toe. Hij hield zijn Luger op de achterbak gericht terwijl zijn collega die opende. Truus sloeg hen via de binnenspiegel gade tot de lichtbundel van de zaklamp in het glas scheen en ze niet meer kon zien wat de soldaten deden. Ze liet haar stevige greep op het stuur los en legde haar handen op haar rok.

'Rustig, meisjes,' fluisterde ze, 'blijf verstopt zitten.' Op dat moment was ze dankbaar dat de meisjes zo klein waren. Zo klein en zo vreselijk mager.

De eerste douanier kwam terug naar het raampje, en Truus zag in de binnenspiegel dat zijn kompaan bleef staan, met zijn wapen in de ene hand en een keurig opgevouwen deken in de andere. Truus legde haar handen, in gele handschoenen gestoken, weer op het stuur.

'Frau Wijsmuller, kunt u ons misschien vertellen waarom u zoveel dekens bij u hebt?' vroeg de douanier. Hij klonk meer als een jongen dan als een man, een arme jonge jongen die de hele nacht in de kou moest staan om te voorkomen dat mensen een land verlieten waar ze niet welkom waren, een land waar hij in geloofde, zoals hem van jongs af aan was aangeleerd, zoals Truus zich voorstelde dat haar eigen kind in Nederland zou geloven. Gewoon een jonge idealistische jongen die zijn plicht deed.

'Zouden u en uw collega er ieder eentje willen hebben?' vroeg ze. 'Volgens mij is het nog nooit zo koud geweest 's nachts in mei.'

De jongen riep naar zijn kompaan, die twee dekens pakte en ze in het huisje legde.

'Dank u, Frau Wijsmuller. Het is inderdaad een akelig koude nacht. U zou uw jas aan moeten trekken.'

Truus knikte, maar ze liet haar jas op de stoel naast zich en haar voet op het gaspedaal. In de binnenspiegel zag ze dat de kameraad terugliep naar de achterbak.

De jongere douanier zei: 'U vindt het niet erg dat we de hele achterbak leeg moeten halen?'

Hij liep naar de achterkant van de auto en begon de dekens een voor een weg te halen, terwijl de ander zijn wapen zorgvuldig op de achterbak gericht hield. Truus staarde voor zich uit, naar het koude zilver van het hek, het rood en zwart van de vlag met het hakenkruis, de onwaarschijnlijke witte franje.

DE SIMPELSTE ZAAK VAN DE WERELD

'Stephan,' zei zijn vader, 'je moeder heeft je iets gevraagd.'

Stephan keek naar Mutti, die naar hem glimlachte boven de tafel, gedekt met zilver en porselein en het nieuwe kristal dat zijn vader had gekocht om het servies te vervangen dat was vernield op de avond van de Anschluss. Zijn moeder had haar karbonade niet aangeraakt, haar knoedels gesneden maar niet opgegeten, haar salade herschikt zodat het leek alsof ze er iets van ophad. Maar in elk geval was ze vanavond aan tafel verschenen, terwijl ze meestal alleen aanwezig was op het portret aan de muur: een Mutti die nog jonger was dan Stephan nu, gemaakt door Klimt toen hij nog in een meer traditionele stijl schilderde. Op het schilderij was zijn moeder niet in goud gehuld, maar in witte ballonmouwen. Ze droeg een hoed die hoog op haar kapsel stond, niet een manier waarop ze ooit een hoed droeg, maar het benadrukte haar perfecte donkere wenkbrauwen en grote groene ogen. Mutti dacht dat Stephans aandacht vooral naar zijn schrijfwerk uitging, en hij liet haar in die waan. Zij deed haar best om dit nieuwe leven normaal te laten lijken, en hij deed hetzelfde.

'Hoe ging de repetitie van je toneelstuk?' herhaalde zijn moeder.

'We gaan het bij nader inzien toch niet opvoeren,' antwoordde hij. Bij het zien van de bezorgde uitdrukking in zijn moeders vermoeide ogen vervolgde hij: 'Žofie is druk met haar wiskunde.'

Walter zei: 'Ze heeft een heleboel boekjes meegebracht voor Stephan, maar hij wil Pieter er niet eens uit voorlezen.'

Zijn stomme toneelstuk. Ze had het laten drukken op die Linotype-machine in het kantoor van haar moeder, of misschien had ze het zelf wel gedaan, maar dat had niets anders opgeleverd dan twaalf exemplaren van een slecht toneelstuk in plaats van eentje.

Zijn vader begon: 'Ik denk niet –'

'Vriendschappen komen en gaan, zelfs in goede tijden,' onderbrak Mutti hem. 'Het is maar beter ook, Stephan, want we hebben een leraar gevonden die je deze zomer Engelse les aan huis wil geven. Hij kan maar één uur per dag voor ons vrijmaken, dus hij zal met jullie allebei tegelijk moeten werken.'

'Mag ik samen met Stephan Engels leren?' vroeg Walter opgewonden. 'En Pieter ook?'

Stephan legde zijn vork op zijn bord, zoals hem was geleerd, en zei met geforceerde luchtigheid: 'Wanneer we een proefwerk hebben, Wall-man, dan kan ik bij je afkijken!'

Walter fluisterde tegen zijn konijn: 'Pieter, Stephan en ik kunnen bij jou afkijken!'

Mutti stak haar hand uit en pakte het pootje van het speelgoedkonijn vast, hoewel Walter Pieter Konijn een paar weken geleden niet eens mee had mogen nemen aan tafel. 'We maken er een wedstrijdje van wie het best is in Engels voordat jullie naar school vertrekken!' zei ze. 'Ik zet mijn geld op jou, Pieter.'

'Ruchele, zelfs als we visa voor de jongens zouden hebben,' zei Papa, 'denk ik niet dat ze hun moeder zullen willen achterlaten om –'

'Je kunt Hitler die in zijn dikke limousine over de Mariahilfer Strasse rijdt niet negeren, Herman. Je kunt niet negeren dat meer dan een miljoen van onze landgenoten voor annexatie hebben gestemd.'

'Het referendum was niet rechtsgeldig,' wierp Papa tegen.

'Zie jij iemand protesteren?'

Stephan had zijn *Germknödel* op en veegde stiekem het laatste beetje van de pruimenvulling met zijn vinger van zijn bord toen tante Lisl naar binnen stormde, met een koffer in haar hand. Waarom had Rolf die niet bij de deur aangenomen?

'Michael wil van me scheiden!' kondigde ze aan.

'Lisl?' zei Mutti.

'Hij kan niet getrouwd zijn met een Joodse. Dat is slecht voor zijn bedrijf. Hij heeft me eruit gegooid. Hij kan niet getrouwd zijn met een Joodse, maar hij is wel van plan om mijn vermogen te houden.'

'Hij zou dat bedrijf niet eens meer hebben als hij jouw geld niet had gehad om het mee te redden,' zei Papa.

'Hij heeft het overgeschreven op zijn naam! Hij wil ook mijn aandeel in de chocoladefabriek opeisen.'

'Hij kan niet zomaar de helft van de aandelen inpikken,' wierp Papa tegen. 'Ze staan op jouw naam, Lisl.'

'Rustig aan, Lisl,' drong Mutti aan. 'Ga zitten. Heb je al gegeten? Herman, vraag Helga om Lisl iets te eten te brengen, en misschien een glas cognac.'

'Michael kan geen aandelen op zijn naam zetten tenzij de overdracht officieel wordt geregistreerd,' zei Papa tegen tante Lisl, Mutti negerend. 'En ik weiger dat gewoon te doen.'

'Hij heeft de papieren al laten opstellen, Herman,' hield tante Lisl vol. 'Als ik weiger, dan laat hij jou arresteren en naar een werkkamp sturen, zegt hij. Volgens hem is dat de simpelste zaak van de wereld, om een Jood aan te geven.'

POP

Truus bracht de auto tot stilstand bij een kleine supermarkt net over de grens. 'We zijn in Nederland,' zei ze, en deze keer tilde ze haar jas wat minder voorzichtig op.

Gisse, die opgerold op de vloer onder de lange rok van Truus lag, klom op de passagiersstoel.

'Ik heb heel stil gedaan,' zei ze ernstig.

'Je hebt het perfect gedaan, Gisse,' zei Truus. Ze stak haar handen omlaag om de baby aan te nemen van Genna, die aan de andere kant onder haar rok zat weggedoken, tegen het portier gedrukt. 'Jullie hebben het allemaal perfect gedaan.'

Ze deed het portier voorzichtig open, zodat Genna niet uit de auto zou vallen, en het meisje kroop naar buiten, liep naar het passagiersportier aan de andere kant en ging naast haar zusjes zitten. Truus stapte uit en trok haar jas aan, tobbend over de complicaties, het ontbreken van Nederlandse inreisvisa. De kleine winkel was dicht, maar ze liep naar de telefooncel aan de rand van de weg en belde Klara van Lange om haar te laten weten dat ze drie kinderen bij zich had. Vier kinderen, dacht ze, maar het ene kind zou overal meegaan waar zij ging.

ONAFHANKELIJK WENEN

MONDIALE BIJEENKOMST OVER VLUCHTELINGEN GEPLAND

Parijs accepteert voorstel van de Verenigde Staten om bijeen te komen in Evian-les-Bains

DOOR KÄTHE PERGER

WENEN, 11 MEI 1938 – De regering van de Verenigde Staten heeft voorgesteld om een internationaal comité bijeen te laten komen om te bespreken hoe de emigratie van vluchtelingen uit Duitsland en Oostenrijk in goede banen geleid kan worden. De bijeenkomst zal vanaf 6 juli plaatsvinden in Evian-les-Bains, in Frankrijk.

Heel Europa heeft afgewacht tot Amerika de leiding zou nemen in de coördinatie van de inspanningen met betrekking tot Joodse vluchtelingen. Er wordt algemeen verwacht dat de VS, als initiatiefnemer, bij aanvang van de conferentie met een alomvattende oplossing zullen komen. Naar verwachting zullen er meer dan dertig landen deelnemen.

Er wordt aangenomen dat de meeste Duitse Joden het Reich direct zouden verlaten als ze daar de kans toe kregen, maar de opgeworpen barrières worden steeds onoverkomelijker. Door vaste immigratiequota zit er voor de Joden niets anders op dan jarenlang op wachtlijsten te staan. In de meeste landen worden vluchtelingen gedwongen een garantie te ondertekenen dat ze nooit aanspraak zullen maken op enige vorm van overheidssteun. Dit geldt onder andere voor de Verenigde Staten, waar het ministerie van Buitenlandse Zaken vanwege de slechte economische situatie zelfs heeft geweigerd om de beperkte hoeveelheid immigranten zoals voorgeschreven door de Johnson-Reed Act toe te laten.

Terwijl immigranten uitsluitend worden toegelaten wanneer ze over voldoende middelen beschikken om de rest van hun leven in hun eigen onderhoud te voorzien, hebben de Duitsers op 26 april een wet aangenomen die stelt dat Joden met een bezit of vermogen van meer dan vijfduizend Reichsmark daar vóór het eind van juni tot in detail aangifte van moeten doen. Onroerend goed. Persoonlijke bezittingen. Bank- of spaarrekeningen. Verzekeringspolissen. Pensioenuitkeringen. Elke zilveren lepel en bruidsjapon moet worden gespecificeerd. Volgens Duitsland zijn er al te veel Joden gevlucht met geld of bezittingen die rechtmatig aan het Reich toebehoren. De Duitsers eisen nu dat iedere Jood die wenst te emigreren al zijn bezittingen opgeeft…

OPLAAIENDE HOOP

Het zal wel aan de hitte liggen, dacht Truus. Zo koud als het was geweest toen ze de drie zusjes Duitsland uit had gesmokkeld, een maand eerder, zo benauwd was het nu, aan het begin van juni. Ze zat tegenover Joop aan de ontbijttafel en probeerde de ergste ochtendmisselijkheid te verbergen die ze tot nog toe had gevoeld. Ze was van plan geweest om voor haar vertrek een uitsmijter voor hem te maken, een lekker stevig ontbijt, maar bij het ontwaken had ze direct geweten dat ze de geur van eieren niet zou kunnen verdragen. In plaats daarvan had ze wentelteefjes gemaakt, het ontbijt dat eigenlijk voor de volgende ochtend was bedoeld. Een vriendin had haar verteld dat wentelteefjes in Amerika 'Franse toast' werden genoemd en dat ze daar in chique hotels werden geserveerd, maar niet half zo lekker als die van Truus, had de vriendin haar verzekerd. Ze waren zo makkelijk te verteren dat Truus ze wel elke ochtend zou kunnen eten tot de baby zou komen.

Je zou binnenkort aan haar kunnen zien dat ze zwanger was, en dan zou ze het Joop moeten vertellen. Als ze meer moeite deed om de mode te volgen, dan zouden de slanke silhouetten die op dit moment populair waren haar misschien al hebben verraden. Maar vrouwen waren zich altijd bewuster van veranderingen in hun lichaam dan mannen, en Joop werd afgeleid door zijn werk bij de bank, de moeilijke financiële situatie die nog boven op de andere moeilijkheden in de wereld kwam. Ze had nog wel een weekje de tijd om meer zekerheid te krijgen voordat ze hem hoop zou geven.

'Italië en Zwitserland weigeren om de conferentie van Evian bij te wonen,' zei Joop, die de ochtendkrant zat te lezen. 'En Roemenië heeft een verzoek ingediend om te worden behandeld als land van herkomst van vluchtelingen.'

'Ik heb gisteren gehoord dat president Roosevelt een onbeduidend iemand stuurt als zijn vertegenwoordiger,' zei Truus.

'Myron C. Taylor,' zei Joop, opkijkend. 'Een voormalige hoge pief bij het nationale staalbedrijf. Roosevelt geeft hem de bevoegdheden van een ambassadeur, alsof hij daarmee... Truus, je ziet er niet goed uit. Ik wilde dat je mij deze keer in plaats van jou naar Duitsland zou laten gaan. Ik –'

'Ik weet het, Joop. Ik weet dat je het liefst mijn plek in zou nemen. Je bent zo'n goede man. Maar een vrouw die met kinderen reist, wekt veel minder achterdocht dan een man die hetzelfde doet.'

'Misschien kan Klara gaan?'

Klara was ook in verwachting, maar Truus was niet van plan om toe te geven dat een zwangere vrouw geen kinderen kon redden. Ze zei slechts: 'Klara is behoorlijk slim, maar nog niet toe aan een solovlucht.' Hoewel ze moest toegeven dat Klara haar vaak verbaasde met haar onverwachte competentie.

'Omdat het te gevaarlijk is geworden,' zei Joop, 'en dat is precies de reden dat ik beter kan gaan dan jij.'

Truus prikte een stukje van het kaneelbrood op haar vork. De slagroom die ze erbij had geklopt, liet ze liggen. Zelfs de wentelteefjes leken nu te veel voor haar maag.

'Joop,' zei ze, 'het is niet onaardig bedoeld, maar je bent een vreselijke leugenaar.'

'Hebben deze kinderen geen uitreisvisa?'

Hij wist dat ze soms kinderen naar Nederland bracht zonder Nederlandse inreisvisa, maar dat was veel minder riskant dan ze Duitsland uit te smokkelen zonder uitreisvisa.

'Recha regelt alles aan de Duitse kant,' zei ze.

'Waarom zou ik dan moeten liegen?'

Truus stond op, om de tafel af te ruimen en om Joops vraag te ontwijken. De beweging bezorgde haar een steek in haar buik die zo onverwacht kwam dat ze het bord in haar hand neer moest zetten. Ze voelde de warme stroom, rook de bekende geur.

'Truus!'

Joop sprong op en stak zijn handen uit. Het bord viel kletterend op de grond.

Heel even stelde Truus zich voor dat het kleine rode plasje op de grond gewoon de aardbeienjam was. Ze overwoog om tegen Joop te zeggen dat ze plotseling ongesteld was geworden, om hem te sparen, maar de pijn was zo hevig dat ze dubbelsloeg, en een nieuwe stroom bloed doorweekte haar kousen en vormde een vlek op haar jurk.

DE PRIJS VAN CHOCOLADE

Stephan had zich verschanst in de cacaokelder, waar hij verkoeling zocht en een opzet maakte voor een nieuw toneelstuk, toen hij de commotie boven zich hoorde. Hij probeerde die te negeren – zijn nieuwe idee begon net vorm te krijgen, en ideeën hadden de onhebbelijke gewoonte om te verdwijnen als je ze niet direct op papier zette. Het was al moeilijk genoeg om er iets mee te doen als ze eenmaal in inkt in zijn dagboek stonden, maar als ze dat stadium niet eens haalden, dan kwam er niets van terecht.

Hij concentreerde zich op de woorden die hij zojuist had geschreven: *Een jongen die altijd vooraan heeft gezeten in de klas, zit nu achteraan, achter een gele lijn. Hij weet het antwoord op de vraag die de leraar heeft gesteld, maar als hij zijn hand op zou steken, zouden ze hem alleen maar belachelijk maken. Ook al kloppen zijn antwoorden, ze zullen altijd fout zijn.*

Hij wist niet waarom hij hierop terug wilde komen, nu de school was gesloten voor de zomervakantie. Voor Walter, veronderstelde hij. Arme Walter had de laatste weken van het schooljaar elke ochtend gehuild. Hij had erop gestaan om Pieter mee te nemen; als hij Pieter thuisliet, zou het konijn niets leren.

Boven Stephans hoofd vloog de deur naar de cacaokelder open en glanzende zwarte laarzen stampten langs de houten treden omlaag – een aanblik waar hij haast aan gewend was geraakt in de straten van Wenen, maar die hij nooit in het gebouw van Neumanns Chocolade had gedacht te zullen zien. Hij klapte zijn dagboek dicht en stopte het onder zijn shirt.

Terwijl de nazi's de kratten met cacaobonen begonnen te tellen – het waren slechts vier mannen, maar het voelde als een invasie – glipte Stephan langs de trap omhoog en ontdekte dat er nog meer nazi's rond de bonenbrander en de mengmachine en de stenen tafels zwermden, terwijl de chocolatiers nerveus toekeken. Waren de mannen die voor zijn vader werkten

Joods? Stephan wist het niet eens; ze werkten voor Papa omdat ze heerlijke chocolade maakten.

Hij dook het trappenhuis in, dat tot zijn opluchting leeg was.

Nog voor hij boven was, hoorde hij de stem van zijn vader.

'Mijn vader heeft dit bedrijf vanaf de grond opgebouwd!' zei Papa.

Stephan sloop naar het kantoor van zijn vader, waar Papa en oom Michael in een verhitte discussie verwikkeld waren.

'Je moet begrijpen dat dat niemand meer iets kan schelen, Herman,' zei oom Michael met een verbazend vriendelijke stem, zo zacht dat Stephan zijn best moest doen om hem te verstaan. 'Je bent een Jood. Als je me het bedrijf niet hebt verkocht voordat die mannen klaar zijn met de inventarisatie en verslag uitbrengen van de waarde van het bedrijf, dan zullen ze Neumanns Chocolade namens het Reich in beslag nemen. En ze zullen je alsnog dwingen om belasting te betalen, met geld dat je niet langer kunt verdienen. Ik zweer je, dat is wat er zal gebeuren, dat is waar ze mee bezig zijn. Maar ik kan voor jou en je zus zorgen –'

'Door van haar te scheiden en van ons te stelen?'

'Ik ga niet écht van haar scheiden, Herman. Ik doe dat alleen in de ogen van de wet, om ons allebei te redden.' Oom Michael reikte Papa een pen aan. 'Je moet me vertrouwen. Teken de akte van verkoop voordat het te laat is. Je kunt me vertellen wat ik met het bedrijf moet doen, en dan zal ik luisteren. Ik zal voor jou en Ruchele zorgen, en ik zal voor Lisl zorgen. Zij is mijn vrouw en jullie zijn mijn familie, of de overheid onze relaties nu goedkeurt of niet. Maar je moet me laten helpen. Je moet me hierin vertrouwen.'

DE WITTE LAKENS VAN DE DOOD

Truus lag in een ziekenhuisbed. De ventilator aan het plafond en de radio die Joop voor haar had meegebracht, vormden de enige afleiding van de witte lakens op het ijzeren bed, de witte muren, de in het wit geklede verpleegster die regelmatig haar temperatuur kwam opnemen.

'Komt uw man vanavond niet op bezoek?' vroeg de verpleegster.

Waar wás Joop?

De bloeding was gestopt voordat Truus eraan zou sterven, maar een infectie had haar zo verzwakt dat ze niet eens rechtop kon zitten. Zonder de radio zou ze helemaal niets te doen hebben, behalve luisteren naar de geluiden van nieuwe baby's die naar nieuwe moeders werden gebracht, en tobben over de Duitse kinderen die niet gered konden worden zolang zij in een ziekenhuisbed lag, de witte lakens van de dood keurig gevouwen en ingestopt, alsof je met schoon, gesteven katoen levens kon redden.

BIJ DE GRENS

Joop zag de vlag met het hakenkruis op het metalen hek in donker gehuld worden toen hij zijn koplampen doofde. Hij duwde het koele metalen handvat van het portier langzaam omlaag, zich bewust van het pistool dat door het open raampje op zijn slaap was gericht. Een zweetdruppel sijpelde langs zijn voorhoofd omlaag, maar hij durfde die niet weg te vegen. Langzaam duwde hij het portier open. De magere douanier stapte opzij, maar bleef hem onder schot houden. Joop draaide zijn benen. Hij zette zijn voeten op de grond. Hij ging voorzichtig staan. Hij wachtte. Hij had geen kinderen bij zich, er was geen enkele reden om bang te zijn.

Hij was in plaats van Truus naar Duitsland gegaan om te proberen Recha Freier over te halen hem de kinderen mee te geven die Truus zou hebben opgehaald als ze niet in het ziekenhuis had gelegen. Hij had Truus niets over zijn voornemen verteld; ze had het plan zo eenvoudig laten klinken dat hij zich niet had kunnen voorstellen dat hij de kinderen niet zelf zou kunnen redden. Het had de enige manier geleken om haar verdriet om het verlies van de baby te verzachten, de wetenschap dat andere kinderen het zouden overleven.

Hij trilde terwijl de magere douanier hem onder schot hield en een meer gedrongen kerel hem fouilleerde: borst, middel, geslachtsdelen.

'Als u Duitsland hebt bezocht uit hoofde van uw beroep als bankier, zoals u zegt,' zei de stevige douanier, 'vindt u het vast niet erg om met ons mee te gaan terwijl we dat controleren.'

'Ik vrees dat de bankier die ik heb gesproken allang naar huis is op dit late tijdstip,' zei Joop. Hij deed zijn best om de indruk te wekken dat hij alle medewerking verleende.

'In dat geval halen we natuurlijk uw auto van de weg,' zei de douanier met het pistool, 'zodat hij niet de hele nacht de doorgang blokkeert.'

AFLEIDING

De radio was een zegen en een vloek: het nieuws werd slechter en slechter. Truus luisterde naar een verslag van de mondiale vluchtelingenconferentie, een toespraak van een bekende stem – 'Ik hoop de gerespecteerde deelnemers aan deze bijeenkomst te overtuigen van de noodzaak om de vervolgde Joden van het Reich over de hele wereld te hulp te schieten' – toen Joops stem haar stoorde.

'Je moet rusten, Truus.'

'Joop!'

Hij zette de radio uit, ging voorzichtig op de rand van haar bed zitten en kuste haar zachtjes op haar voorhoofd. Ze sloeg haar armen om hem heen en hield hem stevig vast.

'O, Joop, godzijdank ben je weer thuis!'

'Klara heeft het je zeker verteld?' vroeg Joop. 'Ik heb haar gebeld vanuit de eerste telefooncel die ik kon vinden nadat ik weg had weten te komen uit Duitsland. Ik heb tegen haar gezegd dat ik direct naar het ziekenhuis zou gaan.'

'Ze kwam zodra ze het had gehoord, om het me zelf te vertellen. Maar horen dat je veilig bent, is niet hetzelfde als zíén dat je veilig bent. Wat is er gebeurd, Joop? Volgens Klara had je je papieren bij je en had je geen kinderen meegebracht, en toch hield de Gestapo je vast om je te ondervragen?'

'Het spijt me zo, Truus. Ik heb er een potje van gemaakt. Ik kon Recha Freier niet eens overhalen om me te ontmoeten, laat staan om de kinderen aan mijn zorg toe te vertrouwen.'

Recha nam al zoveel risico; je kon haar niet vragen om samen te werken met iemand die ze niet kende. Misschien zou Klara van Lange meer succes hebben gehad, maar Joop had haar niet gevraagd om te gaan. Joop had dit zelf willen doen, voor haar.

'Recha vreest voor de kinderen, Joop,' zei ze. 'Nu er zoveel fout gaat...' Dat Adele Weiss was gestorven, en dat Recha degene was geweest die het de arme moeder had moeten vertellen. Ze zouden Truus niet eens in de buurt van kinderen moeten laten. God wilde duidelijk dat ze zich erbuiten hield. Maar daar kon ze nu niet over nadenken.

'In elk geval heb je het geprobeerd, Joop,' zei ze. 'Dank je wel daarvoor.'

'Wat als Recha met me had afgesproken, Truus? Wat als ze me die kinderen had toevertrouwd?'

Hij schoof een stoel naast haar bed, ging zitten en pakte haar hand. Als hij de geluiden van de baby's elders op de afdeling hoorde, liet hij daar niets van blijken. Truus probeerde hetzelfde te doen, probeerde het geluid buiten te sluiten van een huilend kind dat ineens stil werd, waarschijnlijk omdat het door zijn moeder gevoed werd.

'Die man op de radio, dat was die aardige Norman Bentwich die we in Londen hebben ontmoet,' zei ze, onwillig om stil te staan bij baby's of het gevaar waarin Joop had verkeerd. 'Herinner je je Norman nog?'

'En Helen,' zei Joop. 'Ik vond ze allebei erg aardig.'

'Hij spreekt namens de Britten in Evian-les-Bains, waar de ene afgevaardigde na de andere zijn medeleven uitspreekt zonder aan te bieden om daadwerkelijk vluchtelingen op te nemen.'

Joop zuchtte. 'Goed dan, Truus. Ik zal de radio weer aanzetten, maar je moet beloven dat je niet van slag raakt.'

Ze knipperde met haar ogen tegen de tranen, uit alle macht proberend om de geluidjes van de baby's buiten te sluiten. Waren ze echt of slechts verbeelding? Als ze echt waren, hoe was het dan mogelijk dat Joop ze niet ook hoorde? Het was dit vreselijke witte bed, deze vreselijke witte zaal, deze eindeloze reeks van dagen vol witheid die maakte dat ze zich dingen begon in te beelden.

'Het biedt afleiding om aan andere dingen te denken,' zei ze. 'Zelfs al zijn het gruwelijke dingen.'

Joop gaf een kneepje in haar hand, waaraan ze slechts nog de eenvoudige ring en de ring met de robijn droeg, omdat de Duitse broer en zus, die nu allebei in Engeland waren, nog steeds de losse bandjes van haar derde ring hadden.

'We kunnen het nog een keer proberen,' zei hij, 'maar ik hoef niet per se een kind. Echt niet.'

Ze zwegen allebei, omdat ze elkaar de extra pijn wilden besparen die het besef van hun eigen pijn zou brengen. Hij kuste haar opnieuw en zette daarna de radio weer aan.

DE PERSONEELSVERDIEPING

'Ik heb je toneelstuk gelezen, Stephan,' zei de leraar Engels. 'Het is behoorlijk goed. Het toneelstuk, bedoel ik. Aan het Engels valt nog wel iets te sleutelen.'

Ze zaten met zijn drieën in de bibliotheek: Stephan, Walter en hun leraar. Vier, als je Pieter Konijn meetelde.

'Pieter moet het meisje spelen,' vertelde Walter de leraar gewichtig.

'Het is geen probleem, Wall, ik kan het meisje wel spelen als je konijn het vervelend vindt,' bood Stephan aan.

'Žofie-Helene speelde eerst het meisje,' vertelde Walter de leraar, 'maar zij is alleen nog maar bezig met wiskunde.'

Terwijl de leraar door het toneelscript bladerde, luisterde Stephan aandachtig naar het gemompel van Mutti en tante Lisl in de hal. Tante Lisl zei dat oom Michael had geregeld dat het gezin in het paleis kon blijven, dat ze de bovenste verdieping konden bewonen.

'Alleen onze eigen kamers of ook de gastenvleugel?' vroeg Mutti.

'De personeelsverdieping,' zei tante Lisl. 'Ik weet dat het niet veel lijkt, Ruche, maar de meeste mensen worden gedwongen om naar de andere kant van het kanaal te verhuizen, naar Leopoldstadt, waar gezinnen vaak één kamer moeten delen.'

Stephan keek naar het hoge plafond, waarop een wereldkaart was geschilderd, met een schip met bolle zeilen waarmee ontdekkingsreizigers de oceaan overstaken. Daarboven lagen de slaapkamers van zijn ouders en die van hem en Walter. De kamers van de bedienden bevonden zich op de bovenste verdieping, de zolderverdieping, waar de lift niet kwam.

'Hier, Stephan, waar je het woord *amaze* gebruikt, zou *astonish* misschien beter zijn,' zei de leraar. 'Qua betekenis verschillen de woorden niet zoveel van elkaar, maar amaze suggereert een positievere reactie dan je volgens mij bedoelt. En hier zou je in plaats van *damage* misschien beter *ruin* kunnen gebruiken. Die woorden zijn ook vergelijkbaar, maar damage geeft het idee dat iets nog gerepareerd kan worden, terwijl de schade bij ruin permanenter is.'

'Ruin,' herhaalde Stephan.

'Zoals de ruïnes van Pompeï. Je vader heeft me verteld dat jullie daar zijn geweest, toch? Pompeï is na zo'n vijftienhonderd jaar herontdekt, maar het zal nooit meer hersteld kunnen worden.'

'Ruin,' herhaalde Stephan weer, en hij bedacht dat sommige dingen, hoewel geruïneerd, perfect bewaard bleven.

Lisl zat samen met Ruchele in de bibliotheek toen de nazi's kwamen, aangevoerd door een commandant die zwaaide met een document met een hakenkruis erop dat hem toestemming gaf het paleis in beslag te nemen. Lisl en Ruchele keken door de deuropening toe terwijl Herman hun beneden in de hal een bos sleutels overhandigde: van de porseleinkast, de zilvervitrine, de wijnkelder, zijn thuiskantoor, zijn bureau. Het kader van soldaten dat de commandant bij zich had – sommige nog jongens – begon aan de inventarisatie van de kunstwerken: het zelfportret van Van Gogh in de hal, waarop de schilder op de weg naar Tarascon stond afgebeeld met een krat vol tubes verf en kwasten en een canvasdoek; het lezende meisje van Morisot, dat Lisl deed denken aan Stephans vriendinnetje Žofie-Helene Perger; de schilderijen van Klimt – de berken van het zomerverblijf van de kunstenaar in Litzlberg, aan de Attersee, en het landschap van Malcesine aan het Gardameer – en het portret van Lisl zelf, van de hand van Kokoschka.

Terwijl de mannen moesten lachen om de rode krassen die de wangen van Lisl vormden, zei Ruchele troostend: 'Ze hebben geen idee waar ze naar kijken, ze zijn te dom om het te kunnen waarderen.'

'Inderdaad,' stemde Lisl in. 'Inderdaad.'

Michael had haar beloofd dat hij haar portret voor zichzelf zou opeisen, net als het portret van Ruchele door Klimt. Ze had geen idee hoe hij dat voor elkaar dacht te krijgen, maar ze koos ervoor om te geloven dat het hem zou lukken.

Hoop. 'Tot de dag waarop God zich zal verwaardigen de toekomst van de mensheid te onthullen, is alle menselijke wijsheid gevat in deze twee woorden: wachten en hopen,' had Alexandre Dumas geschreven in *De graaf van Montecristo*, een boek waar zij en Michael bij hun eerste ontmoeting over hadden gepraat.

Andere mannen kregen de taak toebedeeld om alle meubels te inventariseren, alle sieraden, het zilver en porselein, het linnengoed (tafelkleden en lakens en baddoeken); elke klok, de inhoud van elk bureau en elke ladekast; en de kleren die Lisl had meegebracht toen ze was vertrokken uit het huis dat ze met Michael had gedeeld – een stadspaleis dat ze met haar geld hadden gekocht en dat nu enkel nog aan hem toebehoorde. Ze inventariseerden ook de brieven van Ruchele en Herman, en de verhalen van Stephan. Ze inventariseerden zelfs Walters speelgoed: één elektrische treinset, één rode raceauto, model Ferrari-Maserati, achtenveertig metalen speelgoedsoldaatjes uit de doos van vijftig die Herman vorig jaar nog voor hem had gekocht in Londen.

Eén Pieter Konijn, zeer geliefd, dacht Lisl. Maar Pieter bevond zich veilig in de armen van haar neefje.

Op de radio, die nog niet op de lijst was genoteerd, in Hermans bibliotheek, waar de soldaten nog niet waren doorgedrongen, werd het resultaat van de Conferentie van Evian aangekondigd door de nazi's: afgevaardigden van tweeëndertig landen hadden na negen dagen vergaderen niets te bieden dan uitgebreide verontschuldigingen omdat ze hun deuren sloten voor vluchtelingen uit het Reich. 'Een verbijsterend resultaat van landen die Duitsland hebben bekritiseerd vanwege onze behandeling van de Joden.'

Ruchele fluisterde: 'Sinds de Duitsers Oostenrijk hebben geannexeerd, hebben al tweeduizend Joden zelfmoord gepleegd, Lisl. Wat maakt eentje extra dan nog uit?'

‘Niet doen, Ruchele,’ drong Lisl aan. ‘Je hebt het me beloofd. Je hebt het Herman beloofd. Je mag niet –’

‘Maar ik ben stervende,’ zei haar schoonzus zacht. ‘Ik zal doodgaan, en daar kunnen we niets tegen doen. Zonder mij zou Herman weggaan met de jongens. Hij zou Wenen ontvluchten. Hij zou een manier vinden om ergens buiten bereik van Hitler te gaan wonen.’

‘Nee,’ hield Lisl vol, maar een minder loyaal stemmetje in haar hart dacht: ja. Als Ruchele stierf, dan zouden haar broer en haar neefjes Wenen verlaten, en zijzelf ook. Michael had gezegd dat ze Oostenrijk moest ontvluchten, dat hij haar kon helpen om het land te verlaten, met genoeg geld om van te kunnen leven. Maar hoe kon ze iedere persoon achterlaten van wie ze ooit had gehouden?

Herman en Stephan waren al bezig de Victrola naar de lift te dragen, maar een nazi hield ze tegen. En dus sjouwden ze de platenspeler via de hoofdtrap omhoog naar de smalle personeelstrap, ‘geholpen’ door Walter en zijn konijn. Het was het oude exemplaar uit de bibliotheek, dat met de hand bediend moest worden, niet de Electrola waarop ze muziek afspeelden tijdens soirees en bescheiden feestjes waarvoor ze geen kwartet hoefden in te huren. Deze oude platenspeler was het enige wat ze mochten houden, samen met een schamel paar platen.

Lisl volgde haar broer naar boven, fluisterend: ‘Ik denk dat we Ruchele beter nu kunnen verhuizen, Herman. Ze zal er kapot aan gaan om ze aan jullie boeken te zien zitten.’

Ze zetten de Victrola in de kleine lage zitkamer die was verbonden met twee van de personeelsslaapkamers en knipten de lampen aan om het wat gezelliger te maken. In elk geval zouden ze stroom hebben, want de personeelsverdieping werd niet apart van elektriciteit voorzien, en de nazi’s die de andere verdiepingen zouden bezetten, zouden zich deze luxe zeker niet ontzeggen.

Toen ze terugkeerden, zagen ze dat de nazi’s waren begonnen met het inventariseren van Hermans bibliotheek. Als dit Herman pijn deed, dan verdroeg hij dat stoïcijns, haar broer, voor wie chocolade zijn werk was, maar literatuur zijn levensvreugde, en die zo trots was op zijn boekenverzameling. Ze vroeg zich af of hij zo verstandig was geweest om de boeken van verboden schrijvers te vernietigen: Erich Remarque, Ernest Hemingway, Thomas Mann, H.G. Wells en Stefan Zweig, van wie Stephan zoveel hield.

Herman trok zijn jasje uit en tilde Ruchele met gemak uit haar rolstoel, alsof ze niets woog. Hij zette haar voorzichtig op de chaise longue van de bibliotheek, een van de weinige meubelstukken die ze mee naar boven mochten nemen.

Terwijl hij en Stephan de zware rolstoel naar boven sjouwden, vouwde Lisl heel voorzichtig de deken van Ruchele op, crèmekleurige kasjmier, het enige wat Ruchele op haar droge, doorzichtige huid kon verdragen. Een soldaat sloeg haar nauwlettend gade. Ja, het was een waardevolle deken, en nee, Lisl zou niet toestaan dat de nazi's hem van haar stervende schoonzus zouden afnemen om hem ergens in Beieren in een opslagruimte weg te stoppen, waar hij geen enkel nut meer zou hebben.

Herman kwam terug om Ruchele te halen. Hij tilde haar op en liep de trap op.

Ruchele keek over zijn schouder naar de nazi's die over de bovenverdieping zwermden. Met een knikje naar de soldaat volgde Lisl Herman en Ruchele, met de deken in haar hand. Haar schoonzus zou niet zomaar meer naar beneden komen.

Bovenaan de personeelstrap liet Herman Ruchele op de rieten zitting van de rolstoel zakken. Walter klom op zijn moeders schoot. Dat bezorgde haar duidelijk pijn, maar ze woelde door zijn haar alsof ze nergens last van had. Lisl sloeg de deken open die ze zo zorgvuldig had opgevouwen en legde die over Rucheles knieën, en Stephan pakte de handvatten en reed zijn moeder naar hun nieuwe woonkamer.

De rolstoel paste niet door de deuropening.

Voordat Lisl kon voorstellen om te proberen de koperen handvatten van de wielen te verwijderen, pakte Herman een pook van de open haard en zwaaide ermee naar de omlijsting van de deurpost.

Roet vloog van de pook af toen hij in het hout ramde.

Het hout versplinterde, maar het bleef vastzitten aan de muur, die nu onder het roet zat.

Herman haalde opnieuw uit met de pook, en zijn overhemd scheurde bij de elleboog op het moment dat het gietijzeren voorwerp het hout raakte. Hij sloeg nog een keer. En nog een keer. En nog een keer. Hij stopte al zijn woede in de inspanning; het hout begaf het, versplinterde, kleine spaanders vlogen in een wolk van roet alle kanten op, tegen zijn shirt en in zijn haar, op de vloer om hem heen, zelfs op de deken van Ruchele en op Walters kleine konijn. Alles om hen heen zat onder het roet en de stukjes hout, maar de omlijsting, hoewel zwaar beschadigd, begaf het niet.

Lisl keek zwijgend toe – ze keken allemaal zwijgend toe – terwijl Herman zich huilend op de vloer naast Rucheles rolstoel liet zakken. Dat beangstigde Lisl nog het meest: de aanblik van haar grote broer, die ze zelfs als kind nooit zijn zelfbeheersing had zien verliezen, die nu op de grond zat met gescheurde mouwen, bedekt met roet en houtspaanders, en huilde.

Ruchele raakte Hermans haar net zo troostend aan als ze bij Walter had gedaan. 'Het komt goed, liefste,' zei ze. 'Op de een of andere manier komt het allemaal goed.'

Stephan – lieve, dierbare Stephan – pakte de pook en gebruikte die voorzichtig om de vernielde omlijsting los te wrikken. Het hout sprong los op de plek waar het aan de muur bevestigd was. Stephan herhaalde de beweging over de hele lengte van de deurpost tot hij de omlijsting weg kon halen. Hij stapte naar binnen en deed hetzelfde aan de binnenkant van de kleine kamer.

Lisl pakte voorzichtig de deken van Ruchele en schudde die uit over de balustrade, zodat de houtspaanders en het roet omlaagzweefden naar de nazi's die daar aan het werk waren.

Stephan liep terug naar zijn moeders rolstoel, pakte de handvatten vast en duwde zijn moeder van de gang de kamer in.

'Wall, willen jij en Pieter een glas water voor Mutti halen?' vroeg hij. Toen zijn broertje weg was, zei hij: 'Papa, zullen we Mutti's chaise longue gaan halen?'

En tegen de tijd dat Walter en zijn kleine speelgoedkonijn waren teruggekeerd met een halfgevuld waterglas en een lang spoor van druppels op de houten vloer, lag Ruchele roerloos op de chaise longue, met haar deken over haar benen.

Stephan verdween en keerde even later terug met de radio. Lisl had geen idee hoe hij dat voor elkaar had gekregen; het was Joden ten strengste verboden om nog een radio in hun bezit te hebben. Hij deed de deur dicht en schoof een van zijn vaders geredde boeken ertegenaan om hem gesloten te houden, zo de geluiden dempend van de nazi's die hun hele leven vastlegden in een catalogus, om tentoongesteld te worden in musea van het Reich, verkocht te worden om Hitlers vernietigingstocht te financieren of – omdat ze zoveel prachtige spullen bezaten – naar Duitsland te worden gestuurd voor Hitler in eigen persoon.

ONTSLAG

'Uw vrouw heeft nog steeds veel rust nodig, meneer Wijsmuller,' zei de dokter. 'Geen reisjes. Geen stress. Om te herstellen van –'

'Dokter,' onderbrak Truus hem. 'Ik ben erbij, en ik ben prima in staat om zelf mijn instructies in ontvangst te nemen.'

Joop legde zijn hand op die van Truus – een gebaar dat bedoeld was om haar gerust te stellen, dat wist ze, maar ook om haar het zwijgen op te leggen, wat haar irriteerde.

'De dagen in het ziekenhuis zijn vreselijk lang, dokter,' zei hij. 'We zijn blij dat we naar huis mogen.'

Na het vertrek van de dokter legde Joop de kleren klaar die hij voor Truus had meegebracht om in naar huis te gaan: een wijde jurk waar ze geen korset bij hoefde te dragen, niets wat onprettig strak zou zitten.

'Truus,' begon hij voorzichtig, 'je kunt niet –'

'Ik ben prima in staat om te begrijpen wat de dokter zei, Joop.'

'En ga je je er ook aan houden?'

Truus keerde hem de rug toe, alsof ze preuts was, en trok haar ziekenhuishemd uit. Ze voelde zijn warmte toen hij naar haar toe kwam en zachtjes de vlecht op haar rug pakte. Hij draaide er een knotje van en stak dat vast.

'En ga je je er ook aan houden?' herhaalde hij.

Ze trok de jurk aan, dankbaar voor de losse pasvorm, en draaide zich naar hem toe. 'Ik ben prima in staat om te begrijpen wat hij zei,' herhaalde ze.

Hij sloeg zijn armen om haar heen en duwde haar kin omhoog. 'Ik weet niet of je beter kunt liegen dan ik,' zei hij, 'maar je bent er heel goed in om vragen te ontwijken en de waarheid voor je te houden.'

'Ik zou nooit tegen je liegen, Joop. Heb ik ooit –'

'Regelt Recha de uitreisvisa?'

'Dat is niet precies wat ik zei, Joop. Ik zei –'

'Toen ik je naar de uitreisvisa vroeg, zei je dat Recha alles zou regelen. Geen leugen, maar wel bedoeld om mij een verkeerd idee te geven.' Hij kuste haar zachtjes op haar voorhoofd, en daarna nog een keer. 'Maar daar gaat het niet om, Truus. Je weet dat het daar niet om gaat.'

Truus voelde de tranen opwellen in haar ogen. 'Het is al zo vaak gebeurd, Joop. Ik wilde je geen hoop geven tot het zekerder was.'

Hij veegde een traan weg die langs haar wang gleed.

'Jij bent alles wat ik nodig heb, Truus,' zei hij. 'Jij bent alles wat ik ooit nodig zal hebben.'

'Ik ben een vrouw die geen kind kan krijgen, in een wereld die nergens anders waarde aan hecht!'

Hij trok haar naar zich toe, zodat haar wang tegen zijn borst drukte, tegen zijn trage, regelmatige hartslag. 'Maar dat ben je niet,' zei hij, en hij streelde haar haren alsof zij het kind was dat ze hadden verloren. 'Je bent een vrouw die belangrijk werk doet, in een wereld die dat hard nodig heeft. Je moet alleen eerst voor jezelf zorgen. Je kunt anderen niet helpen als je zelf niet in orde bent.'

OUDE VRIENDEN

Otto Perger, die bij een broodkraampje op de Naschmarkt stond, draaide zich om bij het horen van een bekende stem. Stephan Neumann stond even verderop geduldig te wachten bij een slagerskraam en sprak zijn kleine broertje vermanend toe. Het jongetje had zijn neus tegen een vitrine met bonbons gedrukt, bij het kraampje tussen hen in, waar Otto zojuist bonbons had gekocht voor Johanna en Žofie-Helene.

Otto sloeg de oudere broer gade. Gek genoeg miste hij hem. Hij had een heleboel klanten die hem koud lieten, maar zelfs voordat Stephan en zijn kleindochter zulke dikke vrienden waren geworden, had Stephans verschijning in de deuropening van zijn kapperszaak altijd een glimlach op zijn gezicht tevoorschijn getoverd. Nu kwam de jongen uiteraard niet meer, en zelfs al zou hij dat wel doen, dan kon Otto hem niet van dienst zijn. Zelfs Žofie-Helene zag de jongen niet meer.

Otto keek toe terwijl de slager in de kraam Stephan negeerde en een mooi stuk vlees uitzocht voor een vrouw die na de jongen was gekomen. Zoveel volwassenen deden dat, oudere klanten helpen terwijl kinderen moesten wachten. Maar toen de verkoper Stephan eindelijk hielp, rekende hij de dubbele prijs voor een akelig grijze karbonade.

Stephan protesteerde: 'Maar daarnet rekende u –'

'Wil je dat vlees of wil je het niet?' vroeg de verkoper. 'Mij maakt het niet uit.'

Stephan keek verslagen, dacht Otto, terwijl de vleesverkoper naar zijn geld keek alsof het geen geldig betaalmiddel in het Reich was. Aan de uitdrukking op Stephans gezicht zag hij dat dit de reden was dat hij Žofie-Helene keer op keer had weggestuurd in de dagen na de vernedering in het Prater, die Žofie-Helene haar moeder had beschreven en waarover Käthe op haar beurt Otto had verteld. De arme jongen kon het niet verdragen om

Žofie-Helene onder ogen te komen nadat ze getuige was geweest van zijn vernedering; hij kon zich niet voorstellen dat die vernedering niet op de een of andere manier zijn eigen schuld was.

'Maar waarom kunnen we geen bonbons kopen?' vroeg het broertje. 'Vroeger hadden we ze zo vaak! En bij Papa –'

Stephan pakte de hand van zijn broertje en trok hem naar zich toe terwijl de verkoper de karbonade inpakte. 'We kopen wel een andere keer bonbons, Wall.'

'Stephan!' riep Otto uit, en hij liep naar de jongens toe alsof hij ze net pas had opgemerkt. 'Ik heb je al zo lang niet gezien. Volgens mij moet je onderhand weer geknipt worden.'

Hij bukte en gaf het kleine jongetje een bonbon. 'Je komt precies op het juiste moment, Walter. De verkoper heeft me er eentje gratis gegeven, en ik ben veel te oud en te dik om twee bonbons te eten!'

Stiekem stopte hij de andere bonbon in Stephans tas terwijl ze elkaar de hand schudden. De jongen was onmogelijk mager, onmogelijk ouder. Het liefst zou hij Stephan meteen een bonbon laten eten, maar hij wist dat de jongen die direct aan zijn kleine broertje zou geven. Hij wilde dat hij een hele doos voor hem kon kopen, maar er waren vast een heleboel andere dingen die ze harder nodig hadden dan snoepgoed. En niemand zou er iets mee opschieten als iemand zag dat hij die jongens hielp.

Hij keek om zich heen. De vleesverkoper was met de volgende klant bezig, en niemand lette op hen. Hij richtte zijn aandacht weer op de jongens en zag het litteken op Stephans lip. Waar kwam dat vandaan? Dat had er nog niet gezeten toen Otto zijn haar de laatste keer had geknipt.

'Volgens mij ben ik je nog een knipbeurt verschuldigd voor die keer dat ik je haar niet écht heb geknipt, zoals mijn Žofie opmerkte,' zei hij.

'Maar u hebt me toen ook niet laten betalen, Herr Perger.'

'O nee? Och, wanneer je ouder wordt, werkt je geheugen niet zo goed meer.'

Het haar van de jongen zag er keurig uit. Misschien bezocht hij een Joodse kapper, of misschien knipten zijn ouders zijn haar. Otto had geen idee waarom hij de jongen een knipbeurt aanbood. Hij wist dat Stephan niet kon komen, en hij wist dat Stephan dat wist. Hij wilde gewoon dat de jongen begreep dat hij wilde dat het anders was.

'Nu ja,' zei hij, 'de waarheid is dat ik dolgraag alles over je nieuwste toneelstuk zou horen, en Žofie-Helene ook, durf ik te wedden. Het bevalt haar wel om de ster van de show te zijn, moet je weten.'

'We kunnen nergens meer repeteren,' zei Stephan. 'Behalve in het Joodse centrum.'

'Ik... Ja,' zei Otto. De jongen die zijn vrienden ooit bij zich thuis had uitgenodigd om in de balzaal te repeteren, was nu gedwongen om een paar personeelskamers te bewonen. Zonder bedienden, want ariërs onder de vijfenveertig konden niet langer voor Joden werken, zelfs als de families hen konden betalen.

Žofie-Helene kwam naar Otto toe rennen, met een jengelende Johanna achter zich aan, en riep: 'Je hebt toch wel de bonbons gehaald, opa? Johanna... O!'

Wat heb ik je gemist, Holmes, dacht Otto, hoewel hij niet kon zeggen wie van zijn kleindochter en haar vriend nu Sherlock was en wie dokter Watson.

'Žofie-Helene,' zei Stephan eenvoudig. Er volgde een ongemakkelijke stilte, en toen spraken de twee tegelijk. Žofie-Helene zei: 'De Amerikanen hebben *Marie Antoinette* van Zweig verfilmd.'

En Stephan: 'Hoe gaat het met je vergelijkingen?'

'Professor Gödel is naar Amerika vertrokken,' antwoordde Žofie-Helene somber.

'Aha. Is hij Joods?' Er klonk een lichte beschuldiging door in Stephans stem. Otto kon het de jongen nauwelijks kwalijk nemen.

'Hij... Hitler heeft de *Privatdozent* afgeschaft,' antwoordde Žofie-Helene. 'Dus moest professor Gödel solliciteren naar een andere functie onder het nieuwe bestuur, en de universiteit heeft hem afgewezen. Volgens mij zijn ze niet te spreken over zijn connectie met de Weense kring.'

‘Geen Jood, maar bevriend met Joden,’ zei Stephan. ‘Iets wat veel mensen in Wenen tegenwoordig zorgvuldig vermijden.’

Žofie-Helene bestudeerde hem onbeschroomd. ‘Ik besefte het niet,’ zei ze. ‘Tot die dag in het park besefte ik het niet. Ik begreep het niet.’

‘We moeten gaan,’ zei Stephan, en hij pakte de hand van zijn broertje en haastte zich weg.

Otto sloeg zijn kleindochter gade terwijl ze hen nakeek tot ze uit het zicht verdwenen en vervolgens naar de plek staarde waar ze daarnet hadden gestaan.

Hij keerde zich weer naar de chocoladeverkoper toe. ‘Het ziet ernaar uit dat ik nog meer bonbons nodig heb,’ zei hij.

SARA

Lisl stond buiten bij de personeelsingang van het Palais Albert Rothschild aan de Prinz Eugenstrasse 26 met haar paraplu opengeklapt tegen de oktoberregen die aan het eind van de maand in de eerste natte sneeuw van de winter begon te veranderen. Ze trok haar bontjas wat dichter om zich heen, denkend aan de vele keren dat ze over de U-vormige voorplaats naar dit enorme huis was gereden, en dat ze door de hoofdingang een wereld had betreden van tapijten en spiegels en schilderijen, kristallen kroonluchters met vijfhonderd kaarsen, de onvergetelijke marmeren trap die in perfecte staat werd gehouden door een bediende die als enige taak had om de treden te poetsen. Ze had gedineerd in de zilveren eetzaal van de Rothschilds. Ze had gedanst op muziek uit de twee orkestrions die in een nis naast de met bladgoud bedekte balzaal waren gebouwd en die samen klonken als een volledig orkest. Ze had zich zowel hier als in het nóg oogverblindender Palais Nathaniel Rotschild vergaapt aan de kunstcollectie. Nu hing er aan het hek tussen de straat en de voorplaats een spandoek waarop stond dat in dit gebouw de Zentralstelle für Jüdische Auswanderung was gevestigd, het centrale bureau voor Joodse emigratie. De nazi's hadden baron Albert von Rothschild gedwongen afstand te doen van al zijn Oostenrijkse bezittingen, waaronder de vijf stadspaleizen van de Rothschilds en de kunst die daarin hing, in ruil voor de vrijlating van zijn broer uit Dachau en hun veilige vertrek uit Oostenrijk. En nu stond Lisl hier in de rij van aanvragers, hopend toestemming te krijgen om het enige land te verlaten dat ze ooit thuis had genoemd.

Terwijl ze wachtte, kwam er een chique auto aanrijden. Twee nazisoldaten schoten toe om het zware gietijzeren hek te openen. De auto kwam tot stilstand op de voorplaats, waar een attaché klaarstond met een uitgeklapte paraplu, die hij boven het achterportier van de auto hield terwijl hij zelf natregende.

Adolf Eichmann stapte uit. Hij slenterde over de voorplaats, beschermd door de paraplu die door de steeds nattere attaché boven zijn hoofd werd gehouden, en ging het paleis binnen. De auto bleef op de voorplaats staan, met het achterportier open. Een tweede attaché had de plek ingenomen van de eerste en hield een paraplu boven het geopende portier, wachtend tot er nog iemand uit zou stappen. Even later sprong Eichmanns grote Duitse herder van de achterbank en schudde zichzelf uit. De attaché hield de paraplu boven het beest terwijl het Eichmanns pad over de voorplaats volgde en het paleis binnenging.

Lisl liet haar paraplu zakken en dook via de personeelsingang naar binnen. Ze was blij dat ze uit de regen was, al had ze het eind van de rij dan nog niet bereikt. Langzaam volgde ze de andere wachtenden naar een salon waar ze zo vaak thee had gedronken. De meubels en de kunstwerken waren weggehaald en vervangen door een klaptafel met een klerk erachter, omringd door stapels bontjassen, sieraden, kristal, zilver en andere waardevolle voorwerpen.

Toen Lisl aan de beurt was, zei de klerk ongeïnteresseerd: 'Uw bezittingen.'

Na een korte aarzeling overhandigde Lisl haar bontjas en de paar sieraden die Michael haar had meegegeven.

De klerk gooide ze op de juiste stapels.

'Uw paraplu,' zei hij.

'Mijn paraplu? Hoe kom ik dan thuis in dit weer, zonder jas?'

Bij het zien van de ongeduldige uitdrukking van de man gaf ze hem haar paraplu. Ze glimlachte beleefd, hoewel ze woedend was omdat ze de toestemming van deze kleine dwaze nazi nodig had om ook maar iets te kunnen doen. Michael had haar geïnstrueerd om zich voorbeeldig te gedragen. Vaak ontzegden de nazi's aanvragers zomaar de benodigde documenten, ook al hadden ze aan al hun eisen voldaan. Ze wilde niet eindigen met een enkele reis richting een arbeidskamp.

De klerk, die kennelijk klaar was met haar, keek naar de persoon die achter haar stond.

Lisl nam plaats aan het eind van de volgende rij, zich herinnerend dat hier ergens – was het op de eerste verdieping? – een kleine houten trap moest zijn die naar de privésterrenwacht van de Rothschilds leidde. Daar had ze ooit door een van hun telescopen naar de ringen van Saturnus getuurd. Ze waren volkomen helder geweest, alsof de planeet een stuk speelgoed was dat voor haar op een tafel lag. Hoe was het mogelijk dat haar wereld nu zo klein was geworden? Ze bewoonde samen met Herman en Ruchele en de jongens de zolderkamers van de bedienden. Elke namiddag ging ze zelf naar de markt, het moment van de dag waarop Joden hun keus mochten maken uit datgene wat de rest van Wenen had laten liggen. Natuurlijk was ze dankbaar; zonder Michaels tussenkomst hadden zij en Hermans gezin hoogstwaarschijnlijk moeten verhuizen naar een vieze, kleine flat in Leopoldstadt. Ze hadden geen keuken op de zolderverdieping van de villa, maar de kokkin, die was gebleven om voor de nazi's te werken, slaagde erin om maaltijden te creëren uit de schaarse beetjes voedsel die Lisl op de kop wist te tikken, en Helga bracht ze via de personeelstrap omhoog, niet langer op een zilveren dienblad, maar ze waren dankbaarder dan ooit voor de loyaliteit van hun bedienden.

Terwijl Lisl in de tweede rij wachtte, zag ze verderop in een gang een attaché voorzichtig de poten van Eichmanns Duitse herder drogen. Het geduld van de hond werd beloond met een stuk vlees waar Lisl en Hermans gezin ruimschoots van zouden kunnen eten.

Toen ze opnieuw aan de beurt was, zei een andere klerk achter een andere klaptafel tegen haar: 'Uw paspoort.' Het irritante mannetje bevochtigde een stempel op een rood kussen en drukte de stempel toen in een hoek van het paspoort.

Het paspoort van Lisl werd nu ontsierd door een drie centimeter hoge rode J, van Jood, ook al was ze getrouwd in een christelijke kerk, in het bijzijn van iedereen die iets voorstelde in Wenen. Toen de klerk de stempel weglegde, kwamen Eichmann en zijn net afgedroogde hond het vertrek binnen. Een andere nazi volgde, en de twee mannen keken toe terwijl de klerk een tweede stempel over haar middelste naam zette, Elizabeth. Elizabeth, dat eerder Brits klonk dan Joods. Misschien hadden haar ouders de naam ook om die reden gekozen. Toen de man de stempel weghaalde, was de naam in paarse inkt overschreven met SARA. Sara, een vrouw die zo mooi was dat haar echtgenoot vreesde dat machtige mannen haar van hem zouden afpakken. Onzelfzuchtige Sara, die dacht dat ze zelf geen kinderen kon krijgen en daarom haar Egyptische dienstmeisje naar het bed van haar echtgenoot stuurde. Sara, die, nadat God haar op honderdjarige leeftijd had bezocht, zelf een zoon op de wereld zette. Lisl had nog nooit van het verhaal van Sara gehoord tot afgelopen augustus, toen de nazi's waren begonnen de naam in paspoorten van Joodse vrouwen te zetten, en ISRAËL in de paspoorten van Joodse mannen.

De man die Eichmann vergezelde, zei tegen hem: 'Ziet u, het werkt als een automatische fabriek, Obersturmführer Eichmann. Aan de ene kant stop je er een Jood in die nog kapitaal bezit, zoals een fabriek of een winkel of een bankrekening. Hij doorloopt het hele gebouw, van hoek tot hoek. Wanneer hij er aan de andere kant uit komt, heeft hij geen geld meer en geen rechten. Hij heeft alleen het paspoort waarin geschreven staat: "U moet dit land binnen twee weken verlaten. Doet u dat niet, dan gaat u naar een concentratiekamp."'

De klerk gaf Lisl haar paspoort terug.

Eichmann nam haar op zoals mannen dat altijd deden, maar hij zei tegen haar: 'Denk maar niet dat u nu nog over de grens kunt glippen. De Zwitsers zitten net zomin op jullie Joden te wachten als wij.'

Lisl hoefde echter niet over de grens te glippen. Ze had maandenlang volgehouden dat ze Herman niet zou verlaten, Herman die Ruchele niet zou verlaten. Op 23 september had Hitler echter het Tsjechoslowaakse Sudetenland bezet zonder dat ook maar één land ter wereld protest had aangetekend, en de volgende ochtend had ze Michael toestemming gegeven om de overtocht naar Sjanghai voor haar te regelen. Het had meer dan een maand gekost en hij had een klein vermogen moeten neertellen om een plek voor haar te bemachtigen op een schip dat over twee dagen zou vertrekken. Ze had nog niets tegen Herman gezegd. Ze wist niet hoe ze haar broer moest vertellen dat ze van plan was te vluchten. Maar ze doorliep nu het proces: ze ging van kamer tot kamer tot kamer.

Ze had geluk. Dat bracht ze zichzelf in herinnering toen ze het volgende vertrek binnenging. Al haar bezittingen gingen naar Michael, die ze zou beschermen tot de rechtvaardigheid in de wereld zou zijn hersteld. Ze hoefde alleen maar deze paar symbolische dingen op te geven: de minst kostbare van haar bontjassen, een paar zorgvuldig uitgezochte sieraden, de paraplu die haar droog zou hebben gehouden, haar naam, haar waardigheid.

INVAL

De zon was nog niet op, en het was koud voor begin november. Eichmann droeg zijn overjas. Hij voerde deze invallen het liefst bij daglicht uit, met een publiek dat de boodschap kon verspreiden dat iedereen in Wenen Adolf Eichmann zou moeten vrezen. Hij kon echter niet het risico lopen dat er zou worden geprotesteerd tegen de publiekelijke arrestatie van een arische vrouw, een moeder en weduwe nog wel, zij het werkzaam bij de Lügenpresse. *Onafhankelijk Wenen*, zeg dat wel.

De soldaten trapten eindelijk de deur in en stormden naar binnen. Ze trokken laden uit bureaus en dossierkasten, en kiepten de inhoud eruit om die te doorzoeken op belastend materiaal. Ze wierpen bureaus en stoelen omver, braken ramen en kalkten JODEN op de muren en op de buitenkant van het gebouw, zo slordig dat de verf van de letters af droop. Hij liet ze hun gang gaan. Zelf was hij in zijn jonge jaren ook ongedisciplineerd geweest: al die knokpartijen in Linz voordat hij naar Duitsland was gevlucht. En jeugdige woede kon worden benut. Wat was er angstaanjagender dan jongemannen vol ongebreidelde razernij, ongehinderd door ook maar een greintje gezond verstand?

Een van de jongelui van de Hitlerjugend, een lompe, dom ogende jongen, richtte zijn pistool op de Linotype. De jongen schoot, en daarna nog een keer, maar de kogels ketsten af op het harde metaal.

'Hou op, domkop,' commandeerde Eichmann, maar de jongen had zich helemaal overgegeven aan zijn drift.

'Dieterrotzni!' riep een oudere jongen.

De jongere jongen draaide zich om, nog steeds met zijn wapen in de aanslag. De oudere jongen nam het van hem af.

'Je had me zowat vermoord, snotneus,' zei de oudere jongen.

De knul haalde zijn schouders op, pakte een metalen stoel en begon daarmee tegen de machine te rammen.

EÉN IS ALTIJD MEER DAN NUL

Žofie-Helene zat samen met mama, opa en Jojo aan het ontbijt toen ze het gestamp van laarzen in het trappenhuis van het appartementencomplex hoorden. Mama stond rustig op, liep naar de slaapkamer en tilde het kleed aan het eind van haar bed op. Tegelijk met het kleed kwamen de vloerplanken eronder omhoog, draaiend op een onzichtbaar scharnier. Ze kroop in de smalle ruimte tussen hun vloer en het plafond van het appartement van hun onderburen.

'Jullie weten niet waar je moeder is, begrepen?' zei opa tegen Žofie en Jojo terwijl mama het luik van haar schuilplek dichttrok. 'Ze is op pad voor de krant, weet je nog, precies zoals we hebben geoefend.'

Toen er op de deur van het appartement werd gebonsd, keek Žofie geschrokken naar de koffiemok en het havermoutschaaltje van haar moeder.

Haar opa deed de deur open. Er stond een hele zwerm nazi's in het halletje.

'Heren, wat kan ik voor jullie doen?' vroeg hij.

Johanna zat doodsbang aan de tafel, die nu nog maar voor twee gedekt was. Žofie stond bij de gootsteen, die ze vol liet lopen met warm water en afwasmiddel. Het sop bedekte precies haar eigen schaaltje en dat van haar moeder, nog vol met havermout, en haar moeders koffiemok.

'Käthe Perger,' zei een man in een overjas met barse stem.

De Duitse herder die met hem mee naar binnen was gekomen, zat doodstil naast de deur.

'Het spijt me, Käthe is er niet, Obersturmführer Eichmann,' antwoordde opa kalm. 'Kan ik u misschien helpen?'

Johanna begon te huilen. Žofie haastte zich naar haar toe om haar te troosten, haar handen druipend van het sop.

De nazi's verspreidden zich door het appartement, trokken kasten open, keken onder de bedden, terwijl Eichmann opa ondervroeg, die rustig bleef volhouden dat mama er niet was.

In mama's slaapkamer ging een nazi op het kleed staan.

'Grootvader Perger,' zei Žofie.

Otto keek haar aan. Ze had hem nooit in haar leven grootvader Perger genoemd, hoewel dat natuurlijk zijn naam was. Ze knipperde met haar ogen om hem duidelijk te maken dat de nazi zó dicht bij haar moeder was dat opa iets moest doen om te voorkomen dat de man het kleed op zou tillen.

'Ik zeg toch dat ze op stap is voor de krant!' schreeuwde opa tegen Eichmann – zo luid en met zo weinig respect dat zelfs de hond zich omdraaide. 'Ze is een journalist, een van de bewakers van de waarheid. Geef je niet genoeg om je land om te willen weten wat hier werkelijk gebeurt?'

Eichmann duwde de loop van zijn pistool tegen opa's slaap. Opa bleef roerloos staan, net als Žofie-Helene. Zelfs Jojo verroerde zich niet. 'Wij zijn geen Joden,' zei opa zacht. 'We zijn Oostenrijkers. Loyale leden van het Reich. Ik ben een oorlogsveteraan.'

Eichmann liet zijn pistool zakken. 'Aha, de vader van de dode echtgenoot,' zei hij. Hij draaide zich om en zag dat iedereen hem gadesloeg. Het leek hem wel te bevallen, de macht om te kunnen doen wat hij maar wilde terwijl iedereen naar hem keek.

Hij ontmoette de blik van Žofie-Helene en bleef haar aankijken. Ze wist dat het de bedoeling was dat ze haar blik af zou wenden, maar dat zou ze niet hebben gekund, al had ze dat gewild.

Eichmann stopte zijn pistool in de holster en kwam naar haar toe. Toen stak hij zijn hand uit en raakte Johanna's arm aan, waarbij hij ook langs die van Žofie-Helene streek.

'Jij moet de jonge dochter zijn die aan de universiteit studeert,' zei hij tegen Žofie.

'Ik heb een enorm talent voor wiskunde,' antwoordde Žofie.

De man lachte, een onregelmatige negenhoek van een lach, vol scherpe hoeken en ongelijke lijnen. Hij reikte naar Johanna's wang, maar ze wendde zich af en duwde haar gezicht tegen Žofies borst. Žofie wilde dat ze zo jong was als haar zus, dat zij bij iemand kon schuilen die groter en sterker was. Nooit had ze haar vader meer gemist dan nu.

Eichmann raakte Johanna's haar aan, met een tederheid die Žofie nooit achter hem zou hebben gezocht.

'Je zult net zo mooi worden als je grote zus,' zei hij tegen haar afgewende hoofd. 'En wat je wellicht mist aan intelligentie, zul je misschien goedmaken met een bescheidenheid die je zus niet bezit.'

Hij boog zich dichter naar Žofie toe, ongemakkelijk dicht, en zei: 'Geef je moeder maar een boodschap van mij. Zeg haar dat Herr Rothschild ons met alle plezier zijn kleine paleis aan de Prinz Eugenstrasse laat gebruiken. Hij verzekert ons dat de Joden Wenen net zo graag willen verlaten als wij ze willen helpen om weg te gaan en stelt zijn huis dan ook graag ter beschikking aan het bureau voor Joodse emigratie. Hij is tot de conclusie gekomen dat hij meer huizen bezit dan hij nodig heeft. En hoewel hij je moeders bezorgdheid op prijs stelt, wil hij haar op het hart drukken dat verdere publiciteit over deze kwestie hem – of haar – geen goed zal doen. Noch zal het jou of je zus goeddoen. Kun je dat onthouden?'

Žofie herhaalde: 'Herr Rothschild laat u met alle plezier zijn kleine paleis aan de Prinz Eugenstrasse gebruiken. Hij verzekert u dat de Joden Wenen net zo graag willen verlaten als u ze wilt helpen om weg te gaan, en hij stelt zijn huis graag ter beschikking aan het bureau voor Joodse emigratie. Hij is tot de conclusie gekomen dat hij meer huizen bezit dan hij nodig heeft. En hoewel hij mijn moeders bezorgdheid op prijs stelt, wil hij haar op het hart drukken dat verdere publiciteit over deze kwestie hem, of haar, of Johanna of mij geen goed zal doen.'

De man lachte opnieuw zijn lelijke lach, en daarop draaide hij zich naar de deur toe en zei: 'Tier, ik geloof dat we je gelijke hebben ontmoet.'

'Žozo, ik vind die man niet aardig,' zei Johanna terwijl Otto door het raam keek om te controleren of de nazi's echt weg waren. Hij zag ze in hun auto's stappen, waarbij een medewerker het portier openhield voor de hond, en wegrijden. Toch bleef hij kijken, vrezend dat ze terug zouden keren.

Uiteindelijk schoof hij het gordijn dicht, deed het licht uit en tilde het kleed in de slaapkamer op. Käthe kwam tevoorschijn uit haar schuilplek en sloeg zonder iets te zeggen haar armen om Žofie en JoJo heen.

'Käthe,' zei Otto, 'je moet stoppen met schrijven. Je moet echt –'

'Deze mensen wordt alles afgenomen, Otto,' onderbrak Käthe hem. 'Ze hebben enkel nog hun uitreisvisa en de hoop dat iemand op een ander continent hun overtocht naar Sjanghai zal betalen, de enige plek waar ze nog terechtkunnen.'

'Ik kan jou en de meisjes onderhouden,' drong Otto aan. 'Ik kan mijn appartement opzeggen en hier komen wonen. Dat zou makkelijker zijn, en ik zou –'

'Iemand moet zich tegen het onrecht uitspreken, Otto,' zei Käthe.

'Je kunt dit niet winnen, Käthe!' hield hij vol. 'Je bent maar in je eentje!'

'Maar één is altijd meer dan nul, opa,' zei Žofie-Helene zacht, 'al is nul wiskundig gezien dan interessanter.'

Otto en Käthe keken haar allebei verbaasd aan.

Käthe drukte een kus op het hoofd van haar dochter. 'Eén is altijd meer dan nul. Ja, dat klopt,' zei ze. 'Je vader is een goede leraar voor je geweest.'

KRISTALLNACHT

Niet voor het eerst flakkerde een van de peertjes in het kleine, kille vertrek en floepte uit terwijl Stephan zijn laatste pion bestudeerde. Hij durfde niet naar zijn vader te kijken, die aan de andere kant van het schaakbord zat en de chaos probeerde te negeren die buiten woedde. Ze hadden hun best gedaan om de deur van de kamer te repareren, door de houten omlijsting op zijn plek te timmeren met de gebogen spijkers die ze van de grond hadden gevist en door oude kranten in de gaten te proppen. Toch drong het lawaai van de stampende laarzen op de verdiepingen onder hen naar binnen, terwijl het lawaai en de kou van buiten naar binnen kwamen door het dunne, enkele glas van de zitkamer van de bedienden.

Stephan keek op en zag Mutti in haar rolstoel zitten, ineengedoken onder een deken die ze over zich heen had getrokken toen het tumult buiten was begonnen, kort na vier uur die ochtend. 'Mutti,' zei hij, 'zal ik je op de chaise longue tillen, of in je bed?'

'Niet nu, Stephan,' antwoordde ze.

Stephan stond op van de tafel, trok zijn handschoenen uit, legde ze naast het schaakbord en stopte nog wat kolen in de kachel, een vergeefse poging om de kilte een beetje te verjagen. In de slaapkamer van zijn ouders, die aan de zitkamer grensde, was het niet warmer. Ze hadden niet genoeg kolen om alle drie de kachels op te stoken, en eigenlijk ook niet om méér te doen dan de kolen in die ene kachel heel licht te laten gloeien.

'Ik ga controleren of we het raam in Walters kamer wel hebben gesloten,' zei hij.

'Onze kamer,' zei Walter. Niet dat zijn kleine broertje veel blijer was met hun nieuwe onderkomen dan Stephan, maar toch vond hij het geweldig dat ze nu een slaapkamer deelden.

'Dat heb je al gecontroleerd,' zei Papa.

Maar Stephan was het kleine kamertje al binnengestapt. Hij wierp een vlugge blik uit het raam en zag jonge relschoppers etalages vernielen, zoals ze de hele dag al hadden gedaan, bij klaarlichte dag, zonder dat iemand hen tegenhield. Aan de overkant werd een man zijn gebouw uit gesleept. Stephan dacht dat het Herr Kline was, de voormalige eigenaar van de nieuwskiosk, hoewel het moeilijk te zeggen viel met de meute eromheen. Ze duwden hem in de laadbak van een truck die al vol zat met mannen.

Hij voelde dat Walter naast hem kwam staan. 'Hé, Wall,' zei hij, en hij tilde zijn broertje op voordat Walter kon zien wat er gebeurde.

Hij liep terug naar de zitkamer met de gesloten gordijnen, naar de tafel en het schaakbord, waar hij, zonder er echt bij na te denken, zijn laatste pion een vakje naar voren schoof om de toren van zijn vader te bedreigen. Zijn vader sloeg de pion met zijn dame en ontnam Stephan daarmee zijn laatste kans om zijn verloren dame te vervangen. Hij wist dat hij het op zou moeten geven. Hij kon zien dat hij verslagen was, en zijn vader had hem geleerd dat je het spel moest beëindigen wanneer je kon zien hoe het zou aflopen, of je nu zou winnen of verliezen. Schaken ging niet om winst of verlies, het ging erom dat je ervan leerde; en als je wist hoe een partij zou eindigen, viel er niets meer te leren. Maar het eind van de partij zou een terugkeer betekenen naar de chaos op straat en het gestamp van laarzen op de trappen. Het maakte Stephan nerveus, het geluid van al die nazi's in kamers die van hen waren geweest. Hij dacht dat hij eraan gewend was geraakt, maar vannacht was er zoveel activiteit, waren er zoveel stemmen die doordrongen tot de personeelsverdieping.

'Herman, Stephan, vlug, op het dak!' fluisterde zijn moeder geschrokken, precies op het moment dat Stephan hoorde dat de laarzen nu ook via de personeelstrap naar de zolderverdieping kwamen.

Hij opende het raam, klauterde op de rand en hees zich op het dak, steun zoekend met zijn voeten op de kariatide naast het raam. Toen boog hij zich naar voren om zijn vader zijn hand toe te steken. Zijn vader wankelde en dreigde zijn evenwicht te verliezen.

‘Papa!’ zei hij geschrokken, en hij duwde zijn vader terug naar de kleine zitkamer, zodat hij niet zou vallen. ‘Papa, hier, pak mijn hand,’ zei hij rustiger. In stilte drong hij erop aan dat zijn vader een nieuwe poging zou doen om door het raam te klimmen.

‘Ga!’ zei zijn vader. ‘Ga, zoon!’

‘Maar, Papa –’

‘Ga, zoon!’

‘Maar waarnaartoe?’

‘Als we dat niet weten, kunnen we het ook niet verraden. Schiet op! Kom niet terug voordat je zeker weet dat de kust veilig is, dat moet je me beloven. Breng je moeder niet in gevaar.’

‘Ik... Verstop je, Papa!’

‘Ga!’

‘Speel het ‘Ave Maria’ voor me wanneer ik veilig terug kan komen. Het staat op de Victrola.’

‘Misschien zal het nooit meer veilig zijn,’ zei zijn vader. Hij trok het raam dicht, maar liet het per ongeluk op een piepklein kiertje staan.

‘Herman!’ drong Mutti aan.

Stephan, die met zijn hoofd omlaag over de dakrand hing, zag door het raam dat zijn vader in de kledingkast klom. Walter deed de deur van de kast achter hun vader dicht – Walter, die veel te jong was om te snappen wat er gebeurde, en die het toch, ondanks al hun pogingen om hem te beschermen, al begreep.

Na een tel opende zijn vader de kledingkast en trok Walter naar binnen.

Terwijl Mutti in haar rolstoel naar de kledingkast reed – godzijdank zat ze nog in de stoel – en de deur dichtdeed, stak Stephan zijn hand omlaag en duwde het raam een stukje verder open. Als de nazi’s hem volgden naar het dak, kon hij misschien nog wegkomen. Als ze de kledingkast open zouden doen, was zijn vader verdoemd.

Verdoemd. Stephan voelde aan zijn onderlip, aan het litteken. Ja, hij wist waar deze mannen toe in staat waren.

Liggend op het dak luisterde hij naar het bonzen op de deur, het binnendringen van het appartement, de barse vraag: 'Waar is uw man?' Hij dacht niet dat de nazi's zo'n jonge jongen als Walter mee zouden nemen; hij zou hun alleen maar tot last zijn. Maar de nazi's gingen keer op keer verder dan waar hij ze toe in staat achtte. Toch kon hij Mutti niet helpen als hij ook werd opgepakt, en zonder hulp zou Mutti het niet overleven.

Stilletjes rende hij over het dak naar de boom bij zijn oude slaapkamerraam en keek omlaag door de takken. Op de stoep onder hem patrouilleerde een soldaat met een lelijk monster van een hond. Het was echter niet de schuld van de hond. De hond probeerde slechts zijn eigenaar te behagen. Dat deden honden nu eenmaal.

EEN AVONDJE UIT

Truus zat met Klara van Lange achter de ontvangsttafel in het huis van de Groenvelds in de Jan Luijkenstraat, waar ze een inzamelingsavond hielden voor het Kindvluchtelingen Comité – het soort bijeenkomst dat de laatste tijd geregeld werd gehouden, hoewel minder vaak nu het weer was omgeslagen en een tuinfeest niet langer mogelijk was. De collectebussen stonden achter hen in de hal, waar ook een berg kleren lag. Het laatste stel had zich zojuist aangemeld. Zo te zien verliepen de voorbereidingen voor het diner probleemloos, zodat mevrouw Groenveld haar handen vrij had om bij de ontvangstafel te staan en haar gasten te begroeten. Truus keek toe terwijl de jongste zoon van de Groenvelds door zijn vader terug werd gebracht naar bed, in dit huis waar ze de kinderen uit Duitsland zo vaak naartoe had gebracht. Ergens in een la of een kastje lag de kam die ze hadden gebruikt om de luizen uit het haar van de kleine Benjamin te verwijderen (hoe had hij ook weer van zijn achternaam geheten?), voordat ze uiteindelijk hadden besloten om het hoofd van de jongen gewoon kaal te scheren. Er had niets anders op gezeten.

Dokter Groenveld kwam bij hen staan, bij zijn vrouw en Truus en Klara, aan wie je nu goed kon zien dat ze zwanger was. De beste dokter begon hun te vertellen over een jongen die Willy Alberti heette en die de Groenvelds ergens hadden horen zingen.

Even later voegde Joop zich bij hen, en hij viel midden in een verhaal van dokter Groenveld over de prestaties van zijn oudste zoon bij het fierljeppen – alsof het vermogen om met een lange stok over een sloot te springen iets was waar je als jongeman serieus op moest oefenen. Iedereen moest echter lachen om de anekdote die mevrouw Groenveld vertelde over een deelnemer die een poosje geleden bij een wedstrijd in het water was gevallen. Kennelijk was dat vooral waar de toeschouwers voor kwamen kijken.

Joop, die naast Truus stond, lachte tot de tranen hem in de ogen sprongen, en Truus lachte met hem mee. Het was goed voor de ziel om samen met vrienden te lachen.

Toen het verhaal was afgelopen zei Joop, die erom bekendstond dat hij graag, hoewel weinig elegant, een dansje waagde: 'Mijn bruid, zou je misschien met me willen dansen? Ik beloof je dat ik niet meteen in het water zal vallen, en ik bied je tenen al van tevoren mijn excuses aan.'

Er werd net een wals gespeeld, en Truus was gek op walsen.

'Toe maar, Truus,' zei Klara. 'Je bent de hele avond al aan het werk, terwijl alle anderen zich vermaken.'

PAPA

Stephan lag plat op het dak, wachtend en luisterend, te geschokt om het koud te hebben. In de hele stad reikten vlammen naar de hemel, overal stonden gebouwen in brand, en toch klonken er geen sirenes van brandweerwagens. Hoe was dat mogelijk? Een paar blokken verderop, in de richting van de oude Joodse wijk, laaiden nieuwe vlammen op, vergezeld van een gejuich dat zo luid was dat Stephan het zelfs van ver kon horen.

Op de straat onder hem stond een truck te wachten, met een open laadbak die was volgeladen met zwijgende mannen en tienerjongens. Rolf, die nu tot taak had om bezoekers van de nazipartij binnen te laten en bij slecht weer een paraplu boven hun hoofd te houden, boog naar de nazischurk die uit de truck klom. Er leek een eeuwigheid te verstrijken voordat hij de deur van de villa opende en er drie soldaten naar buiten kwamen. Papa was er niet bij.

De nazi's voegden zich bij de bestuurder van de truck, staken sigaretten op en begonnen samen te praten en te lachen.

Rolf deed opnieuw de deur open.

Nu kwam Papa tevoorschijn, gevolgd door een nazi die een Luger op zijn hoofd gericht hield.

Een soldaat met een hond opende de klep van de laadbak, en twee van de mannen die er al in zaten, staken Papa een hand toe.

Papa keerde zich naar de soldaten. 'Maar jullie begrijpen het niet,' zei hij. 'Mijn vrouw, ze is ziek. Ze is stervende. Ze kan niet –'

Een soldaat hief zijn wapenstok en sloeg er hard mee op Papa's schouder. Papa viel op de stoep, en de hond blafte fel naar hem terwijl de soldaat hem met de wapenstok tegen zijn been sloeg, en zijn arm, en zijn buik.

'Sta op,' eiste de soldaat, 'tenzij je wilt zien wat sterven werkelijk is.'

De hele wereld leek in stilte te worden gehuld. De soldaten, de mannen in de truck en zelfs de hond zwegen afwachtend terwijl Papa roerloos op de grond lag.

Doe wat ze zeggen, Papa, dacht Stephan zo ingespannen mogelijk, alsof hij zijn vader puur door wilskracht in beweging kon brengen. Je mag niet opgeven, zoals ik in het park deed. Pas toen hij het dacht, realiseerde hij zich dat het waar was. Dat hij zich schaamde voor zijn eigen bereidheid om het op te geven. Zou hij überhaupt nog leven als dat oude stel hem niet had geholpen?

Papa rolde zich op zijn zij, schreeuwend van de pijn. De hond, die weer begon te blaffen, viel naar hem uit en werd enkel tegengehouden door de beperkte lengte van zijn riem.

Papa wist zich op zijn knieën te hijsen en kroop langzaam naar de laadbak van de truck. Toen hij dichtbij genoeg was, staken twee van de mannen hun handen omlaag en grepen ieder een van Papa's schouders vast. Ze sjorden hem overeind en hielpen hem om te blijven staan. Een derde man sloeg zijn armen om Papa's middel en tilde hem de laadbak in, waar de anderen ruimte voor hem maakten. Papa lag op zijn rug, zonder zich te verroeren.

Stephan vocht tegen de drang om naar de rand van het dak te kruipen, zodat zijn vader hem zou kunnen zien, en tegen hem te roepen dat hij zich niet moest verzetten, dat hij alleen moest zorgen dat hij het overleefde.

De soldaten ramden de klep weer dicht en Stephan verloor het zicht op zijn vader, opgesloten tussen de andere mannen en de jongens. De bestuurder klom weer in de truck en de motor sprong sputterend aan.

Stephan keek zwijgend toe terwijl de truck over de lange Ringstrasse wegreed richting het kanaal en de rivier. Het voertuig verdween af en toe uit het zicht achter trams en vrachtwagens, tot het uiteindelijk helemaal niet meer te zien was. Stephan staarde naar de leegte die de truck had achtergelaten, de chaos, de brandende gebouwen en de juichende menigten, gehuld in het onvoorstelbare zwijgen van de brandweerwagens.

WACHTEN

Stephan kroop over het dak terug naar het raam van de personeelszitkamer. Hij hield zijn hoofd omlaag en probeerde geen enkel geluid te maken, geen dakpan los te stoten. Zijn oren hield hij gespitst om in de herrie van de nacht op te kunnen vangen wat er binnen gebeurde.

'Pieter en ik doen het wel,' hoorde hij Walter zeggen.

Hij boog zich over de rand van het dak om door het raam naar binnen te kunnen turen. Mutti reed haar rolstoel naar de Victrola, en arme Walter hield het pootje van Pieter in zijn ene hand terwijl hij met de andere hand de tafel overeind probeerde te duwen waarop de Victrola had gestaan. Stephan wilde net het raam verder openen, toen de deur naar de gang opnieuw openging. Walter drukte zijn konijn tegen zich aan om het beest te beschermen, en Stephan trok zich vlug terug.

'Wall-man,' zei een stem. 'Frau Neumann.'

Wall-man? Stephan luisterde aandachtiger.

Iemand begon de schaakstukken terug te zetten in hun uitgangspositie, alsof hij op het punt stond een partij te gaan spelen.

'We weten niet waar hij is,' zei Mutti.

'En jij, Walter?' vroeg dezelfde stem – Dieters stem. 'Weet jij waar Stephan is?'

'Hij weet het ook niet,' hield Mutti vol.

'Ik kan hem helpen,' zei Dieter. 'Hij is mijn vriend. Ik wil helpen.'

Stephan wilde hem geloven. Hij wilde dat iemand hem zou helpen, hij wilde niet in zijn eentje buiten zijn in deze beangstigende nacht. Hij hoorde geen andere stemmen dan die van Dieter en Mutti. Misschien was Dieter alleen maar teruggekomen om te helpen. Maar vermengd met de goede herinneringen – de fietstochten met Dieter, de gezamenlijke repetities voor toneelstukken, de zoektochten naar Stefan Zweig in cafés – was het gezicht van Dieter dat hem samen met de andere bezoekers van het Prater bespotte terwijl de nazi's hem schopten en eisten dat hij verder zou marcheren.

Dieter wist heel goed dat Stephan uit het raam kon klimmen en via de boom het huis kon ontvluchten. Stephan aarzelde, heen en weer geslingerd tussen de mogelijkheid dat Dieter naar buiten zou klimmen en hem zou ontdekken – en hem zou helpen? Of hem in een truck zou laden? – en de angst om Mutti en Walter aan hun lot over te laten, aan datgene wat Dieter hun misschien aan zou doen.

'Zelfs Pieter weet niet waar Stephan is,' zei Walter.

Stephan wreef over zijn gezicht en keek naar de horizon, naar de brandende stad. Hij was geen partij voor Dieters kracht, en als hij werd gevonden, zou de leugen van Mutti en Walter onherroepelijk aan het licht komen.

In gedachten stippelde hij de snelste route naar het ondergrondse netwerk uit. Hij kon nergens anders naartoe. Als hij onopgemerkt langs de boom omlaag kon klimmen, dan kon hij onder de grond verdwijnen via de kiosk die zo'n vijfentwintig stappen verderop in de Ringstrasse stond – vijfentwintig gevaarlijke stappen, gezien de opstandige meute op straat. Of hij kon via de straat aan de achterkant naar het deksel van het mangat glippen dat tussen hun huis en de Michaelerplatz lag. Dat was een lange route, maar het was misschien makkelijker om die onopgemerkt af te leggen. Of hij kon Dieter gewoon vertrouwen. Had hij eigenlijk een andere keus?

HET NIEUWS

'Truus?'

Geschrokken keek Truus op van de radio op de smalle tafel. Joop stond in zijn pyjama voor haar, verlicht door de maan die door het raam naar binnen scheen.

'Ik wilde je niet wakker maken,' zei ze. Ze had het licht uit gelaten en de radio zo zacht gezet dat ze hem zelf nauwelijks kon horen, zelfs met haar oor er vlakbij.

'Kom terug naar bed, Truus. Je hebt je rust nodig.'

Truus knikte, maar ze stond niet op. Het was absurd. Ze hadden zo'n fijne avond gehad bij de Groenvelds dat ze bij thuiskomst de radio aan hadden gezet om samen op blote voeten in het appartement te dansen, zoals ze soms deden voordat ze de liefde bedreven. Er was echter geen muziek geweest. Alleen het vreselijke nieuws uit Duitsland, het nieuws dat het hele Reich in brand stond vanwege de dood van een laaggeplaatste diplomaat die in Parijs was neergeschoten. De dader was een arme Poolse jongen die overstuur was omdat zijn ouders bij de grens waren opgepakt, tussen Duitsland dat ze naar huis wilde sturen en Polen dat ze weigerde op te nemen.

'De politie is al vanaf acht uur vanavond voltallig op de been in Berlijn, samen met honderden bruinhemden,' zei Joop. 'De chaos zal toch inmiddels wel voorbij zijn.'

'Ze zeggen dat er zelfs vrouwen in elkaar worden geslagen,' zei ze. 'Ze zeggen dat de bendes dronken zijn van vernielzucht, dat ze de hele avond en de hele nacht op straat op Joden hebben gejaagd. Kun je het je voorstellen? Terwijl wij aan het diner zaten te lachen. Terwijl wij walsten, zonder ook maar enig idee te hebben.'

Joop schudde zijn hoofd. 'Als het Duitse volk niet in opstand komt, dan is het gedaan met de Joden.'

‘Goebbels heeft het volk gisteravond een tweede keer toegesproken, maar zijn woorden halen niets uit.’

‘Hij is een baas die naar zijn hond fluit,’ zei Joop. ‘Dat zei ik gisteravond toch al, toen we voor het eerst hoorden wat hij op die bijeenkomst in München zei? Hij maakte de dood van Vom Rath bekend en gaf in één adem de schuld aan een Joodse samenzwering, en hij zei dat de partij geen demonstraties zou organiseren, maar ze ook niet zou verhinderen.’

‘Maar ik begrijp het niet,’ zei ze. ‘Hoe kan die ene moord in Parijs tot opstanden door het hele Reich hebben geleid?’

‘Dat bedoel ik, Truus. De moord is niet de oorzaak van de rellen. Het is slechts een excuus. Toen Goebbels zei dat ze demonstraties niet zouden verhinderen, nodigde hij de mensen úít tot geweld. Dat is precies waar de nazi’s zo goed in zijn. Ze creëren een crisis – zoals ze deden met de brand in de Reichstag in ’33 – en die gebruiken ze vervolgens om hun militaire greep te versterken. Ze willen dat iedere Duitser ziet hoeveel verwoesting ze kunnen veroorzaken door één keer met hun vingers te knippen. Ze willen dat iedere Duitser ziet hoeveel geweld ze los kunnen laten op iedereen die de minste overtreding begaat, of daar zelfs maar de schijn van wekt. Hoe kun je burgers die tegen het regime zijn nu beter het zwijgen opleggen dan met het vooruitzicht dat hun verzet henzelf en hun families in gevaar zal brengen?’

‘Maar het zijn niet langer alleen de nazi’s. Ze zeggen dat gewone Duitse burgers in meuten de straten op zijn gegaan om zich aan de ravage te vergapen en te juichen. Als vakantiegangers op een kermis, Joop. Waar zijn de fatsoenlijke Duitsers? Waarom komen zij hier niet tegen in opstand? Waar zijn de wereldleiders?’

‘Je stelt meer vertrouwen in politici dan ze verdienen,’ zei Joop hoofdschuddend. ‘Ze deinzen terug wanneer hun macht ook maar een beetje bedreigd wordt – hoewel Hitler uiteraard nog de enige is die werkelijk macht heeft in Duitsland.’ Hij kuste haar op het hoofd. ‘Truus, je moet echt terugkomen naar bed.’

Ze keek hem na terwijl hij in de gang verdween, terug naar hun comfortabele bed in hun comfortabele huis, in hun land waar geen terreur heerste. Hij had gelijk. Vannacht konden ze niets doen. Ze zou ook terug moeten gaan naar bed en wat moeten slapen. Maar hoe kon ze nu slapen?

Joop kwam weer terug. Hij was bezig zijn ochtendjas aan te trekken en hij had de hare ook bij zich. 'Vooruit, zet de radio maar harder,' zei hij. 'Zal ik het licht aandoen?'

Terwijl hij haar in haar ochtendjas hielp, huiverde ze bij de gedachte dat ze hem kwijt had kunnen raken, dat de nazi's geen echt excuus nodig hadden om iedereen die ze maar wilden vast te houden.

Joop draaide het volume van de radio omhoog, schoof zijn stoel naast de hare en pakte haar hand. Ze luisterden samen in het maanlicht naar het nieuws.

'Joop,' zei ze, 'ik heb bedacht dat ik de auto van mevrouw Kramarsky zou kunnen lenen wanneer het dag is, alleen om naar de grens te rijden.'

'Het is nu te gevaarlijk, Truus.'

'Je hebt die kinderen gezien.'

'Je zou je leven op het spel zetten. Werkelijk, Geertruida, de dokter zei –'

'Vraag je me nou om te blijven zitten, Joop? Net nu het zo belangrijk is om op te staan?'

Joop zuchtte. Hij liep naar de keuken en zette koffie: de klik van het deurtje van het keukenkastje dat werd geopend, water uit de kraan, koffiebonen die tegen metaal tikten terwijl de stem op de radio verderging. Hij kwam terug met twee dampende mokken en vroeg: 'Ga je alleen de kinderen ophalen die Duitsland al zijn ontvlucht, zoals je meestal doet?'

Truus nam een mok van hem aan en aarzelde toen hij weer naast haar kwam zitten. Ze nam een slok van de sterke, hete koffie.

'Ouders sturen hun kinderen per trein naar Emmerik,' zei ze. 'Er ligt daar een boerderij aan de grens… Het is te gevaarlijk voor de boer en zijn vrouw om de kinderen zelf op te vangen, maar…'

'Ze bellen jou?'

Truus knikte. 'Het comité, ja.'

'Jij bent degene die de grens oversteekt om ze te halen? Je gaat Duitsland binnen om kinderen te halen die geen papieren hebben?'

Truus knikte.

'O, Truus.'

Zonder erbij na te denken bracht Truus de ring met de robijn naar haar lippen. Toen keek ze naar haar vingers en besefte een beetje verrast dat de ring die Joop haar bij haar eerste zwangerschap had gegeven, nog steeds ontbrak, omdat de jonge vluchtelingen die bij zich hadden.

'Ik weet het,' zei ze, 'maar… Joop, ik… ik heb je dit nooit verteld, maar… kleine Adele…'

'Je hebt Adele samen met dertig andere kinderen meegebracht, Truus. Jij en Klara. Jullie hadden papieren voor ze –'

'Ja, maar…' Ze pakte zijn hand en onderdrukte de tranen. 'Ze heeft het niet gehaald.'

'Wat probeer je te zeggen? Ik begrijp het niet.'

Ze keek naar hun verstrengelde handen op de stevige tafel, naar zijn brede handpalm en zijn sterke vingers, donker tegen haar lichtere huid. 'Adele… Ik… Difterie.'

'Nee. Nee, Adele is in Engeland. Helen Bentwich…'

'Ze had een moeder, Joop,' fluisterde ze. De tranen gleden nu over haar wangen, maar ze bleef hem aankijken, en ze zag de pijn die hij voelde om het kind dat nooit van hen was geweest. 'Ik had haar in de armen van haar moeder kunnen achterlaten,' zei ze. 'Ik had haar in de jouwe kunnen leggen.'

HET 'AVE MARIA'

Ruchele hield Walter dicht tegen zich aan toen de nazi-jongen het vertrek begon op te ruimen. Hij zette de tafel overeind, met de Victrola erop. De plaat legde hij weer op de draaischijf.

'Zal ik hem voor u aanzetten, Frau Neumann?' vroeg hij.

'Nee!' riep Ruchele uit.

Bij het zien van de verbaasde uitdrukking van de jongen, zei ze rustiger: 'Alsjeblieft niet. Ik denk niet dat ik nu muziek zou kunnen verdragen.' Dieter, had ze er bijna aan toegevoegd, maar als ze hem zo noemde, zou hij dan beledigd zijn? En als ze hem 'agent' noemde, zou dat dan de ban doorbreken van het schuldgevoel dat haast wel de reden moest zijn dat hij hier bleef om hen te helpen, ook al wekte dat wellicht het wantrouwen van zijn nieuwe vrienden? 'Dank je,' zei ze.

'Dan zal ik nog wat kolen in de kachel doen,' zei hij.

Hij opende de kolenkist. Er lagen nog maar een paar brokken in. Toen hij spijtig naar haar opkeek, zag hij Stephans handschoenen liggen, die van de tafel waren gevallen. Hij raapte ze op en zei: 'Als u me vertelt waar hij naartoe is, kan ik hem opsporen. Ik kan hem laten weten dat het veilig is om terug te keren. Het is zo koud buiten. Heeft hij wel een jas bij zich?'

Ze onderdrukte de drang om zijn hulp te accepteren, in het besef dat niemand anders haar die zou aanbieden.

'Zal ik de muziek echt niet aanzetten?' zei hij. 'Misschien kalmeert dat u.'

Ruchele, die zorgvuldig haar blik afgewend hield van het vieze kleine raam, zei: 'Heel erg bedankt, maar nee. Walter kan het wel regelen als we muziek willen luisteren.'

De jongen boog beleefd en liet Ruchele achter met haar jongste zoon in haar armen. Ze spitste haar oren en luisterde aandachtig. Betekende de stilte buiten de deur dat Stephans vriend was teruggekeerd naar zijn kameraden of stond de jongen stiekem in de gang te wachten tot Stephan terug zou keren?

De klok sloeg het kwartier, en toen het halve uur.

'Walter,' zei Ruchele, 'kun je een blik op de gang werpen en kijken of die jongen er nog is?'

'Snotneus Dieter,' zei Walter, niet met zijn eigen stem, maar met de stem die hij voor Pieter Konijn gebruikte. Hij duwde de deur een klein stukje open en tuurde naar buiten. Vervolgens opende hij de deur verder en keek naar beide kanten de gang in.

'Oké dan,' zei Ruchele.

'Ik kan hem aanzetten, Mutti,' zei Walter. 'Ik kan hem aanzetten.'

'De Victrola?'

'Voor Stephan,' zei Walter.

'Voor Stephan,' zei Ruchele.

De jongen liep naar de kleine machine en draaide aan de slinger. Doorgaans genoot hij van dat karweitje, maar nu lag er geen vreugde op zijn gezicht, alleen concentratie. Hij zette de naald voorzichtig op zijn plek, en krakend kwam de muziek tot leven. De plaat was beschadigd, maar de eerste maten van het 'Ave Maria' klonken in de koude kamer.

'Kom op mijn schoot zitten, zodat je me warm kunt houden,' zei Mutti. 'Pieter ook.'

Dat deed hij, en samen bleven ze zitten wachten, waarbij Walter af en toe van Mutti's schoot klom om de naald weer aan het begin te zetten en het 'Ave Maria' opnieuw af te spelen.

BRANDEN BLUSSEN

Stephan zat verscholen in Papa's cacaobonenkelder (nu oom Michaels cacaobonenkelder), met zijn handen in zijn zakken gestoken om zichzelf de illusie van warmte te geven. Hoelang zat hij al onder de grond? Het moest inmiddels wel ochtend zijn, de chaos van de nacht moest voorbij zijn, ook al hoorde hij boven zijn hoofd de arbeiders nog niet arriveren in de chocoladefabriek. Hij pakte de zaklamp die onder aan de trap hing en klom via de ladder omlaag naar de kelder eronder, proberend niet te denken aan de keer dat Žofie hier geweest was. Voorzichtig zocht hij zijn weg door de lagergelegen kelder en de kleine tunnel, en via de wenteltrap weer omhoog. Bovenaan duwde hij een van de metalen driehoeken net ver genoeg omhoog om naar buiten te kunnen turen. Het was nog donker. Er waren nog een heleboel mensen op de been.

Hij glipte de tunnel weer in en haastte zich naar een van de gaten die waren afgedekt met roosters, waardoor hij de straat zou kunnen zien zonder zelf opgemerkt te worden. Zelfs voor hij de metalen treden in de wand van de tunnel beklom, hoorde hij de menigte al.

Toen hij bovenaan was en door het rooster tuurde, als een gevangene door de tralies van zijn cel, leken de relschoppers nog meer buiten zichzelf van woede. Wat heeft de nacht te maken met slaap? Schurken, wilde Stephan ze noemen, maar het waren dezelfde mensen die hij niet zo lang geleden zijn verontschuldigingen zou hebben aangeboden terwijl hij zich over de Ringstrasse haastte.

Deze menigte had zich verzameld bij een van de synagogen, alsof het kerstavond was en iedereen bijeen was gekomen om het aansteken van de lichtjes in de boom op de Rathausplatz te aanschouwen. Er waren hier echter geen kastanjeverkopers of punchkraampjes. Er waren alleen mensen, een hele horde mensen, die juichten bij elke nieuwe vlam die oplaaide, en brandweermannen die roerloos toekeken. Verbijsterd sloeg hij ze gade door het metalen rooster. Waarom bestreden ze de brand niet?

Een meute bruinhemden sleepte een kreupele oude man uit zijn appartement, gevolgd door zijn vrouw, die de mannen smeekte haar echtgenoot met rust te laten. De brandweermannen draaiden zich om en sloegen het tafereel gade, maar ze staken geen vinger uit om het arme stel te helpen. Dat deed niemand.

'Hij is een goede man,' pleitte de vrouw wanhopig. 'Ik zeg jullie, hij is een goede man.'

Een van de bruinhemden hief een bijl. Stephan kon het niet geloven, hoewel hij de man voor zijn ogen met de bijl naar de vrouw zag uithalen. Haar man kreunde toen zijn vrouw op de grond zakte, hevig bloedend uit haar arm.

Een andere nazi zette een pistool tegen de slaap van de man. 'Ga je nu eindelijk je Joodse vrienden aanwijzen?'

De man kon enkel uitbrengen 'Ignaz! Ignaz, nee! Ignaz, nee!' terwijl zijn vrouw voor zijn ogen doodbloedde.

De nazi haalde de trekker over, een schot dat nauwelijks boven het lawaai van de menigte uit klonk, en de man zakte vlak bij het rooster in elkaar. 'Ik zou je af moeten maken, maar er zijn te veel Joden in Wenen om twee kogels aan een van jullie te verspillen,' zei de nazi terwijl hij de man een schop gaf.

Er puilde iets uit het oor van de man, en Stephan voelde de drang om over te geven. Hij durfde zich echter niet te verroeren, uit angst dat hij ontdekt zou worden.

Een andere bruinhemd zei 'Pas maar op, anders heb je zo nog Jodenhersens op je laarzen', en de hele groep barstte in lachen uit.

De brandweermannen keerden zich weer naar de brand toe, en eentje zei: 'We moeten iets doen, voordat de vlammen zich naar de andere gebouwen verspreiden.'

'De meute vermoordt ons als we ons ermee bemoeien,' zei zijn metgezel.

De menigte juichte toen ze iets hoorden instorten; een dakspant, dacht Stephan, hoewel hij niet kon zien wat er precies gebeurde. Het enige wat hij door het rooster zag, waren vonken en vlammen die opstegen naar de donkere, van rook vergeven lucht. Er ontsprong een vonk op het dak van het gebouw naast de synagoge. Pas toen kwamen de brandweermannen in actie, maar alleen om te voorkomen dat het vuur zich zou verspreiden terwijl de synagoge tot de grond toe afbrandde.

Eenmaal terug in de tunnels onder zijn eigen wijk tuurde Stephan vanaf de kiosk op de Ringstrasse omhoog naar de ramen van de personeelsverdieping, in de hoop het 'Ave Maria' op te vangen. Hij ontdekte echter alleen Rolf, die nu als bewaker voor de nazi's bij de deur stond.

Hij keerde via de tunnels terug naar de cacaokelder. Hij was zo moe, zo verkild. Hij sloop door de schaduwen en de stilte omhoog naar het kantoor van zijn vader. Daar ging hij op de bank liggen, zoals hij zo vaak had gedaan wanneer hij uit school kwam toen Mutti net ziek was. Hij was dan op de bank in slaap gevallen, met op de achtergrond het geruststellende geluid van Papa die aan zijn bureau zat te werken. Uren later werd hij dan wakker onder de zachte deken die Papa over hem heen had gelegd, en dan glimlachte Papa naar hem vanaf zijn bureau en zei: 'Zelfs een ziel die diep in slaap is, is hard aan het werk en helpt om de wereld te verbeteren.'

Hij vroeg zich af waar Papa nu was, waar de truck hem naartoe had gebracht.

Hij zou hier op oom Michael wachten. Oom Michael zou hem helpen te bedenken wat hij moest doen.

GEEN ONTSNAPPING

Stephan ontwaakte in het donker door de stem van een vrouw op de gang, een stem die hem bekend voorkwam. Stilletjes liet hij zich van de bank rollen en kroop eronder, vlak voordat de deur van het kantoor openging.

De vrouw giechelde. 'Echt, Michael, dat kan ik niet doen.'

Was het tante Lisl?

'Waarom niet?' vroeg oom Michael, op de plagende toon die hij ook gebruikte wanneer hij vroeg of Stephan Žofie-Helene al gekust had.

Stephan luisterde met ingehouden adem terwijl zijn oom de vrouw optilde en haar op de bank legde, die een stukje inzakte boven zijn hoofd. De voeten van zijn oom schopten zijn schoenen uit op centimeters afstand van Stephans gezicht.

'Michael,' zei de vrouw, en nu herkende Stephan de stem van Anita, zijn vaders secretaresse, over wie Stephan weleens had gefantaseerd terwijl hij zichzelf bevredigde.

'Deed je dit niet met Herman?' vroeg zijn oom. 'Nadat Ruchele ziek was geworden?'

'Michael,' zei de vrouw opnieuw, en deze keer klonk er een vermaning in haar stem door.

Haar ademhaling werd zwaarder toen de broek van oom Michael op zijn voeten viel en de gesp van zijn riem zo dicht bij Stephan tegen het hout sloeg dat Stephan bijna naar adem hapte. Het was echter Anita die naar adem hapte toen de schaduw van oom Michael uit zijn broek stapte en de bank boven Stephan nog verder inzakte onder het extra gewicht van zijn oom.

De zucht van de vrouw ging over in een kreun, zoals zo vaak in Stephans donkere slaapkamer was gebeurd, in zijn verbeelding. De bank boven zijn hoofd begon ritmisch te bewegen, eerst langzaam, toen steeds sneller, tot zijn oom kreunend 'Lisl' uitbracht, hoewel tante Lisl in Sjanghai was. Stephan kon niets anders doen dan blijven liggen, doodstil, terwijl hij probeerde niet aan zijn eigen beschamende fantasieën te denken, en aan zijn vader met Anita op deze bank, waar hij zelf zo vaak ontsnapping had gevonden.

VERLATEN

Walter schrok wakker in de stilte en het licht van de dageraad. Hij liet zich van Mutti's schoot glijden, slingerde de Victrola aan om de plaat opnieuw af te spelen en raapte Pieter Konijn van de vloer.

SLECHTS EEN NAAM

Stephan bekeek zijn huis vanuit de schaduwen vlak bij de kiosk, waar nu exemplaren van *Der Stürmer* werden verkocht, met op de voorkant een cartoon van een man met een zwarte baard die de staart van een koe op een sokkel van de bank legde, met daaromheen zakken vol geld. Op de chaotische nacht was een gure, sombere ochtend gevolgd. De relschoppers lagen ongetwijfeld hun schuimbekkende woede van zich af te slapen. Toch wachtte hij voorzichtig, zich afvragend waar Herr Kline was, of de nieuwsverkoper misschien bij Papa was, tot hij Walter uit de voordeur tevoorschijn zag komen.

Hij volgde zijn broertje op een half blok afstand, in de schaduw van de gebouwen en met zijn pet omlaaggetrokken om zo min mogelijk op te vallen. Het bood hem troost om Walter naar school te zien lopen. Bij de brede stenen trap werd Walter genegeerd door de andere jongens, maar in elk geval lieten ze hem niet voor de lol struikelen, in elk geval sloten ze hem niet in, 'Jood, Jood, Jood' zingend. Stephan keek en luisterde, in het besef dat hij niets kon doen om Walter te helpen, dat hij eigenlijk weg zou moeten gaan, omdat hij zich anders misschien zou laten verleiden om zijn broertje te verdedigen. Dat zou hun geen van beiden goeddoen.

Een Gestapo-agent die bovenaan de trap van de school stond, hield Walter bij de deur tegen.

'Maar dit is mijn school,' protesteerde Walter.

'Geen Joden.'

Walter, die er duidelijk niets van begreep, bestudeerde de man openlijk. 'Wij vieren net als jullie Kerstmis,' vertelde hij de man, woorden die hun moeder gebruikt zou kunnen hebben.

'Vertel me hoe je heet, jongen,' beval de nazi.

'Walter Neumann,' zei Walter beleefd. 'En hoe heet u, meneer?'

‘Neumann, die Joodse chocoladefabrikant,’ zei de nazi vol afkeer.

Walter deed een stap naar achteren, en toen nog een, alsof hij terugdeinsde voor een hondsdol dier. Met verbazingwekkende waardigheid draaide hij zich om en liep rustig de trap af. Stephan, die zich schaamde voor zijn eigen lafheid, glipte weer in de schaduw van een gebouw tot zijn broertje de hoek bereikte.

‘Wall-man,’ fluisterde hij.

Walters gezicht lichtte op als de kroonluchter in de hal van het stadspaleis dat hun thuis was geweest, dat opnieuw hun thuis zou zijn, hield Stephan zichzelf voor. Hij sloeg zijn armen om Walter heen, trok hem uit het zicht van de akelige nazi en zei: ‘Het komt wel goed. Het komt wel goed.’ Zijn broertje had nog nooit zo lekker geroken.

‘We hebben de plaat gedraaid, maar je kwam niet thuis,’ zei Walter. ‘Dieter heeft de Victrola weer teruggezet, en toen hij weg was, hebben we de muziek gespeeld.’

‘Heeft Dieter dat gedaan?’

‘Hij zei dat we het tegen niemand mochten zeggen,’ zei Walter. ‘Stephan, die man zei dat ik niet naar school mag. Mutti zou willen dat ik naar school ging.’

Hij trok zijn broertje weer naar zich toe, die jongen die twee dagen geleden zo jong was geweest. ‘Dat denk ik ook, Wall. Je bent zo’n goede jongen.’

‘Denk je dat Mutti wakker zal worden als we haar iets te eten brengen?’

‘Hoelang slaapt ze al?’ vroeg Stephan, proberend de ongerustheid uit zijn stem te weren. Wat als het geen slaap was?

‘Ze kon zelf niet in bed komen, en ik ben niet groot genoeg om haar te helpen. Ik heb Rolf gevraagd om haar op te tillen. Hij werd er chagrijnig van.’

‘Maak je maar niet druk om Rolf, Wall. Die is altijd chagrijnig.’

‘Hij is nu nog chagrijniger.’

‘Dat zijn we allemaal. Luister, Walter, ik wil dat je teruggaat naar huis, naar Mutti. Zeg niet tegen Rolf of wie dan ook dat je mij hebt gezien. Fluister tegen Mutti dat ik in orde ben, dat ik overdag niet terug kan komen, maar vanavond wel, dat ik via de boom en door het raam naar binnen zal klimmen. Zeg haar dat ik een visum ga regelen voor Papa. Voor ons allemaal.'

'Weet je waar Papa is?'

'Dat probeer ik uit te zoeken.'

'Wat is een visum?' vroeg zijn broertje.

'Vertel het maar gewoon aan Mutti,' zei hij.

'Ik wil dat jij het haar vertelt.'

'Ssst!' zei Stephan, nerveus om zich heen kijkend.

'Ik wil met jou mee,' zei zijn broertje wat zachter.

'Oké,' zei Stephan. 'Dat is goed. Ik kan je hulp vandaag sowieso goed gebruiken. Maar ik wil dat je eerst Mutti gaat vertellen dat ik in orde ben. Verklap aan niemand anders dat je me hebt gezien, maar zeg het tegen Mutti. Als iemand anders vragen stelt, zeg dan dat je iets bent vergeten wat je voor school nodig hebt.'

'Mijn nieuwe potlood?' zei Walter. 'Dat heb ik voor jou bewaard, Stephan, voor het geval je het nodig zou hebben om een toneelstuk te schrijven.'

'Je nieuwe potlood,' stemde Stephan in. Hij trok zijn grootmoedige broertje tegen zich aan, denkend aan alle potloden die hij op alle tafeltjes had laten liggen in cafés waar hij zonder erbij na te denken koffie en gebak had besteld.

Hij keek heimelijk toe terwijl Walter langs Rolf heen liep en het paleis binnenging. Hij bleef kijken, alsof hij iets zou kunnen doen als zijn broertje werd ondervraagd. Zijn adem hield hij in, uit angst dat Walter niet terug zou keren, dat de nazi's naar buiten zouden komen om hem te arresteren, dat Walter terug zou komen en hem zou vertellen dat hij Mutti niet wakker kon krijgen.

Toen Walter tevoorschijn kwam, zo op het oog gewoon een jongetje dat met zijn nieuwe potlood terugging naar school, trok Stephan zijn broertje tegen zich aan.

‘Ik heb het tegen Mutti gefluisterd,’ zei Walter, ‘en ze werd wakker en glimlachte.’

Toen ze bij het Amerikaanse consulaat kwamen, bleek de rij ontstellend lang. Stephan kon het echter niet riskeren om Walter naar huis te brengen en weer terug te keren. Het was al een enorm risico om in de rij te gaan staan, maar er was geen alternatief.

‘Oké, Wall-man,’ zei hij. ‘Kom maar op met een woordquiz.’

‘Pieter Konijn is beter in Engels dan ik,’ zei Walter.

‘Maar jij bent er ook heel goed in, Wall,’ verzekerde Stephan hem. ‘Toe maar.’

Het was donker buiten de ramen van het consulaat toen Stephan, met de slapende Walter over zijn schouder, aan de andere kant van een bureau ging zitten, tegenover een Amerikaan met het hoofd van een pompoen en een metalen brilletje. Mutti zou zich onderhand zorgen maken, maar ze hadden geen keus; ze konden al die tijd dat ze in de rij hadden gestaan niet verloren laten gaan, alleen maar omdat de schooldag was afgelopen of omdat het laat was of etenstijd.

‘Ik zou graag een visum aanvragen voor mijn vader,’ zei hij.

De medewerker van het consulaat keek hem fronsend aan. ‘Niet voor jezelf en je –’

‘Mijn vader heeft al een aanvraag ingediend voor ons.’

Geduld, hield hij zichzelf voor. Geduld. Het was niet zijn bedoeling geweest om zo abrupt te spreken.

‘Sorry,’ zei hij. ‘Sorry.’

‘En je moeder?’ vroeg de man.

‘Nee, ik... Ze is ziek.’

‘De procedure kost tijd. Misschien is ze wel beter tegen de tijd dat –’

‘Ze wordt niet meer beter. Daarom zijn we niet eerder weggegaan, omdat Papa Mutti niet wilde achterlaten. Maar nu heeft hij geen keus meer.’

De man zette zijn bril af en nam Stephan op. 'Wat naar voor je. Ik –'

'Mijn vader heeft direct een visum nodig. Wij kunnen wachten, maar hij is naar een werkkamp gestuurd. Dat denken we tenminste. En als hij een visum heeft, laten ze hem misschien uit Oostenrijk vertrekken.'

'Ik begrijp het. Heb je familie in de Verenigde Staten? Iemand die garant kan staan? Het gaat veel sneller als je familie hebt die garant staat. Anders kan het jaren in beslag nemen.'

'Maar mijn vader kan niet weg als hij geen plek heeft om naartoe te gaan.'

'Het spijt me werkelijk. We doen ons uiterste best, we werken elke avond tot tien uur door. Weet je wat, ik schrijf je gegevens op. Als je iemand kunt vinden om garant te staan, kom dan terug, en dan zet ik het erbij in je dossier. Het kan iedereen zijn.'

'Maar ik ken niemand in Amerika,' zei Stephan.

'Het hoeft geen familie te zijn,' zei de man. 'Mensen... We hebben hier telefoonboeken uit New York, Boston, Chicago... uit heel Amerika. Je kunt ze gebruiken wanneer je maar wilt. Je kunt hier adressen noteren van mensen die dezelfde naam hebben als jij en hun schrijven.'

'Onbekenden schrijven?'

'Dat is wat mensen nu doen.'

ONAFHANKELIJK WENEN

NAZIGEWELD TEGEN JODEN

Synagogen afgebrand, Joodse zaken vernield, duizenden gearresteerd

DOOR KÄTHE PERGER

WENEN, 11 NOVEMBER 1938 – In Duitsland, Oostenrijk en Tsjechoslowakije zijn de afgelopen vierentwintig uur ongeveer dertigduizend mannen gearresteerd, enkel vanwege hun Joodse afkomst. Velen van hen zijn in elkaar geslagen, en volgens getuigenissen zijn er een aantal doden gevallen. Naar verluidt zijn de mannen naar werkkampen gebracht, hoewel hier nog geen details over bekend zijn. Er zijn ook vrouwen gearresteerd, hoewel in minder grote aantallen, en het lijkt erop dat de vrouwen die hier in Wenen zijn opgepakt, allemaal ergens in de stad worden vastgehouden.

Meer dan tweehonderdvijftig synagogen door het hele Reich zijn afgebrand. Bij alle Joodse bedrijven en winkels zijn de ramen dichtgetimmerd, voor zover er althans nog iets over is om dicht te timmeren…

DE TWEELING

Truus klopte voor de tweede keer op de deur in het Alstergedeelte van Hamburg. Ze had de nachttrein genomen in reactie op een wanhopige brief die het comité had ontvangen. Een Nederlands-Joods gezin had namens familieleden geschreven dat in dit prachtige huis in deze prachtige buurt twee kleine kindjes werden bedreigd door de Gestapo. Hoe het meneer Tenkink was gelukt om ondanks de ban Nederlandse inreispapieren voor deze tweeling te bemachtigen, wist ze niet. Ze nam aan dat de familie van de kinderen goede connecties had, hoewel niet zulke goede connecties dat ze ook de hand hadden weten te leggen op Duitse uitreisdocumenten. Het was aan Truus om ze Duitsland uit te krijgen.

Ze tikte voor een derde keer met de koperen deurklopper tegen het hout. Een kindermeisje met een slaperig gezicht deed open. Truus stelde zich voor en vertelde waarom ze was gekomen.

'Voor de kindjes?' vroeg het kindermeisje.

Was ze op het verkeerde adres?

'Mevrouw ontvangt niemand voor tien uur 's ochtends, en de kindjes zijn te klein om zelf bezoek te ontvangen,' zei de vrouw.

Truus zette de hak van haar laars op de drempel voordat de vrouw de deur dicht kon doen. 'Ik ben op verzoek van familie van je bazin uit Amsterdam gekomen, om de kindjes te redden.'

'Om ze te redden?'

'Je kunt het beste mevrouw gaan halen.'

Truus keek het kindermeisje strak aan tot de vrouw de deur opendeed.

'Ik was erg bang toen ik contact opnam met mijn tante,' vertelde de moeder van de tweeling toen Truus en zij eindelijk samen in de bibliotheek zaten. 'Als ik heb overdreven, was dat uit echte angst.'

Truus liet een ongemakkelijke stilte vallen. Toen stond ze op, liep naar de boekenkast en pakte twee boeken die ze had gezien terwijl ze op de vrouw zat te wachten: verhalen van Stefan Zweig en Ernest Hemingway. Ze legde ze resoluut voor de vrouw neer. 'Als u zo vreselijk bang bent,' zei ze, 'zou u om te beginnen de voorzorgsmaatregel kunnen treffen om alles te verstoppen wat de woede van de Gestapo zou kunnen wekken.'

'Och, het zijn maar boeken,' zei de vrouw.

Truus streek de rok van haar donkerblauwe mantelpakje met krijtstreep glad, en daarmee ook haar woede. 'Dus de kinderen zijn niet mishandeld door de Gestapo?'

'Dat klopt,' zei de moeder zonder een spoortje wroeging.

'U zou zich af kunnen vragen of ze veilig zijn bij een moeder die in een moment van angst een gruwelverhaal over haar kinderen verzint, terwijl andere kinderen die gruwelen werkelijk ondergaan. Een moeder die daarmee misbruik maakt van middelen waarmee andere kinderen het leven kan worden gered.'

'U hebt zelf vast geen kinderen, anders zou u het wel begrijpen! We zijn hier geen van allen veilig,' jammerde de vrouw. Haar zelfbeheersing maakte plaats voor de smekende uitdrukking die Truus ook had gezien op het gezicht van Adeles moeder op het station, de uitdrukking die ze voelde in haar eigen schuldige hart.

Ze wendde zich af en keek naar de lege plek op de boekenplank. 'U ziet toch wel in welke positie u mij hebt geplaatst,' zei ze zacht. 'Ik ben met de nachttrein hiernaartoe gekomen om twee mishandelde kinderen uit een noodsituatie te redden. Als ik terugkeer naar Den Haag met twee kerngezonde, ongedeerde kinderen, raak ik mijn geloofwaardigheid kwijt. En zonder mijn geloofwaardigheid kan ik geen enkel kind meer helpen.'

'Het spijt me,' zei de moeder. 'Het spijt me zo. Ik had niet bedacht –'

'We denken niet altijd goed na, is het wel?' Ze dacht nog steeds aan Adele, aan de kinderen die ze zelf had verloren, aan wat ze had kunnen doen om de baby's te redden die ze al was kwijtgeraakt voordat ze waren geboren.

'Het spijt me dat ik u niet kan helpen, echt waar,' zei ze. 'Misschien kan uw kindermeisje de tweeling naar Zwitserland brengen. Een kindermeisje dat de grens oversteekt met kinderen die niet van haarzelf zijn, zal niet snel worden ondervraagd. Niemand kan zich voorstellen dat een moeder haar kinderen zo graag in veiligheid wil brengen dat ze ze mee zou geven aan iemand anders, met het risico dat ze ze nooit meer terug zal zien.'

Toen ze weer buiten was, zocht Truus in haar handtas naar het adres van de Nederlandse consul-generaal in Hamburg. Ze had de hulp van deze baron Aartsen niet meer nodig om de tweeling uit Duitsland weg te krijgen, maar ze was hier nu toch, gekleed op Hamburg in haar mantelpakje en haar blauwe pumps, haar gele handschoenen en de opzichtige hoed die ze droeg omdat zelfs de Gestapo ervoor terugdeinsde om een vrouw met een opzichtige hoed aan te pakken. Ze kon net zo goed iets nuttigs met deze reis doen door zich aan de man voor te stellen. Misschien zou ze later nog iets aan hem hebben.

'Bent u er eindelijk?' vroeg de baron zonder begroeting of introductie zodra ze naar zijn kantoor was gebracht.

Zijn woorden verrasten Truus zo dat ze zich omdraaide om te zien of er nog iemand achter haar stond. Ze waren echter maar met zijn tweeën, Truus en deze aristocraat met zijn vriendelijke gezicht en zijn vroegtijdig grijs geworden haar.

'Ik heb op u gewacht,' zei hij.

Truus voelde aan haar hoed, alsof ze haar mentale balans kon herstellen door de rand aan te raken. Er was geen veilige manier geweest om de baron te laten weten dat ze de kindjes op kwam halen, en dat zou ook zinloos zijn geweest. Ze had zijn adres gekregen, met het advies contact met hem op te nemen als ze moeite had de kinderen de grens over te krijgen, maar zonder de garantie dat hij haar in dat geval zou kunnen helpen.

'Maar hoe wist u dat ik zou komen?' vroeg ze.

'Het werd hoog tijd dat er een goede vrouw uit Nederland naar ons toe zou komen om ons te helpen, toch? Volgt u mij.'

De stomverbaasde Truus liep met hem mee naar de kanselarij. Daar zat de wachtkamer vol met Joodse moeders en hun kinderen, die allemaal papieren wilden aanvragen om naar Nederland te kunnen reizen.

De baron vroeg de aandacht van de moeders, die zich grotendeels al naar hem toe gekeerd hadden.

'Dit is Geertruida Wijsmuller,' zei hij. 'Ze is uit Nederland gekomen om jullie kleintjes op te halen.'

Hij koos zes kinderen uit, zonder aarzelen, alsof hij al had verwacht dat Truus ze zou komen halen. Vijf jongens en een meisje, allemaal in Truus' favoriete leeftijdsgroep van elf tot dertien: oud genoeg om de wereld met enige intelligentie te bezien en jong genoeg om nog idealen en hoop te koesteren. De baron had al reispapieren voor ze geregeld bij de Gestapo, of in elk geval deed hij alsof het officiële papieren waren. Onverklaarbaar genoeg had hij ook zeven eersteklaskaartjes voor haar, voor de trein naar Amsterdam.

'U vertrekt om kwart voor drie,' zei hij, op zijn horloge kijkend.

'Hebt u ook visa voor hen om Nederland binnen te komen?' vroeg Truus.

'Als ik die had, dan had ik u niet nodig, toch, mevrouw Wijsmuller? Ik ben bang dat u in Osnabrück zult moeten overstappen, op de trein van Berlijn naar Deventer, maar er is een wagon voor u gereserveerd.'

Het leek Truus exorbitant om zoveel geld uit te geven aan kaartjes voor de eerste klas, maar toen ze op het station waren, weigerde de baron ze om te ruilen voor goedkopere kaartjes.

'Geloof me, u zult er straks blij mee zijn,' zei hij. 'Het is tegenwoordig zo moeilijk om Duitsland uit te komen.'

'En het is makkelijker als je eerste klas reist?' vroeg Truus, zich afvragend hoe ze deze kinderen in vredesnaam de grens over moest krijgen als de consul-generaal in eigen persoon dat niet had kunnen regelen.

SMEKEN VOOR PAPA

Oom Michael zat in Papa's stoel, opzijgedraaid naast Papa's bureau. Hij had zijn ogen dicht en wreef met zijn handen onder Anita's rok over haar achterwerk. Stephan keek verstijfd toe en probeerde de herinnering te onderdrukken aan de geluiden die de twee hadden gemaakt terwijl hij onder de bank verstopt had gelegen. Was dat nog maar gisteren? Hij deed zijn best om niet te denken aan de glimp die hij had opgevangen van de dijbenen van Žofie-Helene, die eerste keer in de tunnel, en toch dook de herinnering op terwijl hij naar het gezicht van Anita keek, haar hoofd genotzuchtig naar achteren, haar haren los op haar rug. Stephan had zijn vrouwelijke hoofdrollen altijd geschreven met Žofie in het achterhoofd, met haar haren los, bevrijd van haar gebruikelijke vlechten of knotje.

Anita deed haar ogen open. 'O!' zei ze, en ze keek Stephan geschrokken aan.

'Zie je wel, jij wilt ook meer,' zei oom Michael.

De vrouw duwde de handen van zijn oom weg en zei: 'Michael, je hebt gezelschap.'

Zijn oom draaide zich naar hem toe. Heel even beeldde Stephan zich in dat hij nog steeds de oom Michael was die een snoepje uit zijn zak zou halen en 'Iets lekkers voor mijn lieve neefje' zou zeggen of die hem, toen hij ouder werd, vroeg naar het toneelstuk dat hij aan het schrijven was, of de muziek die hij mooi vond.

'Wat doe jij hier?' vroeg zijn oom op barse toon. 'Je kunt niet –'

'Ze hebben Papa gearresteerd,' zei Stephan terwijl Anita zich langs hem heen het kantoor uit haastte.

'Je moet gaan. Je kunt hier niet gezien worden,' zei oom Michael. Hij keek uit het raam. Bij de bank aan de overkant stond een lange rij mensen te wachten, hoewel de bank was gesloten. 'Ik zal zorgen dat je geld krijgt, maar je moet niet –'

‘Papa heeft een visum nodig,’ zei Stephan.

‘Ik… Dacht je dat ik zomaar een ambtenaar kon bellen en kon zeggen dat mijn ex-zwager een visum nodig heeft?’

‘U hebt beloofd voor ons te zorgen. Ik kan in Wenen blijven, bij Mutti, en Walter ook. Maar Papa is opgepakt. Papa moet weg.’

‘Ik kan je geld geven, maar geen visum. Niemand mag zien dat ik een visum probeer te regelen voor een Jood. Snap je dat? Je mag hier niet gezien worden. Vooruit, ga weg, en laat niemand je zien vertrekken.’

Stephan staarde naar zijn oom, in de stoel van Papa, en naar het portret van tante Lisl door Kokoschka, dat nu boven Papa’s bureau hing in het bedrijf dat Stephans opa vanaf de grond had opgebouwd terwijl de familie van oom Michael alle privileges had gehad. Hij wilde teruggaan naar huis en in bed kruipen, zoals hij de vorige nacht had gedaan, maar het was te gevaarlijk voor Mutti en Walter als hij steeds gezien werd terwijl hij kwam en ging. Het enige wat erop zat, was ’s avonds laat via de boom en het raam naar binnen glippen, een paar uurtjes slapen en voor zonsopgang weer wegglippen.

‘Vooruit,’ zei zijn oom. ‘Ga weg. Ik zal zorgen dat je moeder wat geld krijgt, maar voor hulp zul je je tot je eigen soort moeten wenden.’

‘Mijn eigen soort?’

‘Je bent een Jood. Als ze me erop betrappen dat ik je help, dan sturen ze mij ook naar een kamp.’

‘U bent mijn oom. U bent de enige die ik om hulp kan vragen.’

‘Ze helpen Joden bij dat Joodse gemeenschapscentrum, vlak bij het appartement waar je opa woonde toen hij het paleis liet bouwen.’

‘In Leopoldstadt?’

‘Toen hij het paleis bouwde, zei ik. Luister in vredesnaam naar me. Aan deze kant van de gracht. En nu wegwezen, voordat iemand ziet dat ik je help.’

OP ZOEK NAAR PAPA

Stephan bleef dicht bij de vochtige muren terwijl hij zijn weg zocht door het donker van het ondergrondse netwerk. Hij kwam uit bij de crypten achter het afgesloten hek onder de Stephansdom; kennelijk had hij ergens een verkeerde afslag genomen. Hij keerde op zijn schreden terug en liep richting de Talmoedschool. Daar klom hij omhoog en tuurde door een mangat naar buiten. Toen liep hij verder naar het volgende mangat en tuurde naar de smallere straten en de oudere, meer vervallen gebouwen van de oude binnenstad, waar de Stadttempel en de kantoren van de IKG lagen. Hij kon de deur van het Joodse centrum zien, maar er stonden twee SS'ers, die onverschillig toekeken terwijl jongens van de Hitlerjugend vrouwen en kinderen pestten door steentjes naar ze te gooien.

Stephan zou de moeders en de kinderen te hulp moeten schieten. Dat wist hij. Maar hij wachtte slechts tot de SS'ers vertrokken. Hij gaf hun een paar minuten, om zeker te weten dat ze niet terug zouden komen, en toen duwde hij het zware rooster omhoog, haastte zich naar de overkant en ging het gebouw in.

Binnen, in een entreehal met versleten stenen vloeren, liep een rij van een paar mensen breed omhoog langs een trap die naar een doolhof van kantoren leidde. Op tafels langs de achterste muur stonden manden in verschillende afmetingen met etiketten erop: A-B, C-D enzovoort, tot het eind van het alfabet. Alle manden zaten boordevol met indexkaarten. Toen Stephan werd opgemerkt, verstomde het rumoer in de hal. De meeste Joodse jongens van zijn leeftijd waren samen met hun vaders gearresteerd, en hij droeg geen keppeltje.

'Ik probeer mijn Papa te vinden,' zei hij.

Langzaam, voorzichtig, ontwaakten de mensen uit hun roerloze zwijgen. Een organisatrice die mensen hielp om kaarten in te vullen, richtte zich weer op de vrouw met wie ze bezig was, een vrouw die de kaart zelf niet in kon vullen omdat ze niet kon schrijven. Terwijl de organisatrice alles invulde, stelden anderen haar vragen. Ze concentreerde zich echter op de ongeletterde vrouw, die hoopte een dierbare te vinden die net als Papa bij de invallen was verdwenen.

'Lieve mensen, we doen ons best,' riep ze boven de herrie uit. 'Herr Löwenherz is ook weer gearresteerd. We weten nog niet waar iedereen is. U kunt hier in de rij blijven wachten als u hulp nodig hebt, maar het zou het makkelijkst zijn voor ons allemaal als u een kaart pakte en de gegevens van de vermiste persoon invulde. Naam. Adres. Hoe we u kunnen bereiken. Leg de kaart in de mand met de eerste letter van de achternaam van de vermiste persoon. We nemen contact op zodra we iets weten.'

Niemand stapte uit de rij.

Stephan pakte een kaart en vulde de gegevens van zijn vader in met een potlood uit zijn schooltas – Walters nieuwe potlood.

Een jongere vrouw zei tegen een oudere vrouw die achter haar stond: 'Hij zei dat we naar Sjanghai moesten gaan en dat hij ons wel zou vinden. Dat was het laatste wat hij zei: haal de kinderen weg uit Oostenrijk. Voor Sjanghai heb je geen visum nodig, je kunt gewoon gaan, maar er zijn nergens kaartjes voor de boot te krijgen.'

'Ik heb gehoord dat je voor de juiste prijs een visum voor Cuba kunt krijgen,' zei de oudere vrouw, 'maar de nazi's hebben ons alles afgepakt.'

Toen Stephan klaar was met het invullen van de kaart voor zijn vader, legde hij die in de mand met het etiket M-N. Hij wilde net weglopen, toen een andere organisatrice de mand met het etiket I-J omkeerde in een grotere bak en weer verdween. Toen ze terugkwam om hetzelfde te doen met de mand met M-N erop, pakte Stephan de kaart met zijn vaders gegevens en drukte haar die in de handen.

Ze staarde hem verbaasd aan.

'Neumann. Herman Neumann van Neumanns Chocolade,' zei hij, en hij hoorde zijn vaders stem in die van hemzelf terug. Ze waren trotse mensen, zijn familie: hun vermogen kwam van hun eigen bedrijf, dat ze hadden opgericht met hun eigen kapitaal, en ze hadden nooit schulden bij de Rothschild-bank.

DE JONGEN MET DE BONBONS IN ZIJN ZAK

De ochtend na de chaos waren slechts Käthe Perger zelf en haar assistent-redacteur, Rick Neidhardt, op het werk verschenen. De angst was tot elke straathoek van Wenen doorgedrongen. Iedereen die openlijk een Joodse buurman of buurvrouw hielp, overtrad de nieuwe naziwetten, waarbij 'helpen' zo breed werd gedefinieerd dat simpelweg de waarheid schrijven in een krant al genoeg kon zijn om in de gevangenis te belanden, of erger. Hoe kon Käthe het personeel vragen om te blijven werken? Ze kon hun net zo goed vragen om in de rij te gaan staan voor een flink pak slaag en opsluiting in een cel.

'Hoe gaan we dit aanpakken met zijn tweeën?' vroeg Rick haar.

Käthe bekeek de lijst met taken die ze hadden opgesteld. De stilte werd alleen doorbroken door Rick die zijn keel schraapte.

'Oké, Rick,' zei ze, 'waarom ga jij niet –'

Ze keek op van de lijst en zweeg, geschrokken van de angstige blik waarmee Rick langs haar heen naar de deur staarde.

Ze hapte naar adem voordat ze de jongen herkende die in het kantoor stond. Ze had kunnen zweren dat ze de deur van het kantoor dicht had gedaan – ze hád hem dichtgedaan – en toch stond de jongen daar te wachten. De jongen die nu bijna een man was.

'Het is in orde, Rick,' zei ze, en ze moest de drang weerstaan om zich naar Stephan toe te haasten en hem opgelucht in haar armen te sluiten. 'Het is de vriend van Žofie.' De vriend van Žofie, niet een vriend van Žofie, maar één is altijd meer dan nul.

'Sorry dat ik u lastigval,' stamelde Stephan Neumann, 'maar ik ben… Mijn vader… Ik dacht dat u misschien zou weten waar ze de mannen die zijn opgepakt naartoe hebben gebracht.'

'Maar jij bent niet…' begon Käthe. 'De meeste oudere jongens zijn tegelijk met hun vaders gearresteerd.'

De jongen wachtte. Hij was slim, hij zou niet zomaar verklappen hoe hij aan arrestatie had weten te ontkomen.

'Voor zover we weten, zijn sommigen naar een Duits werkkamp buiten München gebracht, vlak bij Dachau, dus niet al te ver weg. Maar anderen worden mogelijk naar Buchenwald gebracht, of zelfs helemaal naar Sachsenhausen. We doen wat we kunnen om erachter te komen.'

'Ik heb gehoord dat de nazi's mijn vader misschien terug laten keren als ik immigratiepapieren voor hem kan regelen. Ik weet niet wat ik moet doen,' zei het arme kind met tranen in zijn ogen.

Käthe liep langzaam naar hem toe, om hem niet te laten schrikken, en sloeg een arm om zijn schouders. 'Nee, dat snap ik,' zei ze. 'Natuurlijk weet je niet wat je moet doen. Dat weet niemand, Stephan. Ik denk... Ik beloof je dat ik zal proberen zoveel mogelijk te weten te komen. Kan je moeder...' Lieve hemel, de moeder van de jongen was aan een rolstoel gekluisterd, en stervende; het was Käthes kleine obsessie geweest om op de hoogte te blijven van het reilen en zeilen van de enige vriend van haar dochter, al had de vriendschap deze vreselijke tijd niet overleefd. 'Nee, het spijt me, natuurlijk niet,' zei ze. 'En je tante, zij is...'

'In Sjanghai.'

'Misschien de consulaten?' opperde Rick.

Käthe gaf een geruststellend kneepje in de schouder van de jongen. Ze liep terug naar het bureau en begon adressen op een vel papier te schrijven. 'Begin met de Zwitsers, de Britten, de Amerikanen.'

'Ik ben gisteren de hele dag op de Amerikaanse ambassade geweest. Ze kunnen niets doen.'

'De Amerikanen kampen met een hopeloze achterstand,' zei Rick.

'Ga dan naar de andere consulaten,' zei Käthe. 'Vraag een visum aan voor je vader, maar ook voor de rest van je familie. Vertel hun dat je vader is gearresteerd. Het zal... Misschien besteden ze extra aandacht aan zijn aanvraag. Probeer het overal, zo snel mogelijk. Ik zal kijken wat ik te weten kan komen over je vader. Bel me –'

'We hebben geen telefoon meer,' zei de jongen. Zijn stem brak, alsof hij dacht dat híj zich hiervoor moest schamen, in plaats van de inwoners van Wenen, die zich vrolijk de in beslag genomen Joodse huizen en bezittingen hadden toegeëigend, terwijl de rechtmatige eigenaren in piepkleine donkere flatjes in Leopoldstadt waren gepropt. Hoe kon hun wereld in zo'n korte tijd zo drastisch zijn veranderd? Aan het begin van het jaar was Oostenrijk een vrij land geweest en waren zijn leiders en zijn volk vastbesloten om het zo te houden. En hoe kon het haar buren zo verschrikkelijk verkeerd hebben ingeschat? Hoe was het mogelijk dat het de haat niet had gezien die onder de oppervlakte lag, wachtend op een excuus om die de vrije loop te laten, het excuus dat Hitler had geboden?

'Het geeft niet, Stephan,' zei ze terwijl Rick de kantoordeur opendeed. Ze zag dat hij zo snel mogelijk van de jongen af wilde, maar probeerde het er niet te dik bovenop te leggen. 'Het geeft niet. Zoek me maar gewoon op. Als ik er niet ben, zal ik een briefje met alles wat we te weten zijn gekomen op het bureau laten liggen, met jouw naam erop.'

'Niet...' sputterde Rick. 'We zullen...'

Ze keek door de deur naar de Linotype-machine, die weer werkte, ondanks de deuken en de butsen die hij bij de ruwe behandeling door de nazi's had opgelopen. Het ding stond er zwijgend bij, een herinnering aan de onmogelijkheid van de taak die ze, zoals Rick terecht had opgemerkt, weer op moesten pakken. Je kon er eentje helpen, of je kon er velen helpen, maar er was geen tijd om het allebei te doen, zelfs al durfde je het risico te nemen.

Ze opende een la in haar bureau. 'Ik zal het hier aan de onderkant vastplakken. Als ik niet in het kantoor ben wanneer je terugkomt, trek de la er dan uit en voel eronder. Goed?'

Verslagen maakte Stephan aanstalten om te vertrekken.

'Stephan... hou je een poosje gedeisd,' zei Käthe. 'Je zit niet in de Joodse wijk, dat is goed. De meest brute nazi's lijken zich te concentreren op de Joodse buurten.' Misschien was hij daardoor aan arrestatie ontsnapt? 'En vertel niemand hier iets over, voor hun eigen veiligheid. Begrijp je dat? Zeg niets tegen je moeder. Zeg niets tegen Žofie-Helene. Vertel niemand iets.'

Vertel het alsjeblieft niet aan mijn dochter, dacht ze terwijl ze de jongen zag vertrekken. Breng haar alsjeblieft niet in gevaar. Natuurlijk was dat een belachelijke gedachte. De jongen die Žofies vriend was geworden, kon haar onmogelijk in groter gevaar brengen dan de koppige principes van haar eigen moeder al hadden gedaan.

Toen de jongen was verdwenen, draaide Rick zich naar haar toe. Zijn angst had de vorm aangenomen van een onuitgesproken beschuldiging.

'Ik weet het. Ik weet het, Rick.' Ze mochten zich niet laten afleiden door een enkel slachtoffer; ze hadden te veel te doen. 'Maar die jongen... Een paar maanden geleden was hij nog maar een joch met bonbons in zijn zak. Hij was Žofies eerste echte vriend, het eerste kind dat haar niet raar vond. En omdat hij haar niet raar vond, vonden zijn vrienden dat ook niet.'

'Hij leek wel een geest, zoals hij verscheen,' zei Rick. 'Heb jij gemerkt dat hij binnenkwam?'

Käthe glimlachte een klein beetje, ondanks alles. 'Ik vrees dat hij dat van Žofie heeft geleerd. Ze speelt graag voor Sherlock Holmes.'

DE MACHT VAN PRINSESSEN

Terwijl Truus samen met de kinderen op het station van Hamburg in de rij stond om Duits geld te wisselen voor Nederlandse guldens, vroeg ze zich af wat baron Aartsen van plan was geweest te doen als zij hem niet had opgezocht. Misschien zou hij de kinderen zelf hebben weggebracht? Het was echter één ding om als eenvoudige Nederlandse te worden betrapt terwijl je kinderen met vervalste documenten over de grens probeerde te smokkelen, maar heel iets anders wanneer je een hooggeplaatste diplomaat was. Natuurlijk was het mogelijk dat de documenten echt waren. Truus stelde het op prijs dat de baron haar een plausibele aanleiding had gegeven om te geloven dat ze echt waren, of in elk geval om naar waarheid te kunnen verklaren dat ze niet had geweten dat ze vervalst waren.

'Ik zou graag zestig Reichsmark wisselen voor guldens,' zei ze tegen de grensmedewerker toen ze aan de beurt was.

'Voor wie?' vroeg de man achter het loket.

'Voor de kinderen,' zei Truus. Iedere Duitser mocht bij het verlaten van het land tien Reichsmark meenemen, en zelfs daaraan had baron Aartsen gedacht. Hij had haar keurig het geld voor ieder kind meegegeven. De ervaring had Truus echter geleerd dat de Duitse douaniers liever het geld in eigen zak staken en het onopgemerkt uitgaven dan de moeite te doen om het te wisselen en de hele transactie te moeten vastleggen en verantwoorden.

'Zijn dit uw kinderen?' wilde de man weten.

Natuurlijk waren het niet haar kinderen. Op de documenten van de Gestapo stond duidelijk dat ze alle zes Joods waren.

'Joodse kinderen hebben geen geld nodig,' zei de man, en zonder nog aandacht aan haar te besteden, richtte hij zich tot de volgende persoon in de rij.

Truus klemde haar handen ineen, haar woede onderdrukkend, en stapte bij het loket vandaan. Het had geen enkele zin om met deze man in discussie te gaan.

Ze liep met de kinderen naar het kaartjesloket. 'Mag ik een kaartje naar Amsterdam voor morgen, alstublieft?' zei ze.

Ze had alle benodigde kaartjes al op zak, maar het ongebruikte kaartje kon ze in Amsterdam weer teruggeven in ruil voor guldens. Op die manier zou ze het Duitse geld via een omweg toch hebben gewisseld. Tevreden over haar vindingrijkheid hielp ze de kinderen in de trein.

In Osnabrück stapten ze over op de trein naar Deventer. De voor hen gereserveerde wagon bleek zich direct naast de wagon te bevinden waarin de Nederlandse prinsessen Juliana en Beatrix naar Nederland reisden na een bezoek aan Beatrix' grootmoeder op haar kasteel in Silezië. Omdat de trein de prinsessen aan boord had, zou hij niet stoppen in Oldenzaal, net over de grens, maar rechtstreeks doorrijden naar Deventer, waar waarschijnlijk geen grensbewaking zou zijn. Daarom had de baron er zo op aangedrongen dat ze deze trein zou nemen, de trein met de prinsessen.

Klaarblijkelijk had de baron er niet op gerekend dat er in Bad Bentheim Nederlandse douaniers aan boord zouden komen, twee mannen die in de deuropening van de wagon van Truus en de kinderen verschenen om hun papieren te controleren. Truus richtte zich tot de kinderen en zei rustig, maar luid genoeg voor de bewakers om haar te horen: 'Ga jullie handen wassen, kinderen, dan kam ik daarna jullie haar.'

'Maar het is sabbat,' protesteerde de oudste jongen, een klier van een joch dat hen bijna de trein had laten missen omdat hij onophoudelijk jammerde over een ring die zijn vader hem voor zijn bar mitswa had gegeven en die hij op de een of andere manier was kwijtgeraakt. Waak ervoor ook maar een van deze kinderen te verachten, want ik zeg jullie: hun engelen in de hemel aanschouwen onophoudelijk het gelaat van mijn hemelse Vader, bracht Truus zichzelf in herinnering. Ze probeerde nooit te hard over de kinderen te oordelen – ze hadden het altijd moeilijk – maar soms stelden ze haar geduld wel op de proef.

De lucht buiten het raampje was bewolkt en het laatste zonlicht leek te zijn verdwenen.

'De sabbat is voorbij,' zei ze. 'Vooruit, ga je handen wassen.'

'Je kunt niet bepalen dat de sabbat voorbij is omdat je er geen zin meer in hebt,' zei de jongen. Woorden die hij waarschijnlijk van zijn vader had, maar die vast bedoeld waren geweest als antwoord op een verzoek om buiten te mogen spelen en niet voor een reis waarmee de jongen zijn leven zou kunnen redden.

'Jazeker kan ik dat,' zei Truus, en ze wierp nog een blik uit het raam. 'Maar gelukkig voor ons is de zon inmiddels echt ondergegaan, jongeman.' Zodat ik niet voor God hoef te spelen, dacht ze.

De jongen keek alsof hij haar maar half geloofde, maar zijn blik gleed naar de mannen in de deuropening van de wagon.

Omwille van de bewakers ging Truus verder: 'We reizen in de wagon naast die van de prinsessen. Misschien moeten we met deze twee aardige heren meegaan en de prinsessen vragen of zij vinden dat jij Nederland in mag. Dus vooruit, ga je handen wassen.'

De kinderen verlieten de wagon, en de douaniers leken te aarzelen. Hiervan maakte Truus gebruik door kordaat te zeggen: 'Deze kinderen gaan naar Amsterdam. Ze worden daar verwacht in het Joodse ziekenhuis.'

'Mevrouw –'

'Uw namen graag,' zei ze, alsof zij de douanier was en de mannen de passagiers.

Toen ze hun namen noemden, haalde Truus een pen en een kleine blocnote uit haar tas. 'Het is zaterdag, heren,' zei ze, en ze herhaalde hun namen om extra effect te sorteren. 'De ambassade in Den Haag is gesloten, dus vandaag kunt u niet naar ons informeren. En morgen ook niet, want dan is het zondag. Maar ik verzeker u, als we ons gedwongen zien om de prinsessen te storen, zal meneer Tenkink van Justitie het maandagochtend direct te horen krijgen.' Ze trok haar gele handschoenen uit en nam de pen tussen haar vingers. 'Wilt u zo vriendelijk zijn om uw namen voor mij te spellen?'

De mannen stapten achteruit om de kinderen de ruimte te geven weer te gaan zitten. Toen mompelden ze een verontschuldiging en maakten zich uit de voeten. Zodra ze waren verdwenen, pakte Truus een kam en kamde het haar van de oudste jongen zo voorzichtig als zijn eigen moeder het zou hebben gedaan.

BLOOMSBURY, ENGELAND

Helen Bentwich stopte een nieuw setje papier en carbonvellen in de wagen van de schrijfmachine en ging verder met typen. Ze was een typiste van niks, maar ze had Ellie om drie uur 's nachts naar huis gestuurd, nadat haar arme assistente van pure vermoeidheid in een nog veel slechtere typiste was veranderd. In elk geval was ze zo slim geweest om Ellie de carbonstapeltjes klaar te laten leggen voor ze wegging. Het kostte een hoop tijd om stapeltjes te maken van vier lege blaadjes en drie carbonvelletjes, maar je kon het nog doen terwijl je op je benen tolde van de slaap.

'Het is tijd, Helen.' De stem was van Norman, maar toch schrok ze ervan. Urenlang was het geluid van de schrijfmachine het enige geweest wat de stilte verstoorde, en zo nu en dan de kerkklokken, een kilometer of twee verderop. De Big Ben, of misschien ook niet.

Buiten het raam kleurde Londen het gebruikelijke ochtendgrijs van de winter.

Norman hing een kledinghoes aan een hangertje aan de deurknop. Toen kwam hij achter haar staan en streelde haar haren, zo zachtjes dat ze het liefst haar ogen dicht zou doen en in slaap zou vallen. Ze maakte een fout, misschien vanwege de verstoring, en misschien omdat ze een typiste van niks was. Omdat ze geen tijd meer had om het fatsoenlijk te herstellen, streepte ze het woord door.

'Het uiterlijk doet ertoe,' zei Norman.

Ze maakte de bladzijde af, haalde de blaadjes uit de schrijfmachine, legde er eentje op elk stapeltje en gooide de gebruikte carbonvelletjes in de prullenbak. De laatste kopie was nauwelijks donker genoeg om te lezen, maar ze zouden het ermee moeten doen. Ze laadde een nieuw setje lege bladzijden in de schrijfmachine.

'Ik ben geen typiste, Norman,' zei ze, 'en het gaat toch om de inhoud.'

'Ik bedoelde hoe jíj eruitziet, niet het plan.'

Helen, die de toetsen zo hard indrukte als ze kon, typte op de schone nieuwe bladzijde: `Opzet voor de opvang van Duitse kinderen.`

Ze stond op en draaide elk van de vier stapeltjes papier naast haar schrijfmachine om, zodat ze met de voorkant naar boven lagen. Toen haalde ze de titelpagina's uit de schrijfmachine en legde er keurig eentje op elke stapel.

'Dennis komt naar ons toe,' zei ze. 'Heb je de zomerkampen geregeld?'

Ze nam het jasje van het hangertje dat hij haar toestak.

'Wil je de blouse niet?' vroeg hij.

Ze hield de sneeuwbol met het reuzenrad op zijn kop en draaide hem weer terug, zodat de sneeuw zachtjes en geruststellend omlaagdwarrelde. Daarna zette ze de sneeuwbol weer terug op het bureau dat van haar grootmoeder was geweest. Dat was iets wat zij nooit zou zijn: een grootmoeder.

'Er zijn zoveel dingen die ik zou willen, Norman,' zei ze, 'als er maar tijd voor was.'

'Ik vind nog steeds dat je zelf zou moeten spreken, Helen,' zei hij. 'En burggraaf Samuel ook.'

Ze glimlachte en kuste hem op de wang. 'Liefste, ik wilde dat het comité net zoveel vertrouwen had in de woorden van een vrouw als jij en mijn oom.'

Norman pakte de kopieën van het plan en stopte ze netjes in mapjes. 'Dit zijn jouw woorden, wie ze ook uitspreekt,' zei hij.

Ze trok het schone jasje aan. 'Hou dat maar voor je,' zei ze, 'als we enige hoop op succes willen houden.'

EEN VROUW MET EEN VISIE

Toen Helen Bentwich de eetkamer van de Rothschilds binnenstapte, gingen de mannen om de tafel allemaal staan: het uitvoerend comité van het Centrale Britse Fonds.

'Norman, we hebben de kop van de tafel voor jou vrijgehouden,' zei Dennis Cohen. Dennis had Helen geholpen het plan op te stellen, maar hij had liggen slapen terwijl zij en Ellie het die nacht op schrift hadden gesteld. Dat was maar beter ook. Helen kreeg dingen werkelijk sneller voor elkaar wanneer de betrokken mannen zich er niet mee bemoeiden en ze hun ego's niet hoefde te strelen door onnodig tijd te besteden aan hun suggesties.

Rothschild vroeg Simon Marks of hij op kon schuiven om plek te maken voor Helen. Voordat ze bezwaar kon maken, schoof de erfgenaam van Marks & Spencer een stoel voor haar uit.

Zodra iedereen zat, nam Norman het woord. 'Dit voorstel beschrijft het plan zoals voorgelegd aan premier Chamberlain, om de kinderen van het Reich hier in veiligheid te brengen, waarbij de regering enkel Britse inreisvisa hoeft te regelen.'

Het verbaasde Helen nog steeds dat de bespreking met de premier over het plan überhaupt tot stand was gekomen. Toen het kabinetscomité van Buitenlands Beleid bijeen was gekomen om zich te buigen over de vraag wat de regering kon doen naar aanleiding van de gewelddadige nacht in Duitsland had het er alle schijn van gehad dat de uitkomst 'helemaal niets' was. Minister van Buitenlandse Zaken Halifax had gezegd dat elke reactie van de Britten een oorlog kon uitlokken, en premier Chamberlain had volgehouden dat Groot-Brittannië het zich niet kon veroorloven om Duitsland te bedreigen. Dat had Helen althans van Norman gehoord, die het van Rothschild had gehoord, die het weer had van iemand in de regering. Helen zelf had vanaf de publiekstribune toegekeken toen de zaak in het parlement werd besproken. Er was volop gekibbeld. Kolonel Wedgwood had zijn collega's gevraagd: 'Praten we niet al vijf jaar over deze vluchtelingen? Kan de regering geen medeleven tonen door in elk geval te probéren iets te doen voor de slachtoffers van de onderdrukking in Duitsland?' En kamerlid Lansbury had geroepen: 'We zijn toch Gróót-Brittannië? Kunnen we de wereld niet laten weten dat we vluchtelingen op zullen nemen en hun een plek zullen bieden waar ze een nieuw leven kunnen beginnen?' De graaf van Winton en de minister van Binnenlandse Zaken hadden echter gehamerd op de gevaren van het uitlokken van een antisemitische reactie in Engeland, en de premier had opgemerkt dat zelfs de Nederlanders alleen vluchtelingen opnamen van wie de doorreis naar andere landen verzekerd was. 'Dit is geen zaak voor de Britse regering, zoals mijn geëerde collega's zich realiseren, maar we zullen alle mogelijkheden om deze mensen te helpen in overweging nemen,' had de premier tot slot verklaard, zodat Helen zich had afgevraagd wiens zaak dit dan wél was. Maar hoewel Helen weinig hoop had geput uit de woorden van de premier, had Norman een opening gezien, en kort daarna was een tweede delegatie – deze keer een combinatie van Joden en quakers, onder aanvoering van Helens oom en Lionel de Rothschild – door Chamberlain ontvangen op Downing Street nummer 10. Bij die gelegenheid hadden ze hem in concept het plan voorgelegd dat nu in keurige stapeltjes papier voor hen lag.

'Premier Chamberlain heeft ons voorstel gisteren aan alle tweeëntwintig kabinetsleden voorgelegd,' vertelde Lionel de Rothschild. 'De minister van Binnenlandse Zaken uitte zijn zorg dat de oudere Joden het meest in nood verkeren, en de minister van Buitenlandse Zaken viel hem bij. Maar ons aanbod van financiële steun geldt uiteraard de kinderen, en de premier verzekert me dat hij dat duidelijk heeft gemaakt. Goed, het plan voorziet in de redding van vijfduizend kinderen. En hoeveel kinderen hebben in totaal hulp nodig?'

'We schatten dat zestig- tot zeventigduizend Duitse en Oostenrijkse kinderen onder de zeventien in veiligheid moeten worden gebracht,' antwoordde Dennis Cohen.

Er viel een lange stilte terwijl de aanwezigen dit tot zich door lieten dringen.

'We verwachten dat het grootste aantal jonger zal zijn dan tien,' zei Norman. 'We hebben bevestiging dat twee zomerkampen in Harwich kunnen worden geopend om de kinderen op te vangen die niet direct naar een pleeggezin kunnen. Het idee is dat de kinderen daarna zo snel mogelijk in een gezin worden geplaatst. Het Comité voor Kinderen uit Duitsland regelt de plaatsingen. De expertise die zij hebben opgedaan bij het zoeken van pleeggezinnen voor bijna vijfhonderd kinderen voorafgaand aan het recente geweld –'

Simon Marks onderbrak hem. 'Die vijfhonderd kinderen waren voor de helft christelijk, en ze kwamen verspreid over een aantal jaren binnen. Dat is iets heel anders dan vijfduizend kinderen in een paar weken tijd.'

'Hier zullen we het mee moeten doen,' zei Norman. 'Ze hebben natuurlijk niet de financiële mogelijkheden die wij hebben, dus het is aan ons om het geld bijeen te krijgen.'

'Weten we zeker dat we alleen geld willen inzamelen voor de kinderen?' vroeg Neville Laski. 'Als we hele gezinnen over laten komen –'

'Als we hele gezinnen over laten komen, is de angst te groot dat ze nooit meer weggaan,' kapte Lionel de Rothschild hem af. 'We zullen publiekelijk benadrukken dat het onze bedoeling is om de kinderen tijdelijk op te nemen, tot ze veilig terug kunnen keren naar Duitsland. Maar de premier begrijpt dat we bereid moeten zijn de mogelijkheid van permanente onofficiële adoptie van jongere kinderen te accepteren, en permanent verblijf voor meisjes die als dienstmeisje gaan werken of met Britse jongens trouwen. Hij verwacht dat van oudere jongens gevraagd zal worden dat ze weer terugkeren.'

'Mrs…' begon Norman, maar gelukkig ving hij Helens blik, of begreep hij zelf dat dit geen handige opening was. 'Sommigen van ons,' begon hij opnieuw, 'hebben besproken hoe we zo'n grote onderneming moeten financieren. De prikkel van het publiceren van namen van contribuanten in

The Jewish Chronicle hebben we al zo vaak gebruikt dat de rek eruit is. We zijn van mening dat we moeten overwegen om een oproep te doen in de niet-Joodse pers.'

'Aan het algemene publiek?' vroeg de hoofdrabbijn een tikje geschokt.

'Zelfs als we het geld bij elkaar kunnen krijgen,' zei Dennis Cohen, 'dan moeten we ook nog pleeggezinnen zien te vinden voor vijfduizend kinderen.'

'Stelt u voor dat we Joodse kinderen onderbrengen in niet-Joodse gezinnen?' vroeg de hoofdrabbijn. 'Maar hun geloof dan? Hun religieuze opvoeding?'

Iedereen staarde hem aan, wellicht net zo verbluft als Helen zich voelde.

'Rabbijn, begrijpt u niet hoe hoog de nood is?' zei ze tot haar eigen verbazing. 'Hebt u liever dat er vijfduizend Joodse kinderen sterven dan dat een deel van die vijfduizend een warm bed krijgt in de huizen van quakers en christenen?'

Sussend zei Dennis Cohen: 'Natuurlijk gaat onze voorkeur uit naar Joodse gezinnen, rabbijn, maar persoonlijk ben ik iedereen dankbaar die ons wil helpen, van welk geloof dan ook. We zullen een breed publiek uitnodigen om onderdak te bieden, op voorwaarde dat ze voldoen aan de minimumeisen van de London County Council voor pleeggezinnen voor Britse kinderen.'

'Misschien kunnen we ze opvangen in scholen of pensions in plaats van in niet-Joodse gezinnen,' opperde de hoofdrabbijn.

'Waar deze jonge kinderen, die al zijn weggerukt uit hun families, geen enkele genegenheid zullen krijgen?' protesteerde Helen.

'We vertrouwen erop dat de Reichsvertretung in Duitsland en de Kultusgemeinde in Wenen de kinderen selecteren op basis van kwetsbaarheid,' zei Dennis Cohen.

'De oudere jongens zullen het meest kwetsbaar zijn,' waarschuwde Helen, 'terwijl de Britten waarschijnlijk het liefst de jongste meisjes in huis nemen.'

'We halen de kinderen die we kunnen halen en vertrouwen op God om ons te helpen hun onderdak te bieden,' zei Norman.

‘Vertrouwen op God,’ mompelde Helen. Het was veel gevraagd, gezien alles wat Hij hun al had geweigerd.

‘De tijd dringt,’ zei Lionel de Rotchchild, ‘dus ik stel voor dat we per stemming besluiten of we het Bentwich-Cohen-plan aan de regering voorleggen.’

GLIMMENDE LAARZEN

Käthe Perger keek op en zag tot haar schrik een nazi in een lange donkere jas en glimmende laarzen met zijn Duitse herder door het kantoor van de krant benen, regelrecht op de geopende deur van haar kantoor af. Hij werd gevolgd door een troep ss'ers, van wie sommigen zich al verdrongen rond de Linotype en overlegden hoe ze die het best in hun vrachtwagen konden laden. Käthe zag dat de truck al aan de straat stond te wachten.

De hond bleef roerloos staan terwijl Eichmann, geposteerd in haar deuropening, zei: 'U bent Käthe Perger.'

Käthe ontmoette zijn blik. Zijn woorden vormden geen vraag, dus vond ze niet dat ze antwoord hoefde te geven.

'Is uw personeel er niet vanavond?' vroeg hij.

'Ik heb geen personeel meer over, Obersturmführer Eichmann,' zei ze. Dat kwam dicht genoeg bij de waarheid.

'Komt u dan maar met mij mee,' zei hij.

LEGE LADEN

Zelfs in het flauwe licht zag Stephan het vernielde bureau en de verspreide, kapotte overblijfselen van laden. Hij legde een la recht die nog min of meer intact was. Er zat niets in. In het kantoor van Käthe Pergers krant, vol met borden waarop VERBODEN TOEGANG stond, lag niets meer van papier. Alles was als bewijs afgevoerd.

Toen hij buiten stemmen hoorde naderen, verstopte hij zich zo goed mogelijk onder de grootste brokstukken van het bureau. Een paar seconden later scheen er een zaklamp naar binnen vanuit de deuropening.

Hij luisterde naar de twee mannen die binnenkwamen, pratend en lachend, naar het afstrijken van een lucifer, de geur van sigaretten.

'Dat gestoorde wijf dat eeuwig haar neus in andermans zaken stak, die heeft gekregen wat ze verdiende,' zei de ene man.

Stephan hield zich zo stil dat zijn hele lijf er pijn van deed. Met ingehouden adem luisterde hij naar de twee mannen, die kletsten op de verveelde toon van mensen die zichzelf ervan proberen te overtuigen dat ze niet zo slecht zijn als ze eigenlijk zijn. Uiteindelijk vertrokken ze, maar Stephan bleef nog een poos onder het vernielde bureau zitten. Het duurde een hele tijd tot zijn hartslag weer een beetje tot bedaren was gekomen.

Toen het ernaar uitzag dat de mannen waren vertrokken naar een andere vernielde plek, waar ze een andere sigaret rookten en lachten om de tegenslag van andere mensen, kwam hij tevoorschijn. Vlug keerde hij in het donker de stukken van de vernielde laden om en liet zijn handen eroverheen glijden. Hij deed zijn best om methodisch te werk te gaan in de chaos, door elke lade opzij te leggen nadat hij hem had onderzocht.

Zijn vingers bleven steken achter splinters, maar vonden niets.

Net toen hij begon te wanhopen, streken zijn vingers over een klein strookje papier dat vastgeplakt zat aan de onderkant van de la die het minst beschadigd was. Misschien was het niets anders dan een of ander meubel-etiket.

Hij voelde zorgvuldiger en gebruikte zijn nagel om het plakband los te peuteren. Toen dat was gelukt, haalde hij zijn zaklamp tevoorschijn.

Hij verstijfde: bij het raam klonken weer stemmen. Hij had ze niet horen aankomen. Met ingehouden adem wachtte hij af. De stemmen werden de straat in gedragen en ebden weg.

Hij stopte het losgemaakte stukje papier diep in zijn zak, om het niet kwijt te raken. Toen voltooide hij zijn zoektocht in het donker; de zaklamp durfde hij niet meer aan te doen. Hij vond drie losse stukjes papier, die hij ook in zijn zak wegstopte. Daarna glipte hij het kantoor uit en verdween zo snel mogelijk in het ondergrondse tunnelnetwerk.

Eigenlijk zou hij moeten wachten tot hij die avond terug was in het paleis, maar zijn benen voelden zwak en hij wilde zelf de waarheid weten voordat hij die aan Mutti en Walter zou vertellen. Hij hurkte aan de rand van de tunnel, schuilend achter een stapel puin. Toen vouwde hij het eerste strookje papier open dat hij had gevonden, het papiertje dat aan de la geplakt had gezeten.

Hij knipte de zaklamp aan. Een kring van licht viel op de woorden.

Hij is tijdens het transport naar Dachau overleden. Het spijt me vreselijk.

HET DEBAT IN WESTMINSTER

Helen Bentwich, gezeten op de publieke tribune, was al uitgeput van alle toespraken die de hele dag in het parlement waren gehouden toen de kamer om halfzeven eindelijk aan de vluchtelingenkwestie toekwam. Philip Noel-Baker begon de zaak op zijn gepassioneerde, zij het langdradige manier te bepleiten: een man en zijn gezin die in brand waren gestoken; een volledig vernielde kostschool in Caputh; teringlijders die in hun nachtkleding uit een verpleeghuis in Bad Soden waren gedreven; patiënten van het Joodse ziekenhuis in Neurenberg die waren gedwongen zich op te stellen voor inspectie. 'Als deze handelingen spontane uitwassen van de menigte waren geweest, zou je van de Duitse regering mogen verwachten dat ze de daders zouden straffen en de slachtoffers zouden compenseren,' zei hij. 'In plaats daarvan heeft de Duitse regering deze gruweltaak voltooid door een verordening uit te vaardigen waarin de Joden zelf de schuld krijgen voor de vernietiging en ze een boete van 48 miljoen pond opgelegd krijgen. En het meest onheilspellende is nog wel dat de Duitse regering is begonnen om alle Joodse mannen tussen de zestien en de zestig te arresteren.' Hij wilde het huis niet 'bombarderen met gruwelen', maar de leden moesten begrijpen dat mannen en jongens in werkkampen gedwongen werden om zeventien uur per dag te werken, op rantsoenen waar een kind nog niet genoeg aan zou hebben, en dat ze werden onderworpen aan martelingen die hij niet zou specificeren. Helen wilde ook niet aan de details van de martelingen denken, maar ze was ervan op de hoogte en kon zich niet voorstellen dat de leden van deze kamer zo teergevoelig waren dat de feiten hun bespaard moesten blijven terwijl ze beslissingen namen die al dan niet levens zouden redden.

Om tien uur 's avonds kwam minister van Binnenlandse Zaken Hoare eindelijk toe aan het voorstel voor het kindertransport. 'Burggraaf Samuel en een aantal leden van de Joodse gemeenschap hebben me een interessant voorstel voorgelegd,' zei hij. 'Ze verwezen naar een ervaring tijdens de oorlog, toen we in Engeland duizenden Belgische kinderen in pleeggezinnen hebben opgevangen en daarmee een belangrijke rol speelden bij het in stand houden van de Belgische natie.'

'Die Belgische kinderen kwamen met hun families naar Engeland, als ze die tenminste hadden,' fluisterde Helen tegen Norman.

Norman bracht zijn lippen zo dicht bij haar oor dat ze zijn adem kon voelen en fluisterde terug: 'Het is makkelijker om een man over te halen om iets te doen wat in zijn ogen van belang is.'

'Deze delegatie is van mening,' vervolgde Hoare, 'dat we een grote hoeveelheid Duitse kinderen in dit land kunnen opvangen zonder schade te berokkenen aan onze eigen bevolking, kinderen in wier onderhoud zal worden voorzien door de fondsen van de delegatie of door genereuze individuen. Het ministerie van Binnenlandse Zaken hoeft slechts de noodzakelijke visa te leveren en de komst van de kinderen mogelijk te maken. Hier ligt een kans om de jongste generatie van een groot volk bij te staan en om het vreselijke lijden van hun ouders te verminderen. Ja, we moeten voorkomen dat er een stroom ongewenste individuen het land binnenkomt onder de dekmantel van vluchtelingenimmigratie. De regering moet daarom tot in detail de individuele omstandigheden van volwassen vluchtelingen controleren, een proces dat onvermijdelijk uitstel tot gevolg heeft. Een groot aantal kinderen kan echter worden opgenomen zonder individuele controles.'

De discussie was een marteling: zouden de Britse belastingbetalers niet belast worden met financiële verantwoordelijkheid voor de kinderen? Moest het aantal worden beperkt? Hoe zat het met de Tsjechen? En Spaanse vluchtelingen? Mr David Grenfell drong aan: 'We kunnen niet toestaan dat het grote en machtige Duitsland zijn Joden al hun bezittingen ontneemt en ze dan de grens over zet en zegt: "Wij willen geen Joden in ons land; jullie moeten ze opnemen."' De vraag werd echter uiteindelijk gesteld: zou deze kamer, met het oog op de groeiende ernst van het vluchtelingenprobleem, openstaan voor een gezamenlijke inspanning van verschillende landen, waaronder de Verenigde Staten, om een gemeenschappelijk beleid op te stellen voor de tijdelijke immigratie van kinderen uit het Reich?

'Een "gezamenlijke inspanning"?' fluisterde Helen tegen Norman. 'Er zijn helemaal geen andere landen die mee willen doen.'

'Iedereen die voor is...'

EXIT ZONDER VISUM

Stephan schrok wakker van voetstappen op de trap. Hij sprong uit bed, griste zijn jas en zijn schoenen van de stoel naast het slaapkamerraam en klauterde op het dak. De arme kleine Walter – die ook volledig gekleed had liggen slapen vanwege de koude kamer en de noodzaak om overal op voorbereid te zijn – klemde zijn Pieter Konijn stevig tegen zijn borst en haastte zich stilletjes naar Mutti's kamer, naar Mutti's bed, precies zoals ze hadden geoefend. De soldaten stormden naar binnen, niet in het minst gehinderd door de krakkemikkige deur. Hun zaklampen waren zo fel dat de ramen verlicht werden, alsof de lampen aan waren.

'Waar is de jongen?' vroeg een zware stem.

Kennelijk waren ze in de kamer van Mutti, want zonder hulp kon Mutti onmogelijk zo snel uit haar bed en in haar rolstoel komen.

Stephan dook zo stilletjes mogelijk ineen, met zijn jas en zijn schoenen in zijn handen. Het dak voelde hard en koud aan onder zijn voeten en het dunne laagje ijs smolt in zijn sokken.

'We nemen met alle plezier die kleine mee in zijn plaats,' zei de man.

Zelfs de nazi's zouden een stervende vrouw en haar kleine zoontje geen kwaad doen, hield Stephan zichzelf voor. Hij stak zijn hand omlaag om het slaapkamerraam zo zachtjes mogelijk dicht te doen, het geluid buitensluitend van zijn moeder die twee kamers verderop zwoer dat ze niet wist waar hij was, dat ze ervan uitging dat hij naar een kamp was gebracht – zijn moeder, die zichzelf in gevaar bracht zodat hij kon ontsnappen. Walter zei niets. Het arme kereltje was doodsbang, of dapper, of allebei. Het kostte Stephan grote moeite om niet naar binnen te klimmen en te eisen dat de soldaten Mutti en Walter met rust lieten. Hij had het Mutti echter beloofd. Zonder hem zouden ze het niet overleven, had ze volgehouden. Hij moest een manier vinden om hen Oostenrijk uit te krijgen. Zelf kon ze dat niet doen, en Walter kon het niet doen, en dus moest Stephan eerst zichzelf redden. Walter had gezegd dat hij en Pieter voor Mutti konden zorgen. Hij mocht dan klein zijn, maar hij was vastberaden. Hij kon een ondersteek legen. Hij kon Mutti helpen met aankleden. Hij kon allerlei dingen die je niet van een vijfjarige zou mogen vragen.

Zo stil mogelijk kroop Stephan over het gladde dak naar de boom bij zijn oude slaapkamerraam, de ontsnappingsroute naar de straat.

Op de stoep patrouilleerde een soldaat met een hond. Toen ze door de gouden gloed van de straatlantaarn liepen, stak de hond zijn oren omhoog. Zijn schaduw was zo lang dat hij wel een schepsel uit een andere wereld leek.

Stephan schoof naar achteren, bij de dakrand vandaan, en dook weg achter een schoorsteen zodat de hond hem niet zou horen ademen. Hij drukte zich tegen de stenen, de lichte warmte die ze afgaven, de bescherming van zijn schaduw.

Er was geen ster aan de hemel te zien.

Terwijl hij zijn ene schoen aantrok, speurde hij de schoorstenen op het dak af, turend in het donker. Kwam er rook uit die schoorsteen? Uit de volgende? Hij had zijn veter nog maar net gestrikt of hij hoorde een raam opengaan.

Hij haastte zich naar de volgende schoorsteen en voelde eraan: warm. Toen nog één, ook warm. Iemand was al bezig zich door het raam van Mutti's kamer op het dak te hijsen.

'Shit, het is koud hier,' riep de nazi omlaag naar het raam.

En glad, dacht Stephan. Misschien zou het hem lukken om de soldaat van het dak te duwen en de anderen te laten denken dat het een ongeluk was.

'Zie je hem?' vroeg een hogere stem; er waren er nu twee op het dak. Het zou nooit lukken om die allebei een duw te geven, laat staan dat het dan nog op toeval zou lijken.

Hij kon hun schaduwen in het donker onderscheiden, maar ze konden hem nog niet zien; hij had het geluid van hun stemmen om op af te gaan, en zijn ogen hadden zich al aan het donker aangepast, terwijl zij nog maar net uit het licht kwamen.

Zonder zijn blik van hen af te wenden kroop hij richting de derde schoorsteen. Die was koud, zo ongenadig koud als zijn ene schoenloze voet.

Zijn jas! Die moest hij bij de eerste schoorsteen hebben laten liggen.

Een fel licht scheen over het dak, een zaklamp die aan werd geknipt, gevolgd door een tweede.

Stephan klauterde naar de opening van de schoorsteen en wrong zich naar binnen. De stenen voelden ruw aan, maar ook glad van het roet.

Hij legde de andere schoen in zijn schoot zodat hij beide handen kon gebruiken om zich schrap te zetten.

De nazi met de zware stem riep naar de soldaat die met de hond op de stoep patrouilleerde. Nee, antwoordde die, er was niemand van het dak omlaaggekomen.

De twee op het dak splitsten zich en hun stemmen klonken nu vanuit verschillende richtingen. De lichtbundels van hun zaklampen gleden nu en dan over de schoorsteen waarin Stephan zich schuilhield. Ze begonnen te praten over de andere daken, alsof Stephan in staat zou zijn om de sprong van het ene dak naar het andere dak te maken en de hele breedte van de straat te overbruggen.

De hogere stem klonk nu vanuit de richting van de eerste schoorsteen, waar Stephan zijn jas had laten liggen.

Stephans bovenbeenspieren begonnen te branden van de inspanning. Hij zat in een schoorsteen op de vijfde verdieping. Zou hij omlaag kunnen klimmen, of waren zijn benen al zo vermoeid dat hij zou vallen? Paste hij door het rookkanaal? Zo ja, dan was de kans groot dat hij in een lege kamer terecht zou komen. Tenslotte was de schoorsteen koud. Een kamer ergens midden in het paleis, gezien de plek waar de schoorsteen zat. De keuken? De raamloze keuken, waar hij in de val zou zitten, niet in staat om de villa onopgemerkt te verlaten? Hij had een koude schoorsteen moeten zoeken aan de rand van het gebouw, eentje die naar een kamer met een raam leidde, een uitgang. Maar daar was geen tijd voor geweest.

Hij verschoof een stukje en probeerde zijn greep te verstevigen. De schoen in zijn schoot gleed omlaag. Hij stak zijn hand uit om hem vast te grijpen voordat hij tegen de metalen kachelpijp kon kletteren, maar daarbij gleed hij bijna zelf uit. Hij wist de schoenveter nog maar net met zijn linkerhand vast te pakken.

Vlug stak hij de veter tussen zijn tanden en drukte zijn armen weer tegen de koude stenen om te voorkomen dat hij omlaag zou glijden. Zijn rechterknie trilde van de inspanning, of van de kou, of van de angst.

De nazi's lachten. Waar lachten ze om? Hadden ze zijn jas gevonden?

'Ik zei toch dat we geen acrobaten zijn!' zei de hoge stem.

De mannen vroegen zich hardop af waar Stephan gebleven kon zijn. En nog steeds klemde Stephan zich vast aan de binnenkant van de schoorsteen, met de veter van zijn schoen tussen zijn tanden geklemd.

Er klonk gekreun en gelach, en toen de plof van de nazi's die door het raam naar binnen klommen en op de grond terechtkwamen. Voor hen was het allemaal een spelletje, een avontuur.

Nadat de stemmen waren weggestorven, wachtte Stephan een poosje. Toen schoof hij een stukje omhoog in de schoorsteen en tuurde over de rand. Hij klom uit de schoorsteen en ging plat op het dak liggen, wachtend en toekijkend, zijn benen opdragend om te stoppen met trillen. Hij lag er nog steeds toen hij gekraak uit het raam hoorde. De kust was veilig! Hij kon weer naar binnen, hij hoefde niet terug naar de vreselijke tunnels!

De openingstonen van Bachs eerste cellosuite dreven omhoog.

Stephan luisterde naar de melodie, het klaaglijke verlangen in de deinende, gebroken akkoorden die niet van het 'Ave Maria' waren. Ten slotte trok hij zijn tweede schoen aan, over de natte, met roet bedekte sok heen. Hij kroop over het dak om zijn jas te pakken, trok hem aan en gleed langs de boom omlaag. Vervolgens haastte hij zich naar de dichtstbijzijnde kiosk op de Ringstrasse en verdween via de smalle treden onder de grond. Slechts een kleine zucht van opluchting ontsnapte hem toen hij het koude, sombere, van ratten vergeven tunnelstelsel had bereikt.

HET PLEIDOOI VAN BURGGRAAF SAMUEL

De oude, versleten balzaal van The Bloomsbury Hotel stond helemaal vol met klaptafels en was gevuld met het lawaai van zestig vrouwen die op hoge snelheid immigratiepapieren in orde maakten. Ze hadden een systeem bedacht met tweedelige gekleurde kaarten. Het ene deel van de kaarten bleef in Engeland, terwijl het andere deel naar Duitsland werd gestuurd, een kaart per kind. 'Zet de radio wat harder,' zei iemand. 'Helen, je oom is op de BBC, hij staat op het punt om aan zijn pleidooi te beginnen!'

'Zet hem maar wat harder, maar ga door met werken,' zei Helen. 'Hoeveel Britse gezinnen ook bereid zijn om kinderen op te vangen, daar hebben we niets aan als we ze Duitsland niet uit kunnen krijgen.'

De vrouwen werkten geconcentreerd door en luisterden ondertussen naar de redevoering van Helens oom op de radio. 'Hoe hartverscheurend het ook is om gezinnen uit elkaar te halen, vrijwel alle Joodse ouders, en veel 'niet-arische' christenen, willen hun kinderen graag het land uit sturen, zelfs al hebben ze zelf geen plek om naartoe te vluchten.'

Door ook de christenen te noemen probeerde burggraaf Samuel brede steun voor het voorstel te krijgen, wist Helen.

'Er is een wereldwijde beweging opgestart om deze kinderen te redden,' vervolgde haar oom.

Een wereldwijde beweging waaraan alleen Groot-Brittannië deelnam. Maar de rest van de wereld zou vast hun voorbeeld volgen.

'De kwestie is uitermate dringend,' stelde burggraaf Samuel. 'Daarom doen we een beroep op de natie om deze kinderen op te nemen en voor hen te zorgen, om hun onderdak te bieden. We vragen de kerken, de Joodse gemeenschap en andere groeperingen om zich aan te melden en de verantwoordelijkheid op zich te nemen voor een aantal van deze kinderen die zijn overgeleverd aan de genade van de wereld.'

GROTE EN KLEINE WENSEN

Stephan ging met opgetrokken knieën op een krat cacaobonen liggen en schoof zijn blote handen tussen zijn dijen in een poging warm te blijven. Na een minuut of vijf werd hij rillend wakker, of na vijftien minuten, of een aantal uur. In het donker onder de grond was er niets waaraan je de tijd kon afmeten. Slaperig tastte hij naar het touw waarmee hij het peertje aan het plafond aan kon doen, maar hij realiseerde zich net op tijd dat het licht onder de deur bovenaan de trap door zou schijnen. Was er iemand aanwezig bij Neumanns Chocolade, iemand die de deur open zou kunnen doen en hem zou kunnen ontdekken?

Hij wist dat hij hier niet zou moeten blijven, maar het was droog en het was vertrouwd, en waar moest hij anders naartoe? Hij wilde terugkeren naar huis en in zijn eigen bed kruipen, niet het bed in de personeelskamer die hij met Walter deelde, maar zijn eigen bed, met zijn eigen lievelingskussen en zijn vers gesteven lakens, zijn boeken en zijn bureau en zijn schrijfmachine, alle papieren in de wereld, alle dromen. Wat kon dit anders zijn dan een nachtmerrie? Het kon haast niet anders of hij lag te slapen, op het punt om wakker te worden, om in zijn pyjama naar zijn bureau en zijn schrijfmachine te lopen, om de nachtmerrie op papier te zetten voordat hij de details zou vergeten die een verhaal zouden kunnen vormen als dit niet echt zou zijn.

Hij pakte de zaklamp van het haakje onder aan de trap van de cacaokelder; de lichtbundel kon hij weghouden van de deur en de zaklamp kon hij makkelijker uitdoen dan het licht aan het plafond. Hij hield zijn oren gespitst terwijl hij de koevoet pakte en een van de kratten openwrikte.

Hij pakte een handje cacaobonen uit een van de jutezakken en deed toen zowel de zak als de krat zorgvuldig dicht, zodat het niet op zou vallen dat er een handvol ontbrak. Hij stopte een paar van de bonen in zijn mond en kauwde: hard en bitter. Hij wenste dat hij wat water had om ze mee weg te spoelen. Zoveel wensen, groot en klein.

Hij stopte de rest van het handje cacaobonen in zijn jaszak en wilde net de koevoet weer op zijn plek hangen, toen hij stemmen boven zijn hoofd hoorde: de arbeiders die de voorraad cacaobonen voor die dag kwamen halen. Geschrokken knipte hij de zaklamp uit, glipte onder de trap en klom langs de ladder omlaag. Toen hij de deur boven zich krakend open hoorde gaan, besefte hij dat hij de zaklamp nog in zijn hand had. Hij stak hem in zijn zak, hopend dat niemand zou merken dat hij verdwenen was.

Hij kroop door de tunnel en probeerde te bedenken waar hij zich verder nog kon verstoppen. Vanaf de andere kant van de tunnel klonken rennende voetstappen en nieuwe stemmen: 'Deze kant op!' Nazi's die de tunnels doorzochten op mannen en jongens die zich schuilhielden, zoals hij.

Hij zat in de val. Vlug schoof hij naar achteren, terug naar het begin van de tunnel, doodsbang dat het bonzen van zijn hart hem zou verraden.

Met ingehouden adem luisterde hij naar de laarzen van nazi's die hem op een paar meter afstand voorbijrenden.

OTTO

Otto tilde Johanna op en kuste haar.

'Ik wil mama,' zei het kleine meisje.

'Dat weet ik, liefje,' zei Otto. 'Dat weet ik.'

Žofie, die zo stil was sinds Käthe was opgepakt, zo volwassen, vroeg of het hem was gelukt om haar moeder te zien.

'Ik heb bevestigd gekregen dat je moeder hier in Wenen wordt vastgehouden,' zei hij. 'Laat je me nu het avondeten afmaken?'

'Het is maar *kulajda*,' zei ze.

Kulajda. Het was Žofies lievelingsmaal. Na elk bezoek aan haar *Grand-mère* Betta vertelde ze enthousiast dat zij en Johanna zelf de eieren hadden mogen rapen die hun grootmoeder pocheerde, om ze zorgvuldig in de kommen met romige aardappelsoep te leggen.

'Doe jij maar rustig aan, Engelchen,' zei hij. 'Lees maar een poosje.'

Haar exemplaar van *Kaleidoskop* lag op tafel. Hij bracht het naar de slaapkamer van Käthe en borg het op in de verstopplek onder het kleed. In plaats van het boek van Zweig bracht hij *De memoires van Sherlock Holmes* voor Žofie mee.

Žofie zat aan tafel met een boek vol wiskundige vergelijkingen. Zelfs Sherlock Holmes negeerde ze. Johanna ging naast haar zitten, zuigend op haar duim. Otto zette de radio aan om naar het nieuws te luisteren terwijl hij de soep afmaakte. Minister van Buitenlandse Zaken Von Ribbentrop was op weg naar Parijs om het voorgestelde Frans-Duitse vredesakkoord te ondertekenen; er was een enorme hoeveelheid tweedehandsboeken op de markt gekomen door het sluiten van Joodse boekhandels; er was zojuist een avondklok voor Weense Joden ingesteld.

Žofie-Helene keek op van haar wiskundeboek. 'Wanneer laten ze mama weer gaan?'

Otto legde zijn pollepel neer en ging naast haar zitten. 'Ze moet eerst beloven dat ze niets meer zal schrijven.'

Fronsend richtte Žofie zich weer op haar vergelijkingen. Otto keerde terug naar het fornuis, naar het bevredigende besef dat hij in elk geval voor hen kon zorgen.

Ruim nadat hij dacht dat Žofie-Helene weer helemaal in haar wiskunde was opgegaan, zei ze: 'Maar ze is schrijver.'

Hij roerde langzaam in de soep, staarde naar de spiralen die zich vormden en daarna weer oplosten. 'Žofie,' zei hij, 'ik weet dat je dat boek van Stephan hebt gekregen. Ik weet dat het veel voor je betekent. Maar het is verboden. Als je het weer tevoorschijn haalt, zal ik het moeten verbranden.'

De telefoon begon te rinkelen, natuurlijk begon die te rinkelen, precies op het minst geschikte moment.

'Ik hoef het boek niet te houden,' zei Žofie. 'Na het eten zal ik het zelf buiten in de vuilcontainer gooien. Ik beloof het.'

Hij knikte – ja, dat was het beste – en nam de telefoon op.

'Käthe Perger?' vroeg een vrouw. De lijn kraakte; belde ze vanuit het buitenland?

'Met wie spreek ik?' vroeg Otto.

'Pardon,' antwoordde de vrouw. 'U spreekt met Lisl Wirth, de tante van Stephan Neumann. Eigenlijk ben ik op zoek naar Žofie-Helene. Ik bel vanuit Sjanghai. Ik had zojuist mijn schoonzus aan de telefoon, en zij vertelde me dat Stephan… Ze kwamen hem arresteren en hij sloeg op de vlucht, maar nu wordt Ruchele gedwongen om te verhuizen. Ze dacht dat Žofie misschien wist waar Stephan –'

'Er is vast wel iemand anders die kan helpen om hem te vinden,' zei Otto.

'Niemand weet waar hij is,' hield de vrouw vol. 'En Ruchele… Zelfs haar dienstmeisje moest weg, omdat christenen niet langer voor Joden mogen werken. Ze heeft alleen Walter nog. Ze kan zich niet alleen redden. Ze dacht dat Žofie misschien wist waar Stephan… Ze wil niet weten waar hij is, ze –'

'Žofie-Helene heeft geen idee waar Stephan is,' zei Otto.

‘Mijn schoonzus wil haar zoon alleen een bericht sturen, zodat hij weet waar hij haar kan vinden.’

‘Door mensen zoals u is mijn schoondochter opgepakt! U moet ons met rust laten!’

Met trillende hand legde hij de hoorn op de haak.

Žofie-Helene staarde hem aan. ‘Ik kan Stephan vinden,’ zei ze.

Johanna keek ook naar hem. Ze haalde haar duim uit haar mond en zei nonchalant: ‘Žozo kan Stephan vinden.’

Otto roerde weer in de soep. De soep hoefde niet meer geroerd te worden, maar hij had het nodig om te roeren. ‘Je weet niet waar hij is, Žofie,’ zei hij. ‘Jij blijft hier en je doet je werk, en als je moeder is vrijgelaten, gaan we naar je Grandmère Betta. Je moeder kan hier niet blijven. Zodra ze haar vrijlaten, gaan we naar Tsjechoslowakije.’

OP ZOEK NAAR STEPHAN NEUMANN

Žofie-Helene glipte uit bed, met al haar kleren nog aan. Ze haalde haar doos met geheime dingen onder het bed vandaan en legde het boek erin dat ze had liggen lezen tot haar opa in slaap was gevallen: de verhalen van Stefan Zweig die ze had beloofd weg te gooien. Ze had zich wel en niet aan haar belofte gehouden; ze had het boek gepakt en was ermee naar de vuilcontainer buiten het gebouw gelopen, maar toen kon ze het niet over haar hart verkrijgen en had ze het weer mee naar binnen genomen. *Kaleidoskop*. Ze had zich zo vaak afgevraagd waarom Stephan haar het tweede deel van de verzameling had gegeven in plaats van het eerste. Natuurlijk had ze het hem kunnen vragen, maar het raadsel beviel haar wel, het puzzelen, het ontwarren van de mentale knoop. Misschien had hij het voor haar gekozen vanwege de titel. Hij moest hebben geweten dat de titel haar zou aanspreken, al die reflecterende oppervlakken die in hoeken op elkaar waren geplaatst, zodat één simpel ding werd vermenigvuldigd, het beeld herhaald en herhaald en herhaald tot het iets anders werd, iets prachtigs.

Ze liep op haar tenen naar de keuken en haalde een mes uit het messenblok. Voorzichtig schoof ze een la open en haalde er op de tast een kaars en een doosje lucifers uit. Ze pakte haar jas en haar roze sjaal en wilde vertrekken, maar in een ingeving pakte ze het brood dat over was van het avondeten, nog in het papier van de bakker, en stopte het in haar zak.

Onder de grond was het zo donker en griezelig dat ze een lucifer afstreek. Die gaf niet genoeg licht om veel te kunnen zien, maar in elk geval gingen de ratten er haastig vandoor. Vastberaden begon ze te lopen, maar al snel moest ze haar sjaal over haar mond en haar neus wikkelen tegen de stank. Ze was de verkeerde kant op gegaan, richting het riool in plaats van ervandaan. Ze draaide zich om en liep de andere kant op. Als iemand haar aantrof, zou ze zeggen dat ze op zoek was naar haar kat. Na een poosje bleef ze stilstaan en spitste haar oren: er lag iemand te snurken. Ze sloop in de richting van het geluid tot ze zag waar het vandaan kwam: een grote berg van een man. Ze draaide zich om en liep de andere kant op, opgelucht toen ze een van de ondergrondse gangen bereikte die door een werklamp werden verlicht. Toen ze die achter zich had gelaten, was het donker alleen nog maar donkerder.

Het liefst wilde ze de kaars niet gebruiken, want die had ze meegebracht voor Stephan. Hij bleek echter verrassend veel licht te geven. Ze wist tamelijk eenvoudig haar weg te vinden langs het klooster en het hek bij de Stephansdom. Ze keek niet naar de stapel schedels, hoewel ze dat misschien wel had moeten doen. De vorige keer had ze Stephans moed geleend, maar misschien kon ze die beter vervangen door die van haarzelf.

Bij de tunnel naar de cacaokelder ging ze staan en ademde diep in. *Hou je mond open. Laat de chocolade gewoon in je mond smelten. Neem de tijd om er zo lang mogelijk van te genieten.* Die eerste keer onder de grond had ze Stephans hand willen pakken, maar hoe pakte je de hand van je enige vriend zonder alles te verpesten?

Ze knielde op de koude stenen en kroop de tunnel in die haar bij de eerste ontdekking zo had verrast.

'Stephan, ben je daar?' fluisterde ze, hopend dat hij er was en tegelijk hopend van niet. De vriendschapsparadox. Hoe kon hij hier overleven, in de kou en de vochtigheid? Hoe kon hij hier slapen, in het eeuwige gezelschap van de ratten?

'Ik ben het, Žofie-Helene,' fluisterde ze. 'Wees niet bang.'

De lagergelegen kelder was leeg. Ze bescheen de ladder naar de cacaokelder met de kaars. De treden waren niet bijzonder vies. Ze moesten onlangs zijn gebruikt. Een eenvoudige gevolgtrekking.

Langzaam, voorzichtig, klom ze langs de ladder omhoog. Ze meende iets te horen en blies de kaars uit. Daarna sloop ze zo zachtjes mogelijk de laatste treden op. Bovenaan tuurde ze in het donker. Ze hoorde niets meer.

'Stephan?' fluisterde ze.

Er kwam geen antwoord.

Ze streek nog een lucifer af en draaide zich in de richting van het geluid van een beest dat zich haastig uit de voeten maakte. Toen vond ze op de tast het touwtje waarmee ze het peertje aan het plafond aan kon doen. Het gaf zo'n fel licht dat ze met haar ogen knipperde.

Bij de trap hing een nieuwe zaklamp, maar verder was alles nog hetzelfde. Aan de andere kant van de kelder zag ze een smalle opening tussen de cacaokisten. Misschien was die ontstaan toen de kisten in de kelder waren geladen, het slordige werk van een arbeider die moe was aan het eind van een lange dag. Ze liep ernaartoe. Er was niets te zien. Als Stephan hier woonde, had hij geen enkel spoor achtergelaten, behalve de relatief schone treden van de ladder. Maar waar kon hij zich anders schuilhouden?

Met tegenzin liep ze terug naar het peertje, zich schrap zettend voor de terugkeer van het donker. De kou. Het ongedierte dat je niet kon zien. Hun scherpe tandjes, en de ziekten die ze bij zich droegen. Ze wachtte een minuut, hopend dat Stephan op het licht af zou komen, en toen deed ze het uit en daalde de ladder weer af.

Als Stephan niet in de cacaokelder sliep, waar dan? Hopelijk op een warme plek, met minder ratten. Maar ze had geen idee waar dat zou kunnen zijn.

Ze haalde het verpakte brood uit haar zak, wikkelde haar sjaal los en bond het ene uiteinde ervan als een buidel om het kleine pakje. Het andere eind maakte ze vast aan de ladder, zodat het voedsel boven de vloer hing, buiten het bereik van ongedierte. Ze kroop de lage tunnel weer in en kraste op verschillende plekken 'S →' in de stenen, om Stephan te helpen het eten te vinden. Ze begon nog meer letters te krassen, maar stopte daarmee, keerde terug naar de kelder, maakte het brood los en stopte het weer in haar zak.

Ze klom weer omhoog naar de cacaokelder en trok opnieuw aan het touwtje van het licht. Toen haar ogen zich weer hadden aangepast, wat sneller deze keer, pakte ze de pen van het klembord en schreef op het papier waarin het brood verpakt zat: *Je moeder moet gedwongen naar Leopoldstadt verhuizen. Ik zal uitzoeken waar ze precies is en een briefje en een deken voor je achterlaten. Leg een briefje voor me neer waarin staat wat je nog meer nodig hebt.*

Het boek. Waarom had ze het niet voor hem meegebracht? De volgende keer zou ze *Kaleidoskop* meebrengen.

Ze legde de pen weer op zijn plek, precies zoals ze hem had aangetroffen. Ze zette zich schrap voor het donker, trok aan het touw en daalde de ladder weer af. Eenmaal beneden bond ze het pakje met het brood, de kaars en de lucifers in haar sjaal, die ze opnieuw aan een tree van de ladder hing.

DE SAMENZWERING

Truus schonk thee in voor Norman en Helen Bentwich en bood hun een koekje aan van een schaaltje. Ze hield ze ook het zilveren doosje met sigaretten voor; mensen voelden zich sneller op hun gemak als ze konden roken.

'Dit is allemaal erg geheimzinnig,' zei ze. 'Joop zal het vreselijk vinden dat hij erbuiten is gelaten.'

'We dachten dat je misschien liever eerst zelf over ons voorstel na zou willen denken,' zei Helen.

Met 'we' bedoelde Helen zichzelf, begreep Truus.

'Verschillende organisaties die nu samenwerken onder de paraplu van de Beweging voor de Opvang van Kinderen uit Duitsland hebben ons parlement overgehaald om tijdelijk onbeperkte immigratie vanuit het Reich naar Engeland toe te staan.'

'Onbeperkt!' zei Truus. 'Dat is fantastisch nieuws!'

'Onbeperkt qua aantal,' zei Norman Bentwich, 'maar wel beperkt in reikwijdte. De kinderen worden alleen geaccepteerd als transmigranten –'

'Een halfslachtig welkom,' zei Helen, 'en een schijnvoorwaarde, gezien het feit dat er geen enkel ander land is waar de kinderen naartoe kunnen emigreren. De regering heeft benadrukt dat het in ieders belang is dat de kinderen over een groot gebied worden verspreid en dat ze niet in grote aantallen in steden als Londen of Leeds terechtkomen. "We moeten voorkomen dat we een in het oog lopende Joodse enclave creëren," kregen we te horen.'

'Wij zijn verantwoordelijk voor de organisatie aan Britse kant,' zei Norman. 'We moeten pleeggezinnen zien te vinden voor zoveel mogelijk kinderen, en tijdelijke huisvesting en steun in Groot-Brittannië voor de rest. De Reichsvertretung is al begonnen met de selectie van kinderen in

Duitsland. In Oostenrijk ligt het ingewikkelder. Het hoofd van het Duitse Joodse Bureau daar, een man genaamd Eichmann…' Norman tikte de as van zijn sigaret. 'Dat schijnt geen makkelijke man te zijn.'

'De leden van de Kultusgemeinde denken dat iemand van buitenaf Eichmann wellicht makkelijker zal kunnen overhalen om Oostenrijkers toestemming te geven om te vertrekken. Een christen.'

'We hopen tienduizend kinderen te kunnen opvangen,' zei Norman. 'En gezien het aantal kinderen dat jij hebt gered –'

'Tienduizend kinderen en hun ouders?' vroeg Truus.

Norman wierp een onzekere blik naar zijn vrouw en drukte zijn half opgerookte sigaret uit. 'De premier is van mening dat kinderen onze taal en onze gewoonten makkelijker zullen leren. Zonder hun families zullen ze misschien makkelijker in onze maatschappij integreren. Ik heb begrepen dat de kinderen die u hebt gered ook niet door hun ouders werden vergezeld?'

'Dus volgens de premier is er ruimte in Engeland voor de kinderen, maar niet voor hun ouders?' zei Truus verbluft. 'Hij vindt dat ouders hun dierbare kinderen aan vreemden over moeten leveren?'

'Hebt u zelf kinderen, mevrouw Wijsmuller?' vroeg Norman.

'Norman!' zei Helen, die minstens zo van de vraag schrok als Truus. 'Je kunt niet –'

'Joop en ik zijn niet met kinderen gezegend, Norman,' zei Truus zo onbewogen mogelijk. Ze probeerde niet te denken aan de prachtige houten wieg, de geborduurde lakentjes met de sneeuwpoppen.

'Ik verzeker u,' zei Norman Bentwich resoluut, 'dat we geen enkel kind zullen weghalen zonder toestemming van de ouders. We zijn geen barbaren.'

'Nee, er zijn geen barbaren meer in de wereld,' zei Truus. 'In elk geval noemt niemand ze meer zo. Overal vredestichters, maar geen barbaren.'

'Volgens mij verkeer je niet in de positie om Groot-Brittannië de les te lezen over de mate van zijn ruimhartigheid,' zei Norman Bentwich verontwaardigd. 'Jullie Nederlanders laten alleen Duitse Joden de grens over die een visum hebben om zich elders te vestigen.'

'Maar families uit elkaar halen? Er moet toch...' Ze wendde zich tot Helen, knipperend met haar ogen bij de gedachte aan de kleine Adele Weiss die in dat wiegje in Zeeburg was gestorven zonder de troost van haar moeder. 'Helen, kunnen we voor de moeders geen baantjes vinden als hulp in de huishouding? Of... We hebben gehoord dat Palestina meer Joodse immigranten binnenlaat. Jullie hebben daar een poos gewoond, jullie hebben er toch zeker enige invloed?'

'Helaas wordt Palestina als te politiek gevoelig beschouwd om een oplossing te bieden,' antwoordde Norman.

Beschouwd. Hij was het daar dus niet mee eens, maar hij kon er niets aan doen.

Voorzichtig zei Helen: 'De regering heeft ermee ingestemd om in één keer een grote hoeveelheid visa uit te geven, zodat de kinderen snel kunnen komen. Het is iets, Truus. Die kinderen verkeren in nood. De raad maakt zich zorgen om hun levens.'

'Maar niet om de levens van hun ouders,' zei Truus.

Norman Bentwich stond op en liep naar het raam, naar het uitzicht op de heldere, ongebruikelijk warme novemberdag. Joop deed precies hetzelfde wanneer hij boos of gefrustreerd was. Ze deed het zelf ook.

Toen hij zich weer naar haar toe keerde, was zijn gezicht door de lichtinval van het raam achter hem onmogelijk te lezen. 'Die ouders hebben er alles voor over om hun kinderen te redden,' zei hij. 'Ze vertrouwen de zorg met liefde toe aan ruimhartige vreemden, om de kinderen te beschermen tot er een eind komt aan deze nachtmerrie.'

Helen legde haar hand op die van Truus en zei: 'Ik zou hetzelfde doen, Truus, en jij ook.'

Langzaam nam Truus een slokje thee. Ze koos een koekje uit van het schaaltje, maar ze kreeg het niet door haar keel. Het gezicht van Adeles moeder verscheen op haar netvlies. Ja, zij had gewild dat Truus haar kindje meenam, en tegelijk ook niet. Waarom had Truus de moeder niet gewoon ook in de trein getrokken? Waarom had ze er niet aan gedacht om de moeder mee te nemen, waarom had ze niet op haar vindingrijkheid vertrouwd om Adeles moeder uit Duitsland weg te krijgen?

'Helen,' zei ze, 'ik... Jij hebt dit nooit gedaan. Je hebt nog nooit een kind bij de moeder weggehaald. Ik kan me geen gruwelijker taak voorstellen.'

Norman Bentwich liep naar haar toe, en zijn silhouet, afgetekend in het licht van het heldere raam, veranderde weer in een man van vlees en bloed. 'O nee?'

DE DOLKSTEEK

Op een brug over de Herengracht tilde een vader een kind op en hield haar over de reling, zodat ze met een lange stok tegen een vrolijk gekleurd speelgoedzeilbootje kon duwen dat midden in de gracht was vastgelopen. Het kind bungelde zo gevaarlijk boven het koude water dat Truus de neiging voelde om haar vast te grijpen voor ze kon vallen. Ze had zin om de vader tot de orde te roepen. Waar was die man mee bezig? Zoveel ouders sprongen nonchalant met hun kinderen om, ervan overtuigd dat hun nooit iets zou overkomen. Maar een groepje ouders dat de man van een afstandje gadesloeg, juichte toen het kleurige houten bootje loskwam en weer verder dreef naar de kade, waar hun eigen kinderen met stokken tegen hun eigen kleurige bootjes duwden en zo nu en dan over de brug naar de kant van Truus holden om het bootje weer terug te sturen.

'Ik heb bewondering voor het werk dat Helen en Norman Bentwich doen,' zei Joop tegen haar. 'Maar werkelijk, Truus, vanávond nog naar Wenen? Zonder enige voorbereiding? Zonder een afspraak om die Eichmann te ontmoeten?'

Joop was geen man die zijn emoties publiekelijk toonde, en daarom had ze ervoor gekozen om hem het voorstel van het echtpaar Bentwich hier voor te leggen, aan de gracht. Natuurlijk waren er voorbereidingen getroffen, niet door Truus, maar door Helen Bentwich, die de leden van het comité ervan had overtuigd dat Truus de juiste vrouw was voor de taak die in hun ogen aan een man moest worden toevertrouwd. Haar vriendin Helen... een rare manier om tegen iemand aan te kijken die je nog maar net had ontmoet, maar zo voelde het.

'Het is één ding om een paar kinderen mee te nemen over een grens die niet al te streng bewaakt wordt,' zei Joop, haar recht in de ogen kijkend, 'maar je hebt het over meerdere reisjes, niet zomaar vijf minuten over de grens, maar helemaal naar Wenen.'

'Ja, Joop, maar –'

'Ga alsjeblieft niet tegen mijn wens in.'

Ze schrok van de kracht achter zijn woorden. Hij meende het. Hij meende de woorden waarvan hij zo vaak had gezegd dat hij ze nooit zou menen. Niet omdat hij de baas over haar wilde spelen, maar omdat hij zich zorgen om haar maakte.

Ze glimlachte geruststellend naar het groepje ouders aan de overkant van de gracht. De vader had zich weer bij hen gevoegd en zijn dochter duwde haar zeilbootje langs de kade.

'Ik zou nooit tegen je wens in gaan, Joop,' zei ze zacht. 'Ik hou juist van je omdat je me nooit dwingt om dat te doen.' Een subtiele herinnering, met een vleugje humor om het makkelijker verteerbaar te maken.

Zijn uitdrukking verzachtte en hij keek bijna verontschuldigend. 'Maar werkelijk, Truus.'

Ze keken naar het meisje, dat opnieuw een beroep deed op haar vader omdat haar bootje te ver was afgedreven. De vader was te druk in gesprek om haar op te merken. Het meisje wendde zich tot haar oudere broer, die zijn eigen bootje liet dobberen terwijl hij dat van haar weer de goede kant op loodste.

'Wat moet ik dan doen, Joop?' zei ze, opnieuw met die zachte, sussende stem. 'Het is mooi om drie kinderen te redden, of dertig, maar moet ik niet proberen om er tienduizend te redden?'

'De Gestapo zal precies weten wat je doet, Geertruida! Waar je naartoe gaat. Hoe je elke minuut doorbrengt, en met wie. Er zal geen enkele ruimte zijn om ook maar het kleinste foutje te maken.' Hij aarzelde en ging toen op mildere toon verder: 'Nog afgezien van het feit dat de dokter je afraadt om lange reizen te maken.'

Truus onderdrukte de pijn; de dokter had wel haar leven gered, maar niet dat van hun baby. Hun laatste kans, hoogstwaarschijnlijk. Haar laatste, onverwachte kans.

Ze pakte Joops hand vast. 'Dat ik niet op het risico inga, betekent niet dat ik het niet serieus neem, Joop,' zei ze. 'Dat weet je best.'

Samen keken ze naar de vader van het jongetje en het meisje, die aan de overkant van de gracht bij zijn kinderen ging staan. Hij gebruikte de stok van zijn dochter om haar bootje naar zich toe te trekken, hield het op zijn kop tot het water eruit was gelopen en deed hetzelfde met het bootje van zijn zoon. De broer pakte de hand van zijn zusje, en ze zei iets waar ze allemaal om moesten lachen. De vader pakte de bootjes en de stokken, en met zijn drieën liepen ze naar de brug en staken de gracht over.

Truus keek omhoog, door de kale takken naar de kale hemel, die dof uitsloeg door de schemering.

'Joop,' zei ze, 'stel je voor dat die Oostenrijkse kinderen die ik op zou halen onze eigen kinderen waren –'

'Maar dat zijn ze niet! Ze zijn niet van ons, en hoeveel kinderen van andere mensen we ook redden, ze zullen nooit de kinderen vervangen die we zelf niet hebben gekregen. Je moet ophouden met dat te denken!'

Opnieuw keken mensen naar hen. Een trein floot. Truus bleef maar naar de overkant van de donkere gracht staren, haar hand in het anker van de zijne. Hij meende de woorden niet, de pijn die ze veroorzaakten. Het was gewoon het verdriet dat een uitweg zocht. Ook hij zou misschien optrekken met andere ouders als zij hem niet in de steek had gelaten. Ook hij zou misschien een kind leren zwemmen voordat het een speelgoedbootje op het water mocht laten varen, een kind dat hij nooit op de gracht zou laten schaatsen voordat het minstens een week had gevroren. Ook hij zou misschien een knoop losmaken van een strakke jas, een kus op een gekneusde elleboog drukken, lachen om iets wat een kleuter grappig vond, en een volwassene misschien ook.

Joop trok haar tegen zich aan, sloeg zijn armen om haar heen en drukte een kus boven op haar hoed. 'Het spijt me. Het spijt me. Vergeef me. Het spijt me.'

Zo bleven ze staan, terwijl ouders hun kinderen bij zich riepen, kleurige bootjes uit het water werden getild en leeggegoten, en gezinnen in drietallen en viertallen en vijftallen terugkeerden naar hun huizen om samen aan de keukentafel te eten, terwijl de kleine bootjes in badkuipen lagen te drogen om voor de winter opgeborgen te worden. Het geluid van de trein stierf weg in de verte en liet een stilte achter die in de grijze hemel hing, boven het grijze water en de grijze gebouwen, de grijze brug. De zon ging in deze tijd van het jaar zo snel onder.

'Misschien heeft God om deze reden besloten om ons geen kinderen te gunnen, Joop,' zei ze zacht. 'Omdat er een andere taak voor ons ligt, de kans om zoveel kinderen te redden. Hij heeft ons de last bespaard van de beslissing om ons leven op het spel te zetten en daarmee het risico te nemen dat onze eigen kinderen moederloos achter zouden blijven.'

AL DIE INKT

Met de roze sjaal van Žofie om zijn nek en een deken om zijn schouders keek Stephan vanachter een berg puin toe terwijl de schaduw van Žofie-Helene in de ondergrondse gang bleef staan. Žofie, wilde hij roepen, Žofie, ik ben hier! Maar hij zei niets. Hij staarde slechts naar de schaduw, die zich omdraaide en hurkte en in de tunnel naar de cacaokelder verdween.

Hij hield de sjaal voor zijn neus en ademde de geur in. Op verschillende plekken hoorde hij water druppelen. Een auto reed lawaaiig over het deksel van het achthoekige mangat bovenaan de wenteltrap. Hij wist niet hoelang hij wachtte. Hij had elk gevoel voor tijd verloren.

'Stephan?' zei ze, en hij schrok van haar stem.

Hij tuurde naar haar schaduw, die hij kon onderscheiden nu hij wist dat ze er was. Hij verroerde zich niet en zei niets. Dat was omwille van haar veiligheid, ja, maar ook omwille van zijn eigen waardigheid. Hij wilde niet dat ze hem zo zou zien: koud en smerig van het leven onder de grond, waar hij zich niet kon wassen, waar hij zijn behoefte dichter bij het riool deed om de plek waar hij sliep niet te bevuilen, zo hongerig dat hij brood zou kunnen eten dat zijn moeder wellicht nodig zou hebben om in leven te blijven.

Haar schaduw bewoog, haar voetstappen verwijderden zich haast onhoorbaar in de richting van haar appartement. Hij keek haar na tot ze weer was verdwenen, en toen bleef hij kijken en luisteren tot hij helemaal niets meer kon horen.

Ten slotte kroop hij de lage tunnel in. Pas toen hij er helemaal in was verdwenen, knipte hij zijn zaklamp aan. Hij knipperde met zijn ogen tegen het felle licht en gaf ze de tijd om te wennen.

Ze had een nieuw voorraadje brood en boter achtergelaten. Ze had ook een schrift en een pen voor hem neergelegd, en Stefan Zweigs *Kaleidoskop*.

Eenmaal terug in zijn ondergrondse hol zocht hij het veiligste plekje uit, tussen de twee ingangen van de tunnel. Hij trok de paardenschedel naar zich toe en legde de zaklamp erop, met de lichtbundel op zichzelf gericht. In het schijnsel kon hij lezen wat er op het papier stond waarin het brood was gewikkeld. Een adres in Leopoldstadt, waar Mutti en Walter nu woonden.

Hij vouwde het papier open en rook aan het brood, snoof de geur van gist op. Zo bleef hij lange tijd zitten, zich voorstellend hoe het brood zou smaken. Toen wikkelde hij het weer in het papier en stopte het in zijn zak.

Hij legde de zaklamp schuin, zodat het licht op het boek viel: het tweede deel van Stefan Zweigs verzamelde verhalen. Hij had het haar gegeven ondanks het feit dat hij geen tweede exemplaar had, gewoon omdat hij wilde dat zij het zou hebben. Hij staarde naar het omslag. De boeken van Zweig waren verboden door Hitler. Žofie had het niet moeten houden.

Hij sloeg het boek open en bladerde naar zijn favoriete verhaal in de verzameling, 'Boekenmendel'. Opnieuw verschoof hij de zaklamp, en hij las de eerste paar bladzijden, tot hij bij de prachtige regel kwam over de kleine dingen die een persoon tot in detail in het geheugen oproepen: een ansichtkaart of een handgeschreven briefje, 'een krantenpagina vervaagd door rook'.

Hij opende het schrift – met ruitjespapier, van het soort waarin Žofie haar vergelijkingen maakte – en liet zijn vingers op de pagina rusten. Hij wilde dat het schrift niet leeg was. Hij wilde dat ze een bericht voor hem had achtergelaten. Hij wilde dat het een van haar eigen wiskundeschriften was, met een oude vergelijking in haar gulle handschrift op de bladzijde.

Hij trok zijn handschoenen uit en nam de koele, gladde pen in zijn hand. Al dat papier dat hij als vanzelfsprekend had beschouwd. Al die inkt. Al die boeken die hij op elk gewenst moment van de plank had kunnen halen. Hij verschoof de zaklamp nog een stukje en ging zo zitten dat het licht de lege bladzijden bescheen. Hij duwde zijn gezicht diep in Žofie-Helenes sjaal en schreef: *Je neemt je vrienden niet mee hiernaartoe, maar mij wel, dus dan beschouw je mij niet als je vriend.*

Bovenaan de bladzijde, in het midden, als een titel, schreef hij: *De paradox van de leugenaar.*

Hij schreef: *Haar vlecht die op haar rug danste terwijl ze het Prater verliet.*

Hij veegde met zijn pols langs zijn neus, terugdenkend aan het kleine gezichtje van Walter dat over Žofies schouder naar hem keek, naar zijn grote broer die door de nazi's vernederd werd. Hij veegde nog een keer langs zijn neus, en langs zijn ogen. Hij duwde zijn gezicht weer in het zachte kasjmier van Žofies sjaal en schreef: *De pure witte huid onderaan haar hals. Haar smoezelige brillenglazen. De geur van vers brood. De geur van haar.*

IK BELOOF HET

Truus vouwde zorgvuldig een blouse op en legde die netjes in haar reistas, een prachtig zacht leren koffertje dat van haar vader was geweest. Hij was eigenaar geweest van een apotheek in Alkmaar, waar hij zijn klanten soms medicijnen gaf die ze nodig hadden maar zich niet konden veroorloven. Hij had nooit geaarzeld op basis van hun huidskleur, of omdat ze in een andere versie van God geloofden dan hij. En toch vermoedde ze dat hij dezelfde zorgen zou uiten als Joop nu deed.

'Ongerustheid is niet hetzelfde als gebrek aan waardering voor wat je doet,' zei Joop. 'En als ik ooit heb gedacht dat ik of iemand anders het van je over zou kunnen nemen, ben ik er in Duitsland wel achter gekomen hoezeer ik ernaast zat.'

Ze keerde zich naar hem toe, net zo aandachtig luisterend als haar ouders altijd naar haar hadden geluisterd. Het was een eer als iemand aandachtig naar je luisterde, als iemand je werkelijk hoorde. Je kon iemand die eer bewijzen zonder het met hem eens te zijn.

'Maar je kunt niet van me vragen om me geen zorgen te maken,' ging Joop verder. 'Ik zal je nooit verhinderen te doen wat je moet doen. Toen ik met je trouwde, wist ik wie je was. Ik denk dat ik al wist wie je was voordat je het zelf wist.' Hij sloeg zijn armen om haar heen en trok haar hoofd tegen zijn borst, zodat ze zijn onvoorstelbaar trage hartslag kon voelen. 'Je moet erop vertrouwen dat ik net zo sterk kan zijn als jij,' zei hij. 'Al kan ik dan veel minder goed liegen.'

Hij hief haar kin. Ze keek een beetje scheel in haar poging om haar blik op hem scherp te stellen, precies zoals de eerste keer dat hij haar had gekust, al die jaren geleden. Hij was zo'n goede man. Wat zou ze een andere vrouw zijn zonder de goede mensen in haar leven.

Hij haalde de rok die ze zojuist had ingepakt uit het koffertje en legde er een andere voor in de plaats. 'Wat die rok betreft, moet je me ook vertrouwen.'

Het was niets voor Joop om kleren voor haar te kopen. Het was bedoeld als kerstcadeautje, zei hij, maar hij wilde het haar nu geven. De stof paste perfect bij de blouse, en waarom zou ze vragen naar iets wat er niet toe deed?

Hij sloeg zijn armen weer om haar heen. 'Beloof me dat je me alles zult vertellen,' zei hij. 'Beloof me dat je me waarschuwt wanneer ik me zorgen moet maken, zodat ik me niet de hele tijd zorgen hoef te maken.'

Ze deed een stap naar achteren om hem beter te kunnen zien. 'Dat beloof ik,' zei ze.

Hij kuste haar. Zijn lippen waren zo warm en zo zacht dat het haar verwonderde dat ze het kon verdragen om zijn gezelschap te verruilen voor een leeg bed in een lege hotelkamer, in een stad die onder bestuur stond van de nazi's.

'En ik beloof jou de vrijheid om je eigen weg te kiezen, zoals altijd.' Hij glimlachte wrang. 'Niet dat je me daar een keus in geeft.'

HET GETTO VAN LEOPOLDSTADT

Stephan glipte een appartement op de begane grond binnen dat tjokvol stond met meubilair, als een uitdragerij. De kamers werden bewoond door meerdere gezinnen, dicht op elkaar gepropt, van wie de meesten de sabbat in acht namen. In een somber klein kamertje aan de achterkant van het huis – een kamer die was ingericht met meubelstukken uit zijn eigen huis – lag Mutti in een eenpersoonsbed te slapen, met haar armen om Walter heen geslagen.

Stephan knielde naast hen. 'Sst,' zei hij. 'Mutti, ik ben het.'

Mutti schrok wakker. Toen stak ze haar hand naar hem uit, alsof hij een geest was, en raakte zijn hals aan. Haar aanraking was droog en broos, maar vol warmte, meer warmte dan hij in dagen had gevoeld. Zijn keel werd dichtgeschroefd. Even was hij niet in staat om iets te zeggen.

'Het is in orde,' wist hij uit te brengen. 'Ik ben in orde. Ik wilde laten weten dat ik jullie weet te vinden. Ik ga een manier zoeken om voor jullie te zorgen.'

'Voor mij maakt het niet uit, Stephan,' zei ze. 'Voor mij maakt het niet uit, maar wel voor Walter.'

Hij drukte een stukje brood en een klein, in papier gewikkeld hompje boter in haar handen, samen met een pot tomaten met een etiket dat was beschreven in het handschrift van Žofie-Helene. De tomaten moest ze de vorige zomervakantie hebben meegebracht van de boerderij van haar oma in Tsjechoslowakije. Hij was blij dat hij het voedsel aan Mutti kon geven voordat hij aan zijn eigen honger zou toegeven. Hoe vaak had hij niet een klontje boter achteloos op zijn bord laten liggen in Café Landtmann of een strudel slechts half opgegeten in Café Central? Hoeveel bonbons had hij wel niet gegeten, met zijn initialen erop in fleur de sel, of zijn naam in kleine schilfertjes geroosterde amandel, of een muzieknoot in gouden ganache, of zelfs een piepkleine piano in verschillende kleuren glazuur? Hoe vaak had hij niet minachtend gedaan over tomaten uit blik? Het water liep hem nu al in de mond bij de gedachte, de gedachte aan elke andere vorm van voedsel dan de kleine stukjes droog brood en de cacaobonen waar hij nu al dagen op leefde.

'Ik zal voor jullie allebei zorgen, Mutti,' zei hij. 'Voor jou en voor Walter. Ik vind wel een manier, dat beloof ik. Als je me nodig hebt, stuur Walter dan naar Žofie-Helene.'

'Weet zij waar je bent?'

'Niemand mag dat weten, Mutti, dat is niet veilig. Maar Žofie weet hoe ze me een boodschap door kan geven.'

'Heb je haar gezien?'

'Nee,' zei hij, een halve waarheid.

Hij vroeg zich af of Mutti van het brood zou eten of dat ze het allemaal aan Walter zou geven. Ze was ongelooflijk dun.

'Een aantal van de mannen die zijn opgepakt, worden weer vrijgelaten,' zei Mutti. 'Misschien wordt het dan veiliger voor jou?'

'In elk geval zal ik jullie hier makkelijker op kunnen zoeken, zonder nazi's die op de benedenverdieping wonen,' zei hij. 'En hier zijn mensen die me kunnen helpen.'

Een heel dun randje zonneschijn om een wolk die al het licht tegenhield.

WENEN

Truus verliet het vliegtuig via de passagierstrap, die uitzicht bood op de skyline van Wenen: de Stephansdom, de toren van het stadhuis, het reuzenrad van het Prater. De vorige avond was het te laat geweest om de vlucht van KLM nog te halen, dus was ze vanochtend met Lufthansa gevlogen, via Berlijn. Vandaag was het sabbat; ze zou tot zonsondergang moeten wachten tot ze de leiders van de Weense Joodse gemeenschap kon ontmoeten. Dat gaf haar echter de tijd om zich op te frissen en zich te oriënteren. Ze liep de trap af, stak de landingsstrook over, ging in de rij staan om haar paspoort te laten controleren en liep naar de taxi's. Nee, verzekerde ze de chauffeur, haar koffertje hoefde niet in de achterbak, het kon prima naast haar op de achterbank staan.

NIET BINNEN ONZE BEVOEGDHEID

Ruchele zat in haar rolstoel in de lobby van de Britse ambassade te wachten. De rij schoof langzaam op. Bij hun aankomst had die al buiten gestaan, tot om de hoek van het blok, hoewel de zon nog niet op was en het nota bene sabbat was. Nu stond Walter bovenaan de trap, bijna aan het eind van de rij van vrouwen met hoofddoekjes en, vandaag, mannen met keppeltjes – mannen die waren vrijgelaten uit de kampen. Ruchele voelde een onverklaarbare drang om woedend naar ze te schreeuwen, omdat zij hadden overleefd wat Herman het leven had gekost. Herman was echter gestorven omdat hij haar had willen redden. Hij had geprotesteerd toen ze hem bij haar weg wilden halen, en daarom hadden ze hem in elkaar geslagen. Het pak slaag had hij overleefd, maar niet de lange rit in de koude, harde laadbak van de vrachtwagen.

Walter riep omlaag naar haar: 'Mutti! Pieter en ik zijn er!' De glimlach op zijn smalle gezicht was de eerste die ze zag sinds ze hem die ochtend wakker had gemaakt. Dit was onmogelijk, het urenlange geschuifel. Maar het onmogelijke moest nu mogelijk worden; het onmogelijke was nodig om te overleven.

De drie mannen die urenlang achter hen in de rij hadden gestaan, kwamen langs de trap naar beneden. De mensen die nog in de rij stonden, stapten opzij om hen erlangs te laten.

'Goed, Frau Neumann, bent u zover?' vroeg de oudste.

Nadat Ruchele beschaamd had geknikt, tilde hij haar uit de rolstoel en droeg haar de trap op. De andere twee volgden met haar rolstoel. De hele lobby viel stil, en voor het eerst die ochtend was er niets anders te horen dan de stemmen van de visumaanvragers en de beambten die hen hielpen.

Toen ze weer in haar rolstoel zat en de wachtende menigte weer met zachte, wanhopige stemmen begon te mompelen, keek ze verwachtingsvol naar voren. De rij liep een groot vertrek in en volgde de omtrek ervan. Ze zouden nog een poos moeten wachten voordat ze iemand zouden bereiken die de hele ochtend naar het ene verhaal na het andere had geluisterd, iemand die zich misschien meelevend zou opstellen, maar die ook zo vermoeid kon zijn dat zelfs een stervende vrouw en haar kleine zoontje zijn hart nog niet konden beroeren.

Walter klom bij haar op schoot, deed zijn ogen dicht en viel uitgeput in slaap, de diepe slaap van een kind.

Ze kuste hem boven op zijn hoofd. 'Je bent zo'n lieve jongen,' fluisterde ze. 'Je bent zo'n ontzettend lieve jongen.'

Toen Ruchele eindelijk het eind van de rij had bereikt, maakte ze Walter wakker. Ze wreef de slaap uit zijn ogen en het vocht van zijn lippen, dankbaar dat ze nog aan de beurt kwamen voordat de ambassade dicht zou gaan – wat vandaag al vroeg zou gebeuren, vanwege de *Winterhilfe*-verordening, die Joden opdroeg om de straten te verlaten vóór de opening van de jaarlijkse Christkindlmarkt. Toen de man achter het eerst vrijgekomen bureau naar haar knikte, reed ze de rolstoel het laatste kleine stukje zelf, om te voorkomen dat de immigratiebeambte de persoon die haar hielp aan zou spreken in plaats van haarzelf.

'Mijn echtgenoot heeft al Britse visa aangevraagd,' begon ze, hopend dat de man haar aan zou kijken. Dat deed hij niet. 'Maar we hebben gehoord dat Groot-Brittannië inmiddels bereid is om Joodse kinderen het land binnen te laten voordat de visa zijn uitgegeven, dat ze zijn begonnen om kinderen uit Duitsland weg te halen en dat er plannen zijn om hier bij ons hetzelfde te doen.'

De man schoof wat papieren heen en weer. Zoals zoveel mensen voelde hij zich ongemakkelijk in het bijzijn van iemand in een rolstoel.

Ze maakte zich zo groot als ze kon, om kracht uit te stralen, maar ze was alleen in haar eigen gedachten groot en sterk.

'Mevrouw...' begon hij.

'Neumann,' zei ze. 'Ruchele Neumann. Mijn zoons heten Stephan en Walter. Dit is Walter. U ziet wat een goeie jongen het is, hij heeft al die uren geduldig met mij gewacht. Mijn man heeft... Hij is gedood door de Duitsers tijdens het vervoer naar een kamp.'

De man keek op en zijn blik gleed vlug over haar gezicht voordat hij die fixeerde op een plek ergens achter haar linkeroor. 'Gecondoleerd met uw verlies, mevrouw.'

Ze verschoof Walter een stukje, zodat de man in elk geval even gedwongen zou zijn de jongen aan te kijken die hij leek te willen afwijzen.

'Alstublieft,' zei ze, 'ik vraag niet om uw medelijden. Ik vraag u alleen om me te helpen mijn zoons in veiligheid te brengen.'

De man rommelde weer met zijn papieren – papieren die niets met haar te maken hadden. Niemand had haar nog een formulier gegeven om in te vullen.

'Volgens mij is er inderdaad sprake van een dergelijk plan,' zei hij, 'maar de Britse regering is daar niet bij betrokken.'

Verward wachtte Ruchele af, tot hij haar eindelijk aankeek. 'Maar zonder uw regering kan dat plan niet worden uitgevoerd,' zei ze. 'Wie moet anders de visa uitgeven?'

'Het spijt me heel erg, mevrouw,' zei hij, en hij staarde weer naar zijn bureau. 'Ik kan alleen maar opperen dat u contact opneemt met het comité.'

Hij schreef een adres in Londen op een stukje papier en gaf dat aan haar.

'Kunt u niet –'

'Het spijt me,' zei hij. 'Het ligt niet binnen onze bevoegdheid.'

Hij knikte naar de volgende persoon in de rij, en er zat niets anders op voor Ruchele dan haar rolstoel naar de bovenkant van de trap te rijden. Daar klom Walter van haar schoot, tikte beleefd op de arm van een man die in de rij stond en zei: 'Pardon, meneer. Kunt u mijn Mutti helpen om de trap af te komen?'

Beneden op straat bedankte Ruchele de mannen die haar en de rolstoel omlaag hadden gedragen, en Walter pakte de handvatten van haar rolstoel vast. Hij kon er niet overheen kijken, maar ze waren helemaal op deze manier van Leopoldstadt naar de Britse ambassade gelopen. Ruchele had haar zoon steeds instructies gegeven: linksaf, rechtsaf, hou stil voor de stoeprand, blijf staan om nazi's te laten passeren. Nu zouden ze zich moeten haasten om binnen te zijn voordat de Winterhilfe-verordening van kracht werd.

EEN BRAVE JONGEN

Walter had het gevoel dat hij Mutti al een eeuwigheid voortduwde in haar rolstoel; het ding was loodzwaar geworden. Mutti was in stilzwijgen vervallen, terwijl ze hem op weg naar de ambassade de hele tijd had verteld wat hij moest doen en dat hij zo'n brave jongen was. Hij verloor zijn greep en de rolstoel helde naar voren, over een stoeprand waar Mutti hem niet voor had gewaarschuwd.

'Mutti?' zei hij. Hij keek om de rolstoel heen en zag dat zijn moeder met gesloten ogen naar voren hing. 'Mutti? Mutti!'

Een auto maakte een wijde bocht om hen niet te raken. De auto daarachter claxonneerde. Ook voorbijgangers liepen met een bocht om hen heen. Dat deden ze omdat hij had geroepen, omdat hij huilde, iets wat brave jongens nooit in het openbaar deden. Hij wilde niet huilen, maar hij kon er niet meer mee ophouden. Als Mutti maar wakker werd, dan zou hij stoppen met huilen, maar ze werd niet wakker en niemand hielp hem om haar wakker te maken, omdat hij zo'n stoute jongen was.

Hij schoof Mutti's voeten opzij en ging op de voetsteunen staan om haar schouders omhoog te duwen. Haar hoofd viel naar achteren, zodat haar hals helemaal werd uitgerekt, wit en vreselijk.

'Mutti, word alsjeblieft wakker,' smeekte hij. 'Mutti, sorry dat ik schreeuwde. Mutti, word alsjeblieft wakker.'

Hij pakte Pieter Konijn van Mutti's schoot en drukte met zijn zachte konijnenlippen een kusje op haar wang, iets wat ze altijd fijn vond. 'Mutti,' zei Pieter Konijn, 'wil je alsjeblieft wakker worden? Ik zorg wel dat Walter zich gedraagt. Dat beloof ik. Mutti, wil je voor mij wakker worden? Ik ben een braaf konijntje.'

Walter veegde met zijn mouw het snot van zijn neus en bedacht toen pas dat dat niet mocht, dat hij zijn zakdoek moest gebruiken. 'Het spijt me,

Mutti. Ik vergat het,' zei hij. 'Ik vergat het.' Hij haalde netjes zijn zakdoek uit zijn zak, vouwde die open zoals Papa hem had geleerd, snoot zijn neus en veegde zijn ogen droog. Hij zette Pieter Konijn rechtop bij Mutti op schoot en drukte de zakdoek ook even tegen Pieters besnorde konijnenneus. Daarna vouwde hij de vierkante lap dicht en stopte hem in zijn zak. Hij stapte van de voetsteunen, zette Mutti's voeten er weer op en keek voor zich uit om te zien waar de straat ophield en de stoep weer begon.

Hij duwde de rolstoel naar de overkant en deed zijn best om de toeterende auto's te negeren.

Ten slotte bleef er een lange, streng ogende vrouw staan die op Walters laatste lerares leek, maar haar niet was. 'Is dit je moeder, jongen?' vroeg ze. 'Volgens mij moet ze naar het ziekenhuis.'

Walter keek omhoog naar haar vriendelijke gezicht. 'Ze mag niet in het ziekenhuis,' zei hij.

'O, ik begrijp het.' Ze keek heimelijk om zich heen en schoof toen haar hoed omlaag om haar gezicht te verbergen. 'Goed, we moeten snel zijn. Ik zal je naar huis brengen, maar dan moet je iemand anders om hulp vragen.'

Ze duwde de rolstoel vlug voor zich uit, en Walter moest zich haasten om haar bij te houden. 'Sorry, sorry,' zei hij steeds tegen de andere voetgangers.

De vrouw aarzelde bij de brug over de gracht.

Een man uit hun appartementencomplex zag hen, kwam naar hen toe en nam de rolstoel met een bedankje over van de vrouw. Hij reed Mutti naar binnen, en Frau Isternitz uit de kamer naast die van hen kwam naar hen toe.

'Kun je je oom opzoeken, liefje?' vroeg Frau Isternitz hem. 'Degene die steeds de envelop voor je moeder achterlaat onder het bankje op de promenade?'

'Pieter vindt het niet fijn in het park,' zei Walter.

'Je oom is waarschijnlijk op zijn kantoor of thuis.'

'Pieter mag oom Michael niet opzoeken.'

'Hij... Juist. Goed, kun je dan je broer opsporen? Ik zal iemand vragen om dokter Bergmann te halen.'

Walter sprintte zo snel mogelijk weg en verliet Leopoldstadt door de brug over te steken, zonder zich zelfs maar af te vragen of dat wel mocht.

WALTER

Otto deed de deur open en zag Stephans kleine broertje staan – hoe heette die jongen ook weer? – gekleed in een dunne jas zonder sjaal of handschoenen of muts.

'Ik kom voor Mutti,' zei de jongen.

Hij bukte zodat hij op ooghoogte kwam met het jongetje. 'Is ze...'

'Ze is bij Frau Isternitz, de buurvrouw,' zei de jongen. 'Ze wordt niet wakker.'

Žofie kwam naar de deur en sloeg haar armen om de jongen heen, die begon te huilen.

'Het komt wel goed, Walter,' zei ze tegen hem. 'We zorgen dat het goed komt. Ren terug en hou de hand van je mama vast. Ren terug en hou haar hand vast, en dan ga ik op zoek naar Stephan.'

Otto verzekerde zich ervan dat niemand hen gadesloeg en trok de jongen toen het kleine appartement binnen, het appartement van Käthe, waar hij voor zijn kleinkinderen zorgde sinds zijn dochter was gearresteerd. 'Žofie-Helene, je kunt niet –'

'Opa Otto gaat met je mee, Walter,' zei zijn kleindochter tegen het jongetje. 'Maar hij gaat eerst onze soep ophalen, om aan je moeder te brengen.'

Ze trok haar jas aan. Otto probeerde haar tegen te houden, maar ze ontglipte hem en vertrok, met Walter in haar kielzog. Voor Otto het wist, waren ze al beneden.

'Žofie-Helene!' riep hij. 'Nee! Ik verbied het je!'

Hij tilde Johanna op en rende achter de twee aan. Haastig liep hij de trap af naar buiten en de hoek om, waar hij Walter in het zicht kreeg. Het arme jongetje stond helemaal alleen op de lege straat. Žofie-Helene was verdwenen.

De jongen draaide zich naar hem toe en keek dapper naar hem op. 'Žofie vindt Stephan wel,' zei hij hoopvol.

'Žozo vindt Stephan wel,' zei Johanna.

Walter liet zijn hand in die van Otto glijden.

Otto voelde zijn weerstand verkruimelen, zoals de kluiten aarde die hij op het graf van zijn zoon had laten vallen. Hij verschoof Johanna een stukje op zijn heup, zonder zijn greep te verliezen op de broze vingers van het jongetje. Het leek nog maar een dag geleden dat hij de vingers van zijn eigen zoon in de zijne had gevoeld. Het was iets wat geen enkele ouder zou mogen doormaken: de dood van een kind.

'Ik zal... Ik zal de soep halen,' zei hij. 'Maar eerst breng ik Johanna naar de buren.' Hij wist niet precies wie op haar zou willen passen; zelfs de vriendelijkste buren durfden nog maar nauwelijks de familie te helpen van een controversiële journalist die werd vastgehouden door de Duitsers. Maar om zijn kleindochter mee te nemen wanneer hij Joden ging helpen? 'Kom, Walter. We gaan naar binnen. Daar kun je opwarmen, en daarna gaan we naar je moeder. Als ze wakker is, dan zal ze... Dan zal ze heel ongerust zijn.'

HOTEL BRISTOL

In een poging de kilte van haar aankomst kwijt te raken hield Truus haar jas aan terwijl ze haar koffertje uitpakte, haar toiletspullen in de lege badkamer uitstalde en haar zorgvuldig opgevouwen nachtjapon op het lege bed legde, wachtend tot de centralist van het hotel haar terug zou bellen. Soms kostte het maar een paar minuten om een internationale verbinding tot stand te brengen, en soms wel drie of vier uur. Ze hing haar schone blouse in de lege kast van de hotelkamer en wilde net de nieuwe rok pakken, toen de telefoon rinkelde. Ze werd overspoeld door opluchting, ook al wist ze hoeveel het gesprek zou kosten. Gewoon een vlug telefoontje om Joop te laten weten dat ze veilig was aangekomen.

Terwijl de centralist nog bezig was hem aan te kondigen, klonk Joops prachtige stem al door de telefoon: 'Truus!'

Ze vertelde hem dat de vlucht wat onrustig was geweest en de lange tussenstop in Berlijn vervelend, maar dat ze goed was aangekomen en het comfortabele hotel makkelijk had weten te vinden.

'Doe je voorzichtig, Truus? Blijf je in het hotel tot je afspraak met die Eichmann?'

Er was geen afspraak met Eichmann, nog niet. De hoop was dat de man zijn deur open zou doen wanneer Truus aanklopte, ook al had hij geweigerd de leiders van de Weense Joodse gemeenschap te woord te staan. Dat hoefde Truus Joop nu echter niet in herinnering te brengen.

'Ik moet de mensen hier eventjes spreken als de sabbat is afgelopen,' zei ze luchtig om hem gerust te stellen.

'Dus niet in het hotel.'

'Nee, hoewel ik heb begrepen dat ze een oogje toeknijpen wanneer het om Amerikaanse Joden gaat.'

'Geertruida –'

'Hoe dan ook,' onderbrak ze hem voordat hij zijn angst als een crème op haar eigen huid kon smeren, 'ik moet weten hoe ze dit gaan organiseren, of ze aan het werk zetten als ze daar nog niet mee zijn begonnen. Ik kan niet duizenden kinderen op het toilet van de trein verstoppen terwijl ik de douane omkoop.'

Ze had hem aan het lachen willen maken, maar hij zuchtte slechts. 'Zorg je dat je er bent zodra de zon ondergaat, en dat je teruggaat naar het hotel voordat het te donker wordt?'

'Er zit hooguit een halfuur tussen zonsondergang en de avondklok, Joop. Ik kom niet laat terug.'

'Eet iets. Pak wat rust. Ik hou van je, Truus. Wees alsjeblieft voorzichtig.'

Nadat ze hadden opgehangen, schoof Truus de balkondeuren open voor wat frisse lucht. Ze stapte een balkon op dat uitzicht bood op de Ringstrasse. De winterzon stond laag aan de hemel, het dreigde te gaan regenen. Toch liepen er nog een heleboel mensen over de boulevard, en de deuren van het prachtige operagebouw stonden wijd open. De matinee was net afgelopen, veronderstelde ze. Ze keek en luisterde naar mensen die kletsten, mensen die lachten. Ze vroeg zich af welke opera er was opgevoerd.

Ze besloot een klein hapje te gaan eten in het restaurant van het hotel voordat ze naar het Joodse district zou gaan om de leiders op te zoeken die ze moest spreken.

Toen ze de liftbediende had gevraagd om haar naar de begane grond te brengen, zei de jongen beleefd: 'Een prettige middag voor een wandelingetje, mevrouw.'

'O nee, ik ga alleen naar het restaurant van het hotel,' antwoordde ze.

Hij keek naar haar jas, die ze nog aanhad, haar gele handschoenen.

Op de zware houten deuren naar de eetzaal hing een bordje met JUDEN VERBOTEN. Een groot portret van Hitler keek fronsend neer op tafeltjes die grotendeels leeg waren.

Ze had geen honger meer. Misschien had ze die nooit gehad.

Ze liep terug naar de lift en wachtte. Toen de lift aankwam, veranderde ze echter van gedachten en liep naar de uitgang.

'Een prettige middag voor een wandelingetje, mevrouw,' zei de portier, alsof het personeel dat zinnetje aan het begin van de dienst had geoefend. Alsof ze, door het steeds opnieuw uit te spreken, bezoekers konden laten geloven dat deze druilerige dag in Wenen eigenlijk iets heel anders was.

Ze vroeg aan de portier of ze naar de plek kon lopen waar ze de sneeuwbollen verkochten. Ze had nog ongeveer een uur voor zonsondergang en het eind van de sabbat.

'Sneeuwbollen?' vroeg hij. 'Ik zou het niet weten, mevrouw, maar u zou de Christkindlmarkt kunnen proberen. Die is dit jaar teruggekeerd naar Am Hof, aan het eind van de Kärntner Strasse, voorbij de Stephansdom. Maar de mooiste wandeling is rechtsaf, langs het operagebouw, de Volksgarten en het Burgtheater, en dan de Ringstrasse oversteken naar het parlement en de universiteit.'

'En als ik linksaf ga?' vroeg ze.

'Links valt alleen het Stadtpark te bezichtigen. Verder staan er enkel privéhuizen, helemaal tot aan het kanaal.'

'En achter het kanaal?' Ze dacht aan de grachten en voelde heimwee naar Amsterdam en naar Joop.

'Mevrouw, het kanaal oversteken naar Leopoldstadt zou… ongepast zijn voor een dame zoals u.'

'Juist,' zei ze. 'Goed, dan denk ik dat ik gewoon een wandelingetje maak langs de Ringstrasse.'

Ze sloeg links af, zijn afkeuring achter zich latend.

Ze had nog geen vijf stappen gezet voordat een van de collectanten zijn bus rammelend voor haar neus hield. 'Niemand zal hongerlijden of doodvriezen,' zei hij, de nazileus die je rond deze tijd door het hele Reich hoorde, tijdens de collectes die bedoeld waren om de armere burgers tijdens de feestdagen van voedsel, kleding en kolen te voorzien. Dat beweerden ze althans; in feite was het de grootste zwendel die ooit onder het mom van liefdadigheid was uitgevoerd. Zelfs beroemde acteurs en actrices zoals Paula Wessely en Heinz Rühmann werden opgeroepen om eraan mee te doen, zonder dat ze werkelijk nee konden zeggen.

'Een Reichsmark voor de kinderen?' vroeg de man.

Truus drukte haar handtas tegen zich aan alsof de man van plan was hem te plunderen. Een Reichsmark voor Hitler, Göring en Goebbels, bedoel je, dacht ze.

'Wat aardig,' zei ze. 'Ik ben hier inderdaad om de kinderen van Wenen te helpen.'

Er verscheen een brede glimlach op het gezicht van de man.

'De Joodse kinderen,' zei ze.

De glimlach verdween. De man schudde bozig met zijn collectebus terwijl ze verder liep.

GEEN UITWEG

Žofie-Helene knipte opnieuw het licht uit in de lege cacaokelder. Het voedsel dat ze elke dag voor Stephan achterliet, werd weggehaald, het voedsel en de deken en de pen, het schrift, het exemplaar van *Kaleidoskop*. Soms liet Stephan een briefje voor haar achter op een stukje verpakkingspapier, en die bewaarde ze in het kleine kistje onder haar bed. Ze wist dat hij ergens hier beneden leefde, maar ze had alles doorzocht: de ruïne van de Talmoedschool, alle drie de niveaus van het ondergrondse klooster en elke andere plek waarvan ze zich kon voorstellen dat die droog genoeg zou zijn om in te leven. Waar zit je, Stephan, wilde ze door de tunnels schreeuwen. Ze wachtte echter slechts tot haar ogen aan het donker waren gewend en daalde toen op de tast de ladder af. Ze kroop door de lage tunnel en kwam in de ondergrondse gangen terecht, wensend dat ze de chocolade nog kon ruiken, wensend dat ze die in het donker kon proeven, die steeds opnieuw en opnieuw op haar tong kon laten tintelen. Het was hier zo donker, zoveel donkerder, leek het, dan de eerste keer dat ze hier was geweest, met Stephan. Zelfs een caleidoscoop zou slechts eindeloos donker reflecteren, zonder randen, zonder patroon, zonder herhaling.

Ze verstijfde toen ze iets van beweging opmerkte. Gewoon klein ongedierte, hield ze zichzelf voor. Ze draaide de kant op van huis, maar begon pas te lopen toen haar ogen zich helemaal hadden aangepast. De volgende keer kon ze beter de zaklamp gebruiken in de cacaokelder dan het licht aan het plafond. Dat zou veiliger zijn.

Hoorde ze stemmen? Opnieuw verstijfde ze. Uit welke richting kwamen ze?

Een hand werd voor haar mond geslagen. Ze probeerde te gillen, maar de hand werd te strak aangedrukt. Ze werd naar achteren getrokken. Ze probeerde zich te bevrijden, te schreeuwen. De hand smaakte naar aarde en vuil.

'Ssst...' Recht in haar oor, terwijl haar voeten over de rand van een stapel puin werden gesleept.

De hand drukte tegen haar mond, haar keel werd dichtgeknepen door angst. De stemmen kwamen dichterbij. Als ze kon gillen, zouden ze haar dan horen? Zouden ze haar te hulp schieten?

De adem in haar nek rook naar chocolade. Ze werd zo stevig vastgehouden dat ze zich niet kon bewegen, zich niet om kon draaien.

'Ssst...'

De stemmen kwamen dichterbij. Een hond blafte. Geen vriendelijke blaf.

De handen die haar vasthielden, trokken haar naar achteren en duwden haar een wenteltrap op. Ze liep nu gewillig mee, weg van dat angstaanjagende geblaf – niet één hond, maar een aantal.

De stemmen kwamen steeds dichterbij, het geblaf van de honden was zo luid, zo scherp.

De handen duwden haar omhoog langs de trap, en ze bewoog zo stilletjes als ze kon, inmiddels banger voor de naderende stemmen.

Het geluid van iets wat tegen het deksel van het mangat stootte, een metalige bons tegen een van de overlappende driehoeken. Zacht, maar toch schrok ze ervan. Zouden de honden dat boven hun eigen herrie uit hebben opgevangen?

Ze keek op.

Slechts donker en stilte boven haar hoofd, een zegen. Geluiden van de straat zouden hen kunnen verraden.

Ze wachtten bovenaan de trap, klaar om te vluchten, maar tegelijk bevreesd om de aandacht te trekken. Op de straat boven hen naderden de gedempte stemmen van mannen. De stemmen passeerden hen.

Vanuit de ondergrondse gangen klonk het geblaf van de honden, nu nog dichterbij. Rennende mannen. Schreeuwende mannen.

Razendsnelle voetstappen, een enkele persoon. De voetstappen gingen langs hen heen en stierven weg.

Het geblaf van de honden weerkaatste nu zo angstaanjagend in de gangen dat het er wel vijftig konden zijn. Het geblaf ging vergezeld van een leger van dreunende voetstappen. Stemmen schreeuwden, vlak onder hen: 'Kleine Jood!' 'We weten dat je hier bent!'

Stonden ze onderaan de trap?

Plotseling verdween het lawaai van de honden en de laarzen en de stemmen in de andere richting.

'Stephan?' fluisterde ze.

Opnieuw die hand op haar mond, geen bedreiging maar een waarschuwing. Ze bleef stokstijf staan, luisterend, wachtend, een eeuwigheid, leek het wel.

Voetstappen, trager deze keer, opnieuw uit de richting van haar huis. Een man zei: 'Laat het aan een Jood over om in zo'n smeerboel te leven.'

Geef je moeder maar een boodschap van mij. Zeg haar dat Herr Rothschild ons met alle plezier zijn kleine paleis aan de Prinz Eugenstrasse laat gebruiken...

Ze zette zich schrap voor de onregelmatige negenhoek van een lach, maar ze hoorde slechts de echo van één paar voetstappen. De kompaan tegen wie de man sprak, was de hond die heel Wenen was gaan vrezen.

Toen het weer helemaal stil was, likte Stephan zijn vinger schoon en drukte hem tegen Žofies lippen om haar duidelijk te maken dat het noodzakelijk was om te blijven zwijgen, om altijd maar te blijven zwijgen. Hij bracht zijn lippen vlak bij haar oor en fluisterde zo zachtjes mogelijk: 'Je moet hier niet komen, Žofie.'

'Ik... Ik had nooit gedacht...' fluisterde ze terug, haar stem zo zacht, zo warm. Hoelang was het geleden dat hij samen met haar naar het 'Ave Maria' had geluisterd, sinds hij had toegekeken terwijl ze haar ingewikkelde vergelijking uitlegde aan die twee docenten, sinds hij haar chocolade had gevoerd, of had geluisterd terwijl ze de zinnen uitsprak die hij speciaal voor haar had geschreven?

'Is dat waarom je niet in de kelder onder de opslagruimte blijft? Omdat er geen uitweg is?'

Haar vingers streken over zijn wang, maar hij trok zijn hoofd terug. Hij haalde zijn hand door zijn haar. Hij was zo smerig.

'Die kerels zijn niet de straatschoffies uit de verhalen van Sherlock Holmes,' fluisterde hij in een poging haar iets duidelijk te maken zonder haar al te veel angst aan te jagen. 'Ze mogen niet zien dat je me helpt.'

Ver weg in de gangen klonken schoten, angstaanjagend, ook al klonken ze zwak.

Haast net zo angstaanjagend: de warmte van Žofies vingers die verstrengeld waren met de zijne. Had zij zijn hand gepakt of hij de hare?

Er klonk nog een enkel schot, gevolgd door stilte.

Hij voelde Žofies adem weer op zijn oor.

Ze fluisterde: 'Het gaat om je moeder, Stephan.'

AAN HET KANAAL

Het kanaal was stil en donker. De brug eroverheen was geopend, maar de weg aan de overkant was afgezet. Mensen wandelden aan deze kant van het kanaal zoals op een doorsneezondagavond, elkaar nu en dan vriendelijk groetend. Maar achter de afzetting waren de geplaveide straten van Leopoldstadt leger dan de straten thuis op koude winteravonden, wanneer de grachten waren bevroren of wanneer het hevig regende.

Truus keek eerst de ene kant op, en daarna de andere. Nog steeds zag ze helemaal niemand in de wijk aan de overkant van het kanaal. De zon was net ondergegaan, de straatlantaarns floepten aan en de sabbat was afgelopen, en nog steeds bleven de straten verlaten.

'Is iedereen binnen vanwege de sabbat?' vroeg ze een voorbijganger, bezorgd vanwege het naderen van de avondklok.

De vrouw keek geschrokken naar de overkant van de gracht. 'Nee, vanwege de Winterhilfe-verordening, natuurlijk,' zei ze. 'Aha, u bent een buitenlandse. Ik begrijp het. Het is Joden verboden om in de feestmaand 's avonds op straat te komen, zodat we allemaal ongestoord kunnen genieten van de Christkindlmarkt.'

Truus keek over haar schouder, alsof de portier van het hotel haar vijftien blokken verderop kon zien, alsof Joop haar helemaal vanaf Amsterdam kon zien. Waren de Weense Joden in hun huizen opgesloten? Was het de kinderen verboden om met hun vriendjes te spelen in de sneeuw die zojuist begon te vallen? Dan moest ze haar tocht hier eigenlijk afbreken. Ze moest zich eigenlijk omdraaien. Er was niemand die ze kon spreken. Hoe kon ze hen zelfs maar vinden? Ze zou alleen maar doodsangst zaaien door bij mensen aan te kloppen om te vragen waar de Joodse leiders verbleven.

Het waren de problemen die je niet had voorzien...

Toch stak ze de brug over, onder een hemel die nu zo donker was als het water. Ze glipte langs de afzetting, haar hartslag sneller dan die van haar echtgenoot ooit was, zelfs wanneer ze de liefde bedreven.

VERBORGEN IN DE SCHADUWEN

Stephan drukte zijn rug tegen de koude stenen van het gebouw, zich verbergend in de schaduw. De gedaante was een vrouw. Hij ontspande slechts een klein beetje toen hij zich dit realiseerde. Wat deed de vrouw op dit tijdstip in de straten van Leopoldstadt? Een welvarende vrouw, zo te zien. Het viel moeilijk te zeggen in het donker, maar haar houding alleen al suggereerde dat ze een vrouw van betekenis was.

Hij sloeg haar gade terwijl ze over straat liep, langzaam, alsof ze wist wat er waarschijnlijk te gebeuren stond.

Even later beenden er twee ss-officieren op haar af en vroegen op barse toon wat ze in deze wijk te zoeken had.

Stephan maakte gebruik van de afleiding om de deur van het appartementencomplex binnen te glippen waar zijn moeder verbleef, waar hij een paar uur met Mutti en Walter zou kunnen doorbrengen. Niet de hele nacht, dat zou te gevaarlijk zijn voor iedereen. Maar een paar warme uurtjes.

Het was bijna Sinterklaas. Hij wilde dat hij iets had om aan Mutti en Walter te geven, wat dan ook, maar de gehoornde Krampus strafte hem dit jaar voor zijn wangedrag. Misschien zou het gruwelijke wezen hem wel in zijn zak stoppen en hem meenemen naar zijn hol, wat onmogelijk erger zou kunnen zijn dan het leven in de ondergrondse gangen.

Turend door het voorraam op de begane grond van het gebouw zag hij de ss'ers de welvarend ogende vrouw wegleiden.

DE CEL

Truus werd door de leveranciersingang van Hotel Metropole naar binnen geleid, naar de gevangenis in de kelder van het hotel, langs cel na cel vol stille schaduwen. *Zelfs al ga ik door een dal van diepe duisternis, ik vrees geen kwaad.* Een deur met een tralieraampje sloot achter haar voordat ze zich kon oriënteren, en ze was alleen. *Want Gij zijt bij mij.*

Ze klopte op de deur.

De bewaker keek niet eens op van zijn krant. 'Maak niet zo'n herrie,' zei hij.

'Pardon,' zei ze, 'u kunt maar beter beleefd zijn tegen mij. Laat me nu vrij en breng me terug naar mijn hotel.'

DE ONDERVRAGING BEGINT

'Zoals ik nu al twintig keer aan evenzoveel mensen heb verteld, meneer, ik ben op bezoek uit Amsterdam,' herhaalde Truus tegen de nieuwste jonge nazi die haar 'bezocht' in de kale verhoorkamer waar ze, ongeveer een uur nadat ze in de cel was gezet, naartoe was gebracht. Ze wreef over het soepele gele leer van haar handschoenen om hem iets duidelijk te maken: zie je dan niet hoe goed ik gekleed ben? De metalen stoel voelde hard aan onder haar stuitje, de geur van nat wasgoed was doordringend. Martelwerktuigen wachtten in de vorm van de brede leren militaire riemen waar haar ondervragers hun duimen achter haakten, met de metalen gespen zo groot als theeschoteltjes, de versieringen in de vorm van hakenkruizen en adelaars, waarmee je iemand de tanden uit zijn mond zou kunnen slaan. *Gij richt voor mij een dis aan voor de ogen van wie mij benauwen.* Ze legde haar handen op de tafel tussen haar en haar ondervrager. 'Ik ben vandaag met het vliegtuig aangekomen,' zei ze. Ze was niet zomaar iemand. Ze was een Nederlandse christenvrouw die per vliegtuig reisde. Had een van hen ooit in een vliegtuig gezeten?

De man keek van haar in handschoenen gestoken handen naar haar fraaie jas, een bolster tegen de kille ruimte. Hij keek haar strak in de ogen, wachtend tot zij haar blik zou afwenden.

Toen hij zich ten slotte naar een van de andere soldaten keerde, lette ze er zorgvuldig op dat er geen triomfantelijkheid uit haar ogen of haar houding sprak. Het was in haar voordeel dat ze een vrouw was. Welke trotse man wilde ooit erkennen dat een vrouw hem de baas was?

Hij keek haar weer aan. 'Dat,' zei hij, 'verklaart nog niet waarom u door het Joodse getto dwaalde op een tijdstip waarop het de Joden verboden is om buiten te komen.'

DE BELOFTE

Stephan zat naast zijn moeders bed en voerde haar soep in het benauwde kleine kamertje, een hok, eigenlijk, zo klein en donker en zuurstofarm dat ze de laagste kamermeid in het paleis nog niet zouden hebben gevraagd erin te verblijven.

'Beloof me dat je Walter zult meenemen,' zei Mutti zwakjes. 'Je vindt wel een manier om Oostenrijk uit te komen, en dan neem je hem mee.'

'Dat beloof ik, Mutti. Dat beloof ik.'

Hij zou alles beloven om haar te laten stoppen met praten, zodat ze haar krachten zou sparen.

'En je moet altijd bij hem blijven. Over hem waken. Altijd.'

'Altijd, Mutti. Ik beloof het. Eet nu de soep op die je van Herr Perger hebt gekregen, anders krijg ik de wind van voren van Žofie.'

Hij ademde het aroma van de soep in: dille en aardappel. Hij deed zijn uiterste best om het niet zelf op te willen eten. Tevergeefs.

'Ik hou van je, Stephan,' zei Mutti. 'Twijfel daar nooit aan. Op een dag zal dit voorbij zijn en dan zul je je toneelstukken schrijven. Ik denk niet dat ik ze ooit opgevoerd zal zien worden, maar –'

'Sst… Je moet rusten, Mutti. Frau Isternitz zal vanavond op Walter passen, terwijl jij rust.'

'Luister naar me, Stephan.' Er klonk een plotselinge kracht door in Mutti's stem, en hij was blij dat hij had geweigerd de soep met haar te delen, zodat er meer voor haar was overgebleven. 'Je zult naast Walter in een donker theater zitten terwijl het gordijn op het toneel opengaat, en je zult Walters hand aanraken, en je zult weten dat ik bij je ben, dat Papa en ik allebei bij je zijn.'

HET VERHOOR WORDT VOORTGEZET

'Waarom zou ik eraan twijfelen dat u een Joodse bent?' vroeg de nieuwe ondervrager. Huber, heette hij, en alles aan hem vertelde haar dat hij de leiding had.

'Kijk gewoon in mijn paspoort,' antwoordde Truus rustig. 'Zoals ik uw collega's heb verteld, zult u het aantreffen in Hotel Bristol, waar ik verblijf.'

Huber fronste toen ze de naam van het dure hotel noemde. Hij nam Truus op, die nog steeds met rechte rug op de ongemakkelijke metalen stoel zat waar ze de hele nacht op had doorgebracht.

'Waarom bent u hier werkelijk, Frau Wijsmuller? Met welke bedoeling bent u uit Nederland hiernaartoe gekomen?'

'Zoals ik uw collega's heb verteld,' antwoordde Truus geduldig, 'ben ik in Wenen namens de Raad voor de Duitse Joden. Norman Bentwich uit Engeland heeft me hiernaartoe gestuurd voor een ontmoeting met Oberstürmführer Eichmann. Ik verzoek u dringend –'

'Een ontmoeting met Oberstürmführer Eichmann?' Huber richtte zich tot de mannen. 'En over die ontmoeting is niets terug te vinden?'

De ondervragers keken elkaar aan.

'Wie heeft deze vrouw gearresteerd?' vroeg Huber op barse toon.

Niemand reageerde, ook de officieren niet die haar hadden gearresteerd en daar tot een paar minuten geleden nog zo trots op waren geweest.

'Is het bij niemand opgekomen om te controleren of die ontmoeting inderdaad gepland staat?'

'Moeten we Oberstürmführer Eichmann midden in de nacht lastigvallen?' vroeg de man die Truus als eerste had ondervraagd.

'Je had zijn attaché kunnen bellen, sukkel.'

Huber draaide zich om en beende het koude kleine kamertje uit, met de ondervrager nederig op zijn hielen, als een hond die een kleed heeft bevuild. De anderen volgden hen, zodat Truus alleen achterbleef.

Ze bewoog slechts om een vlugge blik op haar horloge te werpen: bijna ochtend. Nog even en Joop zou opstaan en zich aankleden, een boterham met hagelslag voor zichzelf maken en die in zijn eentje aan de smalle tafel opeten. In een klein appartement aan een nabijgelegen gracht zouden Klara van Lange en haar man plaatsnemen aan hun eigen ontbijttafel en plannen maken voor de baby die ze verwachtten. Klara zou niet vergeten om Joop een avondmaaltijd te brengen. Dat had ze beloofd, en Klara van Lange hield altijd woord.

Uiteindelijk keerden Huber en zijn mannen terug.

'Frau Wijsmuller,' zei hij, 'ik vrees dat de attaché van Herr Eichmann verklaart dat er geen afspraak met u in de agenda van de Oberstürmführer staat.'

'O nee?' zei Truus. 'En die attaché is er natuurlijk zeker van dat hij zelf geen vergissing heeft begaan. Ik heb begrepen dat Herr Eichmann niet geneigd is mensen te vergeven die zijn opdrachten niet uitvoeren. En dan is er natuurlijk nog de kwestie van de buitenlandse pers.'

'De buitenlandse pers?'

'Het zou toch een schande zijn als de buitenlandse pers een verhaal moest publiceren over een keurige Nederlandse die Oberstürmführer Eichmann een sinterklaasgroet uit Engeland en Nederland komt brengen, maar wordt opgepakt en de nacht in een koude, akelige gevangenis moet doorbrengen.'

Een schande, zonder meer.

Nadat ze Huber genoeg tijd had gegeven om te kauwen op de mogelijkheid van een vergissing waar helemaal geen vergissing was begaan, met daarbovenop de reële dreiging van slechte publiciteit, ging Truus verder: 'Misschien vraagt u het liever na bij Herr Eichmann? Of zal ik hem zelf wakker bellen?'

Huber excuseerde zich en stapte de kamer uit om fluisterend met zijn mannen te overleggen. Toen ze terugkeerden, bogen de soldaten naar haar, een beleefdheid die ze eerder achterwege hadden gelaten.

'Vergeef de jongens hun vergissing, Frau Wijsmuller,' zei Huber. 'Ik zal er persoonlijk zorg voor dragen dat de fout met de agenda wordt rechtgezet en dat uw ontmoeting met Herr Eichmann daarin wordt opgenomen. Ik zal een officier opdracht geven om u veilig terug te brengen naar uw hotel.'

EN NU, UW ROK

Truus stond zwijgend te wachten terwijl Eichmann aan zijn bureau in het Palais Rothschild zat te schrijven, in een vertrek dat ooit een salon moest zijn geweest om gasten in te ontvangen, gezien de omvang en de hoge ramen, de beelden en de kunst. De man had haar geen blik waardig gekeurd, zelfs niet toen zijn secretaris hem op haar komst had geattendeerd. De hond die naast zijn bureau zat, staarde haar echter strak aan, zoals zij strak naar zijn eigenaar staarde.

Eindelijk keek Eichmann geïrriteerd op.

'Oberstürmführer Eichmann, mijn naam is Geertruida Wijsmuller. Ik ben hier vanwege dringende –'

'Het is niet mijn gewoonte om zaken te doen met vrouwen.'

'Het spijt me zeer dat ik mijn echtgenoot achter heb moeten laten,' zei Truus zonder het minste sprankje berouw.

Eichmann richtte zich weer op zijn werk en zei: 'U kunt gaan.'

Truus ging zitten, en de hond stak zijn oren naar voren – ondanks haar voorzichtige beweging, die niet zozeer bedoeld was geweest om de hond niet te alarmeren als wel om te voorkomen dat haar rok te ver omhoog zou schuiven. Wat had Joop bezield om haar respectabele rok te vervangen door deze modieus korte? Alsof haar kuiten net zo nuttig zouden zijn als die van Klara van Lange.

Zonder op te kijken zei Eichmann: 'Ik heb u toestemming gegeven om te vertrekken. Dat voordeel bied ik niet aan iedereen.'

'U vindt het vast niet erg om mijn verhaal aan te horen,' zei ze. 'Ik heb een eind gereisd om u te spreken, om te regelen dat een aantal Oostenrijkse kinderen naar Groot-Brittannië kan emigreren –'

'Gaat het om uw eigen kinderen?' vroeg hij, en hij keek haar eindelijk aan.

‘Het gaat om kinderen die Groot-Brittannië zou willen–’

‘Dus niet uw eigen kinderen?’

‘Helaas is het mij niet gegund geweest om –’

‘U zult vast kunnen uitleggen waarom een respectabele Nederlandse de moeite neemt om helemaal naar Wenen te komen om te regelen dat kinderen die niet van haarzelf zijn naar een land kunnen reizen waar zij niet –’

‘Soms is het juist datgene wat we niet kunnen hebben, Oberstürmführer Eichmann, wat we het meest waarderen.’

Woorden die ze niet had gedacht tot ze ze uitsprak, en die evenzogoed waar waren.

‘Ik neem aan dat u ervaren bent in het helpen van het kaf van de mensheid?’

Truus deed haar uiterste best om de woede te onderdrukken die samen met haar verdriet een explosief mengsel dreigde te vormen. ‘Het is de gewoonte in mijn familie om anderen te helpen,’ zei ze. ‘Tijdens de Eerste Wereldoorlog namen we Oostenrijkse kinderen in huis, kinderen die nu ongeveer even oud zullen zijn als u. Misschien bent u op een vergelijkbare wijze beschermd?’

‘In dat geval weet u dat u bepaalde documenten nodig hebt om uw doel te bereiken. Deze papieren hebt u meegebracht?’

‘Ik heb een garantie van de Britse overheid dat zij –’

‘Geen papieren, dus. En hoeveel kinderen bent u van plan mee te nemen?’

‘Zoveel als u mij toestaat.’

‘Frau Wijsmuller, laat me alstublieft uw handen zien,’ zei Eichmann minzaam.

‘Mijn handen?’

‘Trek uw handschoenen uit, zodat ik ze goed kan zien.’

Handen, het werktuig der werktuigen van Aristoteles. *Omdat Hij aan mijn rechterhand is, zal ik niet wankelen.*

Na een korte aarzeling maakte ze de paarlen knoopjes van haar linkerhandschoen los en schoof het soepele Franse leer met de geschulpte rand en het verfijnde zwarte accent van haar hand, de hand met de blauwe aderen op de pols, de stevige handpalm, de vingers die onder de sproeten zaten, net als de rug van haar hand.

Eichmann knikte dat ze de andere handschoen ook uit moest trekken, en dat deed ze. *Geprezen zij de Heer, mijn rots, die mijn handen oefent voor de strijd, die mijn vingers schoolt voor het gevecht…*

'En uw schoenen.'

'Oberstürmführer, ik zie niet –'

'Je kunt een Jodin herkennen aan de vorm van haar voeten.'

Truus had niet de gewoonte om haar voeten te ontbloten in het bijzijn van anderen, met uitzondering van Joop. Maar ze had ook niet de gewoonte om haar kuiten te laten zien. Ze trok eerst de ene schoen uit, en daarna de andere, zodat haar voeten nog slechts bedekt werden door haar nieuwe lichtbruine winterkousen.

'Loop nu heen en weer,' zei Eichmann.

Terwijl ze langzaam van de ene kant van het vertrek naar de andere liep, vroeg ze zich af hoe ze het zover had laten komen. Misschien was het de schuld van de rok. Als de rok waar ze in had gereisd niet zo vies was geweest van de vlucht naar Wenen, haar verblijf in de cel en die vreselijke ondervraging, zou ze hem die ochtend misschien gewoon opnieuw aan hebben getrokken en Joop een leugentje om bestwil hebben verteld. Maar eerlijk is eerlijk, het deed haar goed dat Joop nog steeds een vrouw in haar zag die een man af kon leiden met een korte rok en een vertoon van kuit.

'Trek nu uw rok omhoog tot boven uw knieën,' zei Eichmann.

Truus wierp een blik op de hond, denkend aan de woorden van Joop, dat ze hem moest vertrouwen wat deze rok betrof. Ze veegde Joops overtuiging en haar eigen gevoel voor waardigheid bijeen en trok haar rok een stukje op.

'Ongelooflijk,' zei Eichmann. 'Een vrouw die zo zuiver is en tegelijk zo gestoord.'

Ze keek naar de hond, die een uitdrukking op zijn snuit had alsof hij hetzelfde dacht als zij: ongelooflijk. Een man die zo gestoord is en zo onzuiver.

Eichmann riep richting de geopende deur: 'Laat de Jood Desider Friedmann binnen.'

Er kwam een man binnen met grote ogen en een volle snor in een smal gezicht. Hij draaide zijn zwarte vilthoed om en om in zijn handen terwijl hij de hond in de gaten hield. Van Norman Bentwich had Truus gehoord dat Friedmann een van de leiders van de Kultusgemeinde was, de Joodse organisatie die zou helpen om de kinderen uit te kiezen als Eichmann overgehaald kon worden om ze te laten gaan.

'Friedmann,' zei Eichmann tegen hem, 'kent u Frau Wijsmuller?'

Friedmanns nerveuze blik schoot van de hond naar Truus. Hij schudde zijn hoofd.

'En toch bent u toevallig precies vanochtend in mijn kantoor, nu zij er is.'

Opnieuw keek Friedmann slechts van de hond naar Eichmann.

Eichmann zei: 'Frau Wijsmuller lijkt een volkomen normale Nederlandse te zijn. Ze is gekomen om een aantal van jullie kleine Joodjes naar Engeland te brengen. En toch heeft ze geen documenten bij zich waaruit blijkt dat dit verzoek weloverwogen is.'

Eichmann stak zijn hand uit en aaide de hond over zijn kop met de puntige oren en de puntige snuit. Puntige tanden ook, durfde Truus te wedden, hoewel ze die nog niet had gezien.

'Laten we er een klein grapje van maken, Friedmann,' ging Eichmann verder. 'U regelt dat er zaterdag zeshonderd kinderen klaarstaan om naar Engeland te reizen.'

'Zeshonderd.' Friedmann hapte zowat naar lucht. 'Zeshonderd. Dank u, Oberstürmführer.'

'Als u er zaterdag zeshonderd hebt,' zei Eichmann,' 'mag Frau Wijsmuller ze meenemen. Niet één kind minder.'

'Meneer, ik –' stamelde Friedmann.

'En Frau Wijsmuller moet ze persoonlijk begeleiden,' vervolgde Eichmann. 'Ze blijft hier bij ons in Wenen zodat ze de kinderen zelf mee kan nemen.'

Friedmann wist uit te brengen: 'Maar het is onmogelijk om in zo'n korte tijd –'

'Dank u, Oberstürmführer,' onderbrak Truus hem, nog steeds op kousenvoeten, met haar handschoenen in haar handen. 'En na de eerste zeshonderd?'

Eichmann lachte – de luide, gemene lach van een man die eraan gewend was om niet te krijgen wat hij wilde, maar de wereld een andere indruk wilde geven. 'Na de eerste zeshonderd, maar niet minder dan dat, niet eentje minder, mijn zuivere, gestoorde Frau Wijsmuller?' Zijn blik gleed over haar heen, van haar gezicht naar haar blote handen, haar kuiten, haar ongeschoeide voeten. 'Als u Wenen van zeshonderd Joodse kinderen hebt bevrijd, laat ik misschien met alle plezier het verwijderen van al onze Joden aan u over. Of misschien ook niet. Nu kunnen jullie gaan.'

Desider Friedmann schoot naar de deur, maar Truus ging weer op de stoel tegenover Eichmanns bureau zitten. Opzettelijk langzaam trok ze haar schoenen aan en strikte de veters. Al even langzaam trok ze eerst de ene handschoen aan en vervolgens de andere, de verbaasde blik van de hond negerend.

Op haar gemak stond ze op en liep naar de deur waar Herr Friedmann zojuist doorheen was verdwenen.

'Eén koffer per kind,' riep Eichmann haar achterna.

Ze draaide zich om. Hij zat weer te schrijven en besteedde nauwelijks aandacht aan haar, of deed alsof. 'Niets van waarde,' zei hij zonder op te kijken. 'Niet meer dan tien Reichsmark per kind.'

Ze bleef staan wachten tot hij eindelijk naar haar opkeek.

'Mocht u ooit in Amsterdam zijn, Herr Eichmann,' zei ze, 'komt u dan vooral een kop koffie met me drinken.'

WIE HET LAATST LACHT

Toen Truus samen met Friedman het extravagante paleis verliet – hij had haar buiten het kantoor van Eichmann opgewacht – was ze in gedachten al begonnen om lijstjes op te stellen. Ze was naar Wenen gekomen om het transport van de kinderen te organiseren, maar zonder het idee dat ze ze zelf direct mee zou kunnen nemen. Ze wachtte echter tot Friedmann als eerste iets zei. Hij had zo vaak met deze verachtelijke man te maken gehad, en zij nog maar zo weinig. En ze vond het rot dat ze hem had onderbroken waar Eichmann bij was, hoewel ze er geen spijt van had. Soms kan een zwakte een kracht zijn.

Friedmann sprak pas nadat ze over de U-vormige oprit naar de straat waren gelopen en de hoek om waren geslagen naar de Ringstrasse, waar ze het paleis niet langer konden zien. 'Het is onmogelijk om op zo'n korte termijn het vertrek van zeshonderd kinderen te organiseren,' zei hij, 'laat staan dat we ze in Engeland kunnen onderbrengen.'

Truus wachtte tot er een tram was gepasseerd – een tram waar deze Joodse man inmiddels misschien niet meer in mocht.

'Herr Friedmann,' zei ze toen het geratel in de verte verdween, 'u en ik zullen het laatst lachen om het "grapje" van Herr Eichmann, hoewel we dat natuurlijk niet te openlijk moeten doen.' Ze stak de straat in kordaat tempo over, met Friedmann naast haar. 'Groot-Brittannië zal niet om visa of Duitse reisdocumenten vragen,' verklaarde ze. 'Het ministerie van Binnenlandse Zaken zal slechts vragen om tweedelige identiteitskaarten, voorzien van kleurcodes en vooraf gestempeld. Die zullen dienen als reisdocumenten. De helft van elke kaart blijft in het bezit van het ministerie, en de andere helft blijft bij het kind, met persoonlijke gegevens en een foto erop. We hoeven alleen een lijst met namen in te dienen voor een groepsvisum.'

'Maar het is een enorm karwei om zoveel kinderen te verzamelen, Frau Wijsmuller.'

'Uiteraard moet u vanochtend het nieuws al op alle mogelijke manieren verspreiden,' beaamde Truus. 'Laat mensen weten dat ze hun kinderen in veiligheid kunnen brengen, maar dat ze niet van gedachten kunnen veranderen, omdat ze dan anderen in gevaar brengen.' Ze dacht erover na terwijl ze sprak. 'Zoveel mogelijk oudere kinderen, kinderen die geen zorg nodig hebben en op de kleintjes kunnen passen. Geen kinderen onder de vier, niet voor deze trein, niet nu we zo weinig tijd hebben. Ook niet ouder dan zeventien. Zeshonderd, en zoveel meer als u er kunt vinden, voor het geval dat; maar opnieuw, maak duidelijk dat er geen weg terug is als de ouders zich eenmaal hebben aangemeld. We zullen artsen nodig hebben voor medische onderzoeken, zodat we zeker weten dat de kinderen gezond zijn. Fotografen. Goede mensen met welk beroep dan ook, die bereid zijn uitleg te geven en te registreren. Een ruimte waarin we kunnen werken, met tafels en stoelen. Papier en pennen.'

Friedmann bleef abrupt staan, zodat Truus ook moest stoppen en zich om moest draaien.

'Ik zeg u, het zou sowieso onmogelijk zijn,' zei hij. 'Maar om te reizen op de sabbat? Religieuze Joden –'

'Uw rabbijnen moeten de mensen ervan overtuigen dat het voor deze keer mag,' onderbrak Truus hem. 'Ze moeten de ouders duidelijk maken hoe kostbaar hun kinderen zijn.'

DE VORM VAN EEN VOET

Truus trok haar jas uit en hing die in de kast van de hotelkamer terwijl ze wachtte tot de centralist de verbinding tot stand zou hebben gebracht. Onwillekeurig vroeg ze zich af wat voor vorm de knieën en voeten van de elegante Helen Bentwich zouden hebben. Toen de telefoon overging, pakte ze de hoorn met een hand die nog steeds in een handschoen was gestoken. Ze wilde haar vingers nog niet ontbloten, ook al was Eichmann inmiddels een halve stad bij haar vandaan. Ze bedankte de centralist en legde Eichmanns voorstel voor aan Helen, die zwijgend luisterde. Pas toen Truus klaar was met haar relaas, vroeg Helen: 'Gaat het, Truus?'

'Zeshonderd kinderen die Wenen zaterdag zullen verlaten. Zal het jullie lukken om op tijd klaar te zijn voor hun komst?'

'Laat me je dit verzekeren,' zei Helen. 'Als die kinderen nu direct op de deur van Groot-Brittannië zouden kloppen, zou ik die deur desnoods eigenhandig uit de scharnieren rukken.'

Truus vroeg een tweede telefoontje aan. Terwijl ze wachtte, keek ze door de balkondeuren naar buiten. Op de Ringstrasse kwam een mengeling van zondagse wandelaars en troepen voorbij.

'Je moet me helpen om voor zaterdag vervoer te regelen voor zeshonderd kinderen,' zei ze zodra Joop haar had begroet.

'Dat is nog minder dan een week, Truus! Hoe –'

'Meer tijd heb ik niet gekregen.'

'Een volle trein en twee veerboten? Zeshonderd mensen passen niet op één boot.'

'Kinderen, Joop.'

'Zeshonderd kinderen passen niet op één veerboot.'

'Twee veerboten, dan.'

'Zeshonderd kinderen en hun begeleiders? Je kunt niet in je eentje zoveel kinderen meenemen over de grens, laat staan ze naar Engeland brengen.'

'Er gaan volwassenen uit Wenen mee als begeleiders.'

'En wat als zij niet –'

'De volwassenen hebben hier familie,' zei Truus. 'Ze weten dat ze moeten terugkeren, niet alleen omdat we anders geen toestemming zullen krijgen om nog meer kinderen weg te halen, maar ook omdat hun eigen familie dan gevaar loopt.'

'Maar die Eichmann kan toch niet van plan zijn om je aan die onmogelijke deadline te houden? Jij hebt ook iets om mee te onderhandelen, Truus: een plek om een aantal van zijn Joden naartoe te sturen.'

'Joop, ik kan regelen dat de kinderen klaar zijn voor vertrek op het moment dat het vervoer beschikbaar is. Dat lukt me wel. Deze man, hij... Hij oefent macht uit door intimidatie. Hij geeft meer om zijn macht dan om wat dan ook. Ik twijfel er niet aan dat hij het transport tegen zal houden als we ook maar één minuut te laat zijn of één kind tekortkomen. Het dreigement kwam ongetwijfeld voort uit zijn zieke gevoel voor humor, maar nu hij het eenmaal heeft geuit, moet hij zich er wel aan houden om zijn macht niet te verliezen.'

Nadat ze had opgehangen, liep ze terug naar de badkamer en draaide de kraan van het bad open, nog steeds met haar handschoenen aan. Ze staarde naar het water dat uit de kraan stroomde, de stoom die de badkamer vulde. Pas toen het bad helemaal vol was en ze de kraan weer had dichtgedraaid, liep ze terug naar de slaapkamer en begon zich uit te kleden.

Nog steeds met haar handschoenen aan trok ze haar schoenen uit. Ze maakte een van haar kousen los, rolde die omlaag over haar dijbeen, over haar knie, over haar kuit en over haar hak, over haar voet. Ze vouwde de kous zorgvuldig op en legde hem op het kleine bureautje van de hotelkamer. Daarna deed ze hetzelfde met de andere kous, haar blouse, de kortere rok die Joop voor haar had gekocht en die ze van Eichmann omhoog had moeten schuiven, en zelfs haar zakdoek. Ze streek alle kledingstukken zorgvuldig glad, een voor een, en legde ze op de keurige stapel. Haar beha en haar korset trok ze ook uit, maar die legde ze bij haar schoenen. Ze had maar één beha bij zich, één korset. Als laatste trok ze haar onderbroek uit, vouwde hem netjes op en legde hem boven op de andere kledingstukken. Al even zorgvuldig stopte ze de stapel in de prullenbak naast het bureau.

Pas toen trok ze haar handschoenen uit en legde ze naast het korset. Naakt, op haar twee ringen na, liep ze naar de badkamer en stapte in het bad.

VERMAAK

Otto veegde de losse haartjes van de schouder van de ss-officier, terwijl de man opmerkte: 'Het is natuurlijk een grap. Oberstürmführer Eichmann doet dit voor ons vermaak: rennende Joden! Nam dat gestoorde mens de Joodse ouders ook maar mee.'

Otto haalde de kapmantel weg en grinnikte geforceerd. Er viel niets te behalen door deze mannen uit te dagen. 'U moet me vertellen waar dit gaat plaatsvinden, zodat ik ook eens goed kan lachen,' zei hij.

'In de Seitenstettengasse. De synagoge waar ze de brand moesten blussen, omdat de andere gebouwen er zo dichtbij stonden dat ze ook dreigden af te branden.'

Toen de klant was vertrokken, hing Otto het bordje met GESLOTEN op de deur en pakte de telefoon.

EEN VROUW UIT AMSTERDAM

Otto ging het sombere kleine kamertje met enige tegenzin binnen. Frau Neumann zat in haar rolstoel, zo mager en wit en broos als de suikerwerken in de etalages van de theesalons, die eruitzagen alsof ze bij de minste ademtocht zouden verkruimelen, maar dat nooit deden. Walter zat zijn speelgoedkonijn voor te lezen – zo'n jonge jongen, en toch kon hij al lezen. De kamer was volgepropt met meubilair, maar het bed was keurig opgemaakt, een poging tot waardigheid. Kleine Walter had het opgemaakt, veronderstelde Otto. Kleine Walter die voor zijn moeder zorgde, hoewel ze hier in elk geval de hulp hadden van buren.

'Frau Neumann,' zei Otto, 'ik heb gehoord dat iemand hier in Wenen, een vrouw uit Amsterdam, geloof ik, probeert om Joodse kinderen onder te brengen bij gezinnen in Engeland, waar ze naar school kunnen en waar ze... Waar ze veilig kunnen zijn tot deze vreselijke periode voorbij is. Ik dacht aan Stephan en Walter. Ik dacht dat ik ze misschien mee kon nemen om ze in te schrijven, als u dat goed zou vinden. Ze –'

'U bent een geschenk uit de hemel, Herr Perger,' onderbrak Frau Neumann hem.

Het verbaasde Otto dat ze er zo makkelijk mee instemde dat hij haar zoons mee zou nemen, terwijl ze toch moest weten dat ze hen de rest van haar leven niet meer terug zou zien. In de tram vanaf het Burgtheater had hij alle argumenten op een rijtje gezet, gezocht naar woorden die zowel voorzichtig als overtuigend zouden zijn.

'Maar u moet Stephan opsporen,' ging ze verder. 'Hij is niet –'

'Ja,' beaamde Otto. 'Ik had bedacht dat ik Walter zou kunnen meenemen –'

'Zonder Stephan?' De tranen sprongen de arme vrouw in de holle ogen. Ze kreeg de woorden maar nauwelijks haar keel uit, en niet alleen vanwege haar gezondheid. 'Maar één kind in veiligheid is natuurlijk beter dan –'

'Žofie-Helene zal Stephan wel vinden, dat beloof ik u, Frau Neumann. Ik heb haar gebeld zodra ik over dit plan hoorde. Zij en Johanna houden al een plekje vrij in de rij voor uw jongens. We zullen Stephan vinden, en ik zal regelen dat de jongens samen kunnen vertrekken, zodat hij een oogje op Walter kan houden. Maar we moeten meteen gaan.'

'Walter,' zei de moeder van het jongetje, zonder aarzeling en met een kracht die Otto verbaasde, 'pak je koffer.'

Walter gaf Frau Neumann zijn kleine speelgoedkonijn en sloeg zijn armen om haar hals.

'Volgens mij is dit alleen om ze aan te melden,' zei Otto. 'Als het meer blijkt te zijn dan dat, zal ik Žofie-Helene sturen om een koffer voor Walter op te halen. Maar ik ben er redelijk zeker van dat het in eerste instantie alleen gaat om inschrijving.'

De arme vrouw maakte Walters armen los van haar nek en kuste hem wanhopig. 'Je moet met Herr Perger meegaan,' zei ze tegen het jongetje. 'Wees braaf en ga met hem mee. Doe precies wat hij zegt.'

'Pieter blijft hier om voor je te zorgen, Mutti,' zei Walter.

IEDER KIND DAT GEVAAR LOOPT

Otto keek naar de lange rij. Het konden er nog geen zeshonderd zijn, toch? Niet als je de volwassenen niet meetelde, dacht hij. 'Daar zijn ze, Walter!' zei hij toen hij Žofie-Helene zag staan met Johanna in haar armen.

Walter keek zwijgend naar hem op. De jongen had geen woord gesproken sinds ze het kleine appartement hadden verlaten. Hij was zo jong. Hoe kon hij zich voorstellen wat hem te wachten stond?

Otto loodste hen naar zijn kleindochters. Toen ze bij hen waren, zei Johanna tegen haar zus: 'Žozo, ik heb het koud.'

Žofie-Helene trok haar zusje wat dichter tegen zich aan om haar op te warmen. 'Het komt wel goed, mijn kleine Mausebär,' zei ze. 'Ik hou je wel warm. Ik zorg wel voor je.'

Een vrouw die voor hen in de rij stond – een knappe jonge moeder met paarsblauwe ogen en perfecte wenkbrauwen, fijne sleutelbeenderen en een baby in haar armen – zei: 'Wat ben jij een lieve grote zus.' Was deze moeder werkelijk van plan om haar kindje naar Engeland te sturen? Ze stond naast een oudere vrouw die haar kleindochter bij zich had, een meisje met rood haar dat scheel keek en zich verschool achter de rok van haar oma.

'Moeten de kinderen erbij zijn om ingeschreven te worden voor het transport?' informeerde Otto bij de vrouwen terwijl hij Johanna overnam van Žofie.

'Waarom staart die vrouw zo naar ons?' vroeg Žofie-Helene, en ze keken allemaal tegelijk dezelfde kant op, de grootmoeder met het schele roodharige meisje en de beeldschone moeder met de baby en Otto zelf, alsof ze zich door Žofies woorden bewust werden van hun eigen gevoel dat ze in de gaten werden gehouden.

Een bleke, buitenlands ogende vrouw stond op een afstandje van de rij. Ze zag eruit alsof ze hier hoorde, en tegelijk ook niet: een vrouw met een krachtige kin en neus en voorhoofd, een mond die zo breed was dat hij wreed zou kunnen zijn als hij niet werd verzacht door de milde grijze ogen. Ze verschoof een stukje toen ze het ongemak op hun gezichten las. Ze groette hen door haar hand, gevat in een gele leren handschoen, op te steken. Toen liep ze het gebouw in, haar passen zo kordaat dat het leek alsof ze de eigenaar was van de synagoge.

'Dat klopt,' zei de grootmoeder. Bij het zien van Otto's vragende uitdrukking verklaarde ze: 'De kinderen moeten er inderdaad bij zijn. Ze gaan op de foto en worden onderzocht om te zien of ze wel gezond zijn.'

'Žofie, je moet Stephan opsporen,' zei Otto. 'Zorg dat hij hiernaartoe komt en in de rij gaat staan. Walter en Johanna en ik zullen zijn plekje vrijhouden, maar probeer hem zo snel mogelijk te halen. Ik heb hun moeder beloofd dat ik ze allebei in zou schrijven. Dat is wat ze hier doen. Ze regelen dat Joodse kinderen veilig naar Engeland kunnen.'

'En anderen,' zei de knappe moeder.

'Andere plekken dan Engeland?' vroeg Otto.

'Andere kinderen. Niet alleen Joden.'

Otto legde zijn hand op Žofies schouder voordat ze weg kon rennen en vroeg de vrouw: 'Nemen ze ook niet-Joden mee?'

'De kinderen van communisten en politieke tegenstanders.'

'Denkt u dat mijn kleindochters in aanmerking zullen komen? Hun moeder is gearresteerd omdat ze een krant publiceerde die kritisch schreef over het Reich.'

De vrouwen namen hem sceptisch op.

'Onze Žofie-Helene is een wiskundewonder,' zei hij. 'Ze volgt al sinds haar negende lessen aan de universiteit. Bij professor Kurt Gödel, die heel beroemd is. Ze zou in Engeland kunnen studeren.'

'Wij zijn niet degenen die u moet zien te overtuigen,' zei de grootmoeder.

'Ieder kind dat gevaar loopt,' zei de moeder met de paarsblauwe ogen. 'Dat zei Herr Friedmann. Ze moeten alleen gezond zijn. Gezond en onder de achttien.'

Otto worstelde met zijn eigen geweten en verloor de strijd al snel. 'Žofie-Helene, je moet hier blijven,' zei hij.

'Ik ben op tijd terug, opa. Ik beloof dat ik onze beurt niet zal missen. Als ik Stephan niet snel kan vinden, dan kom ik terug.' En ze ging ervandoor, zodat Otto niets anders kon doen dan haar achternaroepen, verscheurd tussen het verlangen om haar tegen te houden zodat haar niets kon overkomen en het besef dat hij het zichzelf nooit zou vergeven als de jonge Stephan iets zou overkomen.

'Ik heb het koud, opa,' zei Johanna.

Hij trok het meisje tegen zich aan. Zelf had hij het ook koud, koud van de vrees voor de keus waarmee hij zich geconfronteerd zag, de keus die Frau Neumann zo onverschrokken had gemaakt. Kon hij zijn kleinkinderen naar een land sturen waarvan ze de taal niet eens spraken? En als hij dat deed, zou hij ze dan ooit nog terugzien? Zou Käthe het hem ooit vergeven, of zou ze juist willen dat hij ze wegstuurde?

Walter gaf zijn sjaal aan Johanna. 'Deze mag jij wel om,' zei hij. 'Ik heb het niet zo koud.'

ONZE VERSCHILLENDE GODEN

Truus ging de hoofdsynagoge aan de Seitenstettengasse binnen, waar de lange rij vanaf de straat door de uitgebrande grote hal liep en omhoog naar de vrouwengalerij, die de nacht van de brandstichting had overleefd. Daar trof ze Herr Friedmann aan. Hij hield toezicht op vrijwilligers achter klaptafels en anderen die met klemborden in hun hand rondliepen en stuurde kinderen verschillende kanten op. Een tienermeisje verdween achter een gordijn voor een medisch onderzoek. Een jongen liet zich fotograferen. Herr Friedmann loodste Truus naar een rustig hoekje waar ze de rij nog konden zien.

'Hoe is het u gelukt om het nieuws zo snel te verspreiden?' vroeg ze.

'We zijn met zovelen opgesloten in een enkele wijk,' zei Herr Friedmann. 'Het wonder is dat deze ouders het elkaar hebben verteld. Het probleem zal niet zijn dat we niet genoeg kinderen kunnen vinden, maar dat we er te veel hebben.'

'En de doktersonderzoeken?' vroeg Truus. 'We moeten de Britten kunnen verzekeren dat de kinderen gezond zijn, wérkelijk gezond. Als er problemen optreden in dit eerste transport, zullen toekomstige transporten in gevaar –'

'Zo gezond als ondervoede kinderen kunnen zijn,' onderbrak Herr Friedmann haar. 'Daar staan onze artsen voor in. In dit opzicht is het een zegen dat ze hun brood niet meer kunnen verdienen in het Wenen onder de nazi's: ze konden ons meteen komen helpen.'

'Het lijkt me duidelijk dat het geen probleem zal zijn om er zeshonderd te verzamelen,' stelde ze vast. 'De vraag is alleen, hoe selecteren we de kinderen die mogen gaan? Kunnen we inschatten welke kinderen het meeste gevaar lopen en die meenemen in de eerste trein?'

'De oudste jongens lopen het meeste gevaar,' zei Herr Friedmann. 'De jongens in de werkkampen, van wie de moeders nu in de rij staan.'

Oudere jongens zouden moeilijker te plaatsen zijn in Engeland. De meeste gezinnen zouden het liefst baby's opnemen, maar het was gewoon niet haalbaar om in dit korte tijdsbestek en met zo weinig volwassen begeleiders zulke jonge kinderen te vervoeren.

'Kunnen we de gezondheid van de jongens in de kampen controleren en ze op de foto zetten?' vroeg ze.

Desider Friedmann moest toegeven dat ze dat niet konden.

'Goed, dan zijn we weer terug waar we begonnen: kinderen uit Wenen, tussen de vier en de zeventien,' zei Truus. De schattigste kleintjes, dacht ze, maar ze sprak het niet hardop uit. Schattige kindjes die de ouders van Engeland als hun eigen kinderen konden beschouwen. 'Laten we zorgen dat we genoeg oudere meisjes meenemen om in de trein te helpen met de kleintjes. Waarschijnlijk zijn zij relatief makkelijk te plaatsen. Ze kunnen als informele hulp in de huishouding werken wanneer ze in Engeland zijn.'

'Het is niet de bedoeling dat deze kinderen aan het werk worden gezet, Frau Wijsmuller,' zei Desider Friedmann.

Uit de gezichten van de moeders in de rij sprak angst en hoop. Ieder van hen zou dolblij zijn met een baan in de huishouding in Engeland, om in de buurt te kunnen zijn van haar kinderen. Informele hulpen in de huishouding. Het was niet Truus' eigen idee.

'Herr Friedmann, we moeten praktisch zijn,' zei ze. 'Deze eerste kinderen moeten zo vlug mogelijk worden opgenomen, en het is zeer de vraag of er genoeg pleeggezinnen zullen zijn.'

'Ik heb begrepen dat er vakantiekampen zijn –'

'Als de vakantiekampen vol raken, dan zullen de Britten niet staan te springen om nóg meer kinderen op te nemen, tenzij er al gezinnen zijn geregeld om ze op te vangen.' Opnieuw een idee dat ze niet zelf had bedacht. Norman en Helen Bentwich hadden echter gelijk: wie was zij om kritiek te leveren op de bereidheid van Groot-Brittannië om deze kinderen op hun eigen manier welkom te heten? Haar eigen land gaf hun enkel toestemming om per trein van de grens met Duitsland naar de veerboten bij Hoek van

Holland te reizen. 'En het zoeken van pleeggezinnen kost meer tijd dan we hebben,' zei ze. 'Misschien kunnen we kijken hoe goed hun Engels is, en hun tafelmanieren? Kinderen die Engels spreken, zullen makkelijker te plaatsen zijn, en goede manieren kunnen ook geen kwaad. Misschien kunnen we hun zelfs een paar Engelse zinnetjes bijbrengen en voorrang geven aan kinderen die het vlug oppikken.'

'We hebben maar tot zaterdag,' merkte Herr Friedmann op.

'Ja, natuurlijk,' zei ze. Zoveel te doen. Zoveel kinderen.

'En moeten wij besluiten wie er mag ontsnappen? Moeten wij voor God spelen?'

Truus keek naar de lange rij die van de vrouwengalerij omlaagliep naar de uitgebrande hal en via de deur naar buiten, naar de straat. Zoveel ouders die geduldig wachtten op de kans om hun kinderen naar een land te sturen waar ze niemand kenden, met gebruiken waar ze geen idee van hadden, een taal die ze niet spraken. Aanbiddelijke kleine jongetjes en meisjes die makkelijk te plaatsen zouden zijn, maar ook drukke jongens, en meisjes zoals het schele roodharige meisje dat Truus buiten in de rij had zien staan. Ze had niet naar haar moeten staren, maar het had haar hart gebroken om zich dit prachtige meisje voor te stellen in een rij waaruit toekomstige ouders haar zouden kiezen, of niet.

'Wie kent de gedachten van de Heer, zodat hij Hem zou kunnen onderwijzen?' Ze wilde Korinthiërs zeggen, maar het was een citaat uit het Nieuwe Testament, het woord van haar God, niet dat van de zijne. In plaats daarvan zei ze simpelweg: 'Wie zijn wij, Herr Friedmann, om de volgorde waarin God zijn kinderen naar ons toe brengt in twijfel te trekken?'

PAPIERSPOOR

In de cacaokelder – nog steeds geen Stephan – scheurde Žofie-Helene een vel papier van het klembord in strookjes, zo vlug mogelijk, in het besef dat er elk moment iemand van Neumanns Chocolade de trap af zou kunnen komen en haar zou kunnen ontdekken. Op een van de strookjes schreef ze: *Kom direct naar de synagoge achter de Sint-Ruprecht! We staan in de rij voor een trein naar Engeland, met W…*

Ze streepte de W door en schreef *je broertje.*

Ze kopieerde het bericht op de andere strookjes, stopte ze in haar zak en hing het klembord weer op zijn plek. Daarna knipte ze de zaklamp uit en hing die ook terug. Ze dook onder de trap en daalde via de ladder af naar de lagergelegen kelder. Een van de strookjes vouwde ze dubbel, zodat ze het over een sport van de ladder kon hangen.

Toen ze terug was in de tunnel, stopte ze een briefje in de opening bovenaan de wenteltrap. Ze haastte zich door de ondergrondse gang naar de crypte onder de Stephansdom en liet ook daar een briefje achter. Eentje bij het klooster. De Talmoedschool. Welke plek had Stephan haar nog meer laten zien?

Met het laatste briefje in haar hand haastte ze zich terug om te zien waar grootvader zich bevond in de rij. Ze had nog wat tijd.

Ze haastte zich door de ondergrondse gangen in de andere richting, helemaal naar de uitgang aan de overkant van het kanaal dat Leopoldstadt begrensde. Dichter dan dit kon ze niet komen bij het appartement waar Stephans moeder nu woonde.

BINAIR

Žofie-Helene haastte zich naar de voorkant van de rij in de synagoge, waar opa samen met Johanna en Walter stond te wachten achter de moeder met de baby en de grootmoeder met het roodharige meisje.

'Ach, Žofie-Helene!' riep opa uit.

De mensen in de rij draaiden zich allemaal om. Žofie verwachtte half dat de grootmoeder opa het zwijgen op zou leggen, zoals ze zo vaak bij het roodharige meisje had gedaan. Zelfs de vrijwilligers achter de registratietafels en de medewerkers met de klemborden keken fronsend op toen ze opa's luide stem hoorden.

Op het moment dat de grootmoeder naar een van de registratietafels werd geroepen, zette opa Johanna neer, pakte een zakdoek en veegde Žofies gezicht schoon. Ook de moeder met de paarsblauwe ogen werd nu geroepen, naar de andere tafel.

'Ik heb overal gezocht,' zei Žofie tegen opa. 'Ik heb briefjes achtergelaten. Ik weet zeker dat hij meteen komt als hij er eentje vindt. We kunnen gewoon wachten, zoals u zei dat ik –'

'We kunnen niet wachten, Žofie,' zei opa. 'We kunnen niet wachten.'

De grootmoeder met het roodharige meisje wilde nu weten waarom de kinderen op de sabbat moesten reizen. De moeder met de paarsblauwe ogen begon bij de andere tafel te huilen terwijl de vrouw die hen in de rij had gadegeslagen – de vrouw met de prachtige gele handschoenen – geduldig tegen haar sprak, haar vertelde dat het haar speet, werkelijk waar, maar dat ze bij dit eerste transport echt geen baby's mee konden nemen. De vrouw met de handschoenen pakte de arm van de moeder en loodste haar zachtjes weg van de tafel. 'We hebben de capaciteit niet om binnen dit korte tijdsbestek begeleiders voor hen te regelen,' zei ze. 'De kinderen moeten minstens vier zijn. Minstens vier, en niet ouder dan zeventien.'

Vier, het kleinste priemgetal in het kwadraat. Žofie concentreerde zich op de geruststelling van het getal. En zeventien, de som van de eerste vier priemgetallen en het enige priemgetal dat de som is van vier opeenvolgende priemgetallen.

De vrouw achter de tafel wenkte Žofie en opa, stelde zichzelf voor als Frau Grossman en gaf opa een paar formulieren om in te vullen. Opa pakte er twee voor Johanna en Walter en gaf Žofie een derde om zelf in te vullen. Toen vroeg hij of ze een vierde formulier konden krijgen om in te vullen voor Walters broer, die zich, hoopte hij, zo dadelijk bij hen zou voegen. Frau Grossman antwoordde dat ze alleen kinderen kon inschrijven die aanwezig waren.

Žofie treuzelde met het formulier, om tijd te rekken voor Stephan.

'Het kleine meisje is niet Joods?' vroeg Frau Grossman opa.

'Nee, maar –' begon hij.

'En ze is pas drie,' zei Frau Grossman.

'In maart wordt ze vier, en haar zus –'

'Het spijt me, meneer,' onderbrak Frau Grossman hem. 'De jongen is wel Joods?' Ze wierp een ongeduldige blik naar Žofie, die opnieuw over haar schouder keek – de moeder met de paarsblauwe ogen staarde zo nadrukkelijk naar haar dat het verontrustend was – en het formulier met tegenzin omdraaide. Nog steeds geen spoor van Stephan.

Een man zei tegen de grootmoeder met het roodharige meisje: 'Ja, ik begrijp dat het een moeilijk dilemma is, maar het transport vertrekt op de sabbat. Ik kan u verzekeren dat dat niet onze keus is. Maar ik moet u vragen om uw kleindochter in te schrijven of anders opzij te stappen en de plek te gunnen aan iemand die er wel toe bereid is. Als ook maar één persoon zich op het laatste moment bedenkt, krijgt geen van de zeshonderd kinderen toestemming om te vertrekken.'

'Het spijt me, we schrijven hier alleen Joodse kinderen in,' zei Frau Grossman tegen opa. 'Niet-Joden zullen –'

'Maar we staan al uren in de rij,' protesteerde opa. 'En we zijn hier met een Joodse jongen die zijn vader al is kwijtgeraakt en wiens moeder doodziek is. We kunnen niet op twee plekken tegelijk zijn!'

'Evenzogoed –'

'De moeder van mijn kleinkinderen is gearresteerd, alleen maar omdat ze de waarheid schreef!'

De vrouw met de gele handschoenen kwam naar hen toe, nam de papieren van opa over en zei: 'Het is al goed, Frau Grossman. Misschien kan ik helpen, Herr...'

'Perger, Otto Perger,' zei opa, die duidelijk probeerde rustig te blijven.

'Ik ben Truus Wijsmuller, Herr Perger,' zei de vrouw. Aan Frau Grossman en haar collega vroeg ze: 'Hoeveel hebben we er inmiddels?'

Frau Grossman overlegde met de vrouw achter de andere tafel. Ze telden allebei het aantal bladzijden dat ze volledig hadden ingevuld, plus het aantal namen op de laatste, gedeeltelijk ingevulde pagina's.

'Eens zien,' zei Frau Grossman. 'Achtentwintig keer negen is –'

'Vijfhonderdeenentwintig,' zei Žofie. Ze had er meteen spijt van. Hoe langer de procedure in beslag nam, hoe meer tijd Stephan had om de briefjes te vinden en hiernaartoe te komen.

De vrouw glimlachte neerbuigend naar haar. 'Achtentwintig keer tien is tweehonderdtachtig.' En tegen de anderen: 'Trek er achtentwintig vanaf en je komt op tweehonderdtweeënvijftig.'

De vrouw aan de andere tafel zei: 'Tweehonderdtweeënvijftig keer twee is vijfhonderdvier. Dan die tien van jou er nog bij, en zeven van mij, dat is...'

De vrouw met de mooie gele handschoenen glimlachte vriendelijk naar Žofie-Helene en zei: 'Vijfhonderdeenentwintig.'

De beeldschone moeder met de baby, die nog steeds naar hen keek, glimlachte ook.

'Het is een priemgetal,' zei Žofie om hen aan de praat te houden. 'Zoals zeventien, de hoogste leeftijd van kinderen die jullie inschrijven. Zeventien is het enige priemgetal dat de som is van vier priemgetallen. Als je willekeurig vier andere opeenvolgende priemgetallen bij elkaar optelt, krijg je altijd een even getal, en even getallen zijn nooit priemgetallen, omdat je ze door twee kunt delen. Nou ja, behalve twee, natuurlijk. Twee is een priemgetal.'

De twee vrouwen achter de tafels keken naar de lange rij die nog stond te wachten om zich in te schrijven. 'Meer dan zeshonderd,' zei Frau Grossman. 'Honderden meer.'

De vrouw met de handschoenen kwam naar Žofie toe en pakte haar hand. Het leer voelde zachter dan huid tegen Žofies vingers.

'En jij bent...' vroeg de vrouw.

'Ik ben Žofie-Helene Perger,' zei Žofie.

'Žofie-Helene Perger, ik ben Geertruida Wijsmuller,' zei de vrouw met de handschoenen, 'maar waarom noem je me niet tante Truus?'

'U bent mijn tante niet,' zei Žofie.

De vrouw lachte, een prachtige, elliptische lach, zoals die van Stephans tante Lisl.

'Nee, dat klopt,' zei de vrouw. 'Maar Frau Wijsmuller is een hele mondvol voor de meeste kinderen. Niet voor jou, natuurlijk.'

Daar dacht Žofie-Helene even over na. 'Het is efficiënter.'

De vrouw lachte opnieuw. 'Efficiënter. Je hebt helemaal gelijk.'

'Mensen noemen mij vaak Žofie, omdat dat efficiënter is,' zei Žofie. 'Mijn vriend Stephan noemt me soms gewoon Žofe. Ik heb geen tante, maar hij wel, zijn tante Lisl. Ik mag haar heel graag, maar ze is nu in Sjanghai.'

'Juist,' zei tante Truus.

'Ze is ook de tante van Walter, Stephans broertje.'

Ze wachtte tot tante Truus naar Stephan zou vragen, maar de vrouw draaide zich naar Walter toe. 'Komen jullie maar met mij mee, dan zetten we jullie op de foto,' zei ze.

Opa gaf de vrouw Johanna's papierwerk.

'Het spijt me werkelijk, Herr Perger, maar neemt u alstublieft van me aan dat we met deze trein onmogelijk peuters mee kunnen nemen. We hopen dat ze de volgende keer mee kunnen.'

'Ik ben al groot,' zei Johanna. 'Ik ben al drie!'

'Haar zus kan op haar letten,' zei opa. 'En ze is een braaf meisje, ze zal niet lastig zijn.'

'Dat geloof ik direct, Herr Perger,' zei tante Truus, 'maar ik kan gewoon niet... Er is geen tijd om met iedereen in discussie te gaan. Ik hoop dat u het begrijpt. We moeten een grens trekken en ons daaraan houden.'

'Ik...' Opa keek naar de lange rij achter hen. 'Ja, ik... Het spijt me. Natuurlijk.'

Tante Truus haalde een linnen zakdoek tevoorschijn en depte Žofies gezicht. Toen maakte ze haar vlechten los en schudde haar haren los.

'Lach maar voor de fotograaf, Žofie-Helene,' zei ze.

De camera flitste, zodat er sterretjes van licht in Žofies ogen dansten.

Tante Truus pakte Žofie bij de hand en leidde haar achter een scherm, waar ze zich moest uitkleden zodat een arts haar kon onderzoeken. Žofie wilde haar vertellen dat ze geen klein kind was, dat Walter meer hulp nodig had dan zij. Maar ze trok zonder iets te zeggen haar schoenen uit, wat tante Truus leek te fascineren, hoewel ze haar toch zelf had gevraagd om zich uit te kleden.

'Hebt u hier de leiding, tante Truus?' vroeg Žofie terwijl ze haar kousen uittrok en ze zorgvuldig opvouwde. Ze wilde graag op goede voet blijven staan met tante Truus. 'Mama heeft de leiding bij een krant. Dat verwachten mensen nooit, dat een meisje de baas is. Ze zegt dat het in haar voordeel werkt.'

'Nou, in dat geval zou ik hier de leiding moeten hebben,' zei tante Truus. 'Ik hou ervan als dingen in mijn voordeel werken.'

'Ik ook,' zei Žofie. 'Ik ben nogal goed in wiskunde.'

'Ja, dat merkte ik.'

'Professor Gödel is weg bij de universiteit, maar ik help hem nog steeds met zijn algemene continuümhypothese.'

Tante Truus keek haar bevreemd aan, zoals mensen zo vaak deden.

'U weet wel, over de mogelijke omvang van oneindige reeksen?' zei

Žofie. 'Het eerste van de drieëntwintig problemen van Hilbert. Mijn vriend Stephan is net zo goed met woorden als ik met wiskundige concepten. Als hij naar Engeland zou gaan, zou hij bij Stefan Zweig kunnen studeren. Hij had bij ons in de rij moeten staan, dus als hij straks komt, kunt u hem dan samen met Walter en mij inschrijven?'

'Aha, dus daar ging je naartoe,' zei tante Truus. 'En waarom is je vriend hier niet zelf?'

'Hij zit niet in een kamp,' verzekerde Žofie haar. Ze had mensen in de rij horen zeggen dat er geen tijd was om jongens uit de kampen te halen.

'Waar is hij dan?'

Žofie aarzelde. Ze wilde Stephan niet verraden.

'Je moet begrijpen dat ik niet zomaar iemand voor kan laten gaan in de rij,' zei tante Truus. 'Dat zou niet eerlijk zijn. Trek je kleren uit, Žofie-Helene, zodat de dokter kan zien dat je gezond bent.'

'Stephan verschuilt zich!' flapte Žofie eruit. 'Het is niet zijn schuld dat hij hier niet is.'

'Ik begrijp het,' zei tante Truus. 'En weet je waar hij nu is?'

'Hij mag mijn plekje hebben,' bood ze aan. 'Ik kan hier blijven, met Jojo.'

'O, liefje, ik ben bang dat dat niet kan. Zie je, elke kaart staat op naam van een specifiek kind. De andere helft van je kaart is in Engeland, en alleen jij krijgt toestemming om –'

'Maar Stephan wordt binnenkort achttien, en dan is hij te oud!' Žofie onderdrukte de snik die in haar keel opsteeg. 'U kunt zijn kaart in plaats van de mijne sturen en zeggen dat u een fout hebt gemaakt. Zelfs ik maak fouten.'

De vrouw trok haar tegen zich aan en omhelsde haar zoals mama soms deed. Žofie kon het niet helpen; tranen rolden uit haar ogen en drupten op de kleding van de vrouw, die bijna net zo zacht was als haar handschoenen. Het was al zo lang geleden dat ze mama had gezien.

'Stephan boft maar met zo'n goede vriendin, Žofie-Helene,' zei tante Truus, en ze kuste Žofie op haar hoofd. 'Ik wilde dat ik een vriendin als jij had.'

De dokter tuurde om het hoekje van het scherm. Tante Truus hielp Žofie vlug om de rest van haar kleren uit te trekken.

'Goed, adem diep in voor de aardige dokter,' zei tante Truus. 'En kleed je dan zo vlug mogelijk aan en ga je vriend halen. Breng hem rechtstreeks naar mij toe. Ik kan hem niet registreren zonder een foto of een gezondheidsverklaring, maar doe gewoon alsof de rij er niet is en breng hem naar mij toe.'

De dokter luisterde naar Žofie-Helenes longen, en ze ademde zo vlug mogelijk in en uit.

'Langzaam,' zei hij. 'Diep en rustig ademhalen.'

Ze deed haar ogen dicht en liet haar gedachten volstromen met getallen, zoals ze 's avonds deed wanneer ze niet kon slapen. Wat in haar hoofd opkwam terwijl de dokter de stethoscoop weglegde en haar reflexen testte en haar oren, neus en mond controleerde, was een eenvoudig vraagstuk: stel dat het vier minuten kostte om ieder kind te registreren en er werden er steeds twee tegelijk geregistreerd, dan had ze twee uur en vierendertig minuten om Stephan te vinden. Twee uur en achttien minuten, in feite, want zij en Walter waren al voorbij de registratietafel, en twee andere kinderen werden nu ingeschreven.

'Žofie-Helene,' zei tante Truus, 'ik zal alles doen wat ik kan om je vriend te helpen, maar ik kan hem niet laten voorgaan op de kinderen die een nummer krijgen voordat hij er is. Je moet me beloven dat jij in die trein stapt, met of zonder Stephan. Als je dat niet doet, krijgen zeshonderd andere kinderen geen toestemming om te vertrekken. Begrijp je dat?'

Vijfhonderdnegenennegentig anderen, dacht Žofie, maar ze zei niets. Ze wilde geen seconde verspillen.

Terwijl ze haar kleren weer aantrok, zei ze: 'Het is binair. Zeshonderd of nul.' Nul, doorgaans haar favoriete getal, maar nu niet. 'Ik begrijp het,' zei ze, 'en ik beloof u dat ik naar Engeland zal gaan, zelfs al is Stephan nummer 601. En ik neem Walter mee.'

'Binair, lieve hemel!' zei tante Truus. 'Schiet op dan, zo vlug als je kunt!'

OFSCHOON VERBANNEN, VERSTOTEN, VERACHT

Žofie-Helene sprintte naar de dichtstbijzijnde ingang van het ondergrondse gangenstelsel. Ze deed haar best om er niet aan te denken hoe haar leven eruit zou zien als Stephan er niet meer was, maar de herinneringen nog wel: de dag dat opa had gedaan alsof hij Stephans haar knipte; Stephans verjaardag, toen ze niet had geweten dat hij jarig was, toen ze niet had geweten dat hij in een paleis aan de Ringstrasse woonde, met een portier en beroemde schilderijen en een elegante tante; de eerste keer dat ze een van zijn toneelstukken had gelezen, het gevoel dat ze, hoewel het stuk niet over haar ging, werd begrepen; de avond op het toneel van het Burgtheater, toen ze haar ogen had gesloten en had gedaan alsof het Stephan was die haar kuste in plaats van Dieter; het moment waarop Stephan naar haar had gekeken terwijl hij door het Prater marcheerde, toen ze aan de schaamte in zijn ogen had afgelezen dat hij wilde dat ze tegen de nazi's zou liegen en Walter weg zou halen. Die dag was ze niet eens bang geweest. De angst was pas later in haar opgeborreld, toen Stephan had geweigerd om haar te zien, toen het tot haar was doorgedrongen dat ze, door zijn broer te redden, haar enige vriend was kwijtgeraakt.

Op het moment dat ze de duisternis van de ondergrondse gangen betrad, begon ze te zingen. Ze zong zachtjes, de woorden van die dag in de koninklijke kapel, de stem van die ene jongen die nog op de galerij stond, de stem van een volledig koor dat echode onder het boogplafond.

'Ave Maria, barmhartige maagd,' zong ze zachtjes. Ze kon niet zo goed zingen, niet zoals de jongens in het koor. Toch zong ze wat luider: 'Hoor het gebed van een meisje aan.'

Ze zweeg en luisterde. Ze hoorde niets.

'U kunt ons horen, zelfs vanuit de wildernis,' zong ze, nog luider, terwijl ze zich door het koude donker haastte. 'U kunt ons redden, te midden van wanhoop. Onder uw vleugels kunnen we veilig slapen; ofschoon verbannen, verstoten, veracht.'

ZELFS VAN ELKAAR GESCHEIDEN

Truus, die net was teruggekeerd in haar kamer in Hotel Bristol, was nog niet eens gaan zitten om haar schoenen uit te trekken toen de telefoon overging. De centralist verontschuldigde zich dat ze haar op dit late uur nog stoorde, maar ze had een dringend telefoontje uit Amsterdam. Wilde Frau Wijsmuller dat aannemen? Terwijl Truus wachtte tot de beller werd doorverbonden, trok ze haar handschoenen uit en ging zitten om haar schoenen uit te trekken. Ze maakte haar ene kous los van haar jarretels en rolde hem omlaag. De kunstzijde aan de buitenkant en de wol en het katoen aan de binnenkant, bedoeld voor de warmte, maakten plaats voor haar bleke, vermoeide dijbeen, haar knie, haar kuit, de droge huid van haar hak, waar de stof van de kous achter bleef haken. Ze wiebelde met haar naakte voeten, de gewelfde botten, de ongelakte nagels. Een simpele, christelijke voet. Hoe kon een Joodse voet in vredesnaam meer of minder opmerkelijk zijn?

Ze vouwde de kous op en legde hem op het bureau. De kleren die ze de vorige avond had weggegooid, waren nog steeds netjes opgevouwen, alleen lagen ze niet meer in de prullenbak maar boven op het bureau. Nu ja, het was niet zo raar dat het kamermeisje van het hotel had gedacht dat de kleren per abuis in de prullenbak terecht waren gekomen.

Joops stem klonk krakend door de hoorn. 'Waar heb je gezeten, Truus? Ik probeer je de hele dag al te bereiken!'

Truus ademde de bedompte lucht uit. 'Zeshonderd kinderen, Joop,' zei ze. Ze leunde naar achteren in de stoel, één been bloot, het andere nog steeds gehuld in de lichtbruine kous. Als ze haar hoofd naar achteren zou laten leunen en haar ogen dicht zou doen, dan zou ze zo in slaap kunnen vallen, rechtop en half gekleed.

'Goed,' zei Joop. 'Het stoomschip Prague zal klaarliggen bij Hoek van Holland. Het spijt me, op zo'n korte termijn kon ik maar één veerboot regelen.'

'Zeshonderd of niet eentje, Joop. Eichmann had niet duidelijker kunnen zijn.'

'Maar dat slaat nergens op. Hij wil van de Weense Joden af en Engeland is bereid om ze op te nemen. Waarom zou hij eisen dat ze allemaal op zaterdag vertrekken? Waarom niet zondag, of –'

'Zaterdag is de sabbat,' zei ze vermoeid. 'We moeten zeshonderd gezinnen vinden die bereid zijn hun kinderen over te leveren aan vreemden om te reizen op de dag waarop hun religie dat verbiedt, om in hun eentje naar een wereld te vertrekken waar ze zonder enige twijfel eenzaam en bang zullen zijn. En als ook maar één ouder zich op het laatste moment bedenkt, valt het hele plan in duigen.'

'Zo wreed kan hij niet zijn.'

'Joop, je hebt geen idee aan welke vernederingen hij –'

De waarheid, de details, zouden haar echtgenoot alleen maar bezorgder maken, en aan bezorgdheid hadden ze nu niets.

'Wat we hebben gezien van de wreedheid van deze man is nog maar het topje van de ijsberg, Joop.'

'Wat voor vernederingen, Truus?'

Ze stond op, klemde de hoorn tussen haar oor en haar schouder, pakte het stapeltje kleren dat op het bureau lag en schoof dat opnieuw in de lege prullenbak.

'Truus?'

Ze stak haar hand in de prullenbak, haalde de rok eruit die Joop haar had gegeven en drukte die tegen haar borst. Ze wilde het hem vertellen. Ze wilde haar eigen ziel ontlasten, maar ze kon het niet verdragen om die last naar hem te verschuiven. Hij had al zoveel te verdragen gehad. Hij verdiende zoveel dat ze hem misschien nooit zou kunnen geven.

'Truus,' zei hij liefdevol, 'vergeet niet dat we samen sterker zijn, zelfs wanneer we van elkaar gescheiden zijn.'

INPAKKEN

Žofie koos drie van haar wiskundeschriften uit en legde die in de lege koffer op haar bed. Ze ging voor het kleine boekenkastje staan dat haar vader voor haar had getimmerd en probeerde te besluiten hoeveel van haar Sherlock Holmes-boeken ze mee zou kunnen nemen. Ze vond *Schandaal in Bohemen* het best, en de romans – *Een studie in rood*, *Het teken van de vier*, *De hond van de Baskervilles* – maar opa had gezegd dat ze er maar drie uit mocht kiezen. En dus koos ze *De avonturen van Sherlock Holmes*, vanwege de verhalen, en *Het teken van de vier*, omdat het getal vier in de titel zat, zo'n geruststellend getal. En ook omdat ze Mary Morstan leuk vond, en de mysterieuze zes parels, en de afloop, waarin Mary geen groot deel van de schat krijgt, maar wel dokter Watson.

Johanna kwam naast Žofie staan, zei 'Žozo' en gaf haar een ingelijste foto van hun tweeën met mama, in mama's favoriete lijstje. Bij wijze van afleiding probeerde ze te denken aan de verstopte foto in *Schandaal in Bohemen*, zodat ze niet zou gaan huilen.

'Het zal koud zijn in Engeland,' zei opa. 'Je zult meer kleren nodig hebben. En onthou, niets van waarde.'

Hij nam de foto van haar over, haalde die uit het dure lijstje en legde de losse foto in de koffer, in het bovenste schrift, zodat hij niet zou verbuigen.

Žofie tilde Johanna op en hield haar dicht tegen zich aan, de warme geur van haar kleinemeisjeshals opsnuivend.

'Johanna kan niet mee,' zei ze tegen opa. 'Stephan kan niet mee. En mama is er niet om afscheid van te nemen.'

'Ik wil met Žozo mee,' zei Johanna.

Opa vouwde Žofies favoriete trui op en legde die in de koffer, naast de schriften. Hij voegde rokken en blouses toe, ondergoed, sokken, en al die tijd sprak hij geruststellende woorden: 'Je moeder zal snel worden vrijgelaten, Žofie. Dat is me verzekerd. Maar het is niet langer veilig in Oostenrijk voor ons. Ze zou willen dat je naar Engeland gaat. Zodra ze is vrijgelaten, gaan we allemaal naar Tsjechoslowakije om bij je grootmoeder te verblijven, tot we visa kunnen krijgen om naar jou toe te komen.'

Hij sloot de koffer om te controleren of die niet te vol zat, en klapte hem weer open.

'Denk eens aan alles waar je je op kunt verheugen, Engelchen,' zei hij. 'Je kunt de Steen van Rosetta in het British Museum bezichtigen.'

'En de Rhind-papyrus,' zei ze.

'Het huis van Sherlock Holmes in Baker Street.'

'Ik zou mijn plek aan Stephan kunnen geven en samen met jou en mama en Johanna naar oma kunnen gaan,' zei ze. 'Dan zouden er nog steeds zeshonderd kinderen zijn.'

Opa sloeg zijn armen om de twee meisjes heen en hield ze stevig vast. 'Frau Wijsmuller heeft al uitgelegd, Žofie, dat de kaarten verwerkt zijn door de Gestapo. Ze moeten hier kloppen, en bij de grens, en in Engeland. Maar Stephan kan de volgende trein nemen.'

'Maar misschien komt er geen trein meer voordat hij achttien wordt!' riep ze uit. Ze maakte zich los van opa, maar hield Johanna in haar armen. 'Tante Truus kon niet beloven dat er überhaupt nog een trein komt!'

'Als we niet zorgen dat we op tijd op het station zijn, zal er zeker geen volgende trein komen, of zelfs maar een eerste,' zei opa vermanend.

Johanna begon te huilen. Žofie-Helene trok het gezicht van haar zusje tegen haar borst, zoals mama altijd deed om hen te beschermen, om hen te troosten.

Opa, bij wie de tranen in de ogen stonden, zei: 'Het spijt me. Het spijt me.' Hij stak zijn hand uit en streelde Jojo's haren. 'Het is net zo zwaar voor mij om afscheid te nemen, Žofie-Helene, als het voor jou is om te vertrekken.'

Nu begon Žofie zelf ook te huilen, hoewel ze zich nog zo had voorgenomen dat ze dat niet zou doen, omdat opa en Jojo dan nog verdrietiger zouden zijn. 'Maar je hebt mama en Johanna nog,' zei ze, 'en ik heb straks alleen nog Sherlock Holmes, en die is niet eens echt.'

'Maar je zult Cambridge hebben, Engelchen,' zei opa op geruststellende toon. 'Ik denk dat je Cambridge zult hebben. Je moeder zou willen dat je daarnaartoe gaat, zelfs als we Oostenrijk niet hoefden te verlaten.'

Žofie zette Jojo neer, pakte een zakdoek en snoot haar neus. 'Omdat ik goed ben in wiskunde,' zei ze.

'Je bent buitengewoon goed in wiskunde,' zei opa. 'Ongetwijfeld zal iemand in Engeland dat opmerken en je helpen om daar een mentor te vinden.'

Hij haalde een van haar blouses uit de koffer en hing die weer in de kast.

'Je bent buitengewoon goed, zo simpel ligt het,' zei hij. 'Kijk, ik heb ruimte gemaakt voor nog een Sherlock Holmes-boek en een extra wiskundeschrift. Je moet ook wat potloden meenemen. Maar vlug nu, het is tijd om te gaan.'

AFSCHEID NEMEN

Stephan, in zijn jas en met Žofie-Helenes roze sjaal om zijn hals, drukte een kus op zijn moeders voorhoofd.

'Ga nu maar, anders mis je de trein nog,' zei Mutti. 'Zorg goed voor hem, Stephan. Verlies hem niet uit het oog.'

'Wall-mann zorgt wel voor mij, toch?'

Mutti knoopte Walters jas dicht en sloeg zijn sjaal om zijn hals. 'Serieus, Stephan,' zei ze, 'beloof het me.'

Stephan keek naar de twee koffers die bij de deur stonden te wachten. In de zijne zat een setje schone kleren en zijn dagboek en een potlood, plus het exemplaar van *Kaleidoskop* dat Žofie had bewaard, hoewel het eigenlijk te gevaarlijk was om in bezit te hebben. Het was ook te gevaarlijk om mee te nemen in de trein, maar dat deed er niet toe.

'Ik weet dat je jong bent,' zei Mutti tegen hem. 'Maar jij moet nu de man zijn.'

Ze trok Walter tegen zich aan en ademde diep in. 'Luister naar je grote broer,' zei ze tegen hem. 'Beloof je dat?'

'Ik beloof het, Mutti,' zei Walter.

Ze pakte Stephans hand. 'Beloof me dat je zijn hand de hele weg naar Engeland zult vasthouden,' zei ze. 'En zoek een gezin dat jullie allebei wil opnemen.'

Stephan ontmoette haar blik, beseffend dat ze het nodig had om te zien dat hij haar gezicht in zijn geheugen prentte, om te weten dat hij zich haar altijd zou herinneren. Als hij niet had geaarzeld toen hij Žofie de eerste keer had horen zingen… Als hij sneller had gerend… Maar dan zou Mutti helemaal niemand meer hebben gehad.

'Ik zal zorgen dat hij veilig is,' zei hij.

Dat was in elk geval waar.

‘Jij en Stephan zullen samen naar een gezin gaan, Walter,’ zei Mutti.

‘En Pieter ook?’ vroeg Walter.

‘Ja, Pieter ook. Jij en Stephan en Pieter,’ zei Mutti. ‘Jullie zullen allemaal samen bij een gezin wonen. Dan kunnen jullie voor elkaar zorgen.’

‘Totdat jij naar Engeland komt om weer de mama te zijn,’ zei Walter.

‘Ja, liefje.’ Mutti’s stem haperde. ‘Ja. Tot die tijd zul je me een heleboel brieven schrijven, en ik zal terugschrijven.’

Toen Stephan zag hoe hard zijn moeder haar best moest doen om niet te huilen, had hij zelf zin om zijn tranen de vrije loop te laten. Hij wilde tegen haar zeggen dat ze zich geen zorgen moest maken, dat hij hier nog zou zijn. Dat hij voor haar zou zorgen. Dat ze niet alleen zou zijn.

‘Leer hem om een man te zijn zoals jij, Stephan,’ zei ze. ‘Je bent zo’n goede man. Je vader zou zo trots op je zijn. Zorg dat je broertje weet hoeveel we van hem houden, hoeveel we van jullie allebei houden, wat er ook gebeurt.’

Walter haalde zijn zakdoek tevoorschijn, vouwde die zorgvuldig open en drukte hem tegen de ogen van Pieter Konijn. ‘Pieter wil bij jou blijven, Mutti.’

‘Dat weet ik,’ zei Mutti, en ze omhelsde Walter en Pieter nog een laatste keer.

Stephan tilde de twee koffers op.

‘Zijn hand,’ drong Mutti aan.

Stephan gaf Walter de lichtste koffer, zijn eigen koffer, en nam de zwaardere van Walter in zijn eigen hand. Hij vervlocht zijn vingers met die van Walter, rond een van de oren van Pieter Konijn.

‘Walter zal zich ons niet herinneren,’ zei Mutti zacht. ‘Hij is te jong. Hij zal zich ons geen van allen herinneren, Stephan, alleen via jou.’

GETALLEN

Op station Wien Westbahnhof wemelde het al van de mensen toen Stephan met Walter arriveerde. Overal zag hij vrouwen kinderen omhelzen die knuffeldieren tegen zich aan drukten. Mannen met zwarte hoeden en zwarte baarden en pijpenkrullen spraken Hebreeuwse zegeningen uit boven jonge hoofden, maar de meeste gezinnen zagen er meer uit zoals dat van Stephan, als gewone Weense gezinnen, afgezien van het kleine koffertje dat naast ieder kind op het perron stond.

Een moeder die een beetje op Mutti leek, stond stilletjes in de menigte, met een mandje in haar ene hand en een baby in de andere. Een vader nam een jammerend kind uit de armen van zijn moeder en droeg hem op zich als een grote jongen te gedragen. Overal patrouilleerden nazi's, vaak met honden die aan de lijn trokken.

Een man riep namen die hij van een klembord las. Een vrouw hing een genummerde kaart aan een touwtje om de nek van een jongen, als een ketting, en bond een label met het corresponderende nummer aan zijn koffer. Met de koffer in zijn hand liep het kind weg van zijn ouders, naar de wachtende trein.

De vrouw die ze mochten aanspreken als tante Truus stond met een van de nazi's te discussiëren. De beambte vertelde haar dat de wagons afgesloten zouden worden en pas weer zouden worden geopend voor de documentencontrole bij de grens tussen Duitsland en Nederland.

'De trein moet voor ieders veiligheid worden afgesloten,' zei de man.

'Maar we mochten maar zes volwassenen meesturen, en er zijn tien wagons,' wierp tante Truus tegen. 'Tien wagons met zestig kinderen per wagon! Gaat u me nu vertellen dat de volwassenen zich niet van de ene wagon naar de andere kunnen begeven om te kijken of alles goed gaat met de kinderen?'

'Het is een nachttrein,' zei de beambte. 'Ze gaan vast slapen.'

Stephan schrok toen hij Žofie zag, hoewel hij had geweten dat ze er zou zijn, hoewel hij het verschrikkelijk zou hebben gevonden als ze niet zou zijn gekomen. De trein kon niet vertrekken als niet alle zeshonderd kinderen er waren, en zij was er daar één van. Ze zag er volwassener uit dan hij haar ooit had gezien, met haar haren los op haar rug, nog vochtig van het wassen, haar jas strakgespannen over haar borsten, onder de ketting die ze altijd droeg. Hoewel ze haar zusje opnieuw en opnieuw kuste, hield ze haar grote groene ogen achter haar brillenglazen op haar opa gericht, die haar van alles op het hart drukte in een poging een leven aan advies in één afscheid te bundelen, precies zoals Mutti had gedaan.

Er daalde een stilte neer over het station toen Eichmann aan kwam lopen, met die vreselijke hond naast zich. Stephan deinsde naar achteren, maar tante Truus stapte naar voren.

'Goedemorgen, Herr Eichmann,' zei ze.

'Zeshonderd, Frau Wijsmuller,' zei Eichmann zonder te blijven staan. Hij verdween via een trap naar de kantoren op het hogergelegen niveau.

Langzaam kwam het station weer tot leven, wat stiller en meer ingehouden dan daarnet.

Stephan omhelsde Walter. 'Wall-man,' zei hij. Hij wilde net zoals de opa van Žofie-Helene zijn, hij wilde Walter alle wijsheid meegeven die hij de rest van zijn leven nodig zou hebben. Er kwam echter geen woord over zijn lippen, behalve het koosnaampje van zijn broer. Het leek niet genoeg. Het leek alsof hij in elk geval de volle naam van zijn broertje zou moeten uitspreken. Maar het jongetje zou alleen maar schrikken als hij 'Walter' zou zeggen. Wall-man. Stoer en standvastig.

Nog steeds met Walters hand in de zijne – zoals Mutti hem had gevraagd – liep Stephan naar Žofie en haar opa en haar zusje. Pas toen knielde hij, zodat hij Walter in de ogen kon kijken, en vertelde hem de waarheid.

'Er was geen plek voor mij in deze trein, Walter.' Nu gebruikte hij wel zijn volle naam, om de ernst van de situatie te benadrukken. Hij deed zijn uiterste best om zijn broertje recht in de ogen te kijken. Het liefst zou hij huilen, maar hij moest de man zijn die zijn moeder in hem zag. 'Maar Žofie-Helene blijft bij je,' ging hij verder. 'Zij zal net zo goed voor je zorgen als ik zou hebben gedaan, en ik kom met de volgende trein. Ik kom met de volgende trein, en zodra ik in Engeland ben, zoek ik je op. Waar je ook bent.'

De tranen begonnen over Walters gezicht te stromen. 'Maar je hebt Mutti beloofd dat je mijn hand vast zou houden, helemaal tot Engeland!'

'Ja,' gaf Stephan toe, 'maar Žofie-Helene is mij, snap je?'

'Nee, dat is ze niet.'

'Walter, Mutti wil dat we naar Engeland gaan. Dat weet je toch? Je hebt haar beloofd dat je je onderweg goed zou gedragen.'

'Maar samen met jou, Stephan!'

'Ja, samen met mij. Het probleem is dat ze maar zeshonderd kinderen mee kunnen nemen in deze trein, en ik ben nummer 610.'

'Dat getal brengt geluk, Walter, 610,' zei Žofie-Helene. 'Het is het zestiende getal in de reeks van Fibonacci.'

Walter keek naar haar op met dezelfde vertwijfeling die Stephan voelde. Ze wilde hem geruststellen, dat begreep Stephan. Maar het laatste getal dat vandaag geluk bracht, was 600. Waarom had hij niet sneller gerend?

'Žofie-Helene neemt het een poosje van me over,' zei hij. 'Alleen tot ik naar Engeland kan komen.'

'Pieter en ik kunnen ook de volgende trein nemen, samen met jou.'

'Maar dat kan niet, dat is het probleem. Als je niet met deze trein gaat, kan geen van de anderen vertrekken. Dan zullen we geen van allen ooit naar Engeland kunnen.'

'Het is binair,' zei Žofie-Helene zacht. 'We gaan allemaal, alle zeshonderd, of geen van allen.'

'Maar ik kom met de volgende trein,' verzekerde Stephan hem, zonder het hem te beloven. Op een gegeven moment – misschien toen hij eerder die week had ontdekt dat hij te laat was voor de eerste trein – had hij zich voorgenomen dat hij zou doen wat nodig was om Walter samen met Žofie in die trein te krijgen, dat hij desnoods zou liegen, maar dat hij zijn best zou doen om zo dicht mogelijk bij de waarheid te blijven. 'Tot ik er ben,' zei hij tegen Walter, 'zal Žofie-Helene voor je zorgen. Žofie-Helene zal mij zijn.' Hij pakte een zakdoek en veegde Walters neus af. 'Onthou dat, Wall. Žofie-Helene is mij.'

Dat was in elk geval waar, net als datgene wat hij Mutti had verteld: dat hij ervoor zou zorgen dat Walter Engeland veilig zou bereiken. Žofie-Helene had beloofd om Walter bij zich te houden, om Stephans plek in te nemen.

'Žofie-Helene is mij,' herhaalde hij een laatste keer.

'Behalve dat ze slimmer is,' zei Walter.

Hij keek glimlachend op naar Žofie. 'Ja, Žofie-Helene is mij, maar dan slimmer.' En zoveel mooier, dacht hij. 'Ze is mij tot ik naar jullie toe kan komen, en ik zal in de eerstvolgende trein zitten, want ik ben het zestiende getal van de reeks van Fibonacci. Ik weet niet hoeveel ze er de volgende keer mee zullen nemen, maar het zijn er vast minstens tien.'

'En dan gaan we samen naar een pleeggezin?'

'Ja. Ik zoek je op in Engeland, en dan gaan we samen naar een pleeggezin. Maar tot die tijd moet je precies doen wat Žofie zegt, net als je bij mij zou doen.'

Walter pakte zijn eigen zakdoek en drukte die tegen de neus van Pieter Konijn.

De man met de lijst riep een meisje met felrood haar, en de begeleiders hingen een genummerd bordje om haar hals en maakten een etiket aan haar koffer vast.

'Volgens mij zijn wij zo aan de beurt, Walter,' zei Žofie-Helene. 'Ben je zover? Geef je broer maar een laatste knuffel.'

Stephan hield Walter dicht tegen zich aan en ademde zijn geur een laatste keer in, terwijl Žofie haar zusje nog eens tien keer kuste.

'Walter Neumann,' riep de man. 'Žofie-Helene Perger.'

Žofie gaf haar zusje aan hun opa, maar het kleine meisje begon te jammeren: 'Ik wil met Žozo mee! Ik wil met Žozo mee!'

Stephan zou ook het liefst in huilen uitbarsten. Hij wilde Walters hand vastgrijpen, en die van Žofie ook, en ervandoor gaan. Maar ze konden nergens naartoe.

'Wees een lieve meid en zorg dat je zusje straks ook een plek heeft,' zei Žofies opa. 'We zetten haar op een trein naar Engeland zodra ze vier wordt. Je moeder en ik zullen schrijven. Wij komen ook, zodra we een visum kunnen regelen. Maar, Žofie, we zullen altijd bij je zijn, wat er ook gebeurt. Zoals je vader altijd meekijkt wanneer je je wiskunde doet, zullen wij er ook altijd zijn.'

Žofie-Helene pakte Walters hand met het konijnenoor, precies zoals Stephan altijd deed. De twee liepen naar de man met het klembord. Ze hielden hun hoofd omlaag, zodat de vrouwen de genummerde bordjes om hun hals kon hangen.

Nummer 522, dat was Walter. En nummer 523, dat was Žofie-Helene. Stephan prentte de getallen in zijn geheugen, alsof ze ook maar enige betekenis hadden.

KETTING

Žofie hing het nummer aan het touwtje om Walters nek recht. 'Nummer 522! Dat is een heel bijzonder getal,' zei ze. 'Je kunt het delen door één, twee, drie, zes, en... even denken... door achttien, negenentwintig, zevenentachtig, honderdvierenzeventig en tweehonderdeenenzestig. En natuurlijk is het deelbaar door zichzelf, vijfhonderdtweeëntwintig. Dat betekent dat het tien factoren heeft!'

Walter keek naar het nummer van Žofie-Helene.

'Het mijne is een priemgetal,' zei ze. 'Je kunt het alleen delen door één en door zichzelf. Maar dat is weer op zijn eigen manier bijzonder.'

Walter keek nog steeds zorgelijk. 'Krijgt Pieter geen nummer?' vroeg hij haar.

Žofie trok Walter tegen zich aan en gaf Pieter Konijn een kus. 'Pieter mag gratis meereizen op jouw kaart, Walter. Wat vind je daarvan?'

Ze pakte zijn hand, en ze gingen in de rij staan bij de treinwagon die Herr Friedmann hun had gewezen, achter het roodharige meisje dat ook bij het aanmelden vóór hen in de rij had gestaan. Terwijl ze stonden te wachten, kwam tante Truus naar hen toe.

'Žofie-Helene, je bent een slim, betrouwbaar meisje,' zei ze. 'Daarom geef ik jou de leiding in deze wagon. Begrijp je dat? Er zal geen volwassene bij zijn, dus je moet verstandige beslissingen nemen voor alle anderen. Kun je dat doen, voor Herr Friedmann en mij?'

Žofie knikte. Tante Truus, die haar opnam, keek plotseling bezorgd. Had ze iets verkeerd gezegd? Maar ze had helemaal niets gezegd.

'Liefje, die ketting kun je niet meenemen,' zei tante Truus.

Žofie voelde aan het hangertje om haar hals, het oneindigheidssymbool, de dasspeld van haar vader waar opa een ketting van had laten maken. Het was het enige van haar vader wat ze nog bezat.

'Breng hem maar naar je opa,' zei tante Truus. 'Vlug.'

Žofie rende terug en gaf de ketting niet aan opa, maar aan Stephan. Ze kuste hem op zijn lippen, die nat waren van de tranen en een beetje gezwollen, en zo zacht en warm dat ze zelf ook zacht en warm werd vanbinnen. Het kostte haar grote moeite om niet te huilen.

'Op een dag zul je een toneelstuk schrijven dat hetzelfde gevoel bij mensen opwekt als die muziek, dat weet ik zeker,' zei ze. Ze haastte zich terug naar de rij, pakte Walters hand en klom in de wagon.

EEN ZEVENTIENJARIGE JOODSE JONGEN

Op het hele perron stonden ouders te wachten, kapot van het afscheid van hun kinderen, terwijl zoveel anderen – ouders die koffers voor hun kinderen hadden ingepakt in de vreselijke hoop dat ze alsnog de kans zouden krijgen om te vertrekken – er juist kapot van waren dat ze geen afscheid konden nemen. Zoveel kleine Adeles. Zoveel gezichten van moeders waarop dezelfde trieste hoop te lezen stond die Truus die ochtend op het station van Hamburg op het gezicht van Adeles moeder had gezien. Ze vroeg zich af hoe Recha Freier de vrouw over de dood van haar kind had verteld, en hoe ze het had verdragen, hoezeer Frau Weiss het Truus kwalijk nam dat ze haar het kind had afgenomen, of hoezeer ze het zichzelf kwalijk nam dat ze Adele had meegegeven. Hoe kon dit juist zijn, kinderen afnemen van hun ouders?

Ze speurde het station af, op zoek naar Eichmann, zich afvragend waar de wrede man zich nu bevond.

'We kunnen het kind niet uit zijn bed slepen en op de trein zetten,' zei Frau Grossman tegen Truus en Desider Friedmann, haar stem gedempt zodat de patrouillerende nazi's haar niet konden horen. 'Dan heeft de hele meute de mazelen voordat ze Harwich hebben bereikt, en dan is alles voor niets geweest. Er moet toch wel een andere jongen van zeven zijn die we in zijn plaats kunnen sturen.'

'Obersturmführer Eichmann heeft de kaarten met de nummers en de namen,' zei Truus. 'De Gestapo zal ze controleren voordat de trein toestemming krijgt om Duitsland te verlaten.'

Zoveel treurende ouders die wachtten op een definitief afscheid van kinderen die misschien niet eens zouden vertrekken, en dat allemaal vanwege één ziek jongetje. Het waren de problemen die je niet had voorzien...

'We moeten een kind vinden dat door kan gaan voor het kind op de foto,' zei ze, 'en dat heel goed toneel kan spelen.'

‘Maar het risico als de leugen wordt ontdekt,’ wierp Herr Friedmann tegen met een nerveuze blik naar een raam op de tweede verdieping dat uitzicht bood op het perron.

Truus volgde zijn blik naar de man en de hond die roerloos achter het raam stonden en het tafereel op het perron gadesloegen. Gek genoeg moest ze denken aan haar moeder, achter dat raam in Duivendrecht op die besneeuwde ochtend, twintig jaar geleden. Ze veronderstelde dat Eichmann in zijn vuistje lachte, maar dan een heel ander soort lach dan die van haar moeder.

‘Wat voor keus hebben we?’ zei ze zacht. ‘Zonder hem kan er geen enkel kind vertrekken, nu niet en waarschijnlijk nooit meer.’

Met zijn drieën speurden ze de gezichten af van de ouders die de ramen van de trein afspeurden op zoek naar hun kinderen, en van degenen die wensten dat ze die kans zouden krijgen, die baden dat ze die kans zouden krijgen.

Truus ontdekte de oudere jongen die lieve kleine Žofie-Helene – Žofie, want dat was ‘efficiënter’ – naar haar toe had gebracht, alleen net te laat om nog met deze trein mee te kunnen. Hoe heette hij ook alweer? Ze was goed met namen, maar zeshonderd was te veel om te onthouden, en hij hoorde niet eens bij die zeshonderd. Met een koffer naast zich stond hij te kijken naar de wagon waarin Žofie-Helene en zijn broertje waren gestapt. Het broertje herinnerde Truus zich nog, het kleine jongetje, Walter Neumann. Walter Neumann en zijn broer Stephan.

Truus volgde de blik van Stephan en zag Žofie in de wagon de condens van het raam vegen, en vervolgens zag ze kleine Walter zijn speelgoedkonijn voor het raam houden zodat het naar buiten kon kijken, terwijl Žofie een ander kind hielp om een plekje te zoeken.

‘Die jongen, Stephan Neumann,’ fluisterde ze tegen Herr Friedmann en Frau Grossman. Voordat de twee konden protesteren, pakte ze het bordje en het bagagelabel en haastte ze zich naar Stephan toe.

‘Stap in de laatste wagon, Stephan,’ fluisterde ze terwijl ze hem de nummers in zijn handen drukte. 'Ik kom er zo aan. Als iemand vragen stelt voordat ik er ben, zeg dan dat je Carl Füchsl heet en dat ze een fout hebben gemaakt met je leeftijd. Vooruit, vlug.'

De jongen pakte het bordje aan, tilde zijn koffer op en herhaalde: 'Carl Füchsl.'

'Die jongen is veel te oud!' protesteerde Herr Friedmann terwijl Stephan haastig naar de trein liep.

'We hebben geen tijd,' zei Truus. Ze hield haar blik zorgvuldig afgewend van het raam met Eichmann erachter, om niet de indruk te wekken dat ze iets eigenaardigs deed op deze vreemde ochtend. 'We moeten zorgen dat de trein vertrekt voordat iemand doorheeft dat er een probleem is.'

'Maar hij is –'

'Het is een slimme jongen. Hij is er wekenlang in geslaagd om uit handen van de nazi's te blijven. Ik heb hem in de laatste wagon gezet, bij mij.'

'Ja, maar –'

'Hij is een zeventienjarige Joodse jongen, Herr Friedmann. Tegen de tijd dat we een tweede trein kunnen regelen, is hij hoogstwaarschijnlijk te oud.'

DE ANDERE MOEDER

Žofie probeerde een zwijgend duimzuigend jongetje zover te krijgen dat hij ging zitten, toen Walter uitriep: 'Stephan!' Hij klom over het kind heen dat naast hem zat en sprintte over het middenpad naar de deur van de wagon.

'Walter, nee! Blijf in de trein!' riep Žofie. Ze haastte zich achter hem aan en zag Stephan over het perron naar hen toe komen.

Stephan sprong in de wagon, tilde Walter hoog in de lucht en lachte, zo breed dat het litteken op zijn lip bijna verdween. 'Ik ben hier, Wall! Ik ben er!'

Žofie ging bij de deur van de wagon staan en speurde het volle perron af tot ze opa zag, met zijn rug naar de trein. Johanna keek over opa's schouder naar Žofie.

'Žozo, ik wil met jou mee!' riep Johanna.

'Ik hou van je, Johanna!' riep Žofie terug. Ze deed haar uiterste best om niet te huilen, er niet aan te denken dat ze Jojo en opa en mama misschien nooit meer terug zou zien. 'Ik hou van je!' riep ze. 'Ik hou van je! Ik hou van je! Ik hou van je!'

Een vrouw op het perron, wier kinderen niet waren opgeroepen, werd hysterisch.

Stephan pakte Žofies hand toen er van alle kanten nazi's aan kwamen lopen en de vrouw en haar kinderen omringden. Het geblaf van de honden klonk fel om haar heen, fel over het hele perron.

Een van de honden brak zijn riem, of werd losgelaten. Het dier stortte zich op de vrouw en rukte met zijn tanden aan haar kleren terwijl de nazi's haar met hun wapenstokken sloegen.

In de paniek renden ouders alle kanten op.

'Žofie-Helene,' zei iemand, de stem van een vrouw.

De vrouw uit de rij bij de registratie, de knappe jonge moeder met de baby, stond net buiten de trein te huilen. Ze zette een picknickmand in de wagon, aan Žofies voeten.

'Dank u,' zei Žofie automatisch.

Vanuit de mand klonken kirrende geluidjes.

De moeder keek op naar Žofie, al net zo in paniek als Žofie zelf. 'Ssst,' zei ze. 'Ssssst.'

De vrouw zei nog iets, maar Žofie luisterde niet langer. Ze snikte nu en riep: 'Jojo! Opa! Wacht!'

Opa verdween van het perron, samen met Johanna.

'Zorg alsjeblieft voor haar, Žofie-Helene Perger,' zei de jonge moeder.

De vrouw deed een stap naar achteren toen een nazi de deur van de wagon dichtsloeg en Žofie en de anderen opsloot. Ze hoorden het gekletter van de remmen van de trein die werden losgemaakt, en langzaam kwamen ze in beweging. Op het perron keek de moeder met de paarsblauwe ogen toe terwijl de ruimte tussen haar en de wagon groter werd. Een vader klom op de zijkant van de rijdende wagon, roepend naar een kind. Andere ouders renden mee naast de trein, huilend, zwaaiend, roepend, terwijl de trein snelheid won.

In de wagon keken de kinderen zwijgend door het raam toen de vader los moest laten en naast het spoor op de grond tuimelde. Ze keken zwijgend door het raam en zagen de ouders en het station en het besneeuwde reuzenrad steeds kleiner worden. En ze keken zwijgend door het raam terwijl de Weense daken uit het zicht verdwenen.

VIJFHONDERD

Sneeuwvlokken landden en smolten op Stephans raam. Achter het raam was het bijna net zo donker als in het ondergrondse netwerk van Wenen. De trein reed ratelend over de rails, vertragend en hellend bij elke bocht. De andere kinderen in de wagon aten het eten op dat hun ouders hadden meegegeven, of ze kletsten, of zaten stilletjes op hun bankje, of oefenden hun Engels, of sliepen, of deden net of ze niet huilden. Walter lag op het achterste bankje, op Stephans schoot, met Pieter Konijn onder zijn hoofd tegen het raampje. Op het bankje aan de andere kant van het looppad verschoonde Žofie de luier van de baby, terwijl ze tegelijkertijd een verhaal van Sherlock Holmes vertelde aan drie kinderen die tegenover haar zaten.

Stephan schoof Walter op het bankje en bracht de vieze katoenen luier naar het toilet, dat erger stonk dan de bevuilde luier. Een van de kleine jongetjes moest zijn doel hebben gemist bij een plotselinge beweging van de trein, of meer dan één. De stank deed Stephan denken aan de ondergrondse gangen, aan zijn eigen schaamte. Hij spoelde de luier uit, wrong hem uit en herhaalde het proces.

Terug in de wagon hing hij de natte luier over de leuning van de plek naast Walter. Daarna nam hij de baby over van Žofie, om haar wat rust te gunnen. Hij ging naast een klein jongetje zitten dat nog geen woord had gesproken, dat zelfs, voor zover Stephan had gezien, zijn duim nog niet uit zijn mond had gehaald

'Nummer 500,' zei hij tegen Žofie.

'Zo kunnen we hem niet zien, alleen maar als een getal,' zei Žofie. 'Zelfs al is het een prachtig getal.'

Het leek Stephan niet veel beter om hem te zien als de 'duimzuigende jongen'. Hij probeerde de jongen zover te krijgen dat hij hem zijn naam zou vertellen, maar het kind staarde slechts naar hem, nog steeds met zijn duim in zijn mond.

'Wil je de baby misschien vasthouden?' vroeg Stephan hem.

De jongen bleef naar hem kijken, zonder met zijn ogen te knipperen.

Žofie wrong zich tussen hen in, met een van de flesjes melk uit de mand van de baby in haar hand. 'Dat was de laatste luier,' zei ze, en ze nam de baby weer over van Stephan, alsof ze verlangde naar de warmte van het kind, of iemand om voor te zorgen.

'Walter en ik hebben zakdoeken die we kunnen gebruiken,' zei Stephan. 'En de andere jongens vast ook.' Hij streelde over de bruine krullen van de duimzuigende jongen. 'Heb jij een zakdoek, knul?'

Het kind zei nog steeds niets, staarde hem slechts aan, terwijl buiten het raam de lichten van een stad weerkaatsten op een rivier. Er verscheen een groot kasteel op een heuvel. Ze passeerden een station – Salzburg – maar ze stopten niet.

'Hier woonde Stefan Zweig vroeger,' zei Stephan tegen Žofie-Helene.

'We zijn bijna in Duitsland,' zei ze.

Het werd stil in de trein. De kinderen die wakker waren, staarden door het raam.

'Denk je echt dat het me gaat lukken, Žofe?' vroeg Stephan.

Žofie, die de baby in slaap wiegde, keek hem aan maar gaf geen antwoord.

'Toneelstukken schrijven,' zei hij. 'Zoals je op het station zei.' Toen ze hem had gekust, haar lippen gladder dan de gladste chocolade.

Žofie nam hem op, zonder met haar rechte wimpers te knipperen, haar oprechte groene ogen kalm achter haar brillenglazen, die nu eens niet bevlekt waren. 'Mijn vader zei altijd dat niemand zichzelf ooit echt als een Ada Lovelace ziet,' zei ze, 'maar iemand ís haar wel.'

Buiten het raam marcheerden troepen door het donker over de weg.

'Ada Lovelace?' vroeg Stephan.

'Augusta Ada King-Noel, de gravin van Lovelace. Zij vond een manier om een reeks van bernoulligetallen te berekenen die suggereerde dat de analytische machine van de Britse wiskundige Charles Babbage toepassingen had die verder gingen dan puur rekenwerk, terwijl Babbage zelf dacht dat de machine niet tot iets anders in staat was.'

Het geluid van marcherende laarzen buiten het raam ebde weg, zodat alleen het geratel van de trein en de stille angst van de kinderen overbleven. Duitsland.

'Misschien kun je Zweig echt ontmoeten in Londen,' zei Žofie. 'Hij zou je mentor kunnen zijn, zoals professor Gödel mijn mentor was.'

Ze richtte zich tot de jongen met de duim in zijn mond, nummer 500. 'Wist je dat Sherlock Holmes in Baker Street woont?' vroeg ze hem. 'Maar mogelijk ben je een beetje te jong om zijn verhalen te waarderen. Misschien heb je wel zin om te zingen? Ken je 'De maan is opgekomen'?

De jongen nam haar op, maar hij zei niets.

'Natuurlijk ken je dat. Zelfs Johanna kent het.' Ze raakte de wang van de baby aan. 'Toch, Johanna?' zei ze. En ze begon zachtjes te zingen. 'De maan is opgekomen, de gouden sterren schitteren aan de hemel.'

De andere kinderen begonnen met haar mee te doen. De kleine jongen zong niet mee, maar hij leunde tegen Žofie aan. Zijn duim zakte langzaam uit zijn mond toen hij in slaap viel, met de kaart met het prachtige nummer 500 nog steeds om zijn nek.

NATTE LUIERS

Terwijl de trein door een bocht denderde, richting de grens tussen Duitsland en Nederland – richting de vrijheid! – haalde Stephan de natte luiers en natte zakdoeken van de rugleuning van de bankjes, om ze alvast te verstoppen voor de Duitse douaniers. Het voelde alsof hij al een eeuwigheid in deze trein zat. Al die lange uren gisteren na het vertrek, waarin hij de onwerkelijkheid van de situatie tot zich door had laten dringen. De hele nacht, ongemakkelijk opgekruld op het bankje, zijn slaap steeds weer verstoord door steeds weer een ander kind dat getroost moest worden, zelfs Pieter Konijn die getroost moest worden, hoewel Walter afgezien daarvan hartverscheurend stoïcijns was. De lange dag vandaag, met nauwelijks iets te eten, omdat de voedselpakketten die de kinderen hadden meegekregen, al grotendeels op waren. Hij opende een raampje om de luiers naar buiten te gooien, met het idee dat iemand hun toch zeker nieuwe zou geven, échte luiers, wanneer ze eenmaal in Nederland waren. Op de weg naast de spoorlijn marcheerden gehelmde troepen. De rij soldaten liep helemaal langs de bocht in de rails naar voren tot aan de locomotief, die zwarte rook en een kolom witte stoom uitbraakte, en zover naar achteren als het zicht reikte in het heldere licht van deze tweede dag, helemaal over de besneeuwde glooiende heuvels naar bossen die oneindig ver weg leken.

Hij draaide het raampje dicht en keerde zich naar Žofie, die de baby in slaap probeerde te wiegen. Inmiddels voelde hij het soort paniek dat de dokter in Zweigs *Amok* gevoeld moest hebben toen hij zich op de grafkist van de vrouw wierp en zichzelf en de grafkist naar de bodem van de zee sleurde. Allebei dood, vanwege een baby. Hij herinnerde zich de stem van Papa terwijl ze samen bij het haardvuur in de bibliotheek zaten, in Wenen, in zijn oude leven. Papa die zei: 'Je bent een man met ruggengraat, Stephan.

Het zal jou nooit overkomen dat je een baby krijgt die je niet zou moeten krijgen.'

Papa was een man met ruggengraat geweest, en nu was hij dood.

Stephan liep naar de andere kant van de trein om de luiers weg te gooien, maar ook daar bevonden zich mensen langs de spoorlijn. Een man in het blauw met een leren pet op zijn hoofd, zo dicht bij de trein dat hij Stephan liet schrikken, een worstverkoper met een klant die naast zijn platte kar stond; een kindermeisje met een baby in een wandelwagen, een kindje dat ongetwijfeld droge zachte luiers droeg in plaats van dunne zakdoeken. Hij probeerde zich voor te stellen wat zijn vader zou willen dat hij zou doen, wat een man met ruggengraat zou doen.

Hij opende zijn koffer en propte de luiers en de zakdoeken boven op zijn kleren, zijn dagboek en zijn boek met verhalen van Zweig. Het verboden boek zou misschien onherkenbaar beschadigd raken door het vocht, maar dan zouden de luiers er nog zijn, het bewijs dat ze een baby bij zich hadden die er niet hoorde te zijn.

Žofie legde de slapende baby in de picknickmand.

Stephan deed zijn koffer dicht.

Žofie schoof de picknickmand tussen de zittingen, zodat hij zo min mogelijk opviel. 'Luister goed, allemaal,' zei ze tegen de andere kinderen. 'Wees aardig en beleefd tegen de soldaten en zeg niets over de baby. De baby is ons geheim.'

De duimzuigende jongen, nummer 500, zei: 'Als we iets zeggen, halen ze haar misschien wel weg.'

'Dat klopt,' zei Žofie, duidelijk net zo verbaasd als Stephan over de zachte maar verrassend vaste stem van de jongen. 'Wat goed van jou.'

De trein kwam met een ruk tot stilstand en de stoom buiten de ramen hulde hen in een plotseling niets, alsof ze helemaal alleen waren in de wereld. Maar ze waren niet alleen. Ze hoorden de stemmen van de soldaten die ze niet konden zien, Duitse stemmen die riepen dat ze in moesten stappen, dat ieder kind en elke koffer doorzocht moesten worden om te controleren of alle kinderen wel de juiste papieren hadden.

‘De nummers moeten passen bij het identiteitsbewijs,’ kondigde een man door een megafoon aan. ‘Niemand mag smokkelwaar bij zich hebben, niets van waarde dat rechtmatig aan het Reich toebehoort. Breng iedere Jood die onze regels in de wind slaat direct naar mij toe.’

TJOEK-TJOEK-TJOEK

Truus stond aan de voorkant van de wagon en riep: 'Kinderen.' Toen luider: 'Kinderen.' En ten slotte, op een volume dat ze van haar ouders nooit had mogen gebruiken tegen de kinderen die ze na de oorlog hadden opgevangen: 'Kínderen!'

Het geroezemoes in de wagon verstomde, alle ogen waren op haar gericht. Nou ja, thuis was er nooit meer dan een handvol kinderen geweest, en dit waren er zestig, en nog negen andere wagons nadat ze deze hadden ontsloten. Als eerste moest ze natuurlijk Stephan Neumann zien te vinden, voordat de nazi's hem zouden ontdekken. Stephan Neumann die niet echt Carl Füchsl was. Hij zat natuurlijk in de tweede wagon, samen met zijn broertje en Žofie-Helene. Zelfs in haar eerste schrik, toen de deur van de wagon hen had afgesloten van alle chaos op het perron en Stephan Neumann er niet in had gezeten, had ze geweten waar hij wél was. Nu moest ze zorgen dat hij in de wagon terechtkwam waar Carl Füchsl in hoorde te zitten, voordat hij onnodig de aandacht zou trekken.

'Ik weet dat jullie een lange reis achter de rug hebben,' zei ze tegen de kinderen, wat vriendelijker nu. De hele dag en de hele nacht en daarna nog een halve dag, met het moeilijkste deel aan het begin, het afscheid van hun ouders. 'Het duurt niet lang meer voor we in Nederland zijn, maar we zijn er nog niet. Jullie moeten nu in deze wagon blijven, wat er ook gebeurt. Blijf op je plek en doe wat de ss'ers je vragen, zo beleefd als je kunt. Zodra ze klaar zijn, zal de trein weer gaan rijden, en dan zul je horen dat het anders klinkt. De wielen...' Ze maakte draaibewegingen met haar armen, als een zuiger. 'Hier in Duitsland doen de wielen tjoek-tjoek-tjoek-tjoek. Maar in Nederland zul je tjoeketjoek-tjoeketjoek-tjoeketjoek horen. En dán zijn we er. Tot die tijd mag niemand uit de trein stappen.'

DE AFGEVOERDE TWEELING

Toen de stoom optrok, zag Stephan dat er al nazi's in de andere wagons stapten. Hoewel hij niet kon zien wat er in de wagons gebeurde, hoorde hij de soldaten schreeuwen. Er begonnen kinderen te huilen, maar dat kon gewoon uit angst zijn.

Twee peuterjongetjes – een identieke tweeling – verschenen op het perron en werden door ss'ers weggeleid van de trein.

'Waar brengen ze die jongetjes naartoe?' vroeg Walter.

Stephan sloeg zijn arm om zijn broertje heen. 'Ik weet het niet, Wall.'

'Pieter en ik willen niet met ze mee,' zei Walter.

'Nee,' zei Stephan. 'Nee.'

KINDEREN, ONGENUMMERD

Truus stapte vanuit de trein op het perron, waar een ss-officier stond die blafte: 'Niemand mag uitstappen.' Andere mensen op het station sloegen hen al gade: een kruier in een felblauw uniform met zilveren epauletten, een vrouw die de eigenaresse moest zijn van de set van minstens tien koffers op de bagagekar tussen hen in, een man op een bankje achter hen die zijn exemplaar van *Der Stürmer* liet zakken om het beter te kunnen zien.

'Niemand stapt uit, beste man. Daar zie ik op toe,' verzekerde ze de ss'er, hoewel ze het zojuist zelf wel had gedaan. 'Waag het niet om deze kinderen angst aan te jagen.'

Ze keek naar de volgende wagon, waar gelukkig nog geen bewakers waren binnengegaan. Als ze deze dwaas maar zover kon krijgen dat hij een beetje opschoot, dan kon ze Stephan Neumann naar de juiste wagon verhuizen voordat iemand iets in de gaten had.

'Hebt u het papierwerk?' vroeg de man op barse toon.

Ze gaf hem de map en zei: 'Er zit een pakketje documenten in voor elke wagon. Als het goed is, liggen ze op volgorde, maar met zeshonderd kinderen valt het niet mee. Het zou kunnen zijn dat er één of twee in de verkeerde wagon zitten.'

Ze hoorde de vrouw met de vele koffers vol afkeer '*Judenkinder*' zeggen.

Vlug richtte ze haar blik weer op de trein. Achter de ramen van een van de wagons zag ze ss'ers ruw bagage doorzoeken, koffers ondersteboven houden en kinderen bevelen om zich uit te kleden, godallemachtig.

'Uw mannen jagen de kinderen angst aan!' zei ze.

De ss-leider keek zonder een spier te vertrekken naar de mannen die in de trein bezig waren. De man op het bankje vouwde zijn exemplaar van *Der Stürmer* op en sloeg net als de anderen het tafereel achter de ramen van de trein gade.

‘We doen onze plicht,’ zei de officier.

‘Ze doen niet hun plicht,’ protesteerde Truus. Ze weerhield zichzelf er nog net van om ‘jullie’ te zeggen, hoewel de man zichzelf in één adem met zijn soldaten had genoemd. Ze kon hem beter niet persoonlijk de les lezen. ‘Ze gedragen zich afschuwelijk.’

Frau Grossman kwam in paniek op haar af. Truus gebaarde met haar hand dat ze hen niet moest storen.

‘Vooruit,’ zei ze tegen de officier. ‘Hou ze tegen, nu direct, voordat nog meer kinderen uit angst in hun broek plassen. Anders zullen uw mannen moeten helpen met het verschonen van de kleren van zeshonderd kinderen.’

Dat trok zijn aandacht, en die van de toeschouwers, die geschrokken haar kant op keken. Ze ging er niet van uit dat de soldaten de kinderen daadwerkelijk zouden helpen om schone kleren aan te trekken, maar de officier zou de trein ook niet eindeloos willen bewaken terwijl zij en de andere begeleiders dat zelf deden, terwijl iedereen in het station nieuwsgierig toekeek.

Toen de ss’er zich weghaastte, roepend naar zijn mannen ‘Controleer de bagage, maar maak de kinderen niet bang’, dacht Truus terug aan alle dingen die ze anders had moeten doen. Ze had moeten regelen dat er betaalde grensbewakers meereisden in de trein, zodat ze niet hadden hoeven te stoppen voor een fiasco als dit. Misschien kon ze voor toekomstige transporten de hulp van baron Aartsen inroepen. Elke keer andere bewakers, die ze zou belonen met geschenken voor hun echtgenotes als de kinderen eenmaal in veiligheid waren. En ze had iets mee moeten brengen waarmee ze makkelijker de aandacht van de kinderen kon trekken, misschien haar gele paraplu, die ze hoog in de lucht kon houden, opvallender dan haar gele handschoenen. Met honderden kinderen kon je niet subtiel zijn.

‘Truus,’ zei Frau Grossman op dringende toon.

Nu ze de officier zover had dat hij deed wat ze wilde, keerde Truus zich naar haar toe. ‘Sorry,’ reageerde ze, ‘maar ik moet Stephan Neumann –’

'Ze hebben twee van de jongens meegenomen, de identieke tweeling!' zei Frau Grossman.

'De jongens van Gordon? Hoe zijn zij in deze trein terechtgekomen? Ze zaten niet bij de eerste zeshonderd.'

'Ik heb geen idee. Ik hielp iedereen om te gaan zitten, en toen deden ze de deur op slot en de trein vertrok en toen waren ze er ineens, bij de deur, allebei huilend!'

'Godallemachtig,' zei Truus, de noodzaak afwegend, hopend dat ze gelijk had over het overlevingsinstinct van de jonge Neumann. 'Goed, kom met mij mee. Je gaat uitleggen dat ze hun kaarten met hun nummers uit het raam hebben gegooid. Dat soort dingen doen jongens nu eenmaal. Ik regel de rest wel.'

'Maar ik... Ik was zo bang. Ze vroegen waarom die kinderen geen nummers hadden, en ik heb gezegd dat ze niet in de trein hoorden te zitten.'

Truus voelde de kleur wegtrekken uit haar gezicht. 'Oké,' zei ze. 'Oké.'

'De ouders van de jongens –'

'We oordelen niet over de ouders,' zei Truus. 'Wij zouden misschien hetzelfde doen. Laat me zien of... Nee, kom met mij mee. Misschien kunnen we de Duitsers overhalen om jou toestemming te geven met de jongens terug te keren naar Wenen en de rest van de trein door te laten rijden naar Nederland. Meer kunnen we niet van ze vragen. We kunnen niet de hele trein in gevaar brengen. Goddank is het een schattig stel.'

DE EICHMANN-PARADOX

De man beende Michaels kantoor binnen, met de hond naast zich. Anita haastte zich achter de twee aan en probeerde de gast aan te kondigen die op een zondag was gearriveerd, terwijl het kantoor was gesloten. Toen Michael opstond om hem te begroeten, bekeek de man het portret dat achter het bureau aan de muur hing, het portret van Lisl door Kokoschka. Michael had beweerd dat het schilderij van hem was, hoewel het uiteraard was geschilderd voordat hij Lisl had ontmoet. Het was eigendom van Herman, en dus waardevol bezit van het Reich.

'Ik heb zeshonderd bonbons nodig voor een bijeenkomst in Hotel Metropole vanavond,' zei de man zonder begroeting, introductie of excuus.

'Vanávond?' zei Michael. Hij schrok niet zozeer van de korte termijn waarop hij de bonbons moest leveren – nog wel op een dag waarop zijn chocolatiers niet eens aanwezig waren – als wel van het feit dat Eichmann hem deze boodschap in eigen persoon kwam brengen. 'Natuurlijk, Herr Eichmann,' zei hij toen terwijl hij zich probeerde te herstellen. 'Neumanns Chocolade levert met alle plezier –'

'Neumanns Chocolade? Er is mij verzekerd dat dit niet langer een Joods bedrijf is.'

'Wirth Chocolade,' zei Michael snel. Hij wist niet of hij de vergissing moest toegeven of net moest doen alsof die niet was gemaakt.

De man was woedend, naar verluidt al vanaf het moment dat de trein vol kinderen de vorige dag van station Wien Westbahnhof was vertrokken. Michael had Eichmann zelf na het vertrek van de trein het station zien verlaten, samen met zijn vreselijke hond. Het was de laatste van de zeker tien keer dat Michael er die dag was geweest, hopend om een glimp op te vangen van Stephan en Walter, wensend dat hij had geregeld dat ze samen met Lisl naar Sjanghai waren gegaan. Dat had hij zelfs nog kunnen doen toen

Lisl een paar weken geleden was vertrokken. Hoeveel groter zou het risico zijn geweest als hij drie tickets had gekocht in plaats van één? Hij had het echter niet gedaan. En na de nacht vol geweld was het onmogelijk geweest om nog een reis te boeken, en iedere niet-Jood die informeerde naar kaartjes naar Sjanghai zou direct met achterdocht zijn bejegend.

Nu zaten de jongens in een trein, ergens tussen Wenen en Nederland. Hij hoopte dat deze man woord zou houden en ze uit Duitsland zou laten vertrekken, maar hij achtte het net zo waarschijnlijk dat het vervoer met een of ander excuus zou worden stopgezet. En wat zou er dan van Stephan en Walter worden?

'Zeshonderd, komt voor elkaar,' zei hij. Hij keek op zijn horloge. Hij zou alle chocolatiers naar de fabriek laten komen. Ze zouden een selectie moeten maken uit de voorraad die bestemd was voor leverantie aan klanten. 'Uiteraard is het ons een eer om u vanavond een selectie van onze bonbons te leveren.'

'Zeshonderd, versierd met een trein,' zei Eichmann.

'Alle zeshonderd?' flapte Michael eruit. 'Ja, natuurlijk,' voegde hij er vlug aan toe, zonder te weten of de chocolatiers in slechts een paar uur tijd zoveel bonbons konden produceren, stuk voor stuk met de hand versierd met een piepkleine trein. Maar wat kon hij anders zeggen? 'Misschien wilt u wel een doosje met verschillende exemplaren meenemen voor uw vrouw en kinderen?' bood hij aan, nerveus door zijn eigen blunder – dat hij niet direct ja had gezegd op de eis van de man – maar ook door de manier waarop Eichmann naar het portret van Lisl staarde.

'Hebt u kinderen, Herr Eichmann?' vroeg hij om de ongemakkelijke stilte te vullen. Ondertussen bedacht hij dat hij het portret samen met het andere schilderij in de kast had moeten laten staan, zodat hij geloofwaardig had kunnen beweren dat ze daar waren verborgen door Herman, die niet verder gestraft kon worden. 'Mijn...' Mijn petekinderen, had hij bijna gezegd. Stephan en Walter. 'Ik heb zelf geen kinderen, maar volgens mij hebben we chocolaatjes die zijn versierd met het reuzenrad uit het Prater, en die zijn heel populair bij –'

‘Wat hebben jullie in Wenen toch met dat belachelijke reuzenrad?’ zei Eichmann boos. ‘Zeshonderd bonbons met treinen erop, stipt om zeven uur vanavond afgeleverd.’ Hij draaide zich om en verliet het kantoor, met de hond strak aan de voet.

Gelukkig hield Anita de liftdeur al open; ze was geen slim meisje, maar ze bezat een griezelig goed gevoel voor wat nodig was. Toen de liftdeur dicht was gegleden en man en beest aan het zicht had onttrokken, vertelde ze Michael: ‘Ze hebben hem gedwongen om zijn vrouw en kinderen in Duitsland achter te laten.’

DE ONEINDIGHEID VERBERGEN

De kinderen keken zwijgend en met grote ogen toe toen een grensbewaker de wagon binnenkwam. Stephan, die helemaal achterin zat, hield Walters hand stevig vast. Žofie-Helene zat aan de andere kant van het looppad, met de duimzuigende jongen naast haar en de mand met de baby aan haar voeten. De baby die gelukkig stil was. Maar als de soldaat de wagon ondersteboven zou halen, als de kinderen zouden gaan gillen, zoals de kinderen in de andere wagons, zou de baby gaan huilen. Ze was nog maar zo klein.

Stephan wenste dat tante Truus erbij was. Hij wenste dat ze het wist van de baby, dat ze wist hoe ze de aanwezigheid van de baby moest verklaren. Ze was echter verdwenen met een van de andere volwassenen, achter de tweeling aan die Stephan net zomin wilde volgen als Walter.

'Allemaal opstaan,' beval de grensbewaker.

Ze gehoorzaamden en de bewaker liet zijn blik over hen heen glijden. Zijn ogen lichtten op toen hij Žofie-Helene zag. Dat beviel Stephan helemaal niet: zoals de man naar Žofies lange haar keek, naar haar grote groene ogen, haar borsten die tegen de stof van haar blouse duwden.

Alsof de bewaker aanvoelde dat Stephan zijn gedachten had gelezen, keek hij zijn kant op. Stephan staarde naar de vloer van de wagon, zonder Walters hand los te laten.

Haar ketting, schoot hem te binnen. Žofie-Helenes ketting, die te waardevol was om mee te nemen in de trein – de ketting die ze van tante Truus aan Herr Perger had moeten geven – zat in Stephans zak.

Zonder zijn blik van Stephan af te wenden zei de bewaker: 'Als ik je naam noem, herhaal die dan en ga pas zitten wanneer ik knik.'

Hij begon namen op te lezen van een lijst, keek na elke naam wie van de kinderen reageerde en knikte dan. Bij elke naam probeerde Stephan in te schatten of hij stiekem kon gaan zitten. Carl Füchsl hoorde niet in deze wagon te zitten, wat had hem bezield? Hij was tien jaar ouder dan de jongen die hij verondersteld werd te zijn en hij zat ook nog in de verkeerde wagon. En hij had er niet eens aan gedacht om Walter of Žofie hierover te vertellen.

Alsof de bewaker vermoedde dat Stephan hem op de een of andere manier wilde bedotten, keek hij onder het voorlezen van de lijst steeds opnieuw zijn kant op.

Ik ben een bedrieger, dacht Stephan. Ik ben een bedrieger die door mijn nietsvermoedende broertje zal worden verraden. Deze keer zal ik worden geslagen zoals Papa is geslagen, of neergeschoten zoals die man buiten de brandende synagoge werd neergeschoten terwijl zijn vrouw dood lag te bloeden.

De bewaker noemde de naam van het schele meisje met de rode haren dat volgens Walter voor hen in de rij had gestaan toen ze zich gingen inschrijven. Ze herhaalde haar naam en de bewaker zei dat ze kon gaan zitten. De man staarde vol walging naar haar en vinkte vervolgens haar naam af.

'Walter Neumann,' riep hij.

Walter herhaalde zijn naam, met zijn hand stevig in die van Stephan geklemd en zijn Pieter Konijn tegen zijn borst gedrukt.

De bewaker vinkte zijn naam af op de lijst en zei: 'Jij mag gaan zitten, maar het konijn blijft staan.'

Walter staarde geschrokken naar de man en klemde Pieter Konijn nog steviger tegen zich aan.

'Jullie Joden hebben geen gevoel voor humor,' zei de man.

Stephan boog zich naar Walter toe en fluisterde: 'Pieter reist op jouw kaartje, hij doet precies wat jij ook doet.' Wat er met hem gebeurde, maakte niet uit, maar hij moest Walter beschermen.

'Žofie-Helene Perger,' riep de bewaker.

'Žofie-Helene Perger,' herhaalde Žofie.

De bewaker nam haar van top tot teen op. Hij knikte echter niet, alsof hij wilde dat ze zou gaan zitten voordat hij toestemming had gegeven, alsof hij dat excuus wilde hebben om haar iets aan te doen. Stephan wilde er niet bij stilstaan wat hij haar precies zou kunnen aandoen. Hij voelde Walters kleine hand in de zijne. Hij kon zich niet veroorloven om stil te staan bij wat de bewaker Žofie-Helene zou kunnen aandoen.

Žofie bleef rustig staan wachten, zo kalm en zo mooi, zoals hij zich voorstelde dat Helene uit Zweigs *Amok* eruit moest zien. Net als in het verhaal liep hier alles in het honderd. De ketting. De baby. Het exemplaar van *Kaleidoskop* dat te gevaarlijk was om mee te nemen, alleen had hij bij het pakken van zijn koffer nog gedacht dat hij niet met deze trein zou reizen, hij was immers nummer 610. Hij keek naar de bewaker, las de obsessie van de dokter in Zweigs verhaal in de begerige blik waarmee de man naar Žofie keek, of misschien in zijn eigen reactie op de begerige blik van de bewaker.

Haar smoezelige brillenglazen.

Het dagboek. Alles wat hij erin had geschreven. Meer dan zijn eigen woorden zouden ze niet nodig hebben om hem te veroordelen, zelfs als ze geloofden dat hij Carl Füchsl was, zelfs als ze in de smoes trapten dat zijn leeftijd per ongeluk verkeerd op het document terecht was gekomen, zelfs als Walter, in zijn onbegrip van een situatie die hem niet was uitgelegd – waarom had hij dat toch niet gedaan? – hem zou verraden.

De grensbewaker deed een stap in hun richting.

De baby was nog steeds stil.

De bewaker liep op Žofie af, steeds dichterbij, en dichterbij en dichterbij, tot hij in het pad tussen Stephan en Žofie stond, met zijn gezicht naar Žofie, maar zo dichtbij dat Stephan zijn handen uit zou kunnen steken en om de dunne nek van de man zou kunnen leggen. De man was niet veel ouder dan hij, besefte hij, en in zijn hoofd klonk de stem van Mutti. *Ik weet dat je jong bent, maar jij moet nu de man zijn.* In heel Duitsland deden jongens zich nu voor als man.

De bewaker stak zijn hand uit en voelde aan Žofies haar, zoals Stephan al had willen doen sinds hij haar op het station had ontdekt, met haar losse haren golvend op haar rug.

De bewaker knikte.

Žofie bleef staan en keek hem recht in de ogen.

Niet doen, Žofie, dacht Stephan. Doe niets. Ga gewoon zitten.

Hij hief zijn hand, met Walters hand erin, zodat Žofie het zou zien. Hij kuchte, een vlug, onderdrukt geluid.

Noch Žofie, noch de bewaker keek zijn kant op. Buiten klonken geluiden van de doorzoeking. Een blaffende hond.

Stephan legde zijn wijsvinger tegen zijn lippen om Walter te laten weten dat hij niets moest zeggen. 'Het is in orde, Wall,' zei hij luid fluisterend, alsof hij niet wilde dat iemand het hoorde.

Žofie en de bewaker keerden zich allebei naar hem toe.

Toen de bewaker zich weer naar Žofie toe draaide, knikte hij nog een keer, en tot Stephans grote opluchting ging Žofie zitten.

De bewaker ging naar de voorkant van de wagon en las een voor een de laatste namen voor. Stephan keek met groeiende angst toe terwijl ieder kind ging zitten.

Toen was Stephan nog de enige die stond.

'Jij staat niet op de lijst,' zei de bewaker.

'Carl Füchsl,' zei Stephan.

Walter keek naar hem op. Stephan slikte nerveus, zijn broertje in stilte smekend om niets te zeggen. De seconden kropen langzaam voorbij. Zweet sijpelde over zijn rug en verzamelde zich op zijn onbegroeide bovenlip. Waarom had hij niet naar tante Truus geluisterd? Waarom had hij niet gedaan wat zij hem had opgedragen?

De bewaker nam hem van top tot teen op.

Hij stond zo roerloos als een standbeeld, met Walters bezwete hand in de zijne, vochtige huid op vochtige huid.

De bewaker bestudeerde de lijst alsof hij zich vergist kon hebben, haast net zo bang als Stephan zelf, op zijn eigen manier. Sinds wanneer draaide de wereld louter op angst?

'Carl Füchsl,' herhaalde de bewaker.

Stephan knikte.

'Spel het,' beval de bewaker.

Stephan probeerde niet te laten zien hoe geschrokken hij was: geen enkele jongen zou ooit zijn eigen naam verkeerd spellen.

'C-a–'

'Je achternaam, sukkel,' zei de man.

'Hij is nummer 120,' zei Žofie.

De bewaker keek naar haar.

'Dat is vijf faculteit,' zei ze.

De bewaker staarde haar niet-begrijpend aan.

'We hebben allemaal een nummer,' zei ze. 'Het is makkelijker om hem te vinden door zijn nummer op te zoeken.'

Gedurende een ongemakkelijk moment keek de bewaker haar aan, en toen draaide hij zich om en verliet de wagon. Stephan zag hem door het raam op het perron stappen en naar de officier lopen om te overleggen.

'Het is ons geheim, Wall,' zei hij tegen Walter, 'maar als iemand ernaar vraagt, dan ben ik Carl Füchsl, oké?' Hij haalde Žofies ketting uit zijn zak en stopte die tussen de zitting en de rugleuning van het bankje achter hem, waar niemand zat en dus niemand anders de schuld kon krijgen. Het boek en het schrift kon hij niet verstoppen, maar de ketting in elk geval wel.

'Ik ben Carl Füchsl. Nummer 120.'

'Dat is vijf faculteit, een nummer dat veel geluk brengt,' zei Žofie-Helene.

'Ik ben Carl Füchsl,' zei Stephan een derde keer.

'Voor altijd?' vroeg Walter.

'Alleen tot we in Engeland zijn,' zei Stephan.

'Na de boot,' zei Walter.

'Ja, tot we van de boot af zijn.'

'Is Žofie-Helene dan nog steeds jou?'

De bewaker verscheen weer. 'Je zit in de verkeerde wagon, Carl Füchsl,' zei hij. 'Open nu allemaal je koffer en maak je zakken leeg.'

Er zat niets anders op voor Stephan dan net als de anderen zijn koffer open te maken. De randen van de bladzijden van zijn boek waren omgekruld door het vocht van de luiers. Ook zijn dagboek was vochtig, maar waarschijnlijk niet zo vochtig dat het onleesbaar was geworden.

Terwijl de bewaker de koffers van de andere kinderen doorzocht, wikkelde Stephan stiekem de luiers om het boek en het schrift, en vervolgens verstopte hij de hele bende in zijn enkele setje schone kleren.

De bewaker doorzocht de bezittingen van de kinderen en wierp ze vervolgens op de vieze vloer van de wagon. Niemand protesteerde of stelde vragen. Nadat hij in de koffer van een van de kinderen een familiefoto in een zilveren lijstje had gevonden, vroeg hij het kind om zijn kleren uit te trekken en schudde hij die uit. Toen hij verder niets vond, stak hij het lijstje met foto en al in zijn zak en ging verder naar het volgende kind. Bij een van de meisjes ontdekte hij een gouden munt die in de voering van haar jas genaaid was, en hij sloeg het kind hard in het gezicht, zodat haar lip openspleet. Tranen rolden over haar wangen, maar ze zei niets terwijl hij de munt in zijn zak stak.

Net toen hij bij Žofie, Walter en Stephan was, drong de stank van ontlasting hun neusgaten binnen.

De bewaker keek naar de kleine duimzuigende jongen.

Maak alsjeblieft de vergissing, dacht Stephan.

De bewaker keek van de jongen naar de mand. Hij keek naar Žofie, en daarna weer naar de mand. Hij bevochtigde zijn lippen en slikte, zodat zijn adamsappel op en neer ging in zijn dunne, onbehaarde keel. Hij was nog maar een jongen, niet ouder dan Stephan.

Stephan hield Walters hand strak in de zijne en zei: 'Die mand is van mij.'

'Niet waar,' zei Žofie resoluut. 'Hij is van mij.'

Ze wachtten allemaal tot de grensbewaker zou eisen dat ze de mand open zouden maken. In de gespannen stilte kirde de baby. Eén klein geluidje. Eén geluidje dat onmiskenbaar door een baby werd voortgebracht.

De bewaker keek net zo geschrokken als Stephan zich voelde.

'Waarom doe je er zo lang over?' vroeg een barse stem.

Een tweede grensbewaker kwam de wagon binnen, en de eerste salueerde prompt en riep: ‘Heil Hitler!’ Hij wierp een nerveuze blik op de mand; hij wilde geen baby aangeven, dat las Stephan nu op zijn gezicht, maar hij kon er niet op worden betrapt dat hij een kind toeliet dat niet op de lijst stond, en er stonden geen baby’s op de lijst voor deze trein.

‘Bah,’ zei de tweede grensbewaker. ‘Die smerige Joden weten niet eens hoe ze een toilet moeten gebruiken.’

De hele wagon sloeg hem gade.

‘Als deze allemaal in orde zijn, zijn we van ze af,’ zei hij tegen de eerste bewaker. ‘Dan zien de Nederlanders maar wat ze met ze doen.’

EEN ANDERE KANT OP

Žofie boog zich naar voren en probeerde de baby in de mand te sussen terwijl de trein het station uit kroop, richting een rood huisje en een smerig wit hek waar een nazivlag aan hing. Was dat de grens met Nederland? De trein kwam plotseling tot stilstand, zodat Žofie haar hoofd stootte tegen de rugleuning voor haar. De trein schokte naar voren, en stopte weer.

De kinderen wachtten zwijgend af, de stilte slechts verbroken door het gejammer van de baby, die reageerde op de plotselinge bewegingen van de trein.

Langzaam reed de trein naar achteren, weg van het rode huisje.

'Gaan we terug naar huis, naar Mutti?' vroeg Walter aan Stephan. In zijn stem klonk de hoop door die Žofie stiekem ook een beetje voelde, omdat ze dan een tweede kans zou krijgen en haar zusje misschien mee zou kunnen nemen. Als er een baby mee kon die niemand had om voor haar te zorgen, dan was er toch zeker ook een plekje voor Jojo?

De trein kwam weer tot stilstand. Buiten klonk het gekletter van metaal dat werd bewerkt met een hamer.

De kinderen bleven roerloos zitten, verstomd van angst.

De trein maakte opnieuw een schokkende beweging. Het viel moeilijk te bepalen welke kant op, maar het was maar een heel klein stukje. Žofie keek naar Stephan. Hij wist net zomin wat er gebeurde als zij.

De trein kwam weer in beweging, zo langzaam dat ze niet kon zeggen welke kant ze op gingen. Hier moest een of andere paradox voor zijn, dacht ze terwijl ze naar het rode huisje keek en probeerde vast te stellen of het dichterbij kwam of verder weg raakte. Maar als zo'n paradox al bestond, kon ze er niet op komen.

De fluit van de trein klonk, en de trein reed nu naar voren, daar was Žofie redelijk zeker van. Het kleine rode huisje kwam dichterbij, toch? Ze keek verwachtingsvol uit het raam, geconcentreerd op de vlag met het hakenkruis, het rode huisje, de stapel kolen erachter.

Stephan kwam naar haar bankje toe, ging naast haar zitten en trok Walter op zijn schoot. Hij sloeg zijn arm om haar schouders, een aanraking die tegelijk zwaar en licht aanvoelde. De Stephan-raakt-me-aan-paradox. Hij zei niets. Hij zat gewoon naast haar, met zijn arm om haar heen, en Walter hield Pieter Konijn voor haar gezicht en maakte een kusgeluidje, en ze probeerde niet te denken aan de Pieter Konijn die ze nooit voor Jojo had gekocht.

Langzaam leken de vlag en het rode huisje en de stapels kolen groter te worden, hoewel dat natuurlijk niet écht gebeurde. Ze reden langs het huisje, wat sneller nu, en het geluid van de trein op de rails veranderde van *tjoek-tjoek-tjoek* in *tjoeketjoek-tjoeketjoek-tjoeketjoek*. Vanuit de wagon achter hen, waarin tante Truus reisde, klonk een jubelend 'Hoera!' De kinderen om Žofie heen namen de juichkreet over: 'Hoera! Hoera! Hoera! Hoera!'

CARL FÜCHSL

Slechts een paar minuten later stopte de trein opnieuw, deze keer op een station in Nederland, waar geen soldaten waren en geen honden. Een vrouw in een mantel met een witte bontkraag kwam naar de wagon toe. In haar handen hield ze een groot dienblad met pakjes erop. Ze tikte op het vieze raam, drie bankjes voor de plek waar Žofie zat, en een van de oudere kinderen draaide het raampje open. De deuren van de wagon zaten nog steeds op slot.

'Wie lust er koekjes?' vroeg de vrouw. Ze vertelde dat er brood aan kwam, en boter en melk, maar de koekjes mochten ze vast opeten, zoveel ze maar wilden.

'Maar niet zoveel dat je er misselijk van wordt!' zei ze vrolijk. Ze hield het dienblad voor het raam, en de drie kinderen die daar zaten, gaven de pakjes door aan alle anderen voordat ze er eentje voor zichzelf hielden.

In de hele wagon werden nu andere raampjes omlaaggedraaid.

Door haar eigen vieze raam zag Žofie tante Truus in de armen van een man die haar boven op haar hoofd kuste. Zelf voelde ze het gewicht van Stephans arm nog tegen de achterkant van haar haren, zijn hand op haar schouder. Ze dacht aan Mary Morstan, aan dokter Watson die in *Het avontuur van het lege huis* over zijn trieste verlies sprak en weer introk bij Sherlock Holmes, op Baker Street 221 B. Ze wist niet waarom ze zich zo treurig voelde, terwijl iedereen zo blij was.

De deuren werden ontsloten, en een groepje vrouwen kwam de wagon binnen met eten en knuffels en kussen, onbekenden die zich over deze onbekende kinderen in dit onbekende nieuwe land ontfermden. Walter hupte van Stephans schoot, en Stephan haastte zich achter hem aan. Het kleine duimzuigende jongetje deed hetzelfde, zodat Žofie alleen achterbleef met baby Johanna, die ondanks alle commotie rustig doorsliep in haar mand.

Johanna was zo'n lieve baby. Žofie wilde het kindje in haar armen nemen, maar ze was bang dat deze vrouwen haar weg zouden halen.

Ze keek door het vieze raam naar het perron, waar tante Truus met de man sprak die haar hoofd had gekust, en toen bij hem wegliep en in de voorste wagon stapte, samen met een van de chaperonnes. Een minuut of twee later kwam ze weer naar buiten en stapte ze in de tweede wagon.

Vrouwen hielpen kinderen uit de voorste wagons uitstappen. Niet allemaal. Slechts een paar. In de wagon van Žofie keerden kinderen terug naar hun plek, met flesjes melk in hun handen, kletsend, bevrijd uit de gevangenis van hun angsten. Žofie wilde zich ook zo voelen. Stephan en Walter brachten een flesje melk voor haar mee. Ze legde het op de plek naast zich, zodat daar niemand kon gaan zitten.

Stephan keek van het pakje melk naar haar. Ze wendde haar blik af van het steekje pijn in zijn ogen. Hij ging op het bankje aan de andere kant van het pad zitten, en Walter klom naast hem, samen met het duimzuigende jongetje, dat nog steeds niet had verteld hoe hij heette.

Tante Truus kwam de wagon in en riep dat iedereen moest luisteren. Het werd stil in de wagon en alle blikken richtten zich op tante Truus. Ze legde uit dat de meeste kinderen door zouden reizen naar Hoek van Holland, waar ze aan boord zouden gaan van de veerboot naar Engeland. Er was echter niet genoeg ruimte op de eerste veerboot voor hen allemaal. Er konden slechts vijfhonderd kinderen mee. Daarom hadden haar vrienden geregeld dat honderd van de kinderen nog twee dagen in Nederland konden blijven, tot de veerboot terug zou keren om hen op te halen.

'Ik wil bij jou blijven, Stephan,' zei Walter.

Stephan boog zich naar hem toe en fluisterde: 'Kun je onthouden dat je me Carl moet noemen tot we in Engeland zijn? Het duurt nu niet lang meer.'

Walter knikte ernstig.

Tante Truus vertelde dat een vriendin van haar, mevrouw Van Lange, zo dadelijk een lijst met namen zou komen voorlezen, en die kinderen zouden met de dames meegaan. Ze beloofde dat ze in het station warme chocolademelk zouden krijgen, en een bed om in te slapen. Plotseling wilden alle kinderen hier in Nederland blijven.

Tot Žofies verrassing zag ze dat de vriendin van tante Truus zwanger was. De vrouw stond aan de voorkant van de wagon en las een stuk of twaalf namen op van kinderen, die vervolgens hun koffer pakten en door de dames bij de hand werden genomen. Mevrouw Van Lange leek zo aardig dat Žofie overwoog om haar over de baby te vertellen. Een vrouw die op het punt stond zelf een kindje te krijgen, zou Žofie toch zeker Johanna laten houden?

Mevrouw Van Lange noemde de naam van een kind dat op het bankje voor Žofie zat, een van de meisjes die ademloos hadden geluisterd naar het Sherlock Holmes-verhaal dat ze hun had verteld. Toen een vrouw naar het kind toe kwam en haar hand pakte, begon het meisje naast haar te huilen.

'Wees niet verdrietig,' fluisterde Žofie tegen haar. 'Je kunt bij Johanna en mij komen zitten.' Ze tilde het kind op en nam haar op schoot. De baby was nog steeds stil. Niemand had haar gezien.

Ze keken door het raam naar buiten, naar de kinderen die over het perron liepen. Žofie probeerde niet te denken aan de twee kleine tweelingjongetjes die weg waren gevoerd in Duitsland.

Toen de kinderen die hier zouden blijven de wagon hadden verlaten, bedaarde de rest en wachtten ze rustig tot de trein weer zou vertrekken. Na een hele poos keerde mevrouw Van Lange echter terug en riep: 'Carl Füchsl? Zit Carl Füchsl in deze wagon?'

Žofie schrok. Walter mocht Stephan niet kwijtraken. Zíj mocht Stephan niet kwijtraken.

'Carl Füchsl?' herhaalde mevrouw Van Lange.

Žofie keek naar Stephan, die bleef zitten, met de hand van zijn broertje stevig in de zijne geklemd.

'Carl Füchsl,' zei mevrouw Van Lange opnieuw.

Een van de andere vrouwen overlegde met haar.

'Dat weet ik, maar hij zat niet in de wagon waar hij in hoort te zitten,' legde mevrouw Van Lange uit aan de vrouw, die suggereerde dat het kind misschien niets durfde te zeggen.

'Luister, kinderen,' riep mevrouw Van Lange. 'Als je in de buurt van Carl Füchsl zit, nummer 120, vertel het ons dan alsjeblieft.'

Stephan draaide zo onopvallend mogelijk het bordje met zijn nummer om, zodat het niet zichtbaar was. Niemand reageerde.

'Laten we mevrouw Wijsmuller er maar bij halen,' zei mevrouw Van Lange.

SAMEN

Truus stapte in de wagon waar Klara van Lange was, de een na laatste, en vroeg: 'Een van de kinderen wordt vermist?' Klara was nu verder in haar zwangerschap dan Truus ooit was gekomen, maar ze stond erop om het werk voort te zetten, zij het alleen nog aan deze kant van de grens.

'Carl Füchsl,' zei Klara.

'Juist,' zei Truus.

Ze speurde de wagon af en ontdekte Stephan Neumann op het achterste bankje. De jongen had zijn broertje op schoot. Natuurlijk weigerde hij te vertrekken zonder zijn broertje, dat had ze kunnen weten. Goed, Stephan Neumann was een complicatie, een complicatie die hier niet ophield. De jongen was uit handen van de Duitsers, maar ze moest hem nog steeds naar Engeland zien te krijgen. Ze kon niet riskeren dat ze vertraging zouden oplopen, want over een paar weken zou hij al achttien worden.

'Laat me de lijst eens zien,' zei ze, en ze nam het klembord over van Klara en bekeek de lijst. 'Goed,' zei ze tegen de kinderen, 'wie wil er een poosje hier blijven voor warme chocolademelk en een fijn warm bed?'

Vrijwel alle handen schoten omhoog. Logisch ook. Welk kind wilde er nu niet deze trein uit, nu het min of meer veilig was?

Žofie-Helene deed haar mond open. 'Tante Truus, Elsie was erg verdrietig toen Dora's naam werd geroepen en de hare niet. Ze waren in Wenen al vriendinnen. Volgens mij hebben hun moeders ze samen ingeschreven, zodat ze bij elkaar konden blijven.'

Stephan Neumann keek geschrokken toen Truus de wagon in liep, hun kant op, en zei: 'Elsie, wil jij samen met Dora een kop warme chocolademelk drinken, met wat koekjes erbij?'

Het kind klampte zich aan Žofie vast – verscheurd tussen het meisje en haar vriendin – maar Žofie schoof het meisje al naar het looppad tussen de bankjes en duwde haar naar voren. Ze leek net zo bang dat Truus Stephan mee zou nemen als Stephan zelf. Zagen ze dan niet dat ze van plan was een ander kind mee te nemen?

'Maak je geen zorgen, Stephan,' zei ze tegen de jongen. 'Jij kunt samen met je broertje naar Engeland.'

Het broertje, de kleine Walter Neumann, hield zijn konijn omhoog en zei met een gespeeld konijnenstemmetje: 'Hij is niet Walters broer. Hij is Carl Füchsl.'

Truus tilde het kleine meisje op en draaide zich om, zodat het lieve kleine jongetje de lach in haar ogen niet kon zien. Hemel, dat was precies wat ze zelf nodig had: een speelgoedkonijn dat verantwoordelijkheid nam voor de leugentjes om bestwil die ze soms moest vertellen.

Had de kleine Elsie in haar broek geplast? Maar nee. Dit moest de geur zijn van zestig kinderen die anderhalve dag opgesloten hadden gezeten in een treinwagon.

Toen ze aan het eind van de wagon was, draaide ze zich om. Hoorde ze het geluid van een baby? Lieve-Heer, nu haalde ze zich echt dingen in het hoofd.

Ze keek door het raam naar Joop, haar anker, en deed haar best om de herinnering weg te duwen aan de pasgeboren baby's die naar de kersverse moeders werden gebracht, terwijl zij in haar eentje in de witte ziekenhuiskamer onder de witte lakens lag. Het zou wel komen door de aanwezigheid van de hoogzwangere Klara.

'O jee, we vergeten Elsies koffer,' zei ze.

Stephan Neumann kwam al haastig aanlopen met de koffer, waarbij hij onnodig veel herrie maakte.

Daar had je dat geluid weer. Een kirrende baby, ze zou het zweren.

Stephan gaf haar de koffer en hij stak een heel verhaal tegen haar af over Elsie, dat ze zo had genoten van het Sherlock Holmes-verhaal dat Žofie-Helene haar had verteld. Ze kreeg sterk de indruk dat de jongen ondertussen probeerde om haar zo snel mogelijk de wagon uit te werken.

'Dank je, Stephan,' zei ze, op een toon die bedoeld was om hem op te laten houden met praten zodat ze beter kon luisteren.

De arme jongen keek sip. Ze had niet zo kortaf moeten zijn. Hoorde ze dingen die er niet waren?

De andere kinderen zaten er stilletjes bij. Te stilletjes.

Ze gaf de kleine Elsie aan Klara, om het kind mee te nemen naar het station en naar Dora. Ze zou Joop zelf over de vervanging vertellen.

Ze draaide zich weer met haar gezicht naar de wagon toe en bleef zwijgend staan kijken, staan wachten. De kinderen staarden terug. Niemand zei iets.

Hun stilte kon duiden op hoop of op angst. Ze zou deze kinderen er niet van moeten verdenken dat ze probeerden iets voor haar verborgen te houden. Waarom zouden ze dat doen, nu ze veilig het Duitse Reich uit waren?

Opnieuw het geluid van een baby, ergens aan de andere kant van de wagon.

Langzaam liep ze over het middenpad, met haar oren gespitst.

Weer klonk het kirren van een kind, dat zo te horen op het punt stond om te gaan jammeren.

Ze speurde elk bankje af, zich nog steeds afvragend of ze zich het geluid van het kind niet inbeeldde.

Helemaal achterin, tussen de voeten van Žofie-Helene, stond een picknickmand. Daar kwamen de babygeluidjes vandaan.

Opgelucht liet ze haar adem ontsnappen: ze was niet gek geworden, ze hoorde geen baby's die er niet waren.

Ze stak haar hand uit naar de mand.

Žofie-Helene, die haar tegen probeerde te houden, stootte er per ongeluk tegenaan, zodat het kindje dat erin lag begon te jammeren. Met een uitdagende blik in haar heldere groene ogen opende het meisje de mand, tilde het kindje op en hield het tegen zich aan om het te troosten. Truus keek toe, vol ongeloof over de aanwezigheid van de baby, ook al zag ze het schattige kleine ding met eigen ogen met haar handjes naar Žofies bril graaien.

'Žofie-Helene,' zei ze, haar stem niet luider dan een fluistering, 'waar komt die baby in vredesnaam vandaan?'

Het meisje gaf geen antwoord.

'Klara!' riep Truus. Het kind zou met de andere honderd in het weeshuis moeten blijven tot ze dit kon oplossen.

Maar Klara was natuurlijk al buiten, met de kleine Elsie op weg naar haar vriendin Dora.

'Ze is mijn zusje,' zei Žofie.

'Je zusje?' herhaalde Truus verward.

'Johanna,' zei Žofie.

'Maar, Žofie-Helene, je had geen... Een picknickmand? Op het perron had je nog geen picknickmand.'

'Toen ik terugging met de ketting, zoals u had gezegd,' zei Žofie, 'heb ik haar gehaald.'

Truus keek naar het meisje, dat zich zo op haar gemak leek te voelen met de baby in haar armen. Ze had inderdaad een zusje, dat herinnerde Truus zich. Het was hartverscheurend geweest om de opa te moeten vertellen dat het zusje te jong was. Ze had die dag zoveel gezien wat hartverscheurend was.

'Je zusje is een peuter, Žofie,' zei ze toen het haar weer te binnen schoot. *Ik ben al groot. Ik ben al drie.*

De baby pakte de vinger van het meisje en maakte een geluidje dat op een lach leek. Hoe oud moest een baby zijn om te kunnen lachen?

'Als Groot-Brittannië een hele trein vol kinderen kan opnemen,' zei Žofie, 'dan kan één baby er ook nog wel bij. Op de veerboot kan ze bij mij op schoot zitten. Ze heeft geen eigen plek nodig.'

Truus keek van Žofie-Helene naar Stephan. Waar kwam dit kindje werkelijk vandaan? Žofie bewaakte het arme kleine ding alsof het haar eigen kind was.

Het meisje was er zo op gebrand geweest om deze jongen te redden. Maar ze waren ongelooflijk jong. Ze konden toch zeker niet...

Truus stak haar hand uit en schoof het dekentje opzij waarin de baby gehuld was, zodat ze het gezichtje beter kon zien. Een baby zonder papieren. Pas een paar maanden oud, zes of zeven, hoogstens. Over zo'n jong kindje kon je niets zeggen.

ONTMANTELEN

'Ja, zeshonderd bonbons met een treintje erop,' zei Michael tegen de opgetrommelde chocolatiers. 'Ik begrijp dat Arnold doorgaans in zijn eentje de versieringen aanbrengt, maar tenzij hij ze allemaal in een paar uur kan doen –'

Liever zeshonderd imperfecte treinen leveren dan dat hij de gestelde deadline zou missen.

Zeshonderd. Het feestje waar de bonbons voor bedoeld waren, zo had hij inmiddels begrepen, was om te vieren dat Eichmann 'Oostenrijk succesvol van zeshonderd kleine Joden had bevrijd'.

Zeshonderd, dacht Michael, onder wie Stephan en Walter.

'Gebruik alle bonbons die we hebben liggen,' instrueerde hij de chocolatiers. 'Het gaat Obersturmführer Eichmann om de trein, niet om de vulling.'

'Ja, jullie mogen onze andere klanten uitleggen waarom we hun order niet bijtijds kunnen leveren,' zei hij. Bij het grootste deel van de klanten zou Wirth Chocolade in aanzien stijgen nu Eichmann zo'n grote bestelling bij ze had geplaatst, en de rest zou begrijpen dat hij geen andere keus had dan dit verzoek in te willigen.

Toen hij klaar was met de chocolatiers en voorbereidingen had getroffen voor de levering, zei Michael tegen Anita dat hij niet meer gestoord wenste te worden en keerde hij terug naar zijn kantoor. Hij deed de deur achter zich op slot en ging toen lange tijd op de bank zitten, het portret in zich opnemend van de Lisl op wie hij verliefd was geworden. Het donkere haar, de zwoele donkere ogen. De lippen die hem, door zachtjes langs zijn hals te strijken, gek van verlangen konden maken. Hij nam aan dat ze het bed had gedeeld met Kokoschka, hoewel hij haar er nooit naar had gevraagd en ze er uit zichzelf nooit iets over had gezegd. Hij wilde het ook niet weten.

Het was zichtbaar in haar wangen, de gekraste woede die niet van Lisl was, maar van de schilder zelf. Dus misschien had ze niet het bed met hem gedeeld; misschien was hij woedend omdat ze hem had afgewezen.

Voorzichtig tilde hij het portret van de muur, zette het op de grond en begon de achterkant los te peuteren van de lijst. Stap voor stap, heel voorzichtig, ontmantelde hij het schilderij, en hij maakte zelfs het canvas los van de achterkant.

Toen het schilderij bevrijd was, schoof hij de lege lijst in de kast, om hem later een keer in het donker weg te gooien.

Hij haalde het andere schilderij tevoorschijn, het schilderij dat hij in de kast had opgeborgen, en haalde dat op dezelfde voorzichtige manier uit elkaar.

Zorgvuldig rolde hij de twee doeken samen op en bond een touwtje om elk uiteinde van de rol. Daarna trok hij zijn jas aan en schoof de doeken eronder. Voorzichtig knoopte hij de jas dicht, met de schilderijen eronder, terwijl zijn hart tekeerging vanwege het krankzinnige risico dat hij nam. Vervolgens liep hij het kantoor uit, daalde de trap af, verliet het gebouw en stapte de Weense straat op.

IN HOTEL METROPOLE

Eichmann zat in zijn eentje aan de enige tafel op het verhoogde gedeelte van de chique eetzaal van Hotel Metropole, met Tier aan zijn voeten. De glazen wand bevond zich achter hem, de kroonluchters hingen voor hem, en onder hem zat iedere Duitser die ook maar iets voorstelde in het bezette Wenen. Zijn gasten zaten aan de voorlaatste gang van een uitgebreid diner, terwijl de band op de achtergrond speelde. Zo dadelijk zou hij spreken, slechts een paar woorden om triomfantelijk aan te kondigen dat hij Wenen eigenhandig van zeshonderd kleine Joden had bevrijd, ten koste van de Britten. Het was zíjn triomf; hij had afgedwongen dat dit op zijn voorwaarden gebeurde, en zo was het ook geschiedt.

'Op mijn voorwaarden, Tier,' zei hij.

Vanavond zou hij de Jood Friedmann laten oppakken en een dag of twee in een cel in de kelder opsluiten, besloot hij terwijl hij fronsend naar de mensen keek die onder hem bij elkaar zaten, lachend en pratend. Waarom had hij deze mensen toegestaan hun partners mee te brengen, nu Vera nog in Berlijn was?

Een ober kwam hem als eerste het dessert brengen, zoals hij het hotelpersoneel had opgedragen. De man maakte een buiging en zette het kristallen schaaltje voor hem neer: een speciaal gebakje dat de chef-kok ter ere van Eichmann had gemaakt, versierd met de heerlijkste bonbons in Wenen, elk met een piepkleine trein erop.

Onder hem ruimden obers de tafels af terwijl anderen klaarstonden met dienbladen met identieke gebakjes. Die zouden ze zo dadelijk aan de gasten serveren, maar pas nadat Eichmann dat van hem had opgegeten en zijn toespraak had gehouden.

Hij pakte zijn vork en sneed een stukje gebak af, terwijl de ober nog bezig was om koffie uit een zilveren kan in zijn porseleinen kopje te gieten. Hij had haast, hij wilde dit achter de rug hebben. Toen hij de bittere geur van de koffie rook, legde hij de vork echter terug op het bordje, zonder een hap te nemen. De brutaliteit van die vreselijke Nederlandse, dat ze durfde voor te stellen dat hij en zij samen koffie zouden drinken, alsof ze zijn gelijke was.

Hij duwde het koffiekopje van zich af.

'Ik heb geen honger meer,' zei hij tegen de ober. 'Haal mijn koffie weg en voer mijn gebakje aan Tier.'

DE LICHTEN VAN HARWICH

De jonge Walter Neumann was de eerste. De trossen van de Prague waren nog maar nauwelijks losgegooid en de kust was nog niet ver weg toen de Noordzee greep kreeg op de maag van de jongen. Nog geen drie meter verderop hielp Truus een ander kind in een stapelbed. De broer van het jongetje had net zijn koffer geopend en haalde er een afschuwwekkend bundeltje uit. Toen hij de lagen lospelde, bleek het een pakketje te zijn van de luiers van de baby, allemaal zorgvuldig uitgespoeld maar nog steeds vochtig, en al even natte zakdoeken, en, helemaal binnenin, een dik schrift en een boek. Even dacht ze dat de jongen zou gaan huilen bij het zien van de staat van het boek. De omslag was kromgetrokken van het vocht, de pagina's plakten aan elkaar.

Zijn kleine broertje zette zijn Pieter Konijn op Stephans knie en gebruikte het pootje van het konijn om het boek open te slaan en een klont pagina's om te slaan.

'Ik denk dat zelfs Pieter dit niet meer kan lezen,' zei Stephan.

Hij lachte zo dapper. Toen zei kleine Walter dat hij moest overgeven, en prompt loste hij het dreigement in door zijn maag op de opengeslagen pagina's te legen. Dat was inmiddels uren geleden. De eerste keer, maar zeker niet de laatste.

Nu stapte Truus het dek van de veerboot op, met in elke hand de hand van een kind. 'De frisse avondlucht zal helpen, als we maar zorgen dat we het warm genoeg hebben,' verzekerde ze de kinderen. 'Maar blijf hier op het bankje zitten, ga niet naar de reling toe.'

Het kleine jongetje – nummer 500, zag ze op het met braaksel besmeurde bordje om zijn nek, dat ze schoonveegde met een zakdoek die al vies was – haalde zijn duim lang genoeg uit zijn mond om te zeggen: 'Ik moet weer overgeven.'

'Ik geloof niet dat er nog iets in je maag zit, Toma,' zei ze troostend. 'Maar je moet hoe dan ook hier blijven. Blijf bij de reling vandaan.'

Het was zelfs bij het mooiste weer niet prettig om deze zee over te steken. Als Truus er de tijd voor zou hebben, als er niet zoveel kinderen waren om voor te zorgen, zou ze zelf misschien overgeven. Hoe had ze ooit kunnen denken dat ze dit voor elkaar zou krijgen? De kinderen waren misselijk, of ze huilden, of ze lagen genadig te slapen van uitputting. Wat een vreselijke eerste indruk zouden ze maken op de beste mensen van Engeland.

'Mag ik de baby gedag zeggen?' vroeg de dertienjarige Erika Leiter. Ze was de dochter van een meubelmaker, een van de weinige kinderen die direct naar een pleeggezin zouden gaan in plaats van in een van de zomerkampen te moeten wachten tot er een thuis voor hen was gevonden.

Truus volgde Erika's blik en zag Žofie-Helene bij de reling van de veerboot staan, met net zo'n groen gezicht als een heleboel van de andere kinderen.

'Blijf zitten!' droeg ze de kinderen op, en ze haastte zich naar de reling en nam de baby over van Žofie-Helene.

'Ik wil haar bij me houden,' protesteerde Žofie.

'Op deze manier moeten jullie zo dadelijk naar Engeland zwemmen,' zei Truus. 'Kom naar me toe zodra je je wat beter voelt, en dan mag jij weer voor haar zorgen. En doe een beetje voorzichtig. Waarom kom je niet bij de reling vandaan? Ga maar op een van de bankjes zitten.'

'Ik wil niet op het dek overgeven,' zei Žofie.

'Nog eentje erbij maakt echt geen verschil,' verzekerde Truus haar.

Ze nam Žofie met haar vrije hand bij de arm en loodste haar bij de reling en de zee vandaan naar een vrij plekje op de bank, naast Erika. 'Hou je blik op de horizon gericht,' zei ze. 'Dan voel je je minder misselijk.'

Žofie-Helene ging bij de andere twee zitten, met haar gezicht naar de zee. Even later zei ze: 'Dat zijn zeker de lichten van Harwich.'

Net te onderscheiden in de verte: een zwak, knipperend licht dat de kust van Engeland zou kunnen zijn, wat zou betekenen dat ze nog ongeveer een uur te gaan hadden. 'Misschien de vuurtoren bij Orford Ness,' zei Truus. 'Of Dovercourt, dat ligt vlak bij Harwich. Maar Harwich kun je pas zien als we om Dovercourt heen gevaren zijn, want het ligt in een beschermde baai.'

'Het is een citaat uit een verhaal van Sherlock Holmes,' vertelde Žofie. 'Dat zijn zeker de lichten van Harwich.'

'O ja?' zei Truus. 'Nou, hou je blik op het licht gericht en dan knap je vanzelf op. Ik ga de baby naar een van de andere meisjes brengen.'

Ze bracht het kindje echter niet naar een ander meisje. In plaats daarvan liep ze naar een rustig plekje waar Žofie-Helene hen niet kon zien. Ze ging zelf op een bankje zitten en wiegde het kindje zachtjes heen en weer – Johanna, noemde Žofie-Helene haar, de naam van haar eigen zusje. Eigenlijk zou Truus de twee uit elkaar moeten halen. Dit kon niet goed aflopen.

Er was nog geen plek voor de baby in Engeland, en het idee dat ze de aanwezigheid van nóg een kind moest uitleggen, dat ze de Engelsen zou moeten vragen om een baby op te nemen die ze niet hadden verwacht en voor wie ze geen pleeggezin hadden... Eigenlijk zou ze het kind mee terug moeten nemen naar Amsterdam tot er een thuis voor haar was gevonden.

'Je zou best in Amsterdam willen wonen, toch, naamloos kindje?' zei ze terwijl ze probeerde de herinnering weg te duwen aan de kleine Adele Weiss in haar piepkleine grafkist. Ze had Joop niet eens over de grafkist verteld.

Ze begon voor het kind te zingen, een populair volksliedje: 'De maan is opgekomen, de gouden sterren schitteren aan de hemel.'

Geschrokken keek ze op, half verwachtend Joop fronsend op haar neer te zien kijken, hoewel Joop natuurlijk thuis was, in bed, de tafel alvast gedekt voor het eenzame ontbijt dat zou bestaan uit een snee brood uit de broodtrommel en hagelslag uit de glazen pot. Het was een kind dat voor haar stond, zijn jas besmeurd met braaksel. Er kwamen nog meer kinderen om haar heen staan, en een tienermeisje kwam aanrennen en riep dat twee van de jongens aan het vechten waren.

'Eentje heeft me gebeten, tante Truus!' zei een meisje.

Ze liet Truus haar hand zien: oppervlakkige tandafdrukken. Met tegenzin gaf Truus de baby aan het meisje.

'Hou haar bij je tot ik terugkom,' zei ze. 'Ik regel het wel met die jongens.'

Tegen het zieke kind zei ze: 'Kom met mij mee, lieverd, dan maken we je schoon.'

Toen ze de ruziënde jongens uit elkaar had gehaald en het kind had schoongemaakt, ging ze weer naar het benedendek om te kijken hoe het ging met de kinderen die daar verbleven. Stephan en zijn broertje Walter lagen diep te slapen, samen met het speelgoedkonijn. Op de vloer lag een boek, zo beschadigd dat het niet meer te redden viel. Ze draaide het om zodat ze de titel op de rug kon lezen. Een boek van Stefan Zweig getiteld *Kaleidoskop*.

Uit Stephans zak bungelde het uiteinde van een gouden ketting die de jongen nooit mee had mogen nemen. Truus zou hem eigenlijk bestraffend moeten toespreken. Hij had het hele transport in gevaar gebracht door zowel een gouden ketting als een verboden boek mee te nemen in de trein. Maar natuurlijk had hij niet verwacht dat hij met deze trein zou reizen; de arme jongen was alleen naar het station gekomen om zijn broertje weg te brengen. En het was nu niet meer terug te draaien, en op de een of andere manier was hij ermee weggekomen, en deze jongens waren zoveel rijkdom gewend – niet alleen materiële rijkdom, maar rijkdom van familie – en ze hadden nog maar zo weinig over, nog niet eens dit boek, dat de jongen omwille van de baby had opgeofferd.

Ze stopte de ketting wat dieper in zijn zak en streek over zijn haar, bedenkend dat Joop graag een zoon zoals Stephan zou hebben gehad. Joop zou het geweldig hebben gevonden om een zoon te hebben.

HARWICH

De lucht voelde koud aan tegen wanten en mutsen en dichtgeknoopte jassen terwijl de veerboot langzaam naar de kade van Harwich dreef. Een cameraman en fotografen legden de kinderen vast die somber vanaf de reling van de Prague toekeken terwijl de golven tegen de boeg klotsten en zeevogels cirkelden en krijsten. Truus leefde intens mee met die arme lieverds nu ze het veilige Engeland in zicht hadden – veiligheid zonder hun ouders, zonder hun families of vrienden, in een land waarvan ze de taal nauwelijks spraken en de gebruiken niet kenden. Ze zouden echter vast in goede huizen terechtkomen. Wie anders dan mensen met een goed hart zouden hun huis openstellen voor vluchtelingetjes uit een ander land en met een andere godsdienst, misschien wel voor de duur van jaren?

Toen Truus Helen Bentwich met een klembord op de kade zag staan, liet ze het aan de andere volwassenen over om de kinderen op nummer in de rij te zetten. Ze had overwogen om met de probleemkinderen te beginnen – de baby en Stephan Neumann – maar uiteindelijk had ze besloten om de kinderen een voor een van de veerboot te laten gaan, op volgorde van nummer. Dat had Helen haar gevraagd te doen, en hoewel het een beetje aan Truus knaagde – dat deze kinderen, met hun namen en hun persoonlijkheden en hun wensen, werden gereduceerd tot een getal dat op een kaart om hun nek stond – viel er iets voor te zeggen om het proces al voor een flink deel afgerond te hebben voordat er om uitleg werd gevraagd. Ze was opgelucht dat Helen degene was aan wie ze de uitleg zou moeten geven. Helen, de vrouw die nooit nee zei. Zulke mensen waren er nog maar zo weinig.

Ze had het gevoel dat ze wijze woorden tegen de kinderen moest spreken, maar wat kon ze zeggen? Ze besloot hun gewoon te vertellen hoe braaf en dapper ze waren.

'Jullie ouders zijn zo trots op jullie,' zei ze. 'En ze houden zoveel van jullie.'

De trossen werden uitgeworpen en vastgebonden, de loopplank klaargelegd om deze kinderen te verbinden met het land dat hun nieuwe thuis zou zijn. Truus pakte de hand van het eerste kind – kleine Alan Cohen, met de kaart met nummer 1 om zijn nek – en liep langzaam de loopplank af. De kinderen volgden in angstige stilte, de jongsten, zoals Alan, met hun pop of hun knuffelbeest tegen zich aan geklemd. Natuurlijk waren ze bang. Truus was zelf ook een beetje bang nu het gebeurd was, nu ze eraan had meegewerkt om deze kinderen van hun ouders te scheiden. *Mijn God, mijn God, waarom hebt u hen verlaten?* Maar natuurlijk waren deze kinderen niet verlaten; zoals Jezus waren zij de kinderen die opnieuw zouden leven.

Ze bereikte de onderkant van de loopplank, ze bereikte Engeland, met de hand van de kleine Alan Cohen stevig in de hare geklemd.

'Ik wist niet dat jij er zelf zou zijn, Helen!' zei ze. 'Wat een opluchting.'

De twee vrouwen omhelsden elkaar, zonder dat Truus Alan Cohens hand losliet.

'Ik wist dat jij er zou zijn, dus ik moest wel komen,' zei Helen.

'Hemel, ik besef eigenlijk nu pas dat ik er echt ben!' zei Truus, en de twee vrouwen lachten.

'Mag ik je voorstellen aan Alan Cohen?' zei ze, en ze duwde Alans hand zachtjes naar Helen, die hem in de hare nam en hem geruststellend vasthield. Tegen de jongen zei Truus: *'Alan, das ist Frau Bentwich.'*

Alan nam Helen argwanend op. Begrijpelijk ook.

'Alan komt uit Salzburg,' vertelde Truus. De familie van de jongen was na de Duitse invasie naar Wenen verhuisd, naar het getto van Leopoldstadt, waar de Duitsers de Oostenrijkse Joden verzamelden tot ze hadden besloten wat ze met hen zouden doen. Salzburg was echter zijn thuis, en Truus wilde dat erkennen, Truus wilde dat Helen zou weten dat ieder kind een individu was, geen nummer, zelfs niet nummer 1. 'Hij is vijf, en hij heeft twee jongere broertjes. Zijn vader is bankier.' Zijn vader was bankier geweest in

Salzburg, tot het hem was verboden om zijn beroep uit te oefenen. Maar dat wist Helen Bentwich ongetwijfeld. Helen kwam ook uit een familie van bankiers, eveneens Joods, en ze was zich zeer bewust van de manier waarop Duitsland zijn Joden alles ontnam.

'Willkommen in England, Alan,' zei Helen.

Truus kon wel huilen toen Helen de jongen bij zijn naam aansprak en hem in zijn eigen taal welkom heette.

Terwijl Truus de hand pakte van het volgende kind, de zevenjarige Harry Heber, streek Helen liefkozend over de kop van Alan Cohens knuffel. Wat voor beest het was, viel niet te zeggen; het was zo vaak geknuffeld dat je dat niet meer kon zien.

'Und wer ist das?' vroeg Helen de jongen. Wie is dit?

'Herr Bär,' antwoordde Alan met heldere stem. *'Er ist ein Bär!'*

'Hij is inderdaad een beer, ik zie het,' zei Helen opgewekt. 'Goed, Mr Cohen en Mr Beer, Mrs Bates hier zal jullie in de bus helpen.' Ze wees naar de twee dubbeldekkerbussen die een stukje verderop stonden te wachten. 'De andere kinderen komen zo ook, maar ik vrees dat je heel even alleen zult zijn, omdat je de eerste bent.'

Truus keek naar de afstand tussen hen en de wachtende bussen, die oneindig leek, ondanks de lange reis die de jongen al achter de rug had. Ze zei in zijn eigen taal tegen hem: 'Alan, waarom wachten jij en meneer Beer hier niet eventjes terwijl ik Harry en Ruth voorstel aan Mrs Bentwich. Daarna kan Mrs Bates jullie alle drie meenemen. Op die manier hoeven jij en meneer Beer niet alleen in de bus te wachten. Is dat een goed idee?'

De jongen knikte ernstig.

Helen en Truus wisselden een blik vol begrip.

'Mrs Bentwich,' zei Truus met een zacht kneepje in Harry's hand, 'mag ik u Harry Heber voorstellen?' Helen nam Harry's hand van haar over. 'En dit is Harry's oudere zus Ruth. Ze komen uit Innsbruck, waar hun familie handelt in stoffen.' Op het station van Wenen had de arme vader zijn dierbare kinderen gezegend. 'Ruth houdt van tekenen,' vertelde ze. Het meisje had

Truus verteld over de houtskoolpotloden in haar koffer. Dat was alles wat het meisje nog had: een paar kledingstukken en haar potloden. Maar Ruth en Harry hadden elkaar. Een broer of zus was meer dan de meesten van de kinderen hadden.

Pas toen de twee bussen waren volgeladen en Truus in haar hart afscheid had genomen van meer dan honderd van de kinderen, van wie de oudste op weg waren naar Lowestoft en de jongste naar Dovercourt, bereikte Stephan Neumann de voorkant van de rij. In zijn hand had hij zijn koffer, inmiddels bevrijd van de natte luiers en zakdoeken, zodat er alleen nog een setje schone kleren in zat, een vochtig schrift en het beschadigde boek.

'Mrs Bentwich,' zei ze tegen Helen, 'mag ik u voorstellen aan Stephan Neumann? Carl Füchsl had de mazelen. Het leek ons beter om een gezond kind mee te sturen in plaats van jullie een boot vol zieke kinderen in de maag te splitsen.'

'Bedankt daarvoor, Truus!' zei Helen.

'Stephans vader...' Stephans vader was een chocoladefabrikant geweest voordat hij was gestorven in de gruwelijke nacht vol geweld tegen de Duitse Joden. 'Stephans familie heeft de wereld een aantal van zijn heerlijkste bonbons geschonken, en Stephan zelf is een getalenteerde schrijver, heb ik begrepen,' zei ze, terugdenkend aan Žofie-Helenes pleidooi voor de jongen bij de inschrijving. 'Hij is zeventien en hij spreekt uitstekend Engels. Ik weet dat jullie de oudere kinderen die nog geen pleeggezin hebben naar Lowestoft sturen, maar Stephans kleine broertje Walter staat verderop in de rij, samen met een vriendin van hen die ook heel verstandig en verantwoordelijk is. Misschien kunnen jullie Stephan en zijn vriendin, Žofie-Helene Perger, samen met Walter naar Dovercourt sturen? Hij kan helpen met de kleintjes, en het is handig om er een kind bij te hebben dat Engels spreekt.'

Helen streepte de naam van Carl Füchsl door bij nummer 120, schreef Stephans naam en leeftijd erbij en noteerde *Dovercourt.*

'Ga jij maar vast naar de bus, Stephan,' zei Truus.

'Ik heb mijn moeder beloofd dat ik steeds bij Walter zou blijven,' zei Stephan in perfect Engels, zij het met een accent.

'Maar oorspronkelijk zou je niet eens bij het transport zitten,' zei Truus.

'Ik heb tegen haar gezegd van wel. Ik dacht niet dat ze hem anders zou laten gaan. En ze is...' Hij slikte zijn emotie weg. 'Mijn moeder is dood,' zei hij, nog steeds in het Engels.

Truus legde haar hand op zijn schouder en zei: *'Tot, Stephan? Das habe ich nicht gewusst –'*

Met een verhit gezicht zei Stephan: 'Nee, niet dood. Ze is...'

Truus begreep dat hij te moe was om op het woord te komen, of hij het nu kende of niet, en ze legde Helen uit dat de moeder van de jongen ziek was. Ze zei er niet bij hoe ernstig het was, maar ze probeerde met haar gezichtsuitdrukking over te brengen dat deze jongens binnenkort alleen nog elkaar zouden hebben. Voor hoeveel van deze kinderen zou dat gelden? Daar kon Truus echter niets aan veranderen; ze kon alleen doen wat ze kon doen.

'Stephan, waarom wacht je niet bij de bus op je broertje?' zei Helen. 'Ik zal ervoor zorgen dat jullie bij elkaar kunnen blijven.'

Bijna alle kinderen waren van boord toen Truus, die ieder kind persoonlijk aan Helen voorstelde, bij Žofie-Helene en de baby kwam, en de kleine Walter. De baby was rustig; misschien lag ze te slapen. Wat een lief kindje was het toch. Wie zou zo'n lief kindje geen thuis willen bieden?

'Mrs Bentwich, mag ik u voorstellen aan Žofie-Helene Perger,' zei ze.

'Helene, dezelfde naam als ik heb, hoewel de mijne niet zo prachtig wordt uitgesproken,' zei Helen.

'Žofie is zo lief geweest om tijdens de reis voor deze baby uit Wenen te zorgen,' vertelde Truus. 'Het kindje was...' Lieve hemel, ze stond op het punt om te gaan huilen, juist nu ze sterk moest blijven voor deze kinderen.

Helen raakte even haar arm aan, haar troostend zoals ze dat op de dag van hun eerste ontmoeting had gedaan, toen Truus met de sneeuwbol in haar hand in Helens kantoor had gestaan en zichzelf heel even had toegestaan om zich een kind voor te stellen dat op Joop zou lijken, dat misschien op een dag een sneeuwpop zou maken, of een sneeuwbal naar haar zou gooien en haar aan het lachen zou maken.

'Het kindje is door de moeder in de trein gezet,' wist ze uit te brengen. Ze kon zich dat nog steeds nauwelijks indenken, kon zich nauwelijks de enorme wanhoop voorstellen die een moeder ertoe zou brengen om zo'n hulpeloos kindje over te dragen aan een meisje dat zelf eigenlijk nog een kind was, zonder zelfs maar haar naam te weten, zonder hoop dat ze haar ooit weer zou kunnen vinden. Een moeder die dacht dat ze haar kind in veiligheid bracht, terwijl het meisje het kind zou kunnen laten vallen, over de reling van de veerboot en in de koude zee. Ze zou 's avonds in bed kunnen worden gestopt door een vrouw die van haar zou houden alsof ze haar eigen kindje was, om in een koud quarantaineverblijf in een vreemd land te sterven. Ze zou in een quarantaineverblijf kunnen sterven, terwijl ze zo makkelijk bij een kinderloos echtpaar terecht had kunnen komen dat van haar zou hebben gehouden, dat er op de een of andere manier in had kunnen slagen om haar moeder te bevrijden en moeder en kind te herenigen.

Žofie-Helene zei: 'Ze is in de trein gezet in een...' Ze richtte zich tot Truus. 'Hoe zeg ik *Picknickkorb*, tante Truus?'

'In een picknickmand,' wrong Truus uit haar keel.

'Ik wist niet dat er een baby in lag,' zei Žofie.

Helen nam het meisje op met twijfel in haar blik. Natuurlijk leek het een onwaarschijnlijk verhaal, het was ook een ander verhaal dan het meisje aanvankelijk aan Truus had verteld. Opnieuw dacht Truus na over de vriendschap tussen Žofie en Stephan, de jongen bijna achttien en overduidelijk verliefd op haar, het meisje niet veel jonger en ook verkikkerd op hem.

'Nu, we hebben geen idee wie het kind is,' zei ze tegen Helen. Dat was waar, in elk geval voor haarzelf. 'Ik durf te wedden dat ze als eerste wordt geplaatst, een baby waar niemand aanspraak op zal maken.'

Helen nam Truus zo lang op dat Truus de drang moest onderdrukken om zich af te wenden.

'Onder welke naam zal ik haar noteren?' vroeg Helen.

'Johanna,' zei Žofie-Helene.

'Naamloze baby,' zei Truus resoluut. 'Dan kunnen haar nieuwe ouders zonder enig gewetensbezwaar een naam voor haar kiezen. Als je ze allebei naar Dovercourt stuurt, dan denk ik dat Žofie-Helene voor het kindje zal zorgen tot er een pleeggezin voor haar is gevonden.'

Žofie stond er stilletjes bij terwijl Helen haar naam afvinkte.

'Goed, loop maar naar de bus,' zei Helen.

'Moet ik niet op Walter wachten?' vroeg het meisje in haar eigen taal aan Truus. 'Hij was vóór mij. Hij is 522, en ik ben 523.'

Truus glimlachte. Dit was een geweldige meid, en wie was zij om te oordelen? Zeker gezien het leven waar Žofie het afgelopen jaar toe was veroordeeld, met een vader die dood was en een moeder die god weet waar zat opgesloten, en dat terwijl de familie niet eens Joods was, en de moeder haar eigen gezin in gevaar bracht omwille van anderen. En ze geloofde het meisje. De eenvoud van het verhaal van de picknickmand kwam over als de waarheid: een baby die op het allerlaatste moment in de handen werd geduwd van iemand die haar zou kunnen redden, op een moment dat de moeder geen enkele andere mogelijkheid meer zag en geen tijd had om van gedachten te veranderen.

'Helen, Žofie wacht wel even terwijl ik je voorstel aan haar vriend Walter Neumann,' zei ze, en ze pakte Walters hand. 'Hij is het jongere broertje van Stephan Neumann, die al die tijd zo geduldig heeft staan wachten.'

Helen keek naar de bus, waar de oudste Neumann hen gadesloeg. Ze aaide over de kop van Walters Pieter Konijn. 'En wie is dit kereltje?' vroeg ze. '*Und wer ist das?*'

'*Das ist Pieter,*' zei Walter, en in zijn eigen taal legde hij uit: 'Žofie zei dat hij geen eigen nummer nodig had, dat hij gratis op mijn kaartje mocht reizen.'

Žofie knikte bemoedigend. 'Het is een speciaal nummer,' zei ze. 'Het heeft tien... wij noemen het *faktoren*? Eén, twee, drie, zes, achttien, negenentwintig, zevenentachtig, *einhundertvierundsiebzig, zweihunderteinundsechzig, fünfhundertzweiundzwanzig*.'

Helen lachte verrukt. 'Nu, *wilkommen in England*, Walter en Pieter,' zei ze. 'Ik zie al dat jullie allebei boffen!'

Truus keek toe terwijl de kinderen naar de oudere jongen liepen en Stephan Walter vol vreugde optilde en rondzwaaide, en eerst zijn broertje en daarna het speelgoedkonijn kuste, terwijl Žofie-Helene lachte en de baby wakker werd. De baby maakte een schattig geluidje waar niemand zich aan zou storen, zelfs al hield het kind je de hele nacht wakker.

'Een baby waar niemand aanspraak op zal maken, Truus,' zei Helen.

Truus keek weg, naar het staalgrijze water dat tegen de zijkant van de veerboot klotste die haar in haar eentje naar huis zou brengen.

'Heb je overwogen om haar mee terug te nemen naar Amsterdam?'

'De baby?'

Helen keek haar aan. 'Het is nog niet te laat,' zei ze, en ze gebaarde naar de buschauffeur dat hij nog even moest wachten. 'Tot de bus is vertrokken, kan ik de lijst nog aanpassen.'

Truus zag de kinderen in de bus verdwijnen en probeerde zich voor te stellen hoe hun leven hier zou zijn. Met de baby kwam het wel goed. Een aardige vrouw, zoals Truus zelf, zou ernaar verlangen om een kindje te hebben. Een vrouw als zij zou het kind zien als een zegen van God. Een vrouw als zij zou verliefd worden op de baby, en het schuldgevoel met zich meedragen van de stiekeme hoop dat haar ouders haar nooit zouden komen halen. Hoe groot was de kans daarop? Wat zou Hitler zijn Joden aandoen als het op een oorlog aankwam? Als... alsof er nog enige twijfel bestond dat er oorlog zou komen, al ontkende de hele wereld het.

Ze keek naar de korte rij kinderen die nog op de loopplank stond te wachten, en vervolgens naar de veerboot, naar de zee die ze weer zou oversteken, zonder zieke kinderen voor wie ze onderweg moest zorgen, niets om haar af te leiden van de pijnlijke gedachte aan wat ze had en wat ze niet had, aan het gezin dat zij en Joop waarschijnlijk nooit zouden hebben.

'Er wachten nog honderd kinderen in Nederland, er moet nog een veerboot worden geregeld,' zei ze. 'En er zijn nog zoveel kinderen in Oostenrijk.'

Helen pakte haar hand stevig vast, zoals Truus bij alle kinderen had gedaan voordat ze afscheid van ze had genomen en ze naar hun veranderde levens had gestuurd.

'Weet je het zeker, Truus?'

Truus was nergens zeker van. Was ze dat ooit geweest? Terwijl ze naar de zee staarde, niet in staat om Helen te antwoorden, om te zeggen dat het niet de baby was die ze zo moeilijk los kon laten, begon het licht te sneeuwen.

Helen gaf een kneepje in haar hand. Op de een of andere manier begreep ze wat Truus zelf niet helemaal begreep, en ze gebaarde naar de buschauffeur dat hij kon vertrekken. De motor begon te pruttelen, een kind riep iets vanuit de bus. Het was Žofie-Helene, achter een van de ramen op de bovenste verdieping.

'We houden van u, tante Truus!' En plotseling verschenen achter alle ramen van de bus kinderen die zwaaiden en riepen: 'We houden van u, tante Truus! We houden van u!' Daar was Walter, die haar met het pootje van Pieter Konijn gedag zwaaide. En daar was Žofie-Helene, die de baby omhooghield en met haar moederloze kleine vingertjes zwaaide terwijl de bus wegreed.

DOVERCOURT

Stephan keek door het raam, met Walter op zijn schoot, terwijl de bus onder een bord door reed waarop WARNER'S HOLIDAY CAMP stond. Ze reden over een toegangsweg die glom van de smeltende sneeuw die al niet meer viel, en die de wereld er kouder en toch niet mooier uit liet zien. De bus kwam tot stilstand bij een groep gebouwen, bestaande uit een lang, laag centraal hoofdgebouw en een aantal versleten huisjes met puntdaken die aan een winderig strand lagen.

'Pieter heeft het koud,' zei Walter.

Stephan sloeg zijn armen om zijn broertje en het speelgoedkonijn heen. 'Maak je geen zorgen, Pieter,' zei hij. 'Luister, je kunt de rook uit de schoorsteen in het grote gebouw zien komen. Volgens mij gaan we daarnaartoe.'

Maar de kinderen uit de bus voor hen droegen hun koffers naar de kleine huisjes, die helemaal geen schoorsteen hadden. Alleen de volwassenen die uit de auto's stapten, liepen naar het grotere gebouw.

Een vrouw met een klembord stapte in de bus.

'Welkom in Engeland, kinderen!' zei ze in het Engels. 'Ik ben Miss Anderson. Vertel me bij het van boord gaan alsjeblieft hoe je heet. Als ik je vertel in welke hut je bent ingedeeld, ga er dan met je spullen naartoe.'

De kinderen wisselden verwarde blikken.

'Wat is van boord gaan?' fluisterde Žofie tegen Stephan.

Stephan kende de uitdrukking niet, maar hij maakte uit het verhaal van de vrouw op dat ze moesten uitstappen en naar de huisjes moesten lopen. *'Die Hütten,'* zei hij. Er zou vast elektrische verwarming zijn in de hutten.

'Wacht je buiten op me?' vroeg Žofie.

Stephan en Walter liepen het trapje af, met Žofie en de baby vlak achter hen, en ze gingen in de rij van kinderen staan die in het onderste gedeelte van de bus hadden gezeten.

'Stephan en Walter Neumann,' zei Stephan toen ze aan de beurt waren.

'Walter Neumann, jij zit in hut tweeëntwintig, kind,' zei Miss Anderson. Ze keek weer op haar lijst. 'Ik zie geen Stephan Neumann,' zei ze. 'Je bent in de verkeerde bus gestapt. Dit is Dovercourt. De oudere kinderen gaan naar Lowestoft.'

'Ik ben in plaats van Carl Füchsl gekomen,' zei Stephan zo duidelijk mogelijk. 'Hij heeft... *Masern*? Helen Bentwich zei dat ik met de jongere kinderen moest helpen.'

Juffrouw Anderson nam hem op, misschien om te peilen of hij de taak aan zou kunnen. 'Goed, hut veertien.'

'Tante Truus zei dat mijn broertje en ik bij elkaar zouden blijven.'

'Wie? O, goed. Als je even wacht tot ik de andere kinderen heb geholpen, dan zoeken we een hut voor jullie allebei.'

Stephan bedankte haar in zijn beste Engels en hij gaf Walter een duwtje. Zijn broertje zei ook netjes 'Dank u' in het Engels.

Toen ze opzijstapten en Miss Anderson Žofie aansprak, werd Walter benaderd door een man en een vrouw.

'Kijk, George, wat een schattig jongetje!' riep de vrouw uit.

'We zijn broers,' zei Stephan.

'Lieverd, we hebben al een jongen uitgekozen uit de Duitse groep. Ik denk niet dat onze nanny op haar leeftijd meer aankan dan een vijfjarige. Nu moeten we naar binnen gaan om hem op te halen.'

Miss Anderson, die met Žofie-Helene had staan praten, zei: 'Hemel, zit de hele bus vol met kinderen die we niet verwachtten? Goed, ga daar bij de jongens staan en laat me de rest van de kinderen helpen.'

De vrouw die Walter schattig vond, riep verrast: 'Een baby? George! O, ik zou dolgraag een baby voor onszelf hebben. Ze zeiden dat er geen baby's zouden zijn. Laten we hem alstublieft nemen, voordat iemand anders dat doet.'

'Deze kinderen zijn net aangekomen uit Oostenrijk,' zei haar echtgenoot. 'Ze hebben zich nog niet eens gewassen.'

Zijn vrouw raakte het gezichtje van de baby aan en zei: 'Hoe heet jij, kleintje?'

'Mijn zusje heet Johanna,' zei Žofie-Helene.

De vrouw probeerde de baby van Žofie over te nemen, maar Žofie hield haar stevig vast.

'Je bent wel erg oud om zo'n klein zusje te hebben, hè?' zei de vrouw, en ze deed een stap naar achteren, alsof Žofie een enge ziekte had.

Žofie keek haar aan met een uitdrukking die Stephan nooit eerder in haar ogen had gezien: onzekerheid. Ze was zo slim. Ze wist altijd alles, in hun eigen taal.

De vrouw pakte de arm van haar man en begon naar het hoofdgebouw te lopen. 'Hemel, ze sturen ons geruïneerde meisjes,' hoorden ze haar zeggen.

Stephan keek haar na. Hij wilde Žofie verdedigen, hoewel hij niet begreep wat de vrouw precies had bedoeld. Geruïneerd. Zoals de ruïnes van Pompeï, die nooit meer hersteld konden worden. Iets wat geruïneerd was, kon je niet herstellen, maar iets kon geruïneerd zijn en toch perfect.

EEN ANDER SOORT UITREISVISUM

Ruchele begon al te huilen lang voordat de opa van Žofie-Helene had gezegd wat hij haar was komen vertellen, dat alle drie de kinderen veilig in Engeland waren gearriveerd.

Otto Perger legde zijn hoed weg, die hij bij binnenkomst had afgezet. Ruchele maakte zich zo klein mogelijk, voor het geval hij haar aan zou willen raken. Ze dacht niet dat ze tederheid zou kunnen verdragen.

'Ze verblijven in een vakantiekamp in Harwich tot ze in pleeggezinnen terechtkunnen.'

Ze huilde nog steeds, liet zich voor één keer gaan. Ze zou zichzelf bij elkaar moeten rapen, maar dat was onmogelijk. Er was ook nog maar zo weinig om bij elkaar te rapen.

'Het is moeilijk dat ze weg zijn,' zei Herr Perger. 'Ik weet het.'

Ruchele wist zich genoeg te herpakken om te zeggen: 'Het is zo'n opluchting om te weten dat ze veilig zijn. Dank u, Herr Perger.'

Hij glimlachte een beetje. 'Otto,' zei hij. 'Alstublieft.'

Nu was het haar beurt om haar voornaam te noemen, maar ze kon zich er niet toe zetten. Het was niet zoals hij waarschijnlijk dacht, dat ze zelfs hier, nu alles wat haar waardigheid verleende haar was ontnomen, het gevoel had dat ze beter was dan hij. Dat was niet zo. Ze begreep dat dit ooit wel zo was geweest, en dat betreurde ze. Het liefst zou ze haar excuses aanbieden, maar ze had nog maar zo weinig energie over, en nog steeds die ene taak over te dragen.

Uit de bovenste la van het bureau haalde ze een stuk of veertig dunne enveloppen waarin brieven zaten die ze op geleend papier had geschreven, met postzegels erop die Frau Isternitz voor haar had gekocht met het laatste beetje geld dat ze van Michael had gekregen. De namen van Stephan en Walter stonden op de enveloppen, maar ze waren verder niet geadresseerd.

De simpele beweging deed haar pijn, maar ze wuifde Otto's hulp weg. Hij mocht niet denken dat ze zwak was. Als hij al iets van haar zag – het was beter van niet, maar stel dat – moest het haar kracht zijn, haar vastberadenheid.

Ze stak hem alle enveloppen toe, behalve de laatste, waar geen postzegel op zat.

Otto Perger staarde ernaar, weigerend om ze aan te nemen, alsof hij wist wat ze betekenden, wat ze van hem zou vragen.

'Herr Perger,' begon ze, 'het is zo moeilijk voor mij om de deur uit te gaan, en ik heb nog maar zo weinig tijd –'

'Nee, ik weiger ze mee te nemen,' zei hij resoluut.

'Ik heb het recht niet om het te vragen, dat weet ik,' gaf ze toe. 'Ik ben een Jood.'

Hij zou de gevangenis in kunnen gaan alleen maar door een brief voor haar te posten.

'Dat is het niet,' zei hij. 'Natuurlijk is dat het niet, Frau Neumann. U moet niet –'

'Ik zou ze aan iemand hier geven,' zei ze, 'maar we zijn... Niemand denkt dat we zullen blijven. Mijn man is al dood, Herr Perger, en ik sterf sowieso. U moet toch zien dat ik stervende ben; ik heb een hele kamer voor mezelf gekregen.'

Ze verzamelde elk beetje kracht dat ze nog bezat om een zwakke glimlach te produceren. Ze hoopte in elk geval dat het een glimlach was. Het was zo lang geleden dat ze had geglimlacht.

'Wilt u dit alstublieft voor me doen?' smeekte ze. 'Zo niet voor mij, dan voor mijn zoons?' Ze was zo dankbaar voor zijn genegenheid voor Stephan. 'Eén brief per week op de post, zodat ze steeds weten dat ik veilig ben.'

'U zou –'

'Zodat ze zich op hun leven in Engeland kunnen concentreren, en op de zorg voor elkaar, zonder over mij in te zitten.' Ze fluisterde de woorden, gepijnigd, op een manier die lichamelijk was en ook niet. 'De laatste brief is in een ander handschrift geschreven, om hun te laten weten dat ik ben overleden,' wist ze uit te brengen. 'Ze zullen het verwachten, Stephan in elk geval, en ik wil niet dat ze verdriet hebben omdat ze niets van me hebben gehoord.'

Hij streek aarzelend over zijn baard. 'Maar… Maar hoe weet ik wanneer ik die laatste brief moet sturen?'

Ruchele nam hem zwijgend op. Hij was een oude man, de ogen achter de dikke ronde brillenglazen vertoonden al tekenen van staar. Als ze het hardop uit zou spreken, zou hij weigeren. Iedereen zou weigeren. Zelfs een oude man die het wellicht zou begrijpen.

'Frau Neumann…' Hij legde zijn handen op haar handen, op de brieven. 'U moet niet –'

'Herr Perger, wat ik moet doen, is me ervan verzekeren dat mijn zoons gezond en gelukkig zullen opgroeien.' Ze schrok zelf van haar resolute toon, en hij schrok ook, dat zag ze aan hem. Wat milder zei ze: 'Ik kan u niet genoeg bedanken voor uw hulp daarbij. Nu moet u me laten rusten, met het goede nieuws dat mijn zoons veilig zijn.'

Ze stopte de brieven in zijn handen.

'Ze zijn niet geadresseerd,' zei hij.

'Ik weet niet waar ze de komende tijd zullen zijn, maar misschien wilt u zo vriendelijk zijn om Žofie te schrijven dat u de brieven voor mij adresseert en post omdat ik dat zelf niet meer kan? Ik denk dat Žofie altijd zal weten waar Stephan is.'

Opnieuw tranen in haar ogen. Hoe kon dit eigenaardige kleine meisje de hoop vervullen die ze koesterde voor Stephan, en met hem voor Walter?

'Ik kom morgen terug,' zei Otto Perger. 'Dan breng ik eten mee. U moet eten, Frau Neumann.'

'Doet u alstublieft verder geen moeite voor mij,' zei ze, 'behalve door de brieven te posten.'

'Maar u moet op krachten blijven. U moet sterk blijven voor uw zoons.'

'Mijn buren zullen me alle zorg geven die ik nodig heb, en u zou uzelf alleen maar in gevaar brengen.'

Hij bestudeerde haar gezicht. Hij wist het zonder het te weten, dat las ze in zijn ogen, ze voelde het aan de lichte extra druk van zijn vingers op de brieven. Hij wilde het weten en hij wilde het niet weten.

Ze keek hem strak aan. Als ze hem maar aan bleef kijken, als ze dit laatste moment nog sterk wist te blijven, dan zou hij aarzelen om terug te keren, haar opnieuw te storen.

'Over een paar dagen dan,' zei hij.

'Alstublieft,' zei ze, 'alleen de brieven. Meer hoeft u niet voor mij te doen.'

'Als ik iets van Žofie-Helene hoor, dan wilt u dat vast weten. En ik wil graag weten wat u van Stephan en lieve kleine Walter hoort.'

Ze knikte, bang dat hij niet zou vertrekken als ze bezwaar maakte, en nu ze de brieven aan hem had gegeven, wilde ze dat hij zou vertrekken. Wat zou ze doen als hij van gedachten veranderde? Wat zou ze doen als ze zelf van gedachten veranderde? Een gedachte die werd opgewekt doordat hij het had over mogelijke brieven van haar zoons.

Hij stond met tegenzin op en keerde zich weer naar de bescheiden deur. Ze deed haar ogen dicht, alsof ze gedwongen was zich aan de slaap over te geven.

Toen de deur zachtjes achter hem sloot, pakte ze de overgebleven envelop en haalde er een foto uit waar Stephan en Walter samen op stonden. Ze kuste beide gezichten, één keer, en daarna nog een keer.

'Jullie zijn zulke geweldige jongens,' fluisterde ze. 'Jullie hebben me zoveel liefde gebracht.'

Ze stopte de foto tussen haar kleren, op haar borst. Toen pakte ze de tissue die in de envelop zat, vouwde hem open en haalde het laatste scheermes van Herman eruit.

Deel III

ERNA

JANUARI 1939

KONIJN NUMMER 522

Stephan ging op de rand van Walters stapelbed zetten. 'Kom op, Wall, tijd om op te staan,' zei hij vriendelijk. 'De andere jongens zijn allang weg.' Hij sloeg de deken open. 'Het is een nieuwe dag, een nieuw jaar!'

Walter trok de deken met een ruk terug over zijn hoofd.

'We hebben het ontbijt al bijna gemist,' zei Stephan. Het eerste ontbijt van 1939. Over een paar weken zou Stephan achttien worden. En wat dan? Als hij en Walter voor die tijd geen pleeggezin zouden vinden, zouden ze hem dan nog kunnen plaatsen?

'Pieter heeft toch geen honger,' zei Walter. 'Pieter zegt dat het te koud is om te eten.'

Slim konijn, dacht Stephan.

'Ik heb een nieuwe brief van Mutti,' zei hij.

Het postkantoortje van het kamp, aan de ene kant van de grote ruimte in het hoofdgebouw, was op zondagen gesloten, maar Stephan had de brief bewaard die de vorige dag was gekomen, zodat hij hem nog zou hebben als de toekomstige ouders vandaag waren vertrokken. Het was doodvermoeiend, een hele dag opzitten en pootjes geven en beleefd praten met onbekenden die jouw toekomst in hun handen hadden, of die wegwierpen. Tot nu toe waren zijn toekomst en die van Walter steeds weggeworpen. Dit was echter pas hun derde zondag, en vorige week waren er bijna geen toekomstige ouders op bezoek geweest, omdat het toen kerst was. Thuis zou de grote Christkindlmarkt hebben plaatsgevonden, met peperkoek en glühwein en versieringen, en mensen zouden uit het hele land naar Wenen zijn gekomen om de boom op de Rathausplatz te bewonderen. Thuis zouden ze de boom hebben versierd met gouden en zilveren ornamenten en sterren van stro, en ze zouden de kaarsjes hebben aangestoken en cadeautjes hebben uitgewisseld op kerstavond, en 'Stille Nacht' hebben gezongen – de melodie hetzelfde, maar de woorden zo anders dan in het Engels. Van een paar jongens die vlak bij het kamp op school zaten, hadden ze de Engelse versie geleerd, om de taal te oefenen. Stephan vroeg zich af met wie Mutti het had gezongen, of ze het überhaupt had gezongen.

Hij trok Walter uit bed en trok hem een tweede trui aan over het shirt en de trui waar zijn broertje in had geslapen. Daarna zijn jas en zijn sjaal. Zijn muts en zijn wanten had hij de hele nacht gedragen; daar sliepen ze allebei in, samen in één bed, omdat ze het op die manier tenminste warm hadden. Hij liet alle jongens in de hut met hun mutsen op en hun handschoenen aan slapen, en bedden delen tegen de kou.

Zodra Walter was aangekleed, gaf Stephan hem zijn Pieter Konijn. Toen pakte hij het bordje met Walters nummer. Walter dook weg; hij wilde dat rotnummer niet meer dragen. Stephan kon het hem niet kwalijk nemen. Zelf haatte hij het ook om het bordje om zijn nek te hebben, haatte het dat hij was gereduceerd tot een kil nummer, hoe hard Žofie ook haar best had gedaan om de nummers speciaal te laten lijken. Maar zo waren de regels: in Dovercourt moesten de kinderen altijd hun nummer dragen.

'Ik weet het,' zei hij zacht. 'Ik weet het, maar...'

Hij pakte het bordje, sloeg het touwtje driedubbel en zei: 'Wat als Pieter het vandaag een keertje draagt?'

Walter overwoog dit en knikte.

Stephan schoof het touwtje over Pieters kop: konijn nummer 522.

In het hoofdgebouw was het dankzij de kachels iets warmer, maar toch aten de kinderen hun ontbijt van havermoutpap en gerookte haring met hun jassen aan, gezeten aan lange tafels. Een radio speelde muziek, en twee oudere jongens waren bezig de kerstboom te ontmantelen. Een van de dames die de leiding hadden, riep in het Engels tegen drie kinderen die ruzieden bij de tafeltennistafel: 'Gedraag je, anders sturen we je terug naar Duitsland!'

De kinderen draaiden zich naar haar toe, maar als ze begrepen wat ze zei, dan lieten ze dat niet merken. Walter vroeg wat de vrouw had gezegd en Stephan legde het uit.

Verward fluisterde Walter: 'Als ik stout doe, mag ik dan naar huis, naar Mutti?'

Stephans keel werd dichtgeknepen. 'Hoe moet ik hier overleven als jij er niet bent om me 's nachts warm te houden, Wall?'

'Jij zou ook stout kunnen doen,' zei Walter. Hij sprak zijn konijn aan. 'Pieter, kun jij een stout konijn zijn?'

'Maar dat zou Mutti verdrietig maken,' zei Stephan. 'Als wij naar huis gaan, kan zij toch niet naar Engeland komen?'

'Kunnen we nu Mutti's brief lezen?' smeekte Walter.

Stephan haalde de envelop uit zijn zak. Hun namen stonden er in Mutti's handschrift op, maar het adres was er net als bij de eerste twee brieven in Herr Pergers handschrift op geschreven. Bij Mutti's eerste brief had een briefje gezeten van Žofies opa, waarin hij schreef dat ze zich geen zorgen moesten maken om hun moeder, dat hij haar hielp. Stephan besefte dat hij zichzelf en Johanna daarmee in gevaar bracht. Als Herr Perger zou worden opgepakt omdat hij een Jodin had geholpen, wie zou er dan voor Žofies zusje zorgen? Hun moeder werd nog steeds gevangengehouden door de nazi's.

Stephan speurde naar Žofie, maar ze was er nog niet, hoewel het krijtbord waar het personeel wekelijks de lijst op schreef van kinderen die door een pleeggezin waren uitgekozen, volgekalkt was met vergelijkingen die er de vorige avond nog niet op hadden gestaan.

'Als we vlug zijn, kunnen we Mutti's brief nu lezen,' zei hij tegen zijn broertje. 'Maar niet huilen, oké? Misschien komt er zo dadelijk wel een gezin dat ons wil hebben.'

'Als ze ons kiezen,' zei Walter, 'dan gaan we wonen in een huis met een verwarming voor Pieter en mij en een bibliotheek voor jou.'

Stephan gaf hem de brief. 'Ik weet niet of een bibliotheek erin zit, maar verwarming, dat zeker,' zei hij. 'Deze keer mag jij lezen.'

'Pieter wil lezen,' zei Walter.

'Goed, Pieter dan.'

Met zijn Pieter Konijn-stem las Walter: '"Mijn liefste zoons, we missen jullie in Wenen, maar het troost me om te weten dat jullie samen zijn in Engeland en dat jullie altijd voor elkaar zullen zorgen."' De eerste twee brieven waren op precies dezelfde manier begonnen, brieven die ze samen lazen en herlazen, zodat Walter ze inmiddels uit zijn hoofd kende. Walter kon inmiddels behoorlijk goed lezen; de afgelopen paar weken hadden ze samen veel geoefend, omdat er weinig anders te doen was. Omdat de meeste boeken in het kamp in het Engels waren, las Walter inmiddels echter bijna beter in het Engels dan in zijn eigen taal. Natuurlijk waren de boeken die ze lazen, gedrukt, terwijl Mutti's brieven handgeschreven waren, in een handschrift dat zelfs Stephan moeilijk kon ontcijferen. Ook hij moest soms terugvallen op zijn herinnering.

Hij veegde Walters tranen weg met een zakdoek – eentje die ze in de trein als luier hadden gebruikt – en zei hartelijk: 'Kop op, Wall. Tranen zijn alleen voor 's avonds.'

Žofie en de baby kwamen bij hen zitten, de baby gewikkeld in een dekentje dat een van de dames voor haar had meegebracht. Stephan nam Žofies bril af, die was beslagen door de overgang van de kou buiten naar de iets hogere temperatuur binnen. Hij poetste hem met zijn want en zette hem weer op haar neus.

'Wie had gedacht dat het nog kouder kon worden?' zei hij.

'Het blijft kouder worden na de zonnewende, ook al worden de dagen al langer,' zei Žofie. 'Water bevat vijf keer meer warmte per gram dan land, dus de zee vormt een buffer tegen de kou. Maar naarmate hij warmte verliest, verdwijnt die eigenschap.'

'Stephan en ik hebben in al onze kleren geslapen en ik had het nog steeds koud!' zei Walter. 'Pieter bevroor zowat. Hij heeft alleen maar een klein jasje aan. Maar misschien worden we vandaag wel uitgekozen.'

'Ik durf te wedden van wel, Walter,' zei Žofie. 'Volgens mij wordt dit jullie week.'

Bij het krijtbord pakte een van de dames de wisser en veegde de vergelijkingen weg. Stephan pakte Walters hand, en met zijn vieren gingen ze bij de kinderen staan die zich rond de dame verdrongen. Een meisje riep 'Ik! Ik! Ik! Ik ga naar een familie!' terwijl het krijtje over het bord kraste. Toen de lijst klaar was, bestond de rij kinderen bij de deur – de kinderen die naar hun hut zouden worden gebracht om hun spullen in te pakken – uitsluitend uit meisjes en kleine jongetjes. De rest ging weer aan de tafels zitten. De toekomstige ouders zouden zo komen.

'Oké, Wall-man,' zei Stephan, 'laat maar horen.'

'Goedemiddag. Wat aardig dat u ons komt opzoeken,' zei Walter, in duidelijker Engels dan de vorige zondag. Oefening baarde misschien geen kunst, maar je werd er wel beter van.

'Perfect,' zei Stephan om het zelfvertrouwen van zijn broer een duwtje te geven. 'Waar wil je deze week gaan zitten?'

'Bij Žofie en Johanna,' zei Walter. 'Alle ouders willen Johanna zien.'

En dus gingen ze net als de vorige keren naast Žofie en de baby zitten, op stoelen die nu van de tafels af waren gedraaid. De laatste ontbijtspullen werden afgeruimd in voorbereiding op al weer een lange, trieste zondag, een proces dat Stephan stiekem was gaan zien als 'de inquisitie'. Toch keek hij hoopvol naar de deuren toen die opengingen en de toekomstige ouders naar binnen stroomden.

NEGENTIEN KAARSJES

Stephan schrok wakker, gedesoriënteerd door de sombere kleine hut en zijn broertje dat tegen hem aan lag. Vandaag was zijn achttiende verjaardag. Als hij nog in Wenen zou zijn, zou hij niet meer worden toegelaten tot het kindertransportprogramma. Hij was al in Engeland, maar hij was nog niet in een pleeggezin geplaatst. Zouden ze hem terugsturen?

Hij deed zijn ogen dicht en stelde zich voor dat hij wakker werd in zijn eigen warme bed, in het paleis aan de Ringstrasse, waarvan hij zich nooit had kunnen indenken dat het aan iemand anders dan zijn familie zou toebehoren. Hij stelde zich voor dat hij de marmeren trap af liep, onder de kristallen kroonluchters, en dat hij bij elke bocht elk beeld zou aanraken, helemaal tot aan de stenen vrouw die onderaan stond, degene met de borsten die op die van Žofie leken. Hij stelde zich voor dat hij langs de schilderijen in de hal liep: de berken met het rare perspectief; de Klimt van Malcesine aan het Gardameer, waar ze soms de zomervakantie doorbrachten; het portret van tante Lisl door Kokoschka. Hij stelde zich voor dat hij de muziekkamer binnenging en dat Bachs eerste cellosuite klonk – zijn lievelingsstuk. Hij stelde zich een taart voor die was gemaakt van zijn vaders beste chocolade en was gebakken door Mutti, zelfs vorig jaar nog, toen het bakken van een simpele taart haar zo had vermoeid dat ze de rest van de dag in bed had moeten doorbrengen. Zijn vader zou de kaarsjes op de taart aansteken, zoals hij dat op al Stephans voorgaande verjaardagen had gedaan. Negentien kaarsjes zouden het zijn geweest, eentje voor elk jaar en eentje om geluk te brengen voor het komende jaar. En Stephan zou door het raam naar buiten hebben gekeken om te zien of Žofie er al aankwam, met een nieuw manuscript in zijn hand dat zij zou kunnen lezen. Hij zou weer een toneelstuk moeten schrijven. Hij zou er eentje moeten schrijven in het Engels, zijn nieuwe taal. Maar hij wist niet of hij het zou kunnen verdragen om over deze plek te schrijven.

Hij besloot niemand te vertellen dat het zijn verjaardag was. Walter niet. Zelfs Žofie-Helene niet.

Hij kleedde zich aan in de ijskoude kamer, en daarna maakte hij de andere jongens wakker en hielp ze bij het aankleden. Haastig joeg hij ze over het koude terrein naar het hoofdgebouw. Daar liet hij ze spelen, en tot zijn genoegen ging Walter met hen mee. Hij keek even naar zijn broertje en ging toen op zoek naar Žofie, die aan het eind van een lange rij voor het postloket stond.

Hij ging bij haar staan, en samen wachtten ze geduldig, spelend met de baby. Toen ze aan de beurt waren, kreeg Stephan een brief en een pakketje. Hij had echter nauwelijks tijd om daar verrast over te zijn, want Žofie zei opgewonden 'Kijk, Stephan!' en liet hem een envelop zien, eentje die niet geadresseerd was in het handschrift van haar opa, maar in een elegant rond handschrift.

Ze gaf de baby aan Stephan en scheurde de envelop open.

Stephan legde zijn brief en het pakje op een van de lange tafels, zodat hij de baby niet zou laten vallen. Op de brief stond als altijd zijn naam en die van Walter in het handschrift van Mutti, en het adres in het handschrift van Herr Perger. Hij zou de brief bewaren tot Walter klaar was met spelen; hij was blij dat zijn broertje vrienden maakte. Het pakje was uitsluitend aan hem geadresseerd, niet aan Walter, en in een netter handschrift dan dat van Mutti en Herr Perger. En hij was niet gestempeld?

'Hij is van mama!' riep Žofie-Helene uit. 'Ze zijn in Tsjechoslowakije! Mama is vorige week vrijgelaten en ze zijn meteen vertrokken. Nu is ze veilig voor Hitler!'

Ze begon te huilen, en Stephan, met de baby op zijn ene arm, sloeg onhandig zijn andere arm om haar heen. 'Hé, niet huilen,' zei hij. 'Ze zijn veilig.'

Žofie snikte alleen maar heviger. 'Ze zijn allemaal samen,' zei ze, 'en nu zullen ze nooit meer naar Engeland komen, zelfs Johanna niet.'

Stephan pakte de brief met zijn vrije hand en bekeek hem vlug. 'Je moeder schrijft dat ze Engelse visa zullen aanvragen vanuit Tsjechoslowakije, Žofe. Het zal niet lang duren, bij niet-Joden gaat het veel sneller. Ik durf te wedden dat ze hier tegen de lente zijn.'

Stephan dacht niet meer aan zijn eigen post tot Žofie was opgehouden met huilen en was gaan zitten. Toen hij zijn pakje opende, grijnsde Žofie.

'Je bent jarig!'

'Ssst,' zei hij, en plotseling keek ze geschrokken. Achttien.

Uit de bruine papieren verpakking aan de buitenkant haalde hij een boek, dat zorgvuldig was ingepakt met cadeaupapier en een mooi lint. Hij scheurde het papier open en zag een gloednieuw exemplaar van Stefan Zweigs *Kaleidoskop* – het boek dat van zijn vader was geweest, dat zijn vader hem had gegeven en dat hij aan Žofie had gegeven, het boek dat Žofie naar hem had teruggebracht tijdens die vreselijke dagen dat hij in het Weense ondergrondse gangenstelsel had geleefd.

'Wat een prachtig boek,' zei Žofie.

Hij opende het boek en sloeg de bladzijden om. 'Het is in het Engels.'

'Het is gesigneerd, Stephan,' zei Žofie. 'Kijk dan. Stefan Zweig heeft er een opdracht in geschreven. "Van de ene schrijver aan de andere, met de felicitaties van een vrouw die jou zeer bewondert."'

'Van de ene schrijver aan de andere, met de felicitaties van een vrouw die jou zeer bewondert,' herhaalde hij.

'Dan komt het van je moeder?'

Stephan nam haar sceptisch op. Zijn moeder zou hebben gezorgd dat haar naam in de inscriptie stond. Zijn moeder zou hebben geschreven 'een vrouw die heel veel van jou houdt' en niet 'een vrouw die jou zeer bewondert'.

Hij doorzocht de verpakking. Als het niet van Žofie kwam, dan had de afzender er vast een briefje bij gedaan. Er was echter niets te vinden waaruit bleek wie hem het cadeau had gestuurd. Geen kaart. Zelfs geen naam of afzender op het bruine papier.

'Het is niet met de post gekomen,' zei hij. 'Er zit geen poststempel op.' Het moest dus wel van Žofie zijn.

'Is het hier persoonlijk afgeleverd?' vroeg Žofie.

'Žofie,' zei hij, 'in het kamp weet niemand behalve jij dat ik vandaag jarig ben. Zelfs Walter weet het niet meer, of hij beseft het niet.'

De uitdrukking op haar gezicht: de plotselinge schaamte. Ze had geen cadeautje voor hem. Natuurlijk had ze geen cadeautje voor hem. Ze hadden geen van allen iets.

'Ik durf te wedden dat het van je moeder komt,' zei ze.

Maar wie, behalve Žofie, wist dat dit het boek was dat hij had meegebracht, dat zijn exemplaar eerst in natte luiers was gewikkeld en dat zijn broertje er daarna op had overgegeven? Wie, afgezien van Žofie, zou weten dat hij het beschadigde exemplaar had gehouden? Geruïneerd. Onleesbaar.

'Je zult wel gelijk hebben,' zei hij zonder overtuiging. 'En de brief komt zéker van Mutti.' Er zat een Tsjechoslowaakse poststempel op. Mutti moest de brief al aan Herr Perger hebben gegeven voordat Žofies moeder was vrijgelaten en ze uit Oostenrijk waren gevlucht. Hij mocht van geluk spreken dat Herr Perger er überhaupt nog aan had gedacht om hem te posten. Hij hoopte dat zijn moeder iemand anders zou vinden om haar brieven te versturen. De brieven hielden Walter op de been, op de zondagochtenden, wanneer hij zijn gezicht waste en zijn mooiste kleren aantrok en zonder zijn jas in de grote koude ruimte ging zitten in de hoop te worden uitgekozen. Eigenlijk zou hij moeten wachten met het openen van de brief tot Walter terug was, maar Walter was vrolijk aan het spelen, en het was tenslotte zijn eigen verjaardag.

Hij opende de envelop, haalde het dunne vel papier eruit en las: *Felicitaties uit Wenen.*

Het speet Mutti dat ze hem geen cadeau kon sturen, maar hij was nu een man, hij was achttien, en ze wilde hem laten weten hoe bijzonder trots ze op hem was.

NIET GEKOZEN

Žofie-Helene ging weer met baby Johanna aan de lange tafel zitten en sloeg Stephan gade. Opa Otto zou zeggen dat hij geknipt moest worden, maar dat gold inmiddels voor alle jongens die nog in het vakantiekamp verbleven. Deze minder keurige versie van Stephan beviel Žofie echter wel. Hij zag er knap uit, zij het nogal koud zonder zijn jas en zijn wanten.

Hij hielp Walter uit zijn jas en trok de kleren van zijn broertje recht. 'Nog één keer, Wall-man,' zei hij.

'Pieter vindt het helemaal niet leuk zoals de grote mensen naar hem kijken,' zei Walter.

'Ik weet het,' zei Stephan. 'Ik begin me ook te voelen als een verrotte appel op de markt. Maar zo lang zijn we hier nog niet. Nog één keertje, kom op.'

'Goedemiddag. Wat aardig van u dat u ons komt bezoeken,' zei Walter zonder enthousiasme.

Žofie duwde haar gezicht tegen de hals van de baby, denkend aan de echte Jojo, die nu bij Grandmère Betta was, samen met mama en opa. Misschien zou Stephan hier op een dag een toneelstuk over schrijven, met een personage erin zoals de vriendelijk ogende dame die nu op Walter afkwam. Hij was zo'n schattig jongetje. Als Stephan hem had laten gaan, zou hij al bij een aardig gezin wonen. Maar elke keer dat ze dit suggereerde, zei hij slechts dat hij zijn moeder had beloofd dat Walter en hij bij elkaar zouden blijven, en bovendien, dat moest zij nodig zeggen. Maar nu hij achttien was – te oud voor een pleeggezin, zelfs al deed hij alsof dat niet zo was – zou hij zijn broertje toch zeker laten gaan.

'Hoe heet je, jongetje?' vroeg de dame aan Walter.

Als altijd gaf Stephan antwoord. 'Hij heet Walter Neumann. Ik ben zijn broer Stephan.'

Žofie zuchtte.

'Goedemiddag,' zei Walter. 'Wat aardig van u dat u ons komt bezoeken. Dit is Pieter Konijn. Hij hoort ook bij ons.'

'Juist,' zei de vrouw. 'Jullie willen bij elkaar blijven.'

Dat zeiden de ouders altijd wanneer ze beseften dat ze Walter niet zonder Stephan in huis konden nemen.

'Stephan is een heel getalenteerde toneelschrijver,' zei Žofie.

'Een baby!' riep de vrouw uit. 'Ik dacht dat er geen baby's zouden zijn!' Ze liet haar sleutelbos voor Johanna's gezichtje bungelen en de baby stak kirrend haar handje uit.

Žofie liet haar Johanna vasthouden. Ze liet mensen die ze aardig vond altijd de baby vasthouden. Vaak vonden ze het moeilijk om haar weer terug te geven.

'O ja, ik denk dat ik een goed thuis voor jou weet,' zei de vrouw tegen Johanna.

'Waar woont u?' vroeg Žofie in haar beste Engels.

Verbaasd herhaalde de vrouw: 'Waar ik woon?' Ze lachte hartelijk, de elliptische lach die Žofie associeerde met de aardigste mensen. 'Nu, we hebben een huis aan The Bishops Avenue in Hampstead, toch, lieverd?' zei ze. 'En Melford Hall voor als we de stad uit willen.'

'Dat klinkt heel fijn,' zei Žofie.

'Dat is het ook.'

'Ligt het in de buurt van Cambridge?' vroeg Žofie.

'Melford Hall? Ja, inderdaad.'

'Ik zou mee kunnen komen als kindermeisje voor de baby,' zei Žofie. 'Ik heb voor Johanna gezorgd terwijl ik met professor Gödel werkte. Aan de universiteit van Wenen. Ik hielp hem met een algemene continuümhypothese.'

'O! Ik... Maar... Nu ja, ik weet niet hoe nanny Bitt dat zou vinden. Ze is al bij ons sinds de geboorte van mijn Andrew, en hij is nu ongeveer van jouw leeftijd. Ben jij... de zus van de baby?'

Žofie-Helene nam haar op. Hoe kon ze het best reageren? Ze begreep dat er een andere aanpak nodig was, maar ze wist niet welke.

Johanna stak haar armpjes naar haar uit en zei: 'Mama!'

Geschrokken gaf de vrouw Johanna terug aan Žofie-Helene en haastte zich weg.

'Johanna en Žofie-Helene Perger,' riep Žofie haar achterna. Ze draaide zich naar Stephan toe, die naar Johanna staarde.

'Ik wist niet dat ze kon praten,' zei hij.

'Ik ook niet!' Žofie duwde haar gezicht in het warme nekje van de baby en zei: 'Wat ben jij een knap meisje, Johanna.'

DE PRAAGSE GAZET

WETSVOORSTEL IN AMERIKAANS CONGRES OM BEPERKT AANTAL MINDERJARIGE VLUCHTELINGEN OP TE NEMEN

Fel verzet door organisaties die de belangen van behoeftige Amerikanen behartigen

DOOR KÄTHE PERGER

PRAAG, 15 FEBRUARI 1939 – Senator Robert F. Wagner van New York en afgevaardigde Edith Nourse Rogers van Massachusetts hebben namens beide partijen een wetsvoorstel voorgelegd aan respectievelijk de Amerikaanse Senaat en het Huis van Afgevaardigden, waarin wordt bepaald dat de Amerikanen over een periode van twee jaar twintigduizend Duitse vluchtelingenkinderen onder de veertien op zullen nemen. Een aantal liefdadigheidsorganisaties doen hun uiterste best om steun voor de wet te krijgen. Dit in weerwil van hevige tegenstand, die voortkomt uit de angst dat de steun aan buitenlandse kinderen ten koste zal gaan van behoeftige Amerikanen.

Het verruimen van de beperkingen op de immigratie van burgers uit het Reich is dringend nodig in het licht van de gruwelijke manier waarop mensen van Joodse komaf worden behandeld in Duitsland, Oostenrijk en Sudetenland, dat onder het Verdrag van München, afgelopen september gesloten in ruil voor vrede, aan Duitsland is toegewezen. Ondanks het verdrag heeft Duitsland opnieuw gedreigd om onze stad te vernietigen als de regering de Tsjechische grenzen niet openstelt voor Duitse troepen...

ALWEER EEN BRIEF

Stephan krulde zich op, met zijn armen om Walter heen geslagen. Het was te vroeg om naar bed te gaan, maar het was al donker en het was koud, en bovendien, wat maakte het uit wat ze deden? Hij probeerde niet te denken aan de brief, de zesde sinds zijn verjaardag, elke week eentje. Zijn naam en die van Walter in het handschrift van Mutti, en steeds dezelfde openingsregels, waarin stond dat Mutti hen erg miste, maar dat ze zich om haar geen zorgen hoefden te maken. De rest van de brief ging over het doen en laten van haar buren in haar kleine appartement in Leopoldstadt, in Wenen. Maar de envelop was opnieuw geadresseerd in het handschrift van Herr Perger, en opnieuw afgestempeld in Tsjechoslowakije, en verstuurd met Tsjechische postzegels die over de Oostenrijkse heen waren geplakt.

OP HET STRAND

Stephan, Walter, Žofie en de baby zaten op een deken in het zand. Žofie werkte aan een wiskundig bewijs in haar schrift en Stephan schreef in zijn dagboek. De winter was afgelopen, en het zand was nu goudkleurig en de oceaan net als de heldere hemel diepblauw. Echt warm was het nog niet, maar het was aangenaam genoeg om in hun jassen buiten te zitten, een stukje bij de zee vandaan.

Walter gooide zijn verhalenboek op de deken en klaagde: 'Ik kan dit helemaal niet lezen!'

Stephan sloot zijn ogen. De zon scheen nog steeds door de dunne huid van zijn oogleden en het lukte hem niet om het schuldgevoel buiten te sluiten. Schuldgevoel omdat hij zijn broertje dagenlang had verwaarloosd terwijl hij schreef op de schrijfmachine die hij had gekregen van Mark Stevens, een van de studenten die de kinderen Engelse les gaf en eveneens een liefhebber van Zweig was; omdat hij Walter afgelopen zondag aan een van de ouderparen had willen meegeven, willekeurig welk stel dan ook; omdat Mutti teleurgesteld in hem zou zijn.

Hij sloeg zijn arm om zijn broertje heen en opende het boek. 'Kan Pieter ons niet helpen om het te lezen?' vroeg hij. 'Hij is heel goed in lezen in het Engels.'

'Zelfs nog beter dan jij,' zei Walter, en hij kroop tegen Stephan aan, zoekend naar liefde. Natuurlijk zocht hij naar liefde. Natuurlijk kon Stephan hem niet zomaar aan een onbekende meegeven. Alleen fantaseerde hij er soms over wat hij zelf zou doen als hij niet meer belast zou zijn met de zorg voor zijn broertje. Soms fantaseerde hij dat hij dit kamp zou verlaten en ergens een baan zou zoeken, wat voor baan dan ook, zodat hij aan zijn eigen leven kon beginnen, geld kon verdienen om boeken en papier te kopen, en in zijn vrije tijd zou kunnen schrijven.

'Weet je al die boeken nog in Papa's bibliotheek?' zei hij tegen Walter. 'Ik durf te wedden dat Pieter die allemaal zou kunnen lezen.'

In zijn hoofd hoorde hij de stem van Mutti: *Walter zal zich ons niet herinneren. Hij is te jong. Hij zal zich ons geen van allen herinneren, Stephan, alleen via jou.*

Johanna kroop weg over de deken, naar het zand, en Žofie legde haar schrift weg om de baby op te tillen. 'Daar komt niets van in, jongedame!' zei ze.

'Mama,' zei de baby.

'Ik ben je mama niet, gekkie,' zei Žofie hartelijk. 'Mama, dat is voor de dame die ons mee naar huis neemt, wie ze ook is.'

Stephan, die hen gadesloeg, streek met zijn vingers over het script in de leren boekentas die hij ook van Mark had gekregen. 'Ik heb een nieuw toneelstuk geschreven,' zei hij, en hij raapte zijn moed bij elkaar, haalde het script uit de tas en gaf het aan Žofie. 'Ik hoopte dat je het zou willen lezen en me zou willen vertellen wat je ervan vindt.'

Zo, het was gedaan. Het was gezegd. Het moest zo zijn.

Toen ze het script had aangenomen, stond hij op en trok Walter overeind. 'Wedstrijdje!' riep hij, zoals zijn vader hem zo vaak had uitgedaagd tijdens hun zomervakanties in Italië.

Samen sprintten ze naar de zee. Stephan onderdrukte de drang om achterom te kijken naar Žofie-Helene tot ze een eind verderop waren en Walter in de verrassende zonneschijn achter een vogel aan rende. Žofie zat met de baby op schoot, haar hoofd over de pagina's gebogen, haar haren omlaagvallend naar de woorden die hij speciaal voor haar had geschreven.

De paradox van de leugenaar

Door Stephan Neumann

Acte I, scène I

In de gemeenschappelijke ruimte van het Warner's Holyday Camp zitten kinderen stiller en geduldiger bijeen dan je van kinderen zou mogen verwachten. Toekomstige ouders neuzen rond alsof ze op zoek zijn naar een karbonade voor het avondeten, een peer zonder beurse plekken, een aubergine om in een schaal op tafel te leggen, gewoon voor de show. Er zijn alleen nog oudere kinderen over; de kleintjes zijn allemaal in de voorgaande weken gekozen.

De lange, elegante Lady Montague loopt naar een beeldschoon tienermeisje toe, Hannah Berger, die een baby vasthoudt.

Lady Montague: Wat een lieve baby. Je bent toch niet haar moeder? Ik zou geen kindje kunnen afnemen van haar moeder...

GEWOON EEN BABY IN EEN TREIN

Stephan raapte Walters jasje en Pieter Konijn van de grond en riep Walter, die voor het hoofdgebouw aan het voetballen was.

'Je mocht niet vies worden,' zei hij.

'Adam zei dat ik mocht keepen.'

Stephan stopte Walters overhemd in zijn broek en hielp hem om zijn jasje aan te trekken. De mouwen waren al te kort, maar het was de netste kleding die Walter bezat. Hij gaf Walter zijn Pieter Konijn. 'Goed,' zei hij. 'Nog één keertje, Wall-man. Kom op.'

'Goedemiddag,' zei Walter. 'Wat aardig van u dat u ons komt bezoeken.'

In het hoofdgebouw zat Žofie al aan een van de lange tafels, met de baby op schoot en een schrift opengeklapt voor zich. De baby was gewassen en droeg een schoon jurkje dat iemand aan het kamp had gedoneerd. Žofies haar was bevrijd uit de gebruikelijke vlechten en geborsteld, lang en golvend.

'Laten we vandaag aan een andere tafel gaan zitten, Wall,' opperde Stephan.

Walter nam hem een poosje op, alsof hij zijn verraderlijke gedachten kon lezen. 'Pieter wil bij Johanna zitten,' zei hij. Hij liep naar de tafel waar Žofie en de baby zaten en klom op de stoel naast hen.

'Dit is het bewijs waar ik aan werk, Johanna,' zei Žofie tegen de baby toen Stephan bij hen kwam staan. 'Kijk, het probleem is...' Ze keek op naar Stephan.

Stephan stak zijn hand voor Walter langs om haar bril af te nemen. 'Ze is nog maar een baby,' zei hij terwijl hij haar bevlekte brillenglazen schoonpoetste met de onderkant van zijn shirt. 'Ze kan nog geen drie woorden zeggen.'

'Papa zei altijd dat wiskunde net als een taal is, welke taal dan ook,' zei ze. 'Hoe vroeger je het leert, hoe natuurlijker het je afgaat.'

Ze concentreerde zich weer op de vergelijking en zei tegen de baby: 'Kijk, het probleem, we noemen het de paradox van Stephan, is als volgt: zijn de vrienden die allemaal onvergeeflijk onaardig tegen elkaar zijn geweest en weigeren hun excuses aan te bieden nog steeds vrienden? Als ze hun excuses aanbieden, dan zijn ze niet onvergeeflijk onaardig. Doen ze dat niet, dan zijn ze geen vrienden.'

'Sorry, Žofe,' zei Stephan, 'maar ik denk niet dat vrienden elkaar helpen door dingen te laten gebeuren die in de weg staan van het vinden van een pleeggezin. Het moest gezegd worden.'

Ze schoof zijn toneelstuk over de tafel naar hem toe, met haar opmerkingen erbij:

De paradox van de leugenaar

Door Stephan Neumann

Acte I, scène I

In de gemeenschappelijke ruimte van het Warner's Holiday Camp zitten kinderen stiller en geduldiger bijeen dan je van kinderen zou mogen verwachten. Toekomstige ouders neuzen rond alsof ze op zoek zijn naar een karbonade voor het avondeten, een peer zonder beurse plekken, een aubergine om in een schaal op tafel te leggen, gewoon voor de show. Er zijn alleen nog oudere kinderen over; de kleintjes zijn allemaal in de voorgaande weken gekozen.

De lange, elegante Lady Montague loopt naar een ~~beeldschoon tienermeisje~~ tienerjongen toe, ~~Hannah Berger, dat een baby vasthoudt~~ Hans Nieberg, die zijn kleine broertje vasthoudt.

Lady Montague: Wat een lieve ~~baby~~ jongen. Je bent toch niet ~~haar moeder~~ zijn broer? Ik zou geen

~~kindje~~ jongetje kunnen afpakken van ~~haar moeder~~ zijn broer...

Stephan staarde naar de woorden.

'Sorry,' zei Žofie-Helene rustig, 'maar het moest gezegd worden.'

'Wat moest gezegd worden?' wilde Walter weten.

Stephan vouwde de pagina's van het toneelstuk op en stopte ze in zijn tas. Hij gaf Walter een boek om te lezen en sloeg zijn eigen dagboek open. De zondagen gingen sneller voorbij sinds ze hadden besloten om iets te doen in plaats van alleen maar te zitten wachten tot de ouders hun voorbijliepen en een van de jongere nieuwkomers uitkozen.

'Wat moest gezegd worden?' herhaalde Walter.

'Dat zelfs een stom speelgoedkonijn een beter toneelstuk zou kunnen schrijven dan ik. Kun je nu even in stilte lezen?'

Walter trok zijn konijn tegen zich aan, natuurlijk deed hij dat.

'Het spijt me,' zei Stephan. 'Het spijt me, Walter. Het spijt me, Pieter.' Hij klopte het konijn zachtjes op de kop. Hoe diep was hij gezakt, dat hij zijn excuses moest aanbieden aan een speelgoedkonijn?

'Ik wilde niet neerbuigend doen over je schrijfkunst, konijntje,' zei hij.

Walter keek naar hem op vanonder zijn lange wimpers, die nu vochtig waren. Vochtig, maar niet nat. Het maakte dat Stephan zelf wilde huilen, niet omdat er tranen in de ogen van zijn broertje stonden, maar omdat hij niet huilde, omdat hij in een paar weken tijd zoveel stoerder was geworden.

'Het spijt me, Wall. Ik bedoelde het niet zo lelijk als het klonk,' zei hij. 'Ik ben net zo chagrijnig als die ouwe Rolf, hè?'

'Erger nog,' zei Walter.

'Erger nog,' gaf Stephan toe. Tegen Žofie zei hij: 'Ik heb van Mark Stevens gehoord dat het gerucht gaat dat ze het kamp gaan sluiten.'

Žofie, die nog steeds een beetje uit haar hum was, zei: 'Die andere Zweig-fanaat?'

'Zegt het meisje dat elke regel van Sherlock Holmes uit haar hoofd kent.'

Maar dat was ook niet helemaal eerlijk. Žofie leerde dingen niet uit haar hoofd zoals de meeste mensen deden; ze las iets gewoon en dan onthield ze het vanzelf.

'Dus moeten ze ons wel naar gezinnen sturen?' zei ze.

'Naar pensions, denk ik. Of kostscholen.'

Tegen het eind van maart, had Mark hem verteld, wat op Stephan behoorlijk specifiek overkwam voor een gerucht. Vandaag was het 12 maart. Stephan veronderstelde niet dat hij en Walter naar dezelfde kostschool konden gaan, dus vandaag was misschien hun laatste kans om bij elkaar te blijven.

'Ik zou graag weer naar school gaan, jij niet?' zei Žofie. 'Misschien kan ik aan Cambridge gaan studeren.'

Mark had gezegd dat ze waarschijnlijk naar speciale Joodse scholen zouden worden gestuurd, maar Žofie was niet Joods, dus hij wist niet precies hoe het met haar zou gaan.

'Volgens mij nemen ze bij Cambridge geen meisjes met baby's aan,' zei hij.

Dat was gemeen. Hij wist dat het gemeen was en dat hij het niet had moeten zeggen, dat zag hij aan de manier waarop Žofie haar vingers naar haar lippen bracht om... wat? Om te voorkomen dat zijn woorden haar kwetsten? Om zichzelf ervan te weerhouden om te reageren?

Ze weigerde echter te zien wat mensen dachten, en wat mensen dachten, vormde een probleem. Niet alleen voor haar, maar ook voor Walter en hem. Ze weigerde te zien dat de toekomstige ouders dachten dat de baby van haar was, en misschien ook wel van hem, dat het de baby was die ervoor zorgde dat ze geen pleeggezin konden vinden. Iedere ouder die op bezoek kwam, wilde de baby, tot ze het idee kregen dat Johanna wellicht, zoals die eerste vrouw op de dag van hun aankomst in Dovercourt had gesuggereerd, het kind van een 'geruïneerd' meisje was. Niet slechts beschadigd, maar geruïneerd, niet meer te herstellen. De vrouw had gelijk, Žofie was geruïneerd, hoewel op een andere manier dan de vrouw het had bedoeld. Žofie had zichzelf niet geruïneerd. Het was haar aangedaan, net als hem en Walter, door omstandigheden, door afkomst. Door het feit dat de hele wereld passief toekeek terwijl iemand, wie dan ook, in opstand moest komen.

Stephan schoof zijn dagboek opzij en zei tegen Walter: 'Het lijkt me best vermoeiend voor Pieter om zoveel te moeten lezen. Zal ik jullie allebei voorlezen?'

Walter gaf het boek terug en leunde naar hem toe, onvoorstelbaar vergevingsgezind.

'Je lijkt zo op Mutti, Walter,' zei Stephan. Hij sloeg zijn arm om zijn broertje heen en trok hem dicht tegen zich aan. Vervolgens sloeg hij het boek open. 'Het spijt me dat ik zo chagrijnig deed. Echt.'

De toekomstige ouders begonnen binnen te druppelen, en zoals elke zondag kwam er meteen iemand op Žofie en de baby af. Deze keer was het een prachtige dame van middelbare leeftijd en haar echtgenoot. De dame sprak de baby aan – 'Hallo daar, kleintje, hoe heet jij?' – terwijl de blik van de echtgenoot op Žofies schrift viel.

'Mag ik eens kijken?' vroeg hij Žofie.

Stephan vond hem nu al aardig. De meeste bezoekers zouden er gewoon van uit zijn gegaan dat ze Žofies werk konden bekijken als ze dat wilden, of Stephans script.

'Het is gewoon iets waar ik een beetje mee speel,' zei Žofie. Haar Engels was inmiddels veel beter dan toen ze net waren aangekomen.

Ietwat ongelovig zei de man: 'Je "speelt gewoon een beetje" met het keuzeaxioma?'

'Ja! Kent u het?' zei Žofie. 'Natuurlijk is het nogal controversieel, maar ik zie geen andere manier voor oneindige verzamelingen, u wel?'

'Nu ja, het is niet echt mijn vakgebied,' zei de man. 'Hoe oud zei je dat je bent?'

'Dat heb ik niet verteld,' zei Žofie. 'Dat wil ik wel, maar u hebt het niet gevraagd. Ik ben bijna zeventien.'

‘Kijk, lieverd,’ zei de man. ‘Kijk hier eens naar,’ en hij wees naar Žofies schrift.

Zijn vrouw had hem niet gehoord. Ze stond aan de andere kant van de ruimte en sprak aandachtig met een vrijwilliger. Toen keek ze naar haar echtgenoot, glimlachte breed en haastte zich terug.

Stephan zag dat Žofie Johanna tegen zich aan gedrukt hield. Normaal gesproken zou ze op dit punt de baby al aan een toekomstige ouder hebben gegeven om vast te houden. Ze wist hoe makkelijk het was om verliefd te worden op de kleine Johanna als je haar eenmaal in je armen hield, hoe graag iemand die haar vasthield haar mee naar huis zou willen nemen, en ze wisten allemaal dat dat het doel was: om ouders te vinden die je mee naar huis wilden nemen. Žofie hield het kind echter alleen maar steviger vast. Ze wilde dit gezin te graag, deze man die iets van wiskunde begreep, zelfs al was het niet direct zijn vakgebied. Stephan wilde dat hij zoveel wist als de man. Hij wilde dat hij met Žofie kon praten over al die rare tekentjes op het ruitjespapier van haar schrift. Hij wilde dat hij dat verdraaide toneelstuk niet had geschreven, dat hij niet zo bij haar had aangedrongen. Wat als dit gezin haar in huis zou nemen? Hij wilde dat ze dat zouden doen, natuurlijk wilde hij dat. Maar hij kon het niet verdragen.

‘Lieverd, moet je horen,’ zei de vrouw tegen haar man, haar stem gedempt, alsof ze hem een geheim vertelde. ‘De baby heeft geen papieren.’ Ze richtte zich tot de baby en zei: ‘Je hebt geen papieren, hè?’ Tegen haar man ging ze verder: ‘Ik weet dat het ingewikkeld is, maar… We zouden mijn broer Jeffrey kunnen vragen om een geboortecertificaat te regelen, toch? Ik bedoel als… Voor het geval niemand haar ooit op komt halen? Ze moet een wees zijn. Wie zou nu zijn eigen baby wegsturen, met louter onbekenden om op haar te letten?’

Haar man keek naar Žofie-Helene. De man wilde Žofie in huis nemen, dat wist Stephan zeker. Waarom zei hij dat niet gewoon?

Žofie, die duidelijk haar best moest doen om niet te huilen, gaf de baby aan de vrouw, zoals ze elke week deed, behalve dat haar ogen er normaal gesproken droog bij bleven.

De baby raakte het gezicht van de vrouw aan en lachte.

'O, ik zou zielsveel van je kunnen houden,' zei de vrouw.

'Is ze… Is ze je zusje?' vroeg de man Žofie.

Žofie-Helene schudde slechts haar hoofd, niet in staat om te spreken.

'Hoe heet ze, liefje?' vroeg de vrouw.

'Johanna,' mompelde Žofie.

'Ik zou zoveel van je kunnen houden, kleine Anna,' zei de vrouw. 'Ik ga je helemaal overstelpen met liefde.'

'En de achternaam van het kind?' vroeg de man.

Žofie gaf geen antwoord. Ze keek smekend door haar brillenglazen naar Stephan. Als ze iets probeerde te zeggen, zou ze vast in huilen uitbarsten.

'Dat weten we niet,' zei Stephan tegen de man. 'Ze was gewoon een baby in de trein. Ze was er gewoon, in een mand, nadat de deur al was afgesloten.'

BROERS

Stephan stond samen met Walter in het hoofdgebouw te wachten, zijn broertje met een koffer en zijn Pieter Konijn. Žofie hield hen gezelschap, en met zijn drieën stonden ze bij de deur, die geopend was op deze lentemiddag. Precies zoals Stephan en Walter Žofie gezelschap hadden gehouden toen de ouders twee dagen eerder waren gekomen om Johanna op te halen. Dat was echter een koude, regenachtige dag geweest, en de deur had dichtgezeten.

'Je hebt Mutti beloofd dat we samen naar een pleeggezin zouden gaan,' zei Walter.

'Ik weet het, dat heb ik beloofd,' beaamde Stephan, en hij legde het nog een keer uit. 'Het punt is dat ik inmiddels achttien ben, en dus moet ik werken. Ik ben te oud om naar een pleeggezin te gaan en ik kan nog niet goed voor jou zorgen. Maar ik zal elke dag aan je denken, en jij zult het druk hebben op je nieuwe school. In de weekenden kom ik op bezoek. De Smythes zeiden dat ik elk weekend op bezoek mag komen. En als ik wat geld heb gespaard, dan zoek ik een appartement en kom ik je halen, en dan kunnen we weer samenwonen, oké?'

'En Mutti ook?'

Stephan wendde zijn blik af en keek naar het krijtbord, waar *Walter Neumann* nu op de lijst stond van kinderen die naar een pleeggezin gingen. De radio stond aan, een Engelse omroeper en muziek met Engelse woorden, om hen te helpen de taal te leren. Strikt genomen wist hij niets over Mutti. Niet met zekerheid. Haar brieven kwamen allemaal uit Tsjechoslowakije, en ze gingen over het leven in Wenen. De enige verklaring die hij daarvoor kon bedenken, was een verklaring waar hij niets van wilde weten, en hij wist zeker dat Mutti niet zou willen dat hij Walter er iets over vertelde. Zeker niet vandaag.

‘Ik kom zo snel mogelijk bij je op bezoek,’ beloofde hij. ‘Bij jou en Pieter.’

‘En komt Žofie dan ook?’ Walter hield zijn Pieter Konijn omhoog zodat het speelgoedbeest Žofie aankeek. ‘Kom je bij ons op bezoek, Žofie?’ vroeg hij. ‘Mrs Smythe zei dat we de Tower Bank Arms kunnen bezoeken, uit *Jozefien Kwebbeleend*. Niet de tekening in het boek. De echte plek.’

Het was een heel eind van Cambridge naar het Engelse Lake District, waar Walters pleeggezin woonde. Het was zelfs nog verder vanaf Chatham, waar Stephan naar de Royal School of Military Engineering zou gaan. Niet als leerling. Hij zou er gaan werken. Ze hadden hem nog niet verteld wat voor baantje het was, maar hij zou twee dagen per week vrij hebben, net genoeg tijd om met de trein heen en weer te reizen naar Windermere als hij direct na zijn werk vertrok.

‘Žofie gaat het erg druk hebben,’ zei hij. De pleegvader die de baby in huis had genomen, had geregeld dat ze wiskunde kon gaan studeren aan Cambridge, waar hij lesgaf.

‘Ik kom jou en Pieter opzoeken,’ beloofde Žofie echter, en ze gaf eerst Pieter Konijn en daarna Walter een kus op de wang. ‘En misschien kunnen jullie tweeën wel samen met Stephan bij mij op bezoek komen. Of we kunnen afspreken in Londen, op Baker Street 221 B!’

Toen arriveerden de Smythes, in een zwarte Standard Flying Nine sedan, stoffig en vies van de lange rit. De auto was nog maar nauwelijks tot stilstand gekomen of meneer Smythe was al uitgestapt en haastig naar de andere kant van de auto gelopen om het portier open te houden voor zijn vrouw. Op het moment dat de twee naar hen toe kwamen, omhelsde Stephan Walter stevig. Hij had geen idee gehad dat dit moment zo onmogelijk zwaar zou zijn.

‘Is meneer Konijn klaar voor een nieuw avontuur?’ vroeg Mr Smythe.

‘Beloof je het, Stephan?’ vroeg Walter.

Stephan slikte de pijnlijke brok in zijn keel weg. Wat had een belofte voor zin? Hij had Mutti maar zo weinig beloofd en haar toch op elk punt teleurgesteld.

Walter drukte Pieters gezicht tegen Stephans wang en maakte een kusgeluid.

Stephan tilde Walter op en hield hem stevig vast, een laatste keer. 'Ik beloof het,' zei hij.

Hij zette Walter neer en haalde het bordje met nummer 522 van zijn nek. 'Toe maar, Wall. En je weet het, niet omkijken.' Toen draaide hij zijn broertje om, zodat hij met zijn gezicht naar de Smythes stond.

Mr en Mrs Smythe pakten ieder een van zijn kleine handjes, Mr Smythe met het pootje van Pieter Konijn erbij. Ze begonnen geruststellend te babbelen over de mooie slaapkamer die ze hadden ingericht voor Walter en Pieter in hun nieuwe huis in Ambleside, vlak bij een huisje waarvan men zei dat het het kleinste huisje ter wereld was. Nu het beter weer begon te worden, konden ze Pieter meenemen voor een boottochtje op het meer. Ze konden met hun fietsen op de veerboot naar de Mitchell Wyke Ferry Bay gaan en naar Near Swarey fietsen om de plekken te bekijken die beschreven stonden in de prentenboeken van Beatrice Potter.

'Pieter kan niet fietsen,' zei Walter.

'Dan hangen we een mandje aan het stuur van jouw fiets waar hij in kan zitten,' verzekerde Mr Smythe hem.

'Krijg ik een fiets?' vroeg Walter.

'We hebben er al eentje voor je gekocht,' zei Mr Smythe. 'Een blauwe, net als het jasje van Pieter, omdat je zei dat dat je lievelingskleur is.'

'Ik kan ook niet fietsen,' bekende Walter.

Mr Smythe tilde hem op, wisselde een blik met Stephan en fluisterde luid, zodat Stephan het kon horen: 'Ik zal het je leren, en dan kunnen we Stephan verrassen wanneer hij op bezoek komt! Weet Stephan hoe je moet fietsen?'

'Stephan weet alles,' zei Walter. 'Hij is zelfs nog knapper dan Žofie-Helene.'

En toen zaten ze in de auto en keek Walter door het raampje, Pieter Konijn omhooghoudend zodat hij alles goed kon zien. Stephan klemde zijn vingers om het nummer van zijn broertje, en Žofie nam zijn andere hand in de hare.

'Je hebt het hem niet verteld,' zei ze zacht.

Hij gaf geen antwoord. Hij kon geen antwoord geven. Hij kon geen woord uitbrengen.

Maar hij hield zich aan een soort belofte aan Mutti, die niet had gewild dat Walter het wist, die niet had gewild dat een van hen het wist. Hij hield zich aan een soort belofte aan zijn moeder terwijl hij de auto onder het bord met WARNER'S HOLIDAY CAMP door zag rijden en in de verte zag verdwijnen.

DE KOKOSCHKA-PARADOX

Die ochtend stond er geen echte rij voor het postloket van het kamp, nu de meeste kinderen naar pleeggezinnen waren vertrokken. Žofie hoefde niet te wachten tot de dame achter het loket haar de buit van die dag overhandigde: een brief van mama, en een aparte brief van Jojo. De vrouw vroeg Stephan echter om te wachten. Terwijl Žofie samen met hem wachtte, opende ze de brief van Jojo: geen woorden, maar een tekening van de hele familie, omkaderd door een hart: mama, opa, Grandmère Betta en Žofie zelf.

De dame van het postkantoor kwam terug met een brief voor Stephan van zijn moeder, iets wat hem altijd verdrietig maakte. Žofie had opa willen schrijven om hem te vragen de brieven niet meer te sturen, maar ze dacht dat er maar één ding was wat Stephan nog verdrietiger zou maken dan het ontvangen van zijn moeders brieven uit het graf, en dat was als de brieven niet meer zouden komen.

Vandaag bleek er ook een intrigerend pakket voor hem te zijn: een smalle doos die bijna net zo lang was als Žofie zelf.

'Er zit een poststempel op van Sjanghai,' zei Žofie. 'Het moet van tante Lisl komen. Kom op, maak open!'

Stephan legde het pakket op de lange, lege tafel waar ze een poosje terug allemaal samen hadden gezeten en in hun schriften hadden gewerkt – Žofie aan haar wiskunde en Stephan aan zijn toneelstuk – en hadden afgewacht terwijl de toekomstige ouders langs hen heen liepen. Voorzichtig opende Stephan de langwerpige doos. Aan de binnenkant zat een envelop die losjes bevestigd was aan een rol die in slagerspapier was gewikkeld. Hij opende de envelop en las de brief die erin zat. Tijdens het lezen stroomden de tranen over zijn wangen.

Žofie raakte zachtjes zijn arm aan, en hij gaf haar de brief, en ze las hem zelf:

Liefste Stephan,

Tot mijn diepe verdriet moet ik je vertellen dat je moeder is overleden. Je moet weten hoe vreselijk veel ze van je hield.

Ik hoop dat je ook weet hoeveel ik van jou hou, van jou en Walter. Ik hou van jullie zoals ik van mijn eigen zoons zou houden. Ik bid dat de dag snel zal komen dat deze droefenis voorbij is en we weer samen kunnen zijn.

Ik maak me zorgen om je, Stephan. Ik weet dat je nu achttien bent, en misschien te oud om nog in een pleeggezin geplaatst te worden? Je bent zo getalenteerd. Ik weet dat je werk zult vinden. Maar je moeder zou willen dat je je opleiding voortzette. En dus stuur ik je dit pakketje, dat Michael naar mij in Sjanghai heeft gestuurd. Het is het enige van werkelijke waarde dat ik je kan geven. Zoek de kunstenaar op, Stephan. Hij woont nu in Londen. Hij is vorig jaar vanuit Praag naar Londen verhuisd, maar oorspronkelijk komt hij uit Wenen. Vertel hem dat je mijn neefje bent, vertel hem dat je de zoon bent van je moeder en je vader, en dan zal hij je helpen om een betrouwbare kunsthandelaar te vinden.

Ik weet dat je het niet zult willen verkopen, maar ik beloof je dat ik het portret van je moeder heb en dat ik zal zorgen dat je dat op een dag krijgt. Maar dit, Stephan, moet je echt verkopen. Ik weet dat je het omwille van mij zult willen houden, maar ik zal de koper dankbaar zijn, wie het ook is. Hij zal jou in staat stellen om naar de universiteit te gaan, je in staat stellen om te bloeien.

Heel veel liefs,
tante Lisl

Žofie wist al wat er in het pakje zat voordat Stephan het portret van zijn tante Lisl had uitgerold, het portret met de gekraste wangen. Verontrustend en elegant. Blos en wond.

DE PRAAGSE GAZET

DUITSE TROEPEN VALLEN TSJECHOSLOWAKIJE BINNEN

Hitler verklaart de oorlog vanuit kasteel Praag

DOOR KÄTHE PERGER

PRAAG, 16 MAART 1939 – Om vijf voor vier gistermiddag heeft president Hácha, na een ontmoeting in Berlijn met Adolf Hitler, een document ondertekend waarmee hij het lot van de Tsjechen in handen van het Duitse Reich heeft gelegd. Twee uur later is het Duitse leger over onze grens gemarcheerd, te midden van een sneeuwstorm, gisteravond gevolgd door een konvooi van tien voertuigen dat Hitler in eigen persoon naar Praag bracht.

Daar trof de Führer geen juichende menigte aan, maar verlaten straten. Hij bracht de nacht door in de burcht Hradčany, waar hij vandaag een toespraak hield...

OP HET STATION VAN PRAAG, IN SEPTEMBER 1939

Käthe Perger keek naar Johanna's kleine gezichtje achter het raam van de treinwagon tot ze haar dochter niet meer kon zien. Samen met de andere ouders staarde ze naar de lege plek die de trein achterliet. Ze bleef staan kijken tot de andere ouders bijna allemaal waren vertrokken, en toen liep ze naar de telefooncel.

Ze sloot de glazen deur achter zich, draaide het nummer van de internationale centrale en vroeg of ze haar wilden doorverbinden met het nummer van Žofie in Cambridge, een nummer dat Žofie in haar laatste brief had gestuurd. Haar dochter studeerde wiskunde aan Cambridge. Stel je eens voor. Ze stopte het door de centralist opgegeven aantal munten in het toestel en tot haar opluchting ging de telefoon vlug over.

Een Engels meisje nam op, en toen de centralist naar Žofie-Helene Perger vroeg, zei het meisje dat ze haar zou gaan halen. Käthe luisterde naar de hoorn die naast het toestel bungelde en naar de zwakke geluiden van Žofies leven in die andere wereld.

Terwijl Käthe wachtte tot Žofie aan de lijn zou komen, kwamen er twee agenten van de Gestapo met aangelijnde honden over het perron op haar afgebeend.

'Alsjeblieft!' riep ze in de hoorn. 'Alsjeblieft! Vertel Žofie dat haar zusje eraan komt! Vertel Žofie dat Johanna in een trein vanuit Praag zit!'

'Mama?' Een meisjesstem, de stem van Žofie.

Het kostte Käthe grote moeite om niet te gaan huilen. 'Žofie-Helene,' zei ze zo kalm als ze op kon brengen.

'Komt Johanna naar Engeland?' vroeg Žofie-Helene.

'Ze is net vertrokken,' zei Käthe vlug. 'Er is een pleeggezin voor haar, dus ze reist direct naar station London Liverpool Street, waar het gezin haar op komt halen. Ze zou op 3 september aan moeten komen, om elf uur 's ochtends. Als je er dan kunt zijn, kun je haar zien en het gezin ontmoeten bij wie ze terechtkomt. Dat lukt toch wel? Nu moet ik ophangen, andere ouders willen ook de telefoon gebruiken.'

Er waren geen andere ouders. Alleen de agenten van de Gestapo, van wie de een zijn hand al uitstak naar de deur van de telefooncel.

'Ik hou van je, Žofie-Helene,' zei ze vlug. 'Ik zal altijd van je houden. Onthou dat. Onthou dat altijd.'

'Regel je ook een visum voor jezelf, mama?' vroeg Žofie. 'En voor opa Otto?'

'Ik hou van je,' zei Käthe weer, en ze hing de hoorn zo zachtjes terug alsof het de baby was die Žofie-Helene ooit was geweest, een baby die teder in de wieg werd gelegd, een baby met een heel prachtig leven voor zich.

'Käthe Perger?' hoorde ze, en langzaam draaide ze zich om naar de mannen die haar opwachtten. Maar haar kinderen waren nu veilig. Dat was het enige wat ertoe deed. Žofie en Johanna waren veilig.

NEWNHAM COLLEGE, CAMBRIDGE

Žofie-Helene sprak in de hoorn van de telefoon in de gang: 'Ja, overmorgen op station London Liverpool Street, de derde.' Ze luisterde even en antwoordde toen: 'Ik weet het. Ik ook.'

Ze hing op en keerde terug naar de overvolle studieruimte. Een paar van de andere meisjes keken op toen ze weer op haar plek ging zitten, met een wiskundig bewijs in haar handschrift voor zich op tafel.

'Alles in orde, Žofe?' vroeg haar kamergenootje, dat naast haar zat.

'Mijn zusje komt naar Engeland,' zei Žofie. 'Ze hebben een pleeggezin voor haar gevonden, en mama heeft haar zojuist in Praag op de trein gezet. Ze komt overmorgen aan, en ik kan haar zien op station London Liverpool Street en haar pleeggezin ontmoeten voordat ze haar mee naar huis nemen.'

Haar kamergenootje omhelsde haar en zei: 'Dat is geweldig!'

'Inderdaad,' zei Žofie, maar ze voelde zich niet geweldig. Mama had helemaal niet blij geklonken. Maar natuurlijk moest het moeilijk voor haar zijn geweest om afscheid te nemen van Jojo. Ze wilde dat mama en opa Otto ook kwamen, en Grandmère Betta. Ze wilde dat haar vader kwam, maar dat was natuurlijk onmogelijk.

'Zal ik je gezelschap houden?' vroeg haar kamergenootje. 'Ik kan met je meegaan in de trein.'

'Ik... Dank je, maar een vriend uit Wenen wacht me daar op.'

Haar vriendin trok haar wenkbrauwen op. Žofie glimlachte slechts en concentreerde zich weer op haar werk.

Na het avondeten, toen Žofie en nog een paar andere meisjes weer terug waren in de studieruimte, kwam de huismoeder binnen en zette de radio aan. 'Meisjes, ik denk dat jullie je studieboeken wel opzij zullen willen schuiven om het nieuws te horen,' zei ze.

De stem was die van Lionel Marson van de BBC – Lionel, zo'n grappige naam, dacht Žofie. Ze probeerde niet in paniek te raken, niet te denken aan alle vreselijke dingen die ze had bedacht sinds mama had opgehangen zonder zelfs maar te wachten tot Žofie had gezegd dat ze ook van haar hield.

'Duitsland is Polen binnengevallen en heeft een aantal steden gebombardeerd,' kondigde Lionel Marson aan. 'In Engeland en Frankrijk is de algehele mobilisatie afgekondigd. Het parlement is om zes uur vanavond bijeengekomen. Bevelen om de mobilisatie van de landmacht, de marine en de luchtmacht te voltooien zijn tijdens een bijeenkomst van de Privy Council door de koning ondertekend...'

'Zegt hij dat Engeland en Frankrijk in oorlog zijn met Duitsland?' vroeg Žofie haar kamergenoot.

'Nog niet. Maar hij zegt wel dat de oorlog op uitbreken staat.'

STATION LONDON LIVERPOOL STREET, LONDEN, 3 SEPTEMBER 1939

Žofie stapte te midden van een wolk stoom en de geluiden van metaal op metaal uit de treinwagon. In de chaos van station London Liverpool Street, waar het wemelde van de mensen, gaf een klok aan dat het bijna kwart voor elf was. Ze speurde het perron af naar Stephan, toen hij van achteren zijn armen om haar heen sloeg.

'Stephan! Je bent er!' Ze draaide zich om, gooide haar armen om zijn nek en kuste hem – tot haar eigen verrassing.

Hij kuste haar echter terug, en opnieuw en opnieuw.

Hij nam haar bril af en kuste haar weer, een lange kus die afkeurende blikken trok. Maar Žofie zag de blikken aanvankelijk niet eens, en zelfs toen ze ze wel opmerkte, toen de kus voorbij was, kon het haar niets schelen. Ze was gewend aan afkeurende blikken. Zelfs op Cambridge namen mensen haar wantrouwend op wanneer ze sprak. En hoewel ze niet zo verfijnd en goed gekleed was als dokter Watsons Mary Morstan, begreep ze nu wat voorheen slechts een verhaal was geweest: hoe het voelde wanneer je uiting kon geven aan gevoelens die je lange tijd diep in jezelf begraven had.

'Als je trein nog later was geweest, Žofe,' zei Stephan, 'zou ik zijn gestorven van het wachten.'

Hij veegde haar brillenglazen schoon met zijn shirt, zette de bril weer op haar neus en schonk haar zijn scheve glimlach. 'Ik heb gezocht naar de trein van Johanna, maar er staat nog niet aangegeven op welk spoor hij binnenkomt,' zei hij. 'Hij kan er elk moment zijn.'

Hand in hand staken ze het perron over en gingen het station binnen, en hand in hand bekeken ze het bord met aankomsttijden, waarop de trein uit Harwich, Jojo's trein, inmiddels stond vermeld. Ze wachtten aan het eind van het perron terwijl de passagiers uitstapten: vrouwen en soldaten, en moeders met kinderen. Žofie voelde zich zelfs nog gelukkiger dan toen ze had gehoord dat ze was toegelaten tot Cambridge.

Toen de laatste passagiers waren uitgestapt, zei Žofie: 'Ik moet me in de trein hebben vergist.'

Er was geen Johanna. Er waren helemaal geen kinderen die alleen reisden.

'We vergissen ons allemaal weleens,' zei Stephan luchtig. 'Zelfs jij, Žofie. We moeten gewoon uitzoeken welke trein het wel is.'

'Wat als ze al is aangekomen en vertrokken?'

'Dan vinden we wel een manier om naar het huis van haar pleeggezin te gaan.'

Hij was zo geruststellend, Stephan.

'Wanneer je niet bij me bent in Cambridge,' zei ze, 'pak ik vaak je brieven en herlees ik ze. Dan voel ik me altijd beter.'

'Je weet toch dat niemand zulke dingen zegt, Žofe,' zei hij.

'Waarom niet?' vroeg ze.

Hij lachte zijn heerlijke, elliptische lach. 'Geen idee,' zei hij. 'Hoe dan ook, ik herlees jouw brieven ook.'

Stephan aarzelde. Het liefst zou hij Žofie-Helenes ketting met het oneindigheidssymbool bij zich houden, het sieraad dat gemaakt was van haar vaders dasspeld, maar hij haalde het uit zijn zak en hield het omhoog.

'Mijn ketting!' riep Žofie uit.

Stephan zou er alles voor over hebben gehad om die vreugde op haar gezicht te zien. Zelfs dit koude stukje goud waar hij zo vaak aan had gevoeld om troost te zoeken sinds ze het hem had gegeven op het station in Wenen, sinds hij het tussen de rugleuning en de zitting van het bankje in de trein uit had gepeuterd toen de eerste keer 'hoera!' had geklonken.

'Ik had het je eerder willen geven,' zei hij. 'Ik had het je moeten teruggeven, maar ik… ik wilde een klein stukje van jou voor mezelf houden.'

Žofie-Helene kuste hem op de wang en zei: 'Weet je, Stephan, zulke dingen zegt niemand.'

‘Waarom niet?’ zei hij.

Glimlachend zei ze: ‘Ik heb geen idee.’

Stephan hing het kettinkje om haar hals en maakte het vast, zodat het rustte waar het hoorde, op haar prachtige huid.

‘De meesten van ons zeggen wat alle andere mensen zeggen, of we zeggen helemaal niets, zodat we niet raar overkomen.’

‘Maar jij niet,’ zei Žofie.

De regel van Zweig die hij de vorige avond had gelezen, dook in zijn hoofd op: duizend jaren kunnen niet terugbrengen wat in een enkel uur is kwijtgeraakt. Hij had de halve nacht liggen lezen, niet in staat om de slaap te vatten, uit opwinding omdat hij Žofie-Helene terug zou zien. Hij had geprobeerd te bedenken wat hij tegen haar moest zeggen, hoe hij haar kon vertellen dat hij van haar hield. En toen had ze hem zomaar gekust, voordat hij een woord had kunnen zeggen.

Hij aarzelde. Hij wilde de betovering van haar genegenheid niet verbreken, maar tegelijk voelde hij de behoefte om eerlijk te zijn, om haar alles te vertellen wat er te weten viel.

‘Toch wel,’ zei hij zacht. ‘Ik heb voor de Duitse troepen gesalueerd, Žofe, op de dag dat ze Wenen binnentrokken.’

Hij verwachtte dat ze geschokt zou reageren, of vol afschuw, of simpelweg teleurgesteld. Hoe had hij soldaten kunnen verwelkomen die waren gekomen om zijn vader te vermoorden? Natuurlijk had hij dat niet geweten, maar hij had wel geweten dat hij ze niet moest groeten, hij had geweten dat niemand in heel Oostenrijk troepen zou moeten groeten die hun land waren binnengevallen. Maar Žofie pakte slechts zijn hand en gaf er een kneepje in.

Hij raakte met zijn wijsvinger het hangertje aan haar ketting aan, en ook een stukje van haar huid. ‘Was je vader wiskundige?’ vroeg hij.

‘Hij was goed in wiskunde, maar hij was een schrijver, net als jij. Hij zei dat hij een betere wiskundige zou zijn, maar dat schrijvers nu belangrijker waren, vanwege Hitler.’

Samen liepen ze naar een rode telefooncel. Terwijl ze wachtten tot de man voor hen klaar was met bellen, klonk er een stem over het luidsprekersysteem van het station. Het was premier Neville Chamberlain die aankondigde: 'Vanochtend heeft de Britse ambassadeur in Berlijn de Duitse regering een definitieve verklaring overhandigd waarin stond dat we hun de oorlog zouden verklaren als we niet uiterlijk om elf uur te horen zouden krijgen dat ze hun troepen uit Polen zouden terugtrekken.'

Er viel een stilte op het hele station. De man in de telefooncel kwam tevoorschijn en ging naast Stephan en Žofie staan. Stephan keek naar de klok, met duizend keien in zijn maag. Het was ruim over elven.

'Ik moet u meedelen,' ging Chamberlain verder, 'dat we een dergelijk bericht niet hebben ontvangen en dat ons land daarom nu in oorlog is met Duitsland.'

Zonder Žofies hand los te laten stapte Stephan in de telefooncel en belde de centralist. De telefoon ging over en over terwijl Chamberlain zei: 'Moge God u allen bijstaan. Moge Hij verdedigen wat rechtvaardig is. We zullen vechten tegen het kwaad – bruut geweld, onrechtvaardigheid, onderdrukking en vervolging – en ik weet zeker dat rechtvaardigheid zal overwinnen.'

In de stilte die de premier op zijn woorden liet volgen, steeg zacht gemompel op door het hele station. Pas toen stopte de telefoon met overgaan en klonk er een aangedane stem in Stephans oren. 'Centrale. Wat kan ik voor u doen?'

'De Beweging voor de Opvang van Kinderen uit Duitsland, alstublieft,' bracht Stephan met verstikte stem uit. 'Volgens mij zitten ze in Bloomsbury.' Hij trok Žofie bij zich in de telefooncel, deed de deur dicht en sloeg zijn vrije arm om haar heen. De hoorn hield hij een beetje scheef, zodat ze mee kon luisteren.

'Ja, hallo. Ik bel over de trein die de kinderen uit Praag naar Londen zou brengen,' zei hij.

PARIJS, 10 MEI 1940

Truus zat op het balkon van de Parijse flat van Mies Boissevain-van Lennep, met een wereldkaart tussen haar en Mies in. De geluiden van een radio sijpelden naar buiten, maar de twee vrouwen besteedden er weinig aandacht aan. Ze waren verdiept in een gesprek over de gevolgen van de Duitse agressie.

'Maar de Duitsers, met hun radiocommunicatie en hun beweeglijkheid, zij kunnen coördineren,' zei Mies. 'Ze zien een zwakke plek, ze delen de informatie, en...'

Ze stopte met praten toen tot hen doordrong wat er op de radio werd gezegd: 'In het licht van de ongehoorde Duitse aanval op Nederland, een aanval die zonder enige waarschuwing is uitgevoerd, heeft de Nederlandse regering besloten dat het koninkrijk vanaf heden in oorlog is met Duitsland.'

Truus zette haar kopje neer en stond op.

'Het is niet veilig om nu terug te reizen, Truus,' zei Mies. 'Joop komt wel weg. Hij is waarschijnlijk –'

'Maar, Mies,' zei Truus, 'er zijn nog zoveel kinderen in Nederland.'

IJMUIDEN, NEDERLAND, 14 MEI 1940

De bus vol kinderen kwam tot stilstand naast de Bodegraven. Truus draaide zich om en zag dat de tweede bus, met Joop erin, achter hen op de kade stopte. Ze tilde meteen de kleine Elizabeth van de schoot van haar oudere zus en zei: 'Vlug, kinderen. Opschieten.'

De kinderen stroomden de bussen uit, opgejut door de vrijwilligers: vierenzeventig kinderen zonder identiteitsbewijs om bij de Britse douane te laten zien, maar daar mochten de Britten zich het hoofd over breken.

'Kijk, Elizabeth,' zei ze. 'Zie je die boot?'

'Hij is erg vies,' merkte het kleine meisje op.

Truus nam de bevlekte bril van het meisje van haar neus, poetste de glazen schoon en zette de bril weer op haar aanbiddelijke gezichtje. 'Nu nog steeds?'

Het meisje lachte. 'Ja! Hij is vies!'

'Je hebt gelijk, hij is vies,' zei Truus. Nu de wereld op zijn kop stond, kon je er gelukkig bij kinderen nog op rekenen dat ze de waarheid zouden vertellen. 'Normaal gesproken vervoert hij kolen, maar hij zal je naar Engeland brengen, en dan kun je de groeten van mij doen aan hun prinses Elizabeth.'

'Dezelfde naam als ik?' vroeg Elizabeth.

'En ze heeft een zus, Margaret, net als jouw zus, alleen is die van haar jonger en die van jou ouder.'

'Komen de prinsessen ons van de boot halen, tante Truus?' vroeg de zus van het kleine meisje.

Truus streek over haar haren. Het meisje keek naar haar op, haar ogen bezorgd achter brillenglazen die net als die van haar zusje smoezelig waren, brillenglazen die Truus aan Žofie-Helene Perger deden denken. Het was binair, het kind had dat begrepen. Het hele leven was nu binair. Goed en kwaad. Juist en verkeerd. Vechten of overgeven. Oorlog, deze keer zonder de mogelijkheid om neutraal te blijven.

'Wat als niemand ons wil hebben?' vroeg de kleine Elizabeth. 'Mogen we dan bij u blijven, tante Truus?'

'O, Elizabeth,' zei Truus, en ze kuste het meisje, en nog een keer, en nog een keer. Ze dacht terug aan Helen Bentwich, die haar bij de aankomst van die eerste boot had gevraagd of ze zeker wist dat ze de baby niet met haar mee terug wilde nemen naar Amsterdam. Dat was echter nooit de baby geweest die Truus had willen houden.

'Zelfs als de koninklijke prinsessen er niet zijn om jullie te begroeten,' zei ze tegen Elizabeth en haar zus, 'zal iemand zorgen dat jullie in een heel aardig gezin terechtkomen, met een moeder die van jullie zal houden.'

Vlug kuste ze deze laatste vierenzeventig kinderen gedag, en ze noemde ze stuk voor stuk bij naam voordat ze hen naar het schip stuurde.

Ze keek toe terwijl de laatste kinderen aan boord gingen, met tranen in haar ogen, vurig hopend dat haar belofte aan de twee kleine zusjes uit zou komen. Het alternatief, in Nederland blijven, was niet langer een mogelijkheid. Op dit moment gaf de regering in Den Haag het Nederlandse leger bevel om zich over te geven aan Duitsland.

Joop sloeg een arm om haar middel. Samen zagen ze het schip wegvaren en de kinderen zwaaien bij de reling van het dek, roepend: 'We houden van u, tante Truus!'

Deel IV

EN TOEN...

Ongeveer tienduizend kinderen, van wie driekwart Joods, vonden een veilig onderkomen in Engeland. Dit hadden zij te danken aan de levensechte helden die betrokken waren bij de kindertransporten, onder wie de Nederlandse Geertruida Wijsmuller en haar man Joop, het Engelse echtpaar Norman en Helen Bentwich, en de Oostenrijkse Desider Friedmann, die in oktober 1944 in Auschwitz overleed. De geredde kinderen groeiden op tot volwassenen en werden vooraanstaande kunstenaars, politici, wetenschappers, en zelfs, zoals de zestienjarige Walter Kohn – die door tante Truus uit Wenen was gered – Nobelprijswinnaars.

De laatste veerboot met vierenzeventig kinderen verliet Nederland op 14 mei 1940, de dag waarop Nederland zich overgaf aan Duitsland. Datzelfde voorjaar werden een heleboel van de oudere jongens die in Engeland in veiligheid waren gebracht, geïnterneerd in het Britse leger, soms samen met Duitse oorlogsgevangenen; een groot deel van hen vocht later mee met de geallieerde troepen.

Pogingen om vergelijkbare transporten naar de Verenigde Staten te organiseren, via het wetsvoorstel van Wagner en Rogers dat in februari 1939 aan het Congres werd voorgelegd, stuitten op anti-immigratie- en antisemitische tegenstand. Op een memo van 2 juni 1939 waarin de steun van president Roosevelt voor deze poging wordt gezocht, staat in zijn handschrift genoteerd: *Geen actie op ondernemen. FDR.*

De schrijver Stefan Zweig, in de jaren dertig en begin jaren veertig een van de populairste auteurs ter wereld, zocht na zijn ballingschap in Engeland zijn toevlucht in de Verenigde Staten en, uiteindelijk, in Petrópolis, in de bergen ten noorden van Rio de Janeiro, waar een aantal andere Duitse vluchtelingen zich al hadden gevestigd. Daar voltooide hij zijn memoires, *De wereld van gisteren.* Hij stuurde het manuscript op 21 februari 1942 naar zijn uitgever. De volgende dag, vol wanhoop over de oorlog, zijn verbanning en de toekomst van de mensheid, pleegden hij en zijn tweede vrouw hand in hand zelfmoord.

Adolf Eichmanns systematische methode om de Weense Joden van hun bezittingen en hun vrijheid te beroven werd door het hele Reich overgenomen. Hij hield toezicht op grootschalige deportaties naar dodenkampen. Na de oorlog vluchtte hij naar Argentinië, waar hij in 1960 gevangen werd genomen. Vervolgens werd hij berecht in Israël en schuldig bevonden aan oorlogsmisdaden. Hij is in 1962 opgehangen.

Bij het laatste kindertransport uit het Duitse Reich – het negende vanuit Praag – stapten op 1 september 1939, de dag van de Duitse invasie in Polen en het begin van de Tweede Wereldoorlog, tweehonderdvijftig kinderen op de trein. Die trein is nooit in Nederland aangekomen. Het lot van deze kinderen is onbekend.

De meeste kinderen die via de kindertransporten zijn gered, hebben hun ouders nooit meer teruggezien.

Geertruida Wijsmuller – tante Truus – bleef gedurende de hele bezetting in Nederland en smokkelde Joodse kinderen naar Zwitserland, Vichy-Frankrijk en Spanje. In 1942 werd ze voor de tweede keer gearresteerd door de Gestapo, en net als die eerste keer in Wenen werd ze vrijgelaten. In een overlijdensbericht werd ze beschreven als 'Moeder van 1001 kinderen, die het redden van Joodse kinderen tot haar levenswerk maakte'.

DANKWOORD

Het pad naar het schrijven van deze roman begon op een middag meer dan tien jaar geleden, toen mijn zoon, die net vijftien was geworden, thuiskwam van het Palo Alto Children's Theater. Michael Litfin, een regisseur met wie hij samenwerkte, was op het idee gekomen om het kleine groepje toneelkinderen op wie hij zo gesteld was, te vragen zich in de weinig bekende kindertransporten te verdiepen en er een toneelstuk over te schrijven. Mijn zoon – normaal gesproken zo luidruchtig – was verontrustend stil toen hij thuiskwam na het eerste van vier interviews die hij en zijn toneelvrienden hielden met Ellen Fletcher, Helga Newman, Elizabeth Miller en Margot Lobree. Toen Michael slechts enkele maanden later aan maagkanker overleed, beloofde de directeur van het theater, Pat Briggs, hem op zijn sterfbed om verder te gaan met het verhaal. Toen Pat het einde van haar leven naderde, en de kinderen inmiddels volwassen waren en verspreid door het land, gaf ze me toestemming om er op mijn eigen manier mee aan de slag te gaan. Ik schreef dit verhaal met de stilte van mijn zoon in mijn hart, en de liefde van zijn regisseurs voor de kinderen die ze koesterden.

Dit boek is geïnspireerd door en bedoeld als eerbetoon aan Truus Wijsmuller-Meijer en de kinderen die zij redde, en de vele andere mensen die de kindertransporten mogelijk maakten. Ik heb mijn best gedaan om in de geest trouw te blijven aan de feiten van de Anschluss, de Kristallnacht en de schokkend snelle veranderingen die plaatsvonden in Wenen in de paar maanden tussen die twee gebeurtenissen, waaronder de rol van de nog jonge en ambitieuze Adolf Eichmann, en de inspanningen van de Britten en Truus om het eerste kindertransport uit Oostenrijk op poten te zetten. Aangezien dit fictie is, geen geschiedkundig werk, heb ik me echter kleine vrijheden veroorloofd in het belang van het verhaal. De pure geschiedkundige zal bijvoorbeeld ontdekken dat Helen Bentwich, die wel degelijk een belangrijke bijdrage aan de kindertransporten heeft geleverd, niet samen met haar echtgenoot Norman naar Amsterdam is gereisd om de hulp van Truus in te roepen, en dat het niet Helen maar Lola Hahn-Warburg was die het transport per veerboot van Hoek van Holland naar Harwich organiseerde. Ik heb Truus' *Geen tijd voor tranen* gelezen en herlezen, en toch is het personage van Truus zoals weergegeven in deze roman het product van mijn verbeelding, gebaseerd op dat bescheiden verslag van haar leven.

Zoals Melissa Hacker van de Kindertransport Association me vertelde, zijn 'sommige details rondom de kindertransporten nog niet helemaal duidelijk'. De verslagen lopen uiteen, zelfs met betrekking tot het moment waarop het eerste kindertransport vanuit Wenen plaatsvond. Zowel *The Times* als *The New York Times* meldt in heel korte artikelen dat het eerste transport op 5 december 1938 uit Wenen vertrok, de dag waarop volgens Truus zelf haar eerste ontmoeting met Eichmann plaatsvond. In Truus' eigen, meer gedetailleerde verslag verklaart ze dat ze op 2 december naar Wenen vertrok, dat ze Eichmann die maandag ontmoette (dat zou dus 5 december zijn geweest), en dat ze vervolgens voorbereidingen trof om de kinderen op de sabbat uit Wenen te laten vertrekken, dat ze op zondagmiddag (11 december) om halfvier in Keulen zouden aankomen en dat ze diezelfde dag de nachtveerboot van Hoek van Holland naar Engeland zouden nemen. Het United States Holocaust Memorial Museum meldt dat het eerste kindertransport vanuit Wenen op 12 december 1938 in Harwich aankwam, wat strookt met het verhaal van Truus. Uiteindelijk heb ik besloten om die tijdlijn aan te houden.

In aanvulling op de autobiografie van Truus en de interviews van het Children's Theater heb ik verschillende bronnen geraadpleegd: onlinemateriaal en informatie verkregen in het United States Holocaust Memorial Museum; interviews uit de Tauber Holocaust Library in het Jewish Family and Children's Services Holocaust Center in San Francisco; 'Interview met Geertruida (Truus) Wijsmuller-Meijer', 1951, Nederlands Instituut voor

Oorlogsdocumentatie NIOD, Amsterdam'; *Into the Arms of Strangers* door Mark Jonathan Harris en Deborah Oppenheimer; *My Brother's Keeper* door Rod Gragg; *Never Look Back* door Judith Tydor Baumel-Schwartz; *Nightmare's Fairy Tale* door Gerd Korman; *Rescuing the Children* door Deborah Hodge; *Kindertransporten 1938-1948* door Vera K. Fast; *The Children of Willesden Lane* door Mona Golabek en Lee Cohen; *Ten Thousand Children* door Anne L. Fox en Eva Abraham-Podietz; 'Touched by Kindertransport Journey' door Colin Dabrowski; 'The Children of Tante Truus' door Miriam Keesing; en 'The Kindertransport: history and memory' door Jennifer A. Norton, haar masterscriptie in geschiedenis aan California State University in Sacramento. Ik heb ook bijzonder veel gehad aan Norman Bentwich's *The Found Refuge*, en *Men of Vision: Anglo-Jewry's Aid to Victims of the Nazi Regime 1933-1945* door Amy Zahl Gottlieb; plus films als Ken Burns' *Defying the Nazis: the Sharps' War*; *The Children Who Cheated the Nazis*; *Nicky's Family*; en Melissa Hackers film over haar moeder, *My Knees Were Jumping*.

Andere bronnen zijn onder andere Stefan Zweigs *De wereld van gisteren* en zijn fictieve werk; het bijzonder ontroerende *De haas met ogen van barnsteen* door Edmund de Waal; *De dame in goud* door Anne-Marie O'Connor; *The Burgtheater and Austrian Identity* door Robert Pyrah; *Becoming Eichmann* door David Cesarani; *If It's Not Impossible: The Life of Sir Nicholas Winton* door Barbara Winton; *Whitehall and the Jews, 1933-1948* door Louise London; *Eichmann in Argentinië* door Bettina Stangneth; *50 Children* door Steven Pressman; en *Jewish Vienna: Heritage and Mission*, uitgegeven door het Joods Museum Wenen.

Ik ben dank verschuldigd aan het United States Holocaust Memorial Museum en zijn onlinebronnen, aan historisch onderzoeker Patricia Heberer-Rice, die al mijn vragen beantwoordde, Sandra Kaiser, die dat mogelijk maakte, het JFCS Holocaust Center en Yedida Kanfer, die me hielp met mijn onderzoek daar. De Kindertransport Association, waar ik stiekem lid van ben, heeft me een heleboel informatie en inspiratie gegeven; in het bijzonder dank aan Melissa Hacker voor al haar hulp. Het Joods Museum

Wenen en de Between The Museums-app hielpen me om me in Wenen te oriënteren. Mijn bezoek aan de collectie van spullen uit koffers in het Weense Kindertransport-museum is een ervaring die ik nooit zal vergeten. Dank aan Milli Segal, die de collectie voor me heeft opengesteld en die me na afloop naar een rustig plekje bracht om te huilen.

Ik ben meer dank verschuldigd dan ik in woorden uit kan drukken aan de redacteurs die al vroeg hun vertrouwen in deze roman uitspraken, in het bijzonder het HarperCollins-drietal Lucia Macro, Laura Brown en mijn geweldige redacteur Sara Nelson. Sara's wijze inzichten, zorgvuldige aandacht en eindeloze enthousiasme zijn de droom van iedere schrijver. Dank aan iedereen bij Harper, onder wie Jonathan Burnham, Doug Jones, Leah Wasielewski, Katie O'Callaghan, Katherine Beitner, Robin Bilardello, Andrea Guinn en Mary Gaule.

Ik ben als altijd dankbaar voor de fantastische steun die ik krijg van vrienden en familie. In dit geval gaat mijn dank in het bijzonder uit naar mijn zoon Chris, die me de eerste pagina's gaf van de autobiografie van Truus (en naar de Harvard Library, waar ze als een van de weinige plekken in de Verenigde Staten een exemplaar hebben), en naar Murielle Sark, die me de rest bezorgde en me hielp om passages te vertalen waar ik met Google Translate niet uit kwam. Ook dank aan Brian George, omdat hij de opslag van het theater voor me doorzocht en me tijdens het schrijven aanmoedigde; aan Nitza Wilon omdat ze meteen al enthousiast over het verhaal was; en aan Elizabeth Kaiden voor het zorgvuldig doorlezen van een vroege scenarioversie; aan David Waite voor zijn hulp met het Duits, en omdat hij vanuit Berlijn naar Oostenrijk kwam om me te ontmoeten; aan Claire Wachtel, die zo vriendelijk was om het manuscript te lezen en een suggestie deed voor het voorwoord van de auteur aan het begin van het boek; aan Mihai Radulescu; Hannah Knowls; Karen Joy Fowler; de vele boekverkopers die ons allemaal zo van dienst zijn, en in het bijzonder Margie Scott Tucker; en mijn bijzonder getalenteerde vriendin, fotografe Adrienne Defendi.

Als altijd dank aan Brenda Rickman Vantrease, omdat ze Brenda is, mijn liefste schrijfmaatje. Aan Jenn DuChene en Darby Bayliss, omdat hun vriendschap mijn leven verrijkt. Mijn vier broers en de aangetrouwde zussen met wie ik zo heb geboft. En dank aan Don en Anna Tyler Waite, die er altijd voor me zijn geweest. (Mam, zoals altijd bedankt voor het lezen.)

Marly Rusoff, mijn agent en vriendin, die vanaf het allereerste moment in dit boek geloofde en mij daardoor in staat stelde om er ook in te geloven. Dank je wel, Marly, dat je me de afgelopen twaalf jaar op zoveel manieren hebt geholpen, en dat je dit boek op zo'n fijne manier in de grotere wereld hebt geïntroduceerd.

Mac, bedankt voor het lezen. En het lezen. En het steeds maar weer lezen. Bedankt dat je me overhaalde om in Wenen te blijven. Bedankt voor je enthousiasme en je humor tijdens onze lange wandelingen door Wenen, Amsterdam en Londen, en je kalme gezelschap in de slaapcoupé in de nachttrein vanuit Wenen. Bedankt dat je me hielp om min of meer gezond van geest te blijven. Bedankt voor alles.